高等学校信息技术类专业系列规划教材

数据结构

主　编　王星捷　肖利群　杨雅志
副主编　任春华　阳万安　薛一兰
　　　　李爱华　杨开林　吴学敏

四川大学出版社
SICHUAN UNIVERSITY PRESS

图书在版编目（CIP）数据

数据结构 / 王星捷，肖利群，杨雅志主编. -- 成都：四川大学出版社，2025. 6. -- ISBN 978-7-5690-7978-4

Ⅰ. TP311.12

中国国家版本馆 CIP 数据核字第 202501CJ86 号

书　　名：数据结构
　　　　　Shuju Jiegou
主　　编：王星捷　肖利群　杨雅志

选题策划：王　睿
责任编辑：王　睿
特约编辑：孙　丽
责任校对：蒋　玙
装帧设计：开动传媒
责任印制：李金兰

出版发行：四川大学出版社有限责任公司
　　　　　地址：成都市一环路南一段 24 号（610065）
　　　　　电话：（028）85408311（发行部）、85400276（总编室）
　　　　　电子邮箱：scupress@vip.163.com
　　　　　网址：https://press.scu.edu.cn
印前制作：湖北开动传媒科技有限公司
印刷装订：武汉乐生印刷有限公司

成品尺寸：185mm×260mm
印　　张：16.25
字　　数：426 千字

版　　次：2025 年 8 月 第 1 版
印　　次：2025 年 8 月 第 1 次印刷
定　　价：58.00 元

四川大学出版社
微信公众号

前　　言

数据结构是计算机及相关专业的一门重要核心基础课程，亦是部分理工科专业的选修课程。数据结构课程的主要任务是，研究现实世界中各种数据对象的逻辑结构，以及它们在计算机中的存储表示和在不同存储结构上的相应算法，初步掌握算法的时间分析技术和空间分析技术，并通过实际编程训练为开发复杂程序打下良好的基础。

数据结构广泛应用于计算机的各个领域。在计算机操作系统、计算机图形学、软件工程、多媒体技术、计算机网络、编译原理、数据库原理与技术、计算机辅助设计、人工智能等课程中，普遍使用数据结构的理论和方法来描述和解决问题。学好数据结构课程是学好其他后续计算机核心课程的基础，可为未来投身计算机科学与技术、软件工程、人工智能等领域的工作奠定基础。

本书由宜宾学院王星捷、四川工商学院肖利群、成都工业学院杨雅志担任主编；宜宾学院任春华、阳万安、薛一兰，四川工商学院李爱华、杨开林，成都工业学院吴学敏担任副主编。

本书共分 10 章。第 1 章主要介绍数据结构的基本概念和相关术语，并简单介绍进行算法描述和算法分析的基本方法。第 2～5 章介绍线性结构（线性表、栈、队列、串、数组和广义表）的逻辑特征、存储表示方法和基本操作的实现算法，以及一些应用实例。第 6～7 章介绍非线性结构（树、图）的逻辑特征、存储表示方法和基本操作的实现算法，以及应用实例。第 8～9 章介绍非数值计算领域中的两种非常重要的操作——排序和查找，其中，第 8 章介绍一些典型的内排序和外排序方法，第 9 章介绍各种典型的查找结构以及在不同查找结构上进行查找的方法。第 10 章介绍文件的存储和索引。各章内容有相对独立的部分，以便于针对不同专业或不同层次的学生按需要组织教学。

本书采用 C 语言作为算法的描述语言，以便于学生理解。书中所有算法都已上机调试通过。此外，本书选用的例题都针对特定的数据结构，旨在帮助学生掌握运用数据结构原理解决实际问题的方法。

本书可以作为高等学校计算机及相关专业的数据结构课程教材，亦可以供从事计算机应用工作的工程技术人员参考。

限于编者水平，书中难免存在不妥或错误之处，敬请读者批评指正。

编　者

2025 年 5 月

目　　录

第1章 绪　论

随着功能的日益强大，计算机已深入人类社会的各个领域，其处理对象也由纯粹的数值发展到诸如字符、表格、声音、图像、视频等复杂且具有结构的非数值数据。在计算机科学中，数据结构是一门研究非数值计算程序设计问题中计算机的操作对象(数据元素)，以及它们之间的关系和运算等的学科，而且经过这些运算后所得到的新结构仍然是原来的结构类型。

在计算机科学中，数据结构是一门介于数学、计算机硬件和计算机软件之间的综合性专业基础课程，是高级程序设计语言、编译原理、操作系统、数据库等课程的基础。同时，数据结构技术也广泛应用于信息科学、系统工程、应用数学以及各种工程技术领域。

1.1 概　述

在当今计算机的应用中，需要用计算机处理的数据量日益增大，并且数据之间往往具有一定的关系。计算机对数据的操作除了进行数值计算之外，更多的是需要对数据进行组织、管理和检索。特别是对于非数值计算问题，我们往往无法用一个或几个数学方程来描述对象之间的关系，这时只能采用数据结构的方法进行描述。下面请看几个例子。

【例 1.1】 教职工工资报表。

对于组成教职工工资报表的工资号、姓名、职称、基本工资、津贴、水电费和实发工资这些基本信息，最方便的管理方法就是把它们组织成一个表(表 1.1)，其中每名教师的工资信息占据一行，所有教师的工资信息按工资号顺序依次排列构成一张表格。

表 1.1　**教职工工资报表**

工资号	姓名	职称	基本工资/元	津贴/元	水电费/元	实发工资/元
101	张×	讲师	800	1000	88.6	1711.4
102	何×	教授	1300	2000	101.8	3198.2
103	唐×	副教授	1100	1500	90.2	2509.8
104	程×	教授	1300	1000	76.6	2223.4
…	…	…	…	…	…	…

分析表 1.1 后不难发现它有以下特征：

(1)行的数量是有限的。

(2)行与行之间依据工资号的大小构成了一种先后顺序关系，并且除第一行外，每一行都有唯一的直接前驱(immediate predecessor)，除最后一行外，每一行都有唯一的直接后继(immediate successor)。

表中行与行之间的这种关系称为线性关系，这类数学模型可称为线性数据结构，它是一种重要的数据结构。线性数据结构的基本操作包括插入(如插入某教师的工资信息)、删除(如删除某教师的工资信息)、更新(如更新某教师的工资信息)、查找(如按条件检索教师的工资信息)等。

【例 1.2】 家族关系。

在现实生活中，存在如下的家族关系：陈祖辉有三个孩子——陈光军、陈光国和陈光莉；陈光军有两个孩子——陈明和陈亮；陈光国有三个孩子——陈晓东、陈晓伟和陈晓娟；陈明有一个孩子——陈瑞阳。

我们使用图 1.1 所示的形式来描述这个家族关系。

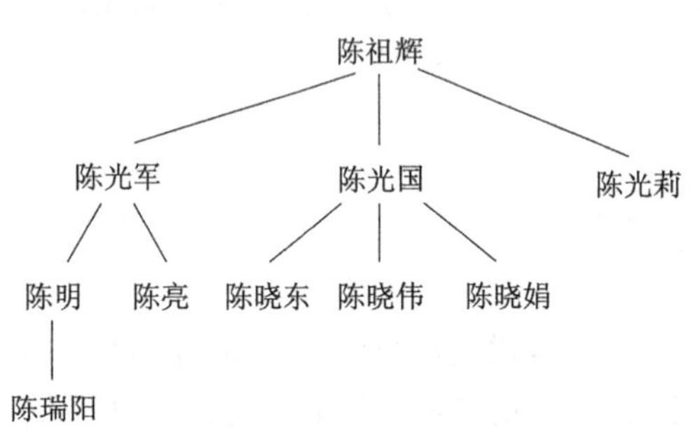

图 1.1 家族关系图

观察图 1.1，不难发现它其实是一棵倒画的“树”。其中，“树根”是陈祖辉，树的“分支点”是陈光军、陈光国和陈明，该家族的其余成员均是“树叶”，而“树枝”(即图中的线段)则描述了家族成员之间的关系。显然，以陈祖辉为“根”的树是一个大家庭，它可以分成以陈光军、陈光国和陈光莉为根的三个小家庭。再比如，行政组织机构也可以用树形结构形象地表示。树形数据结构不仅可以作为某些非数值计算问题的数学模型，还是一种重要的数据结构。

【例 1.3】 公交线路网络。

某城市是一个有 7 个(0～6 依次编号)旅游景点的旅游胜地，为方便游客，公交公司在每个景点都设置了公交车站，并开通了 4 条单向公交线路。每条公交线路从设置在某个景点的公交车站出发，途经若干个景点，最后到达终点。这 4 条公交线路如下。

第一条线路：从 5 号景点出发，到达 6 号景点；

第二条线路：从 3 号景点出发，依次经过 6 号景点、2 号景点，到达 5 号景点；

第三条线路：从 1 号景点出发，依次经过 0 号景点、2 号景点，到达 4 号景点；

第四条线路：从 4 号景点出发，依次经过 2 号景点、1 号景点，到达 3 号景点。

对于该城市的这些旅游景点和对应的公交线路，我们该如何去表示它们呢？可以采用图 1.2 所示的有向图加以描述。

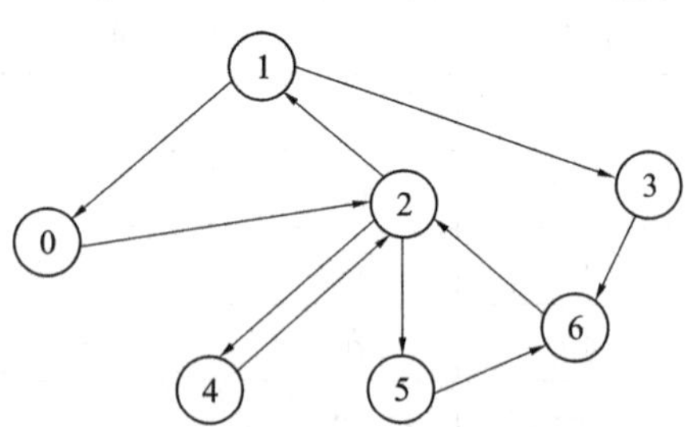

图 1.2 旅游景点及公交线路示意图

在图 1.2 中，每一个圆圈代表一个旅游景点，称为顶点；两顶点之间的连线表示公交线路。

显然，该图各顶点之间的关系既不是前面提到过的线性关系，也不是树形关系，而是一种网状关系。我们把这类数学模型称为图状数据结构或网状数据结构，它是许多非数值计算问题的数学模型，亦是一种重要的数据结构。

从以上3个例子可以看出，描述现实世界中许多问题的数学模型往往不是数学方程，而是诸如表、树和图之类的数据结构。计算机的操作对象之间的关系变得更加复杂，操作形式也不再是单纯的数值计算，而更多的是对这些具有一定关系的数据进行组织管理，这属于非数值运算。要使计算机能够最有效地进行非数值运算，就必须弄清楚这些操作对象的特点，以及它们在计算机中的表示方式和各个操作的具体实现手段。因此，数据结构这门学科主要包括三个方面的内容：数据的逻辑结构、数据的物理存储结构和对数据的操作（即算法）。数据结构实质上反映了一个数据的内部构成，即一个数据由哪些成分数据构成、以什么方式构成、呈什么结构。数据结构也是信息的一种组织方式，好的数据结构能显著提高算法的效率。

1.2 数据结构的基本概念和相关术语

本节将介绍一些与本门课程相关的基本概念和术语，这些概念和术语将在后续各章节中频繁出现。

1. 数据(data)

数据是对客观事物的符号表示，是描述客观事物的数字、字符以及所有能够输入计算机中并被计算机处理的信息的总称。在计算机科学中，数据是一切能够输入计算机中并且能够被计算机程序处理的符号的总称。简言之，数据就是计算机加工处理的“原料”，是信息的载体。除了数字、字符之外，用英文、汉字或其他语种字母组成的词组、语句，以及表示图形、图像和声音的信息也都称为数据。

2. 数据元素(data element)

数据元素是数据的基本单位，在计算机中通常作为一个整体进行考虑和处理。数据元素也被称为元素、结点、顶点、记录。一个数据元素可以由若干个数据项（也可称为字段、域、属性）组成。数据项是具有独立含义的最小标识单位，是数据不可分割的最小单位。例如，表1.1中，一名教师的工资信息就是一个数据元素，它由工资号、姓名、职称、基本工资、津贴、水电费和实发工资等数据项组成。图1.2中的每一个旅游景点也都是一个数据元素。

3. 数据对象(data object)

数据对象是具有相同性质的数据元素的集合，是数据的一个子集。例如，整数数据对象是集合 $\mathbf{Z}=\{0,\pm1,\pm2,\cdots\}$，英文字母字符数据对象是集合 C={'A','B',…,'Z'}。表1.1所示的教职工工资报表也可看成一个数据对象。

4. 数据结构(data structure)

数据结构是指数据元素之间的相互关系，即数据元素的组织形式。

数据结构一般包括以下三方面内容：

① 数据元素之间的逻辑关系，也称数据的逻辑结构(logical structure)。

数据的逻辑结构是从逻辑关系上对数据进行描述，与数据的存储无关，是独立于计算机的。数据的逻辑结构可以看作从具体问题中抽象出来的数学模型。

② 数据元素及其关系在计算机存储器内的表示,称为数据的存储结构(storage structure)。

数据的存储结构是逻辑结构在计算机中的具体实现方式(亦称为映像),它依赖于计算机语言。对机器语言而言,存储结构是具体的。一般而言,只在高级程序设计语言的层次上讨论存储结构。

③ 数据的运算,即对数据施加的操作。

数据的运算定义在数据的逻辑结构上,每种逻辑结构都有一个运算的集合。最常用的查找、插入、删除、更新、排序等运算实际上只是在抽象的数据上施加一系列抽象的操作。

所谓抽象的操作,是指我们只知道这些操作是"做什么",而无须考虑"如何做"。只有在确定了存储结构之后,才考虑如何具体实现这些运算。

为了增强对数据结构的感性认识,下面举例来说明有关数据结构的概念。

【例 1.4】 有学生成绩表如表 1.2 所示。

表 1.2 **学生成绩表**

学号	姓名	语文/分	英语/分	数学/分	平均成绩/分
001	唐××	96	99	94	96.33
002	李×	95	91	97	94.33
003	姜××	93	89	91	91
004	何×	90	87	90	89
005	马×	92	94	86	90.67

(1)逻辑结构。

表中的每一行是一个数据元素(或记录、结点),它由学号、姓名、各科成绩及平均成绩等数据项组成。

表中数据元素之间的逻辑关系是:与表中任一结点相邻且在其前面的结点(亦称为直接前驱)最多只有一个;与表中任一结点相邻且在其后面的结点(亦称为直接后继)也最多只有一个。表中只有第一个结点没有直接前驱,故称为开始结点;也只有最后一个结点没有直接后继,故称为终端结点。例如,表中"李×"所在结点的直接前驱结点和直接后继结点分别是"唐××"和"姜××"所在的结点,上述结点间的关系构成了这张学生成绩表的逻辑结构。

(2)存储结构。

该表的存储结构是指用计算机语言如何表示结点之间的这种关系,即表中的结点是顺序邻接地存储在一片连续的单元之中,还是用指针将这些结点链接在一起。

(3)数据的运算。

在上面的学生成绩表中,可能要经常查看某一学生的成绩;当学生退学时要删除相应的结点;有新学生转入时要增加结点。究竟如何进行数据的查找、删除、插入,这就是数据的运算问题。

搞清楚了上述三个问题,也就弄清了学生成绩表这一数据结构。

1)数据的逻辑结构分类。

在不产生混淆的前提下,常将数据的逻辑结构简称为数据结构。数据的逻辑结构有两大类:

① 线性结构。

线性结构的逻辑特征是，若结构是非空集，则有且仅有一个开始结点和一个终端结点，并且除开始结点外，每个结点都最多只有一个直接前驱，除终端结点外，每个结点都只有一个直接后继。

线性表是一种典型的线性结构。栈、队列、串、数组、广义表等都是线性结构。

② 非线性结构。

非线性结构的逻辑特征是，一个结点可能有多个直接前驱和直接后继。树和图等都是非线性结构。

2)数据的四种基本存储方法。

数据的存储结构可用以下四种基本存储方法得到。

① 顺序存储方法。

该方法把逻辑上相邻的结点存储在物理位置相邻的存储单元里，结点间的逻辑关系通过存储单元的邻接关系来体现。由此得到的存储表示称为顺序存储结构(sequential storage structure)，通常借助程序语言中的数组来描述。

该方法主要应用于线性数据结构。非线性数据结构也可通过某种线性化的方法实现顺序存储。

【例 1.5】 逻辑结构(50,36,2,46,44,88)，若按图 1.3 的方式存放，则采用了顺序存储结构表示。由于顺序存储结构中元素的物理位置顺序与数据元素之间的逻辑顺序一致，因此元素的物理位置顺序直接表示了数据元素之间的逻辑关系。

存储器地址	0300	0302	0304	0306	0308	030A	030C	030E	0310
	…	50	36	2	46	44	88	…	

图 1.3 顺序存储结构

② 链式存储方法。

该方法不要求逻辑上相邻的结点在物理位置上亦相邻，结点间的逻辑关系由附加的指针字段表示。由此得到的存储表示称为链式存储结构(linked storage structure)，通常借助程序语言中的指针类型来描述。

【例 1.6】 逻辑结构(50,36,2,46,44,88)，可以按照图 1.4 所示的链式存储结构存放在存储器中。图中每个结点的指针域存放的是当前元素直接后继在存储器中的地址。由于链式存储结构中的元素随意存放，元素之间的逻辑关系通过指针指示，因此要访问某个元素，必须从结构的第一个元素开始沿指针进行查找。

存储器地址	0300	0304	0308	030C	0310	0314	0318	031C	0320	0324
		36		44		88	50	2	46	
		031C		0314		NULL	0304	0320	030C	

(0328)

head=0318

图 1.4 链式存储结构

③ 索引存储方法。

该方法通常在储存结点信息的同时，还通过建立附加的索引表来标识结点的地址。

索引表由若干索引项组成。若每个结点在索引表中都有一个索引项，则该索引表称为稠密索引(dense index)。若一组结点在索引表中只对应一个索引项,则该索引表称为稀疏索引(sparse index)。索引项的一般形式:(关键字,地址)。

④ 散列存储方法。

该方法的基本思想是根据结点的关键字直接计算出该结点的存储地址。

这四种基本存储方法既可单独使用,也可组合起来对数据结构进行存储映像。同一逻辑结构采用不同的存储方法,可以得到不同的存储结构。选择何种存储结构来表示相应的逻辑结构,需视具体要求而定,主要考虑运算的便捷性及算法的时空要求。

3)数据结构三方面的关系。

数据的逻辑结构、数据的存储结构及数据的运算这三方面是一个整体。孤立地去理解其中某一个方面而忽视它们之间的联系是不可取的。

存储结构是数据结构不可缺少的一个方面,同一逻辑结构采用不同存储结构时,可冠以不同的数据结构名称来标识。例如,线性表是一种逻辑结构,若采用顺序存储方法表示,可称其为顺序表;若采用链式存储方法,可称其为链表;若采用散列存储方法,则可称其为散列表。

数据的运算也是数据结构不可分割的一个方面。在给定了数据的逻辑结构和存储结构之后,按定义的运算集合及其运算的性质不同,可能会形成完全不同的数据结构。例如,若将线性表上的插入、删除运算限制在表的同一端进行,则该线性表称为栈;若将插入运算限制在表的一端进行,而删除运算限制在表的另一端进行,则该线性表称为队列。更进一步,若线性表采用顺序表或链表作为存储结构,则对插入和删除运算施加上述限制之后,可分别得到顺序栈或链栈、顺序队列或链队列。

5. 数据类型(data type)

所谓数据类型,是一个值的集合以及在这些值上定义的一组操作的总称。通常数据类型可以看作程序设计语言中已实现的数据结构。

例如,C 语言的“整数类型”就定义了一个整数可取值的范围(其最大值 INT-MAX 依赖于具体机器)以及对整数可施加的加、减、乘、除和取模等运算操作。

按“值”是否可分解,可将数据类型划分为两类。

(1)原子类型:其值不可分解。通常由语言直接提供。

例如,C 语言的整型、字符型等标准类型及指针等简单的导出类型。

(2)结构类型:其值可分解为若干个成分(或称为分量),是用户借助语言提供的描述机制自行定义的。它通常是由标准类型派生的,故其也是一种导出类型。

例如,C 语言的数组、结构等类型。

6. 抽象数据类型(abstract data type,ADT)

数据类型是与计算机密切相关的概念,一个数据类型的具体特征与计算机系统有关。为了更准确地描述数据类型的本质特征,可以把数据类型中与计算机无关的数学特性抽象出来,从而得到抽象数据类型的概念。

抽象数据类型是指一个数学模型以及定义在该模型上的一组操作,即由数学意义上的一个值域和定义在该值域上的一组操作组成。“抽象”的意义在于数据类型的数学抽象特性。抽象数据类型的定义仅取决于它的逻辑特性,而与其在计算机内部如何表示和实现无关。无论其内部结构如何变化,只要数学特性不变就不影响它的外部使用。利用抽象数据类型更容易

对一个数据类型的数学特性进行描述。

例如，在使用“整型”抽象数据类型对“整型”数据类型所共有的数学特性进行描述之后，尽管“整型”数据类型在不同处理器上的实现方法可能不同，但由于其定义的数学特性相同，在用户看来就都是相同的。

此外，抽象数据类型的范围很广，它已不再局限于机器已定义和实现的数据类型，还包括用户在设计软件系统时自行定义的数据类型。使用抽象数据类型定义的软件模块含定义、表示和实现三部分，三者封装在一起，对用户透明（提供接口），用户无须了解其实现细节。抽象数据类型的出现使程序设计不再是“艺术”，而是向“科学”迈进了一步。

本书在介绍每一个数据结构时，都将其描述成一个抽象数据类型。抽象数据类型可以用这样的三元组表示：(D,S,P)。其中，D 是数据对象，S 是 D 上的关系集，P 是对 D 的基本操作集。本书采用以下格式对抽象数据类型进行定义：

```
ADT 抽象数据类型名{
  数据对象：<数据对象的定义>
  数据关系：<数据关系的定义>
  基本操作：<基本操作的定义>
}ADT 抽象数据类型名
```

其中，数据对象和数据关系的定义用伪码或文字描述，基本操作按以下格式进行定义：

```
基本操作的函数名(参数表)
  操作说明；
```

【例 1.7】 复数的抽象数据类型 ADT 的实现。

```
ADT Complex{
  数据对象：D={ c1,c2 | c1,c2 ∈ FloatSet}
  数据关系：R={ <c1,c2> | c1 是复数的实部,c2 是复数的虚部 }
  基本操作：
    create(a)
      创建一个复数；
    output(a)
      输出一个复数；
    add(a,b)
      求两个复数相加之和；
    sub(a,b)
      求两个复数相减之差；
    multiply(a,b)
      求两个复数相乘之积；
    ……
}ADT Complex
```

实现复数 ADT 的 C 语言源程序如下。

```
#include <stdio.h>
typedef struct                    /* 存储表示，结构体类型的定义 */
```

```
    { float x;                                    /* 实部子域 */
      float y;                                    /* 虚部的实系数子域 */
    } complex;
/* 子函数的原型声明 */
void create(complex *c);
void output(complex a);
complex add(complex k, complex h);
complex sub(complex k, complex h);
complex multiply(complex k, complex h);
complex a,b;                                      /*全局变量的声明*/
void main()                                       /*主函数*/
{ create(&a); output(a);
  create(&b); output(b);
}
void create(complex *c)
{ float x1,y1;
  printf("\n 请输入实部:x="); scanf("%f",&x1);
  printf("\n 请输入虚部:y="); scanf("%f",&y1);
  c->x=x1; c->y=y1;
}
void output(complex a)                            /*输出一个复数*/
{ printf("\n 该复数为: %f+i*%f",a.x,a.y);
}
complex add(complex k, complex h)                 /*求两个复数相加之和*/
{ complex l;
  l.x=k.x+h.x;
  l.y=k.y+h.y;
  return l;
}
complex sub(complex k, complex h)                 /*求两个复数相减之差*/
{ complex l;
  l.x=k.x-h.x;
  l.y=k.y-h.y;
  return l;
}
complex multiply(complex k,complex h)             /*求两个复数相乘之积*/
{ complex l;
  l.x=k.x*h.x-k.y*h.y;
  l.y=k.x*h.y+k.y*h.x;
  return l;
}
```

1.3 算法和算法分析

算法(algorithm)在计算机科学中是一个十分重要的概念。被誉为“Pascal 之父”、结构化

程序设计先驱的 Niklaus Wirth 最著名的一本书，叫作《算法＋数据结构＝程序》，由此足见算法与数据结构之于程序设计的重要性。算法与数据结构是互相依赖、互相联系的，绝不能将它们分开来独立研究。对于算法和数据结构二者来说，在某一方面做出的某个决定往往会影响到另外一个方面。在数据结构这门课程中，数据的运算是通过算法来描述的，讨论算法是数据结构课程的重要内容之一。

1.3.1 算法的概念

算法是解决某个特定问题的一种方法或一个有限过程。

计算机对数据的操作可以分为数值性和非数值性两种类型。在数值性操作中主要进行的是算术运算，而在非数值性操作中主要进行的是查找、排序、插入和删除等。设计算法的基本过程通常如下：首先通过对问题的仔细分析，抽象出相应的数学模型；然后确定使用的数据结构，并在此基础上设计对此数据结构实施各种操作的算法；最后选用某种语言将算法转换成程序。

需要特别注意的是，一个问题的求解算法是依赖于所选用的数据结构的。对于同一个问题，若选择的数据的逻辑结构和存储结构不同，算法也就不同。更进一步，即便选用了相同的逻辑结构和存储结构，由于不同的人有不同的解题思路和设计技巧，设计出来的算法亦可能有很大的不同，算法的性能可能差异甚大。

一个算法应该具备以下五个基本特性：

(1)有穷性。一个算法必须在执行有穷步之后结束，且每一步都必须在有限时间内完成。

(2)确定性。算法的每一步必须有确切的定义，在他人理解时不会产生二义性。并且，在任何情况下执行算法，相同的输入只能得到相同的输出。

(3)可行性。算法中的每一步都可以通过有限次地执行已经实现的基本运算来实现。

(4)输入。一个算法具有零个或多个输入，这些输入取自特定的数据对象集合。

(5)输出。一个算法具有一个或多个输出，这些输出同输入之间存在某种特定的关系。

【例 1.8】 要求按从小到大的顺序对 x、y、z 三个数值重新排列。

解决这个问题的算法描述如下：

(1)输入 x、y、z 三个数值；

(2)从三个数值中挑选出最小者并换到 x 中；

(3)从 y、z 中挑选出较小者并换到 y 中；

(4)输出排序后的结果。

在实际应用当中，用来描述具体算法的方法很多，常见的主要有以下几种。

(1)自然语言。

自然语言是描述算法最为简便的一种工具，如汉语、英语等。其优点是通俗易懂、易于掌握，一般人都会用；缺点一是烦琐，二是容易产生歧义。例 1.8 中就是采用自然语言对算法进行描述的。

(2)流程图。

流程图使用一些图框表示各种类型的操作，用线表示操作的执行顺序。相较于自然语言，流程图更简洁、直观。

(3)N-S 图。

N-S 图是描述算法的另一种常见方法，主要优点是省掉了流程图中的流程线，使得图形更紧凑,能直观地用图形表示算法;缺点是修改不方便。N-S 图的基本结构描述形式如图 1.5 所示。

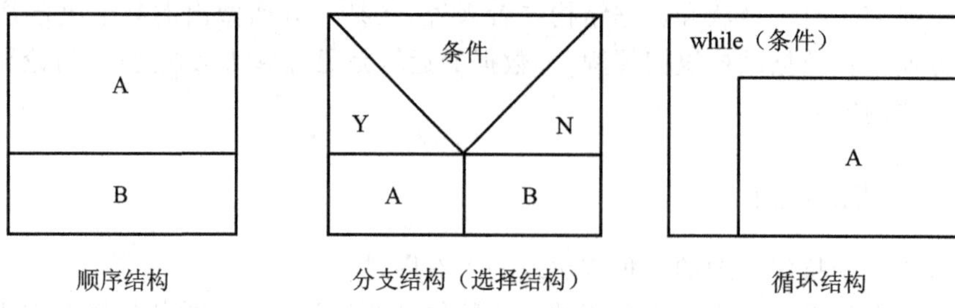

图 1.5 N-S 图的基本结构描述形式

(4)高级程序设计语言。

用高级程序设计语言去描述算法的好处是可以使算法在计算机上直接运行(算法最终要转变成程序才能在机器上实现)。不过,无论采用何种语言,通常都存在严格的语法限制、不同的格式要求等,这也会给用户带来一些不便。

(5)伪代码。

流程图、N-S 图是用于描述算法的两种图形工具,使用这些图形工具详细描述出的算法直观、易懂、逻辑关系清楚,但绘制起来比较费事,修改起来较为困难。同时,流程图、N-S 图、自然语言等与程序相比差异较大,不利于转化成程序。另外,如果直接用计算机语言编写程序,又需要掌握相应计算机语言的语法规则,过程比较烦琐。因此,在描述算法时还经常用到另外一种重要的工具——伪代码。

伪代码是一种介于自然语言与计算机语言之间的、将文字和符号相结合的算法描述工具,形式上跟计算机语言比较接近,但没有严格的语法规则限制,通常是借助某种高级程序设计语言的控制结构,中间的操作可以用自然语言,也可以用程序设计语言描述。这样既避免了严格的语法规则约束,又比较容易转换成最终的程序。

下面,我们来讨论另外一个问题:如何才能设计出一个好的算法? 要设计一个好的算法,必须考虑以下因素:

(1)正确性。算法的执行结果应当满足预先规定的功能和性能要求。

(2)可读性。一个算法应当思路清晰、层次分明、简单明了、易读易懂。

(3)健壮性。当输入不合法数据时,应能作适当处理,不至于引起严重后果。

(4)高效性。能有效使用存储空间且有较高的时间效率。

本书仅提供选择算法时应当考虑的因素和一些有用的分析方法。在实际情况中,应该根据各种因素权衡利弊,根据特定的环境做出最终的判断,选择一个最“合适”的算法。

1.3.2 算法分析

算法分析是对一个算法所需计算时间和存储空间进行定量分析的过程。在程序设计中,对算法进行分析是十分重要的,因为对于一个具体的应用实例,通常可能有若干个算法可以选用,程序员要判断在现有计算机环境中哪一个算法对解决某个问题是最优的。鉴于时间和空间都是极其宝贵的资源,我们必须研究并探索如何更好地利用这些资源的原理和方法。

1. 时间复杂度

算法的时间复杂度是一个算法运行时间的相对量度。一个算法的运行时间是指该算法在计算机上运行从开始到结束所花费的时长，它大致等于计算机执行一种简单操作(如赋值、比较、计算、转向、返回、输入、输出等)所需的时间与算法中执行该简单操作次数的乘积。因为执行一种简单操作所需的时间因机器而异，它是由机器本身的硬软件环境决定的，与算法无关，所以我们只讨论影响运行时间的另一个因素——算法中执行简单操作的次数。

无论一个算法是简单还是复杂，最终都是被编译后分解成简单操作，再通过中央处理器(CPU)来具体执行的。因此，每个算法都对应着一定的简单操作的次数。显然，在一个算法中，执行简单操作的次数越少，其运行时间也就相对越短；操作次数越多，其运行时间也就相对越长。所以，通常把算法中包含简单操作次数的多少叫作该算法的时间复杂度，或者时间复杂性，以此来衡量一个算法的运行时间性能(或称计算性能)。

若解决一个问题的规模为 n，即表示待处理的数据中包含 n 个元素。算法的时间复杂度与问题规模 n 有关，常将它简记为 $T(n)$。算法中简单操作重复执行的次数是问题规模 n 的某个函数 $f(n)$。可以将时间复杂度 $T(n)$ 与 $f(n)$ 函数之间的关系表示为

$$T(n) = O(f(n)) \tag{1.1}$$

其中，O 为英文 order(即数量级)一词的首字母大写。在 $f(n)$ 函数前面加上 O 意味着，随着问题规模 n 的增大，算法执行时间的增长率与 $f(n)$ 的增长率在数量级上是相同的。这称作算法的渐进时间复杂度。

例如，在两个 $N\times N$ 的矩阵相乘的算法中，乘法运算是矩阵相乘问题的基本操作。该运算一共执行了 n^3 次，因此整个算法的时间复杂度 $T(n)$ 与该基本操作的重复执行次数 n 的三次方成正比，即 $T(n)=O(n^3)$。用程序表示为

```
for(i=1;i<=n;++i)
  for(j=1;j<=n;++j)
    { c[i][j]=0;
      for(k=1;k<=n;++k)
        c[i][j]+=a[i][k] * b[k][j]; }
```

显然，基本操作的重复执行次数与算法的执行时间成正比。在多数情况下，基本操作是指算法中最深层循环中的原操作，它的执行次数和对应语句的频度(即该语句重复执行的次数)相同。

例如，有以下三个程序段：

```
(1)++x;
(2)for(i=0;i<n;i++){++x;sum+=x;}
(3)for(i=0;i<n;i++)
     for(j=0;j<n;j++){++x;sum+=x;}
```

这三个程序段中，含基本操作“x 增 1”的语句的频度分别为 1、n、n^2，则这三个算法的时间复杂度分别为 $O(1)$、$O(n)$、$O(n^2)$，分别称为常量阶、线性阶和平方阶。时间复杂度除了以上类型外，还可能出现对数阶 $O(\log_2 n)$、指数阶 $O(2^n)$ 等类型。研究算法的时间复杂度，目的是研究随着问题规模 n 的逐渐增大，时间消耗的增长趋势(很快、缓慢、很少)。不同数量级时间复杂度的性状如图 1.6 所示。

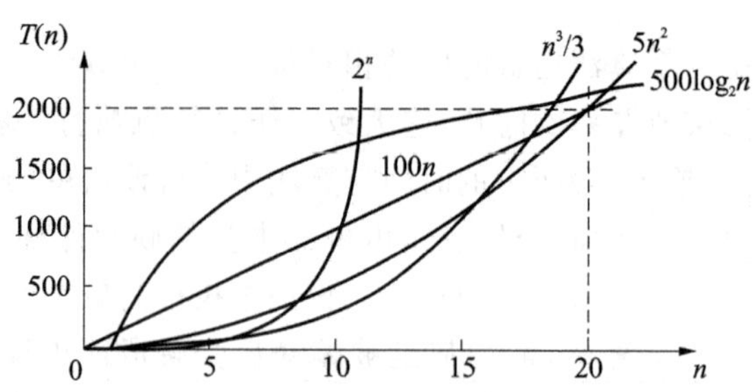

图 1.6　各种数量级的时间复杂度

【例 1.9】 两个算法 A_1 和 A_2 求解同一问题，时间复杂度分别是 $T_1(n)=100n^2$，$T_2(n)=5n^3$。

(1)当输入量 $n<20$ 时，有 $T_1(n)>T_2(n)$，后者花费的时间较少。

(2)随着问题规模 n 的增大，两个算法的时间开销之比 $5n^3/100n^2=n/20$ 亦增大。即当问题规模较大时，算法 A_1 比算法 A_2 要有效得多。

这两个算法的渐进时间复杂度 $O(n^2)$ 和 $O(n^3)$ 从宏观上评价了这两个算法在时间方面的质量。

在进行算法分析时，往往对算法的时间复杂度和渐进时间复杂度不予区分，经常将渐进时间复杂度 $T(n)=O(f(n))$ 简称为时间复杂度，其中的 $f(n)$ 一般是算法中频度最大的语句频度。

在估算算法的时间复杂度时，还需注意以下两点。

(1)由于算法的时间复杂度考虑的只是相对于问题规模 n 的增长率，即随着问题规模 n 的增大，算法执行时间的增加趋势，因此一般没有必要用精确的语句频度来描述算法的时间复杂度，只需估算到数量级的精确程度即可。

例如，以下算法中基本操作的语句频度为 $n(n+1)/2$。

```
for(k=1;k<=n;++k)
  for(j=1;j<=k;++j){ ++x;sum+=x; }
```

当 n 充分大时，$n(n+1)/2$ 与 n^2 同阶，因此可以将该算法的时间复杂度表示为 $T(n)=O(n^2)$。同理，以下算法的时间复杂度 $T(n)=O(n)$。

```
i=0;j=0;
while(i+j<=n){
if(i<j)j++;
else i++; }
```

(2)有时，算法中基本操作的重复执行次数还会随输入数据集的不同而不同。例如，若采用冒泡排序法将输入的整数集按从小到大的顺序排列，则该算法的基本操作是“交换序列中相邻的两个整数”。若输入的整数集本身已按从小到大有序排列，则基本操作的执行次数为 0；而若输入的整数集本身是按从大到小有序排列，则基本操作的执行次数为 $n(n-1)/2$。

对于这类算法，通常用两种方法来解决时间复杂度的估算问题。一种方法是计算所有可能情况下基本操作的重复执行次数的数学期望值，即以平均时间复杂度作为算法效率的估算结果。但是在很多情况下，各种输入数据集出现的概率是难以确定的，导致算法的平均时间复杂度也难以确定。另一种更可行也更常用的方法是，估算算法在最坏情况下的时间复杂度，即最坏情况时间复杂度。例如，冒泡排序法在最坏情况(即初始序列为自大到小有序排列)下的

时间复杂度为 $T(n)=O(n^2)$。本书在后续章节中讨论时间复杂度时，除非特别指明，均指最坏情况时间复杂度。

2. 空间复杂度

空间复杂度是对一个算法在运行过程中临时占用存储空间大小的度量，它也是问题规模的函数，记作 $S(n)=O(f(n))$。空间复杂度一般以问题规模的某数量级形式给出，如 $O(1)$、$O(n)$、$O(n^2)$和 $O(\log_2 n)$等。

一个算法在计算机存储器中占用的存储空间由存储算法代码本身占用的存储空间、算法输入/输出数据占用的存储空间、算法在运行过程中临时占用的存储空间三部分组成。其中，算法输入/输出数据占用的存储空间由所处理的问题决定，它不因算法的不同而改变。存储算法代码本身占用的存储空间与算法代码的长短成正比，要压缩这方面的存储空间，就必须编写出比较精练的算法，如递归算法通常就比相应的非递归算法要短。算法在运行过程中临时占用的存储空间因算法而异。有的算法只需要占用少量的临时工作单元，而且不随问题规模的变化而改变，这类算法被称为是“原地”进行的。有的算法需要占用的临时工作单元数与问题规模 n 有关，随 n 的增大而增大。显然，当问题规模比较大时，这类算法将占用比较多的存储空间，如后续章节将介绍的快速排序和归并排序算法就属于这种情况。

分析一个算法占用的存储空间时，要综合考虑各方面因素。例如，递归算法在形式上一般都比较简短，算法代码本身占用的存储空间并不多，但算法在运行过程中需要设置递归工作栈，从而占用了较多的临时工作单元；反之，若将其改写成相应的非递归算法，则算法代码本身占用的存储空间可能比较多，但算法在运行过程中临时占用的存储空间则相对较少。

本章小结

(1)数据结构研究的是数据的表示和数据之间的关系。从逻辑上讲，数据有集合结构、线性结构、树形结构和图结构四种。从物理实现上讲，数据有顺序结构、链式结构、索引结构和散列结构四种。理论上，所有数据逻辑结构都可以用任何一种存储结构来实现。

(2)在集合结构中，数据之间是无序的、各自独立的状态；在线性结构中，数据之间是一对一的关系；在树形结构中，数据之间是一对多的关系；在图结构中，数据之间是多对多的关系。

(3)抽象数据类型是数据和对数据进行各种操作的集合体。这里所说的数据是广义的，是带有结构的数据，它可以具有任何逻辑结构和存储结构。

(4)算法的评价指标主要有正确性、可读性、健壮性和高效性四个方面。高效性又包括时间复杂度(性)和空间复杂度(性)两个方面。若一个算法的时间复杂度和空间复杂度越好(即越节省时间和空间)，则越有效。

(5)算法的时间复杂度和空间复杂度通常用数量级的形式表示。数量级的形式可以分为常量级、对数级、线性级、平方级、立方级等多个级别。当数据处理量较大时，处于前面级别的算法比处于后面级别的算法更高效。

思考与练习题

1. 解释以下基本概念：数据、数据结构、存储结构、数据类型、算法、算法的时间复杂度。

2. 举出一个数据结构的例子，叙述其逻辑结构、存储结构和数据的运算三方面的内容。

3. 使用 ADT 有何优点？

4. 分析并写出下面各语句组所代表的算法的时间复杂度。

```
(1) { i=1; k=0;
      while (i<=n-1)
          { k=k+10*i;
            i++;
          }
    }
(2) { i=1; k=0; n=100;
        do { k=k+10*i;
             i++;
           } while(i==n);
    }
(3) { i=1; j=0;
      while(i+j<=n)
          { if (i>j) j++;
            else i++;
          }
    }
(4) { x=n; /* n>1 */
      y=0;
      while(x>=(y+1)*(y+1)) y++;
    }
(5) { m=91; n=100;
      while(n>0)
           { if(m>0) { m=m-10; n-- ;}
             else m++;
           }
    }
(6) { for (i=1;i<=n; i++)
          for (j=1; j<=i; j++)
              for (k=1; k<=j; k++)
                  {s=i+k; printf (" % d",s);}
    }
```

5. 设计一个算法，实现 n 个整数的求和运算，并计算该算法的时间复杂度。

6. 设计一个算法，将 n 个数据元素按非降序排列，并计算该算法的时间复杂度。

7. 设计一个算法，实现 $n \times m$ 阶矩阵转置，并计算该算法的时间复杂度。

8. 设计一个算法，实现在一个数据元素集合中查找某个数据元素，并计算该算法的时间复杂度。

第2章 线 性 表

线性表是一种常用的数据结构，也是最基本、最简单的。线性表中数据元素之间是一对一的关系，即除了第一个和最后一个数据元素之外，其他数据元素都是首尾相接的。线性表的逻辑结构简单，便于实现和操作。因此，线性表这种数据结构在实际应用中被广泛采用。本章主要介绍线性表的定义、存储结构以及线性表中可以进行的主要操作，学习重点为顺序表和单链表的定义及操作。

2.1 线性表的定义

线性表(linear list)是由相同类型元素构成的一个有限序列。每个数据元素的具体含义在不同的情况下各不相同，它既可以是一个简单类型的元素，也可以是复合类型的元素，或者更复杂的元素。线性表中所包含元素的个数即线性表的长度，用 n 来表示，$n \geqslant 0$。当 $n=0$ 时，表示线性表是一个空表，即线性表中不包含任何元素。下面给出线性表的正规定义：

设序列中第 i 个元素为 $a_i(1 \leqslant i \leqslant n)$，则将线性表记为 $L=(a_1, a_2, a_3, \cdots, a_{i-1}, a_i, a_{i+1}, \cdots, a_n)$。

从上述定义可以看出，表中 a_{i-1} 领先于 a_i，称 a_{i-1} 是 a_i 的直接前驱元素，a_{i+1} 是 a_i 的直接后继元素。表中第一个元素 a_1 称为表头元素，它没有直接前驱元素。表中最后一个元素 a_n 称为表尾元素，它没有直接后继元素。线性表中的元素在位置上是有序的，这种位置上的有序性是一种线性关系，所以线性表是一种线性结构。同时，在非空线性表($n \geqslant 1$)中，每个数据元素都有一个确定的位置，如 a_i 是第 i 个数据元素，称 i 为数据元素 a_i 在线性表中的位序。

由线性表的定义我们也可以知道，线性表的长度是可变的。当向线性表中插入一个元素时，其长度增加1；当从线性表中删除一个元素时，其长度减少1。关于线性表的操作，后续将详细讲解。

下面给出几个线性表的例子：

A=(1,2,4,6,9,10,3)

B=('+','-','*','/','a','b')

C=('hello','world')

其中，线性表A中的数据元素为整型；线性表B中的数据元素为字符型；线性表C中的数据元素为字符串型。注意：A、B、C三个线性表表内元素的数据类型相同。

2.2 线性表的顺序存储结构

实现线性表的运算依赖于线性表的存储结构。在计算机内,线性表可以用不同的存储方式存储,而不同的存储方式会直接影响线性表运算的实现。顺序存储是线性表的一种最简单的存储结构,其存储的原理是在内存中为线性表开辟一块连续的存储空间,该存储空间包含的存储单元数要大于或等于线性表的长度,将线性表中的数据元素一个挨着一个地依次存放在该存储空间中。我们把采用这种存储结构的线性表称为顺序线性表,简称顺序表。

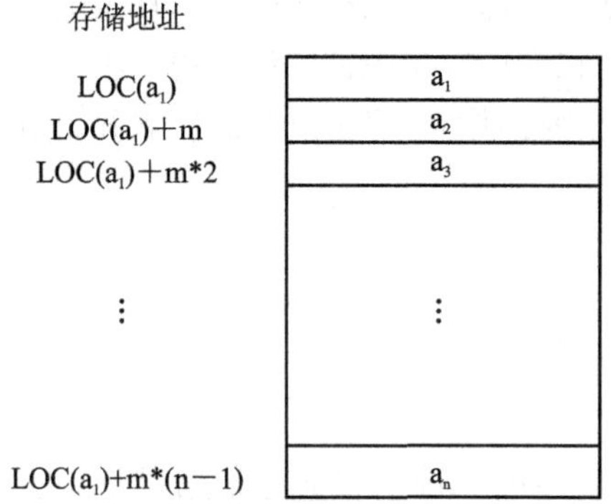

图 2.1 线性表的顺序存储示意

由于线性表中的数据元素具有相同的数据类型,因此,我们可以很容易地确定每个数据元素在存储单元中与起始位置的相对位置,如图 2.1 所示。

假设线性表的每个数据元素占 m 个存储单元,并以第一个数据元素的存储地址作为起始位置,称为基地址[记为 $LOC(a_1)$],则线性表中第 i 个数据元素的存储地址[记为 $LOC(a_i)$]可以通过如下公式计算:

$$LOC(a_i)=LOC(a_1)+m(i-1) \quad [1\leqslant i\leqslant LENGTH(L)] \tag{2.1}$$

线性表的顺序存储结构使得线性表中逻辑上相邻的数据元素在物理位置上也相邻。一旦将线性表起始地址和每个数据元素所占用存储单元的大小确定下来,就可以确定任意一个数据元素的存储地址,从而实现对线性表中数据元素的随机存取。

2.2.1 线性表的顺序存储表示

由于一个数组在内存中对应着一块连续的存储空间,因此,我们可以使用数组类型来定义一个线性表的存储结构 ElemType[MaxSize],线性表的长度用整型变量 length 来表示,则元素数据类型为 ElemType 的线性表的顺序存储类型可描述为

```
typedef struct
{
    ElemType list[MaxSize];
    int length;
}Sqlist;
```

其中,MaxSize 决定了线性表可存的最大长度,当线性表的长度 length 大于 MaxSize 时,其尾部多余的元素将无法被存储,发生这种情况时需要重新分配存储空间,使 MaxSize 的值更大一点。因此,我们一般采用动态分配数组空间来增强程序的通用性,使数组长度能够按需要增加,则修改元素数据类型为 ElemType 的线性表的顺序存储类型描述如下。

```
typedef struct
{
    ElemType *list;
    int length;
```

```
    int listsize;
}Sqlist;
```

ElemType 表示线性表中所存元素的数据类型，list 指针指向所分配连续存储单元的首地址。length 代表当前线性表的长度，而 listsize 则对线性表当前的存储容量进行了定义。

2.2.2 线性表的顺序存储基本操作

为了便于描述，我们预定义了以下常量和数据类型：

```
#define TRUE 1
#define FALSE 0
#define OK 1
#define ERROR 0
#define INFEASIBLE -1
#define OVERFLOW -2
#define LIST_INIT_SIZE 5 //线性表存储空间的初始分配量
#define LISTINCREMENT 1 //线性表存储空间分配增量
typedef int Status; //函数类型，其值为函数结果状态代码
typedef int ElemType; //假设数据元素为整型
```

在顺序存储方式下，对线性表可进行的基本操作有：

(1)初始化线性表 InitList。

```
Status InitList(Sqlist L)
{
    L.list=(ElemType *)malloc(LIST_INIT_SIZE*sizeof(ElemType));
    if(L.list==NULL)
        exit(OVERFLOW);
    else
    {
        L.length=0;
        L.listsize=LISTINCREMENT;
        return OK;
    }
}
```

(2)求线性表的长度。

```
int ListLength(Sqlist L)
{
    return L.length;
}
```

(3)读取线性表中第 i 个元素。

```
ElemType GetElem(Sqlist *L,int i)
{
    int j;
    if(i<1||i>L.length) /*若i越界则退出运行*/
        exit(1);
```

```
    return L.list[i-1];
}
```

(4)遍历输出线性表中的每个元素。

遍历一个线性表就是从线性表的第一个元素起，按照元素之间的逻辑顺序，依次访问每个元素，且每个元素只能被访问一次，直到所有的元素被访问完为止。在顺序存储方式下，线性表中元素之间的存储顺序与其逻辑顺序相同。

```
Void TraverseList(Sqlist *L)
{
    int i;
    for(i=0;i<L.length;i++)
      {
      printf("%d",L.list[i]);
      printf("\n");
      }
}
```

(5)查找值与 x 相等的元素，若找到则返回其位置，否则返回"-1"。

```
int FindList(Sqlist *L,ElemType x)
{
    int i;
    for(i=0;i<L.length;i++)
    if (L.list[i]==x)
      return i;
    else
      return INFEASIBLE;
}
```

(6)将元素 x 插入线性表中的指定位置。

```
Status ListInsert(Sqlist L,int i,ElemType x)
{
    int *q=&(L.list[i-1]);
    ElemType *newbase, *p;
    if(i<1||i>(L.length+1))
          return ERROR;
    if(L.length>=L.listsize) {
    newbase=(ElemType *)realloc(L.list,L.listsize+LISTINCREMENT * sizeof(ElemType));
      if(newbase==NULL)
          exit(OVERFLOW);
      L.list=newbase;
      L.listsize+=LISTINCREMENT;
    }
    for(p=&(L.list[L.length-1]);p>=q;--p)
          { *(p+1)= *p;}
    *q=x;
      ++L.length;
    return OK;
}
```

该算法的问题规模是表长 length，基本语句是 for 循环中元素后移的语句。当 i=length+1 时(即在表尾插入)，元素后移语句将不执行，这是最好的情况，时间复杂度为 $O(1)$；当 $i=1$ 时(即在表头插入)，元素后移语句将执行 n 次，需移动表中所有元素，这是最坏的情况，时间复杂度为 $O(n)$。由于插入可能在表中任意位置上进行，因此需分析算法的平均时间复杂度。令 $E\text{ in }(n)$表示元素移动次数的平均值，由于在第 $i(1\leqslant i\leqslant n+1)$个位置上插入一个元素时，后移语句的执行次数为$(n-i+1)$，故

$$E\text{ in }(n)=p_i(n-i+1) \tag{2.2}$$

其中，p_i 表示在表中第 i 个位置上插入元素的概率。不失一般性，假设在表中任意位置上插入元素的概率是均等的，则 $p_1=p_2=\cdots=p_{n+1}=1/(n+1)$，因此

$$E\text{ in }(n)=\sum_{i=1}^{n}p_i(n-i+1)=\sum_{i=1}^{n}\frac{1}{n+1}(n-i+1)=\frac{n}{2}=O(n) \tag{2.3}$$

也就是说，等概率情况下，在顺序表上实现插入操作，平均要移动表中一半的元素，算法的平均时间复杂度为 $O(n)$。

(7)删除指定位置的元素 x。

```
Status ListDelet(Sqlist L,int i,ElemType x)
{
    if(i<1||(i>L.length))
        return ERROR;
    ElemType *p,*q;
    p=&(L.list[i-1]);
    x=*p;
    q=L.elem+L.length-1;
    for(++p;p<=q;++p)
        *(p-1)=*p;
    --L.length;
    return OK;
}
```

删除算法的时间复杂度分析与插入算法类似。该算法的问题规模是表长 length，基本语句是 for 循环中元素前移的语句。若删除表尾元素(即 i=length)，无须移动元素；若删除表头元素(即 $i=1$)，需移动除第一个元素以外的所有元素。这两种情况下算法的时间复杂度分别为 $O(1)$和 $O(n)$。平均情况下，令 $E\text{ de }(n)$表示元素移动次数的平均值，由于删除第 i(1≤i≤length)个元素需要移动 $n-i$ 个元素，故

$$E\text{ de }(n)=\sum_{i=1}^{n}p_i(n-i) \tag{2.4}$$

其中，p_i 表示删除表中第 i 个元素的概率。等概率情况下，$p_1=p_2=\cdots=p_n=1/n$，因此

$$E\text{ de }(n)=\sum_{i=1}^{n}p_i(n-i)=\sum_{i=1}^{n}\frac{1}{n}(n-i)=\frac{n-1}{2}=O(n) \tag{2.5}$$

也就是说，等概率情况下，在顺序表上实现删除操作，平均要移动表中一半的元素，算法的平均时间复杂度为 $O(n)$。

(8)清空线性表。

```
Status ClearList(Sqlist L)
```

```
{
    if(L.list==NULL)
        exit(ERROR);
    int i;
    ElemType *p_elem=L.list;
    for(i=0;i<L.length;i++)
    {
        *L.list=NULL;
        L.list++;
    }
    L.list=p_elem;
    return OK;
}
```

(9)销毁线性表。

```
Status DestroyList(Sqlist L)
{
    if(L.list==NULL)            /*判断线性表L是否已存在*/
        return ERROR;
    else
        free(L.list);
    return OK;
}
```

2.3 线性表的链式存储结构

使用顺序存储结构存放线性表的优点是存储空间的利用率高，存取速度快，每个存储结点只含有所存元素本身的信息，元素之间的逻辑关系可以通过数组下标位置直接计算出来。但其也有缺点：无论是插入一个结点，还是删除一个结点，都需要调整一批结点的位置。同时，由于数组要求占用连续的存储空间，即使存储单元数超过线性表实际所需的数目，如果空间上不连续也不能使用，从而造成存储空间的“碎片”现象。

因此，在实际应用中，也常采用链式存储结构来存放线性表。使用链式存储方式存储的线性表被称为链表。在链表中，每个存储结点不仅含有所存元素本身的信息，而且含有元素之间逻辑关系的信息。其存储结点的结构为

data	p_1	p_2	…	p_m

其中，data 称为值域，用来存储一个数据元素。p_1，p_2，p_3，…，p_m 称为指针域，用于存储其对应的前驱元素或后继元素的存储位置。若一个结点中的某个指针域不需要指向任何结点，则令它的值为空，用常量 NULL 表示。NULL 在 stdio.h 中被定义为具有 void * 类型的整数 0。

从链式存储结构的结点定义中我们可以看出，元素结点用存储单元(即若干个连续字节)来存放，一个元素对应一个存储单元，存储单元之间既可以是(空间上)连续的，也可以是不连续的，甚至可以零散地分布在存储空间中的任意位置。链表中结点的逻辑顺序和物理顺序也未必一致。

2.3.1 单链表

由于线性表中的每个元素至多只有一个前驱元素和一个后继元素，即数据元素之间存在1∶1的逻辑关系，所以当进行链式存储时，最简单也最常用的方式是在每个结点中(除包含有值域外)，只设置一个指针域，用以指向其后继结点。使用这种方式构成的链表称为线性单向链表，简称单链表。其对应的存储结构示意如图 2.2 所示。

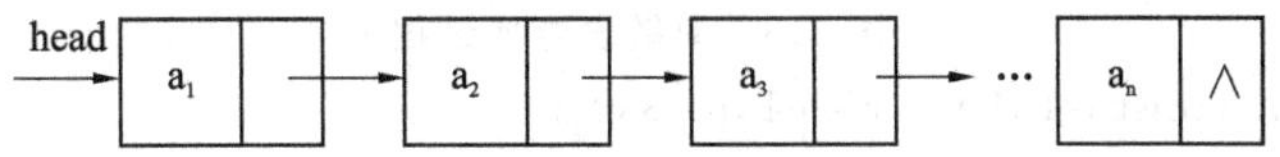

图 2.2 单链表存储结构

每个结点的指针域指向它的后继结点，因此当访问过一个结点后，只能接着访问它的后继结点，而无法访问其前驱结点。若一个指针域的值为空(即 NULL)，则在图中用符号∧表示。

在线性表的链式存储结构中，逻辑上相邻的元素，其对应的存储位置是通过指针来链接的，因而每个结点的存储位置可以任意安排，不要求必须相邻。当进行插入或删除操作时，只需修改相关结点的指针域即可，这样既方便又省时，灵活性强。但是，由于线性链表的每个结点都带有指针域，其在存储空间上要比顺序存储结构要求更高。

对应前面所述顺序存储结构中线性表的操作，下面给出单链表中的一些主要操作，读者可以自行比较一下它们之间的区别。为便于描述，先给出单链表的结构定义：

```
typedef struct
{
  ElemType data;
  struct LNode * next;
}LNode, * LinkList;
```

该结构定义了元素结点的数据类型及其指针域。

(1)初始化单链表。

```
Status InitList(LinkList &L) {
  L = (LinkList)malloc(sizeof(LNode));
  if (! L) exit(OVERFLOW);
  L->next=NULL;
  return OK;
}
```

(2)求单链表的长度。

```
int ListLength(LinkList L) {
  p=L;
  i=0;
  while (p&&p->next! =NULL) ++i;
  return i;
}
```

(3)查找指定位置的元素。

在单链表中，即使知道被访问结点的位置 i(即序号)，也不能像顺序表那样直接按序号访问，而只能从头指针出发，设置一个工作指针 p，沿着 next 域逐个结点往下搜索。当工作指针 p 指向某个结点时判断其是否为第 i 个结点，若是，则查找成功；否则，将工作指针 p 后移，即将 p 指向原来所指结点的后继结点。对每个结点依次执行上述操作，直到 p 为 NULL 时判定查找失败。查找过程如图 2.3 所示。

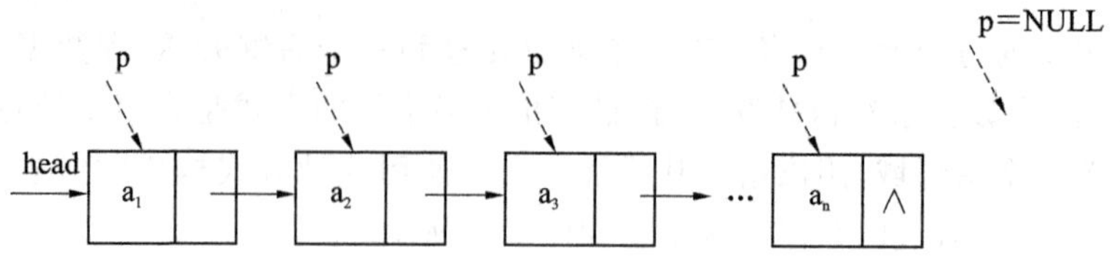

图 2.3 单链表查找过程

```
Status GetElem(LinkList &L,int i, ElemType &e) {
  LinkList p;
  p = L->next;
  int j = 1;
  while (p && j<i) {
    p = p->next; ++j;
  }
  if ( ! p || j>i ) return ERROR;
  e = p->data;
  return OK;
}
```

查找算法的基本语句是工作指针 p 后移，该语句执行的次数与被查找结点在表中的位置有关。在查找成功的情况下，若查找位置为 $i(1\leqslant i\leqslant n)$，则需要执行 $(i-1)$ 次，等概率情况下，算法的平均时间复杂度为 $O(n)$。

(4)单链表内结点的插入。

在链表中插入结点时，根据结点位置的不同，可分为三种情况。第一种情况是将结点插在链表首结点之前。此时，只需要将新创建结点的指针指向原链表的首结点，同时使新结点指针成为链表的开始。如图 2.4 所示。

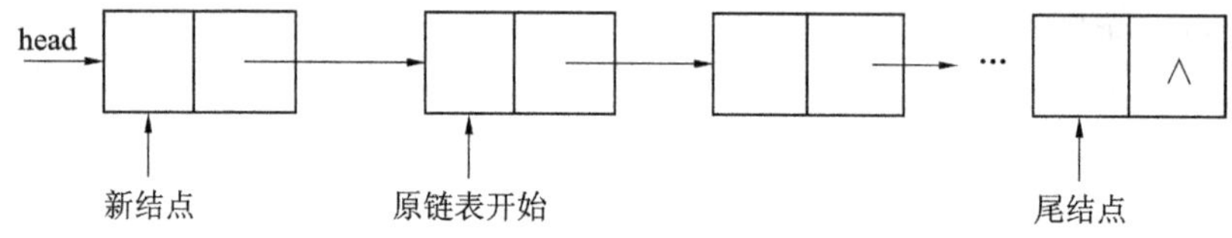

图 2.4 单链表首结点插入

第二种情况是将结点插在链表的尾结点之后。此时，只需将原来链表尾结点指针指向新创建的结点，然后将新结点的指针指向 NULL。如图 2.5 所示。

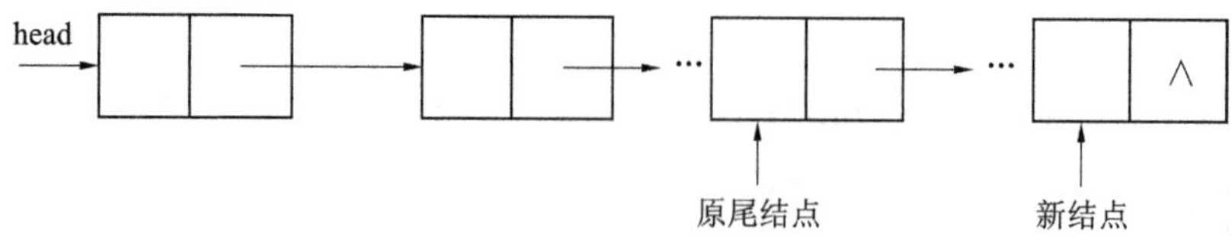

图 2.5 单链表尾结点插入

第三种情况则是将结点插在链表的中间位置。假定结点插在 ptr 的后面，先将 ptr 的 next 指针指向新创建的结点，再将新创建结点的 next 指针指向 ptr 原来指向的结点。如图 2.6所示。

```
LinkList insertnode(LinkList head, LinkList ptr,ElemType value)
{
    LinkList new_node;
    new_node=(LinkList)malloc(sizeof(Lnode));
    if (! new_node)
      return NULL;
    new_node->data=value;
    new_next=NULL;
    if (ptr==NULL)
    {
        /*第一种情况:插入在首结点前*/
        new_node->next=head;
        return new_node;
    }
    else
    {
      if (ptr->next==NULL)
      /*第二种情况:插入在尾结点之后*/
      ptr->next=new;
      else
       {
        /*第三种情况:插入成为中间结点*/
        new_node->next=ptr->next;
        ptr->next=new_node;
        }
    }
    return head;
}
```


图 2.6 单链表中间结点插入

(5)单链表内结点的删除。

在单链表内删除结点,根据结点位置的不同,分为三种不同的情况。第一种情况是删除链表内的首结点,此时,只需要将链表结构指针 head 指向首结点的下一个结点。如图 2.7 所示。

第二种情况是删除单链表内的尾结点。此时,只需要将指向尾结点的指针指向 NULL。如图 2.8 所示。

第三种情况是删除单链表内的中间结点。此时,只需要将删除结点的结构指针,指向删除结点后的下一个结点。如图 2.9 所示。

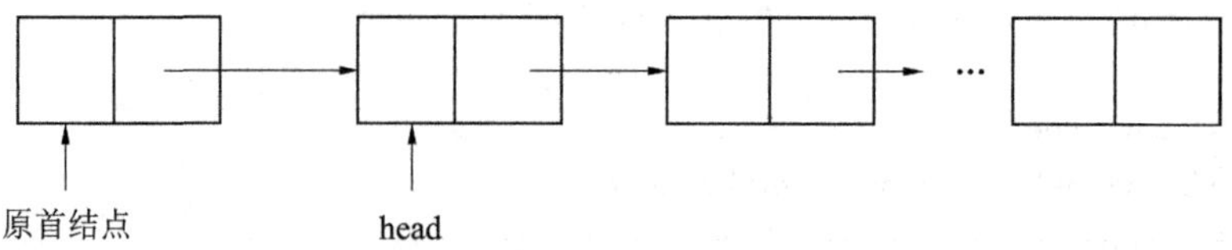

图 2.7　单链表头结点删除

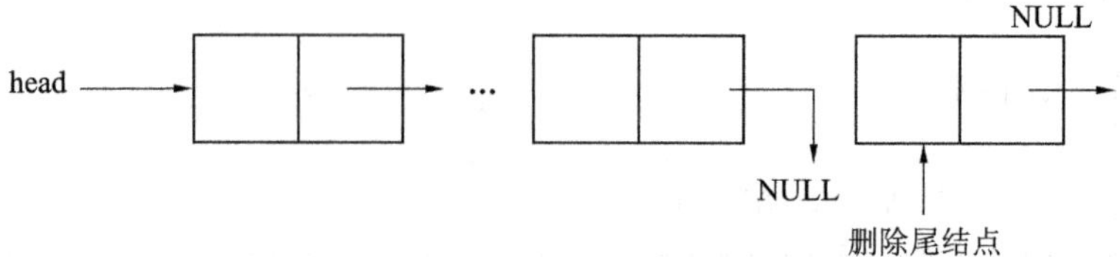

图 2.8　单链表尾结点删除

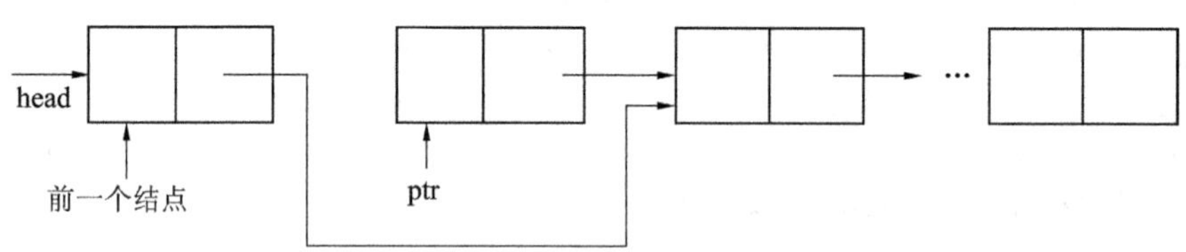

图 2.9　单链表中间结点删除

```
LinkList deletenode(LinkList head, LinkList ptr)
{
    LinkList previous;
    if (ptr==head)        /*是否是链表开始*/
        /*第一种情况:删除首结点*/
        return head->next;
    else
    {
        previous=head;
        while (previous->next! =ptr)
          previous=previous->next;
        if (ptr->next==NULL)
          /*第二种情况:删除尾结点*/
          previous->next=NULL;
        else
          /*第三种情况:删除中间结点*/
          previous->next=ptr->next;
    }
    free(ptr);
    return head;
}
```

2.3.2　循环链表

循环链表是链式存储结构的另一种形式。它的特点是表中尾结点的指针域指向头结点，整个链表形成一个环。如图 2.10 所示。

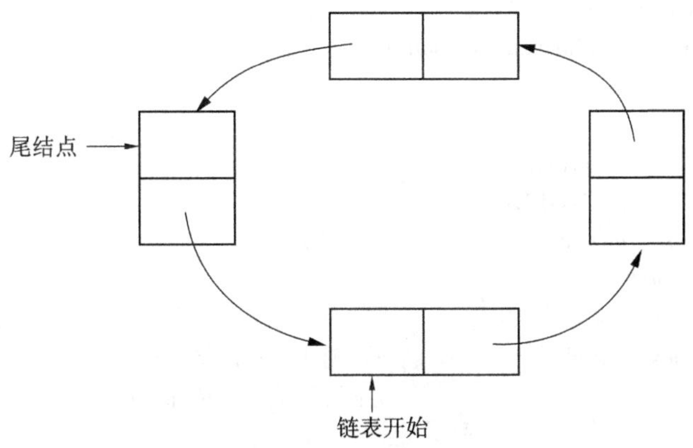

图 2.10 循环链表

循环链表和单链表的差别仅在于，判别链表中尾结点的条件不再是“后继是否为空”，而是“后继是否为头结点”。循环链表中的每个结点都可以到达链表内的其他结点。这种特性可以解决许多实际应用问题，例如，计算机处理内存工作区或输出至缓冲区时，通常就是使用循环链表连接各结点，这时各结点代表的是一块使用中或闲置的内存空间。

循环链表结构的声明如下：

```
typedef struct
{
  int data;
  struct clist * next;
}clist, * clink,cnode;
```

循环链表的运算与单链表的运算基本一致，有以下几点不同：

(1)在建立一个循环链表时，必须使其尾结点的指针指向头结点，而不是像单链表那样置为 NULL。这一规则还适用于在尾结点后插入一个新的结点的情况。

(2)在判断是否到表尾时，应判断该结点链域的值是否是表头结点，当链域值等于表头指针时，说明已到表尾，而非像单链表那样判断链域值是否为 NULL。

循环链表的操作：

(1)循环链表的创建(用数组的内容作为链表的数据域)。

```
clink createclink(int * array,int len)
{
    clink head;          /* 循环链表的头指针 */
    clink before;        /* 前一个结点的指针 */
    clink new_node;      /* 新结点的指针 */
    int i;
    /* 创建首结点 */
    /* 分配结点内存 */
    head=(clink)malloc(sizeof(cnode));
    if(! head)
      return NULL;
    head->data=array[0];
    head->next=NULL;
    before=head;
```

```
    for (i=1;i<len;i++)
    { new_node=(clink)malloc(sizeof(cnode));
      if(! new_node)
      return NULL;
      new_node->data=array[i];
      new_node->next=NULL;
      before->next=new_node;
      before=new_node;
    }
    new_node->next=head;                /* 创建环状链接 */
    return head;                        /* 返回链表头指针 */
}
```

程序中通过 new_node－＞next＝head 将线性链表的尾结点的指针指向首结点，从而使该线性链表成为一个循环链表。

(2)循环链表内结点的插入。

在循环链表中插入结点有两种情况。其一是直接将结点插在首结点之前，使其成为链表的起始点。其二是将结点插入循环链表中的任意结点之后。现在先讨论第一种情况，其操作步骤可以分为三步，如图 2.11 所示。

步骤 1：将新结点的指针指向原链表的首结点；

步骤 2：将尾结点的指针指向新结点；

步骤 3：将链表的开始指向新结点，使其成为链表的起始点。

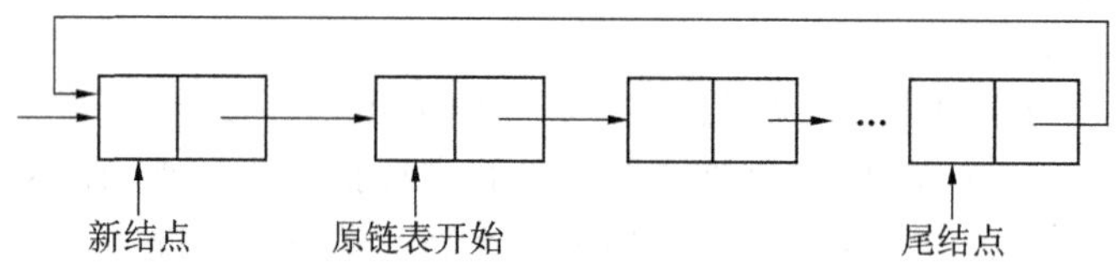

图 2.11　循环链表头结点插入

第二种情况与线性链表中结点的插入类似，如图 2.12 所示。

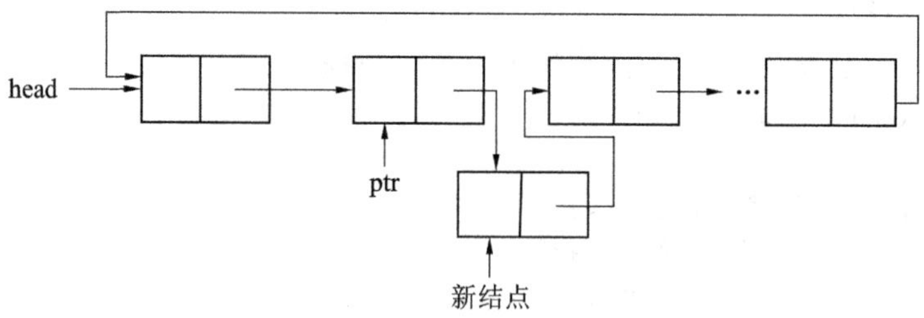

图 2.12　循环链表任意结点插入

```
clink insertNode(clink head,clink ptr,int value)
{
    clink new_node;
    clink previous;
    new_node=(clink)malloc(sizeof(cnode));
    if (! new_node)
      return NULL;
```

```
    new_node->data=value; /* 创建结点内容 */
    new_node->next=NULL;
    if (head==NULL)       /* 判断链表是否是空的 */
     {
       new_node->next=new_node; /* 指向自身结点 */
       return new_node;
     }
    if (ptr==NULL)
      /* 第一种情况:插在首结点之前,成为链表的起始点 */
    {
      new_node->next=head;
      previous=head;
      while(previous->next! =head)
         previous=previous->next;
      previous->next=new_node;
      head=new_node;
    }
    else
    {
      /* 第二种情况:插入循环链表中的任意结点之后 */
      new_node->next=ptr->next;
      ptr->next=new_node;
    }
    return head;
}
```

(3)循环链表内结点的删除。

循环链表中结点的删除操作也分为两种情况。第一种情况是将循环链表的首结点删除。该操作可以分为两个步骤,如图 2.13 所示。

步骤 1:将链表的开始移至第二个结点;

步骤 2:将尾结点的指针指向第二个结点。

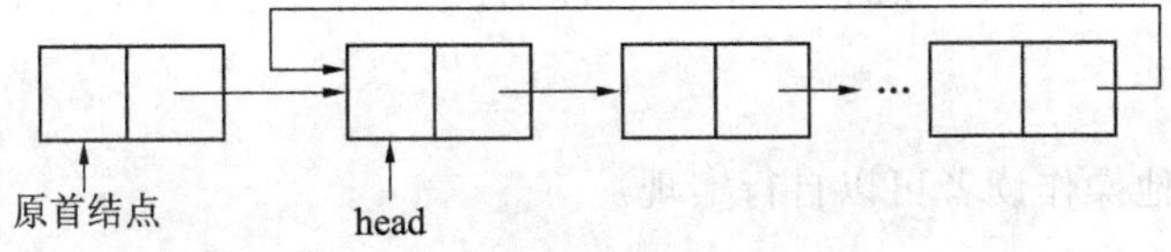

图 2.13　循环链表头结点删除

第二种情况是将循环链表的中间结点删除。假设现在要删除的结点是 ptr,则操作也分为两个步骤,如图 2.14 所示。

步骤 1:找到结点 ptr 的前一个结点;

步骤 2:将前一个结点的指针指向结点 ptr 的下一个结点。

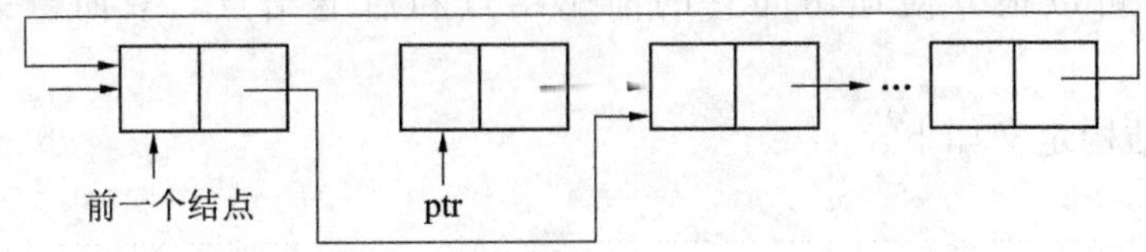

图 2.14　循环链表中间结点删除

```
clink deletenode(clink head,clink ptr)
{
    clink previous;
    if (head==NULL)          /* 判断链表是否是空的 */
      return NULL;
      previous=head;
      if (head! =head->next)          /* 链表多于一个结点 */
       while(previous->next! =ptr)
         previous=previous->next;
      if (ptr==head)
       {  /* 第一种情况:删除首结点 */
          head=head->next;
          previous->next=ptr->next;
       }
       else
         previous->next=ptr->next;     /* 前一个结点指向下一个结点 */
         free(ptr);            /* 释放结点内存 */
         return head;
}
```

(4)循环链表的遍历查找。

在循环链表内查找指定内容的结点。如果找到,则返回该结点;否则,返回"NULL"。

```
clink findnode(clink head,int value)
{
    clink ptr;
    ptr=head;
    do
    {
      if (ptr->data==value)
         return ptr;
      ptr=ptr->next;
    }while (head! =ptr && head! =head->next);
    return NULL;
}
```

循环链表的其他操作读者可以自行实现。

2.3.3 双向链表

单向链表是具有方向性的数据结构,在查找链表内容时,只能沿单一方向进行查找。双向链表是数据结构中另一种常用的链表结构。双向链表又叫双链表,是线性链表的一种,表内的每个数据结点都有两个指针,分别指向其直接后继和直接前驱结点。因此,从双向链表中的任意一个结点开始,可以很方便地访问它的前驱结点和后继结点。双向链表的存储结构如图 2.15所示。

双向链表的结构定义如下:

```
typedef struct
{
```

```
    ElemType data;
    struct DNode  * prior, * next;
} DNode, * DLink;
```

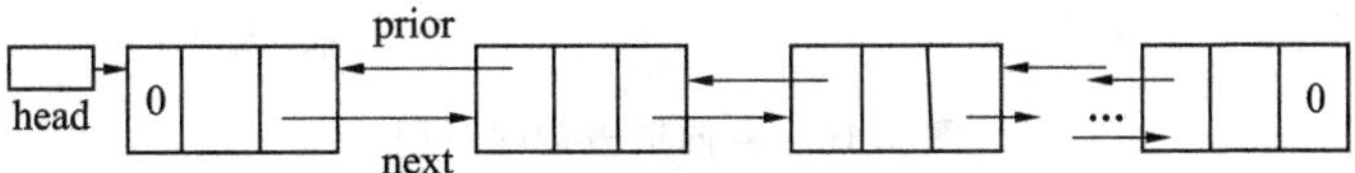

图 2.15　双向链表存储结构

该双向链表中的结点除了值域以外，还有两个指针域，分别指向其直接前驱和后继结点。需要注意的是，双向链表的表头元素没有前驱结点(用 NULL，即 0 表示)，双向链表的表尾元素没有后继结点(用 NULL，即 0 表示)。

双向链表的操作：

(1)创建双向链表。

```
dlink createdlist(int  * array,int len)
{
    dlink head;
    dlink before;
    dlink new_node;
    int i;
    /* 创建首结点 */
    head=(dlink)malloc(sizeof(dnode));
    if (! head)                    /* 检查内存指针 */
    return NULL;
    head->data=array[0];
    head->prior=NULL;              /* 设置指针初值 */
    head->next=NULL;
    before=head;
    for (i=1;i<len;i++)
    {
        /* 分配结点内存 */
        new_node=(dlink)malloc(sizeof(dnode));
        if(! new_node)
          return NULL;
        new_node->data=array[i];
        new_node->prior= before;
        new_node->next= NULL;
        before->next=new_node;
        before=new_node;
    }
    return head;
}
```

该程序使用数组结构的内容创建双向链表。在创建首结点后使用 for 循环创建其他结点。其方法是将每个新结点都插入双向链表的最后，如图 2.16 所示。

(2)双向链表内结点的插入。

双向链表结点的插入分为三种情况。第一种情况是将结点插在链表中首结点之前。具体

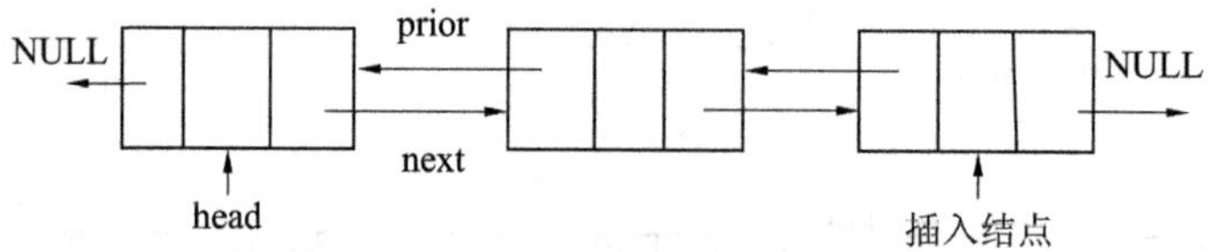

图 2.16 双向链表创建过程

操作分为三个步骤，如图 2.17 所示。

步骤 1：将新结点的 next 指针指向双向链表的首结点；

步骤 2：将链表中首结点的 prior 指针指向新结点；

步骤 3：将原链表的开始指针 head 指向新结点。

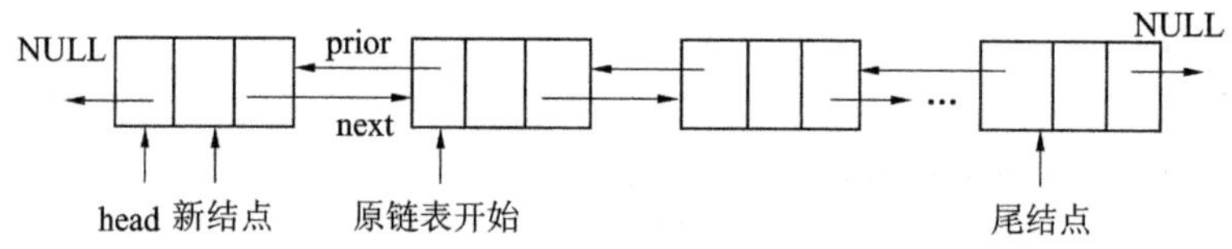

图 2.17 双向链表头结点插入

第二种情况是将结点插在链表的最后，其操作分为两个步骤，如图 2.18 所示。

步骤 1：将原链表尾结点的 next 指针指向新结点；

步骤 2：将新结点的 prior 指针指向原链表的尾结点。

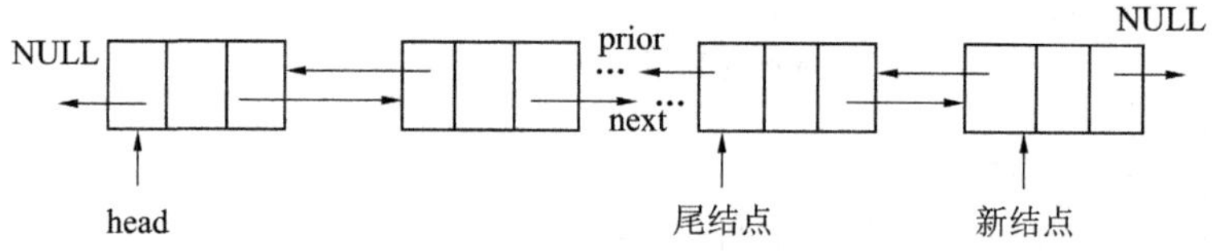

图 2.18 双向链表尾结点插入

第三种情况是将结点插入链表的中间结点之间。假定结点是插在 ptr 指针所指的结点之后，如图 2.19 所示。其操作可以分四个步骤来完成。

步骤 1：将原指针 ptr 所指结点的下一个结点的 prior 指针指向新结点；

步骤 2：将新结点的 next 指针指向原指针 ptr 所指结点的下一个结点；

步骤 3：将新结点的 prior 指针指向原指针 ptr 所指的结点；

步骤 4：将原指针 ptr 所指结点的 next 指针指向新结点。

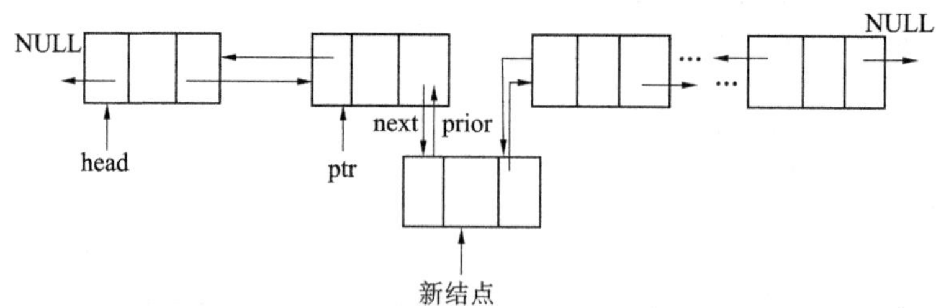

图 2.19 双向链表中间结点插入

```
dlink insertnode(dlink head,dlink ptr,int value)
{
  dlink new_node;
```

```
    new_node=(dlink)malloc(sizeof(dnode));
    if(! new_node)
     return NULL;
    new_node->data=value;
    new_node->front=NULL;
    new_node->next=NULL;
      if (head==NULL)    /* 判断链表是否是空的 */
       return new_node;
      if (ptr==NULL)
      {
        /* 第一种情况:插在首结点前,成为链表的开始 */
        new_node->next=head;
        head->prior=new_node;
        head=new_node;
      }
      else
      {
          if (ptr->next==NULL)      /* 判断是否有下一个结点 */
          {
             /* 第二种情况:插在链表的最后 */
             ptr->next=new node;
             new_node->prior=ptr;
          }
          else
          {
             /* 第三种情况:插在链表的中间结点之间 */
             ptr->next->prior=new_node;
             new_node->next=ptr->next;
             new_node->prior=ptr;
             ptr->next=new_node;
          }
      }
     return head;
}
```

(3)双向链表内结点的删除。

双向链表内结点的删除同样也有三种情况。第一种情况是删除链表的首结点,可分为两个步骤来完成,如图 2.20 所示。

步骤 1:将指向链表开始的 head 指针指向原链表第二个结点;

步骤 2:原链表的第二个结点将成为新链表的开始,将新链表开始结点的 prior 指针设为 NULL。

第二种情况是删除尾结点,只需要将原链表尾结点之前一个结点的 next 指针设为 NULL,如图 2.21 所示。

第三种情况是删除链表内的中间结点,假定删除链表内 ptr 指针所指结点,完成该操作需要两个步骤,如图 2.22 所示。

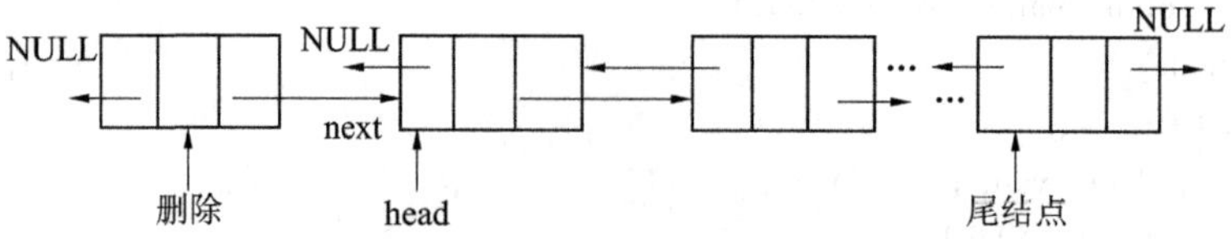

图 2.20　双向链表头结点删除

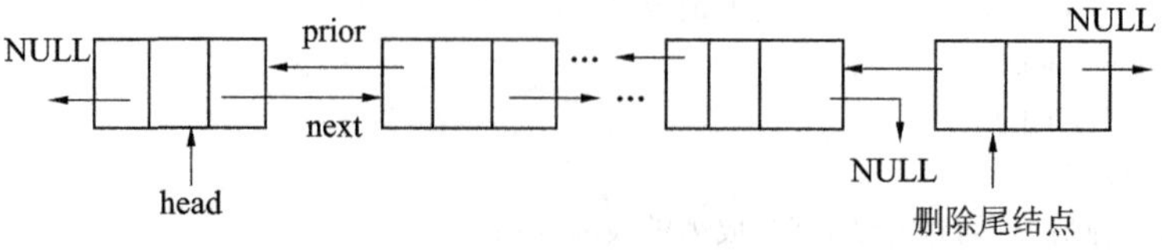

图 2.21　双向链表尾结点删除

步骤 1:将链表内 ptr 指针所指结点的前一个结点的 next 指针指向 ptr 指针所指结点的下一个结点;

步骤 2:将链表内 ptr 指针所指结点的后一个结点的 prior 指针指向 ptr 指针所指结点的前一个结点。

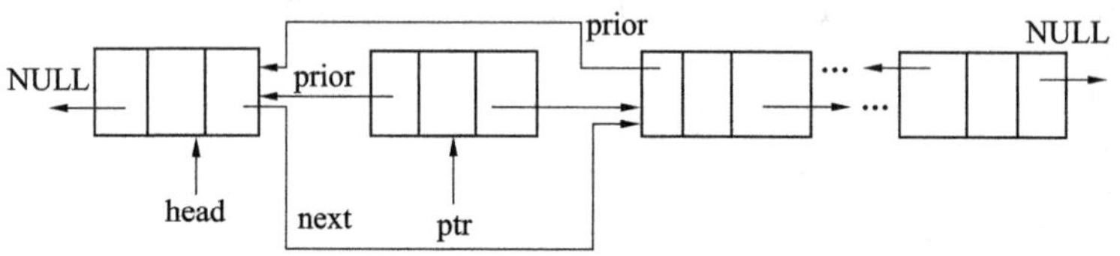

图 2.22　双向链表中间结点删除

```
dlink deletenode(dlink head,dlink ptr)
{
  if (ptr->prior==NULL)      /*是否有前驱结点*/
  {
      /*第一种情况:删除首结点*/
      head=head->next;
      head->prior=NULL;
  }
  else
  {
      if (ptr->next==NULL)    /*是否有下一个结点*/
      {
        /*第二种情况:删除尾结点*/
        ptr->prior->next=NULL;
      }
      else
      {
        /*第三种情况:删除中间结点*/
        ptr->prior->next=ptr->next;
        ptr->next->prior=ptr->prior;
      }
  }
```

```
    free(ptr);
    return head;
}
```

双向链表的其他操作读者可以自行实现。也可以使用 2.3.2 节的概念创建循环双向链表结构,如图 2.23 所示。其结构定义如下:

```
typedef struct
{
    int data;
    struct cdlist * prior;
    struct cdlist * next;
}cdlist,cdnode,* cdlink;
```

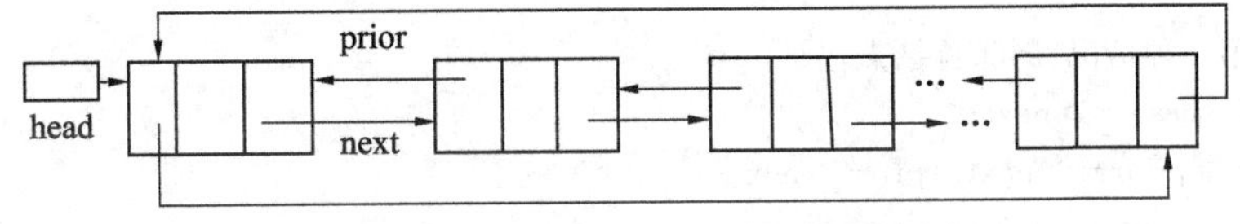

图 2.23 循环双向链表存储结构

循环双向链表尾结点的指针指向首结点,而首结点的指针指向尾结点。这种循环双向链表结构继承了循环链表的优点,在处理插入和删除的操作时只有两种情况:其一是插入或删除首结点,其二是插入或删除中间结点。具体实现如下:

```
cdlink insertnode(cdlink head,cdlink ptr,int value)
{
    cdlink new_node;
    new_node=(cdlink)malloc(sizeof(cdnode));
    if(! new_node)
       return NULL;
    new_node->data=value;
    if (head==NULL)        /* 判断链表是否为空 */
    {
       new_node->next=new_node;
       new_node->prior=new_node;
       return new_node;
    }
    if (ptr==NULL)
    {
       /* 第一种情况:插在首结点之前成为链表的开始 */
       head->prior->next=new_node;
       new_node->next=head;
       new_node->prior=head->prior;
       head->prior=new_node;
       head=new_node;
    }
    else
    {
       /* 第二种情况:插在链表的中间结点内 */
       ptr->next->prior=new_node;
```

```
        new_node->next=ptr->next;
        new_node->prior=ptr;
        ptr->next=new_node;
    }
    return head;
}
cdlink deletenode(cdlink head,cdlink ptr)
{
    if (head==NULL)
        return NULL;
    if (ptr==head)
    {
        /* 第一种情况:删除首结点 */
        head=head->next;
        ptr->prior->next=ptr->next;
        ptr->next->prior=ptr->prior;
    }
    else
    {
        /* 第二种情况:删除中间结点 */
        ptr->prior->next=ptr->next;
        ptr->next->prior=ptr->prior;
    }
    free(ptr);
    return head;
}
```

2.3.4 静态链表

前述各类链表都可以通过使用指针来维护链表中的元素。对于一些不支持指针的语言，可以通过静态数组来实现动态链表的功能。用静态数组实现的链表称为静态链表。静态链表必须使用“游标(cursor)”来模拟指针，由程序员自己编写“分配结点”和“回收结点”的流程。用游标实现链表的具体方法是定义一个较大的结构数组作为备用结点空间(即存储池)。当申请结点时，每个结点应含有两个域：data 域和 cursor 域。其中，data 域用于存放结点的数据信息，需注意的是，此时的 cursor 域不再是指针而是游标指示器，游标指示器指示其后继结点在结构数组中的相对位置(即数组下标)。数组的第 0 个分量可以设计成表的头结点，头结点的 cursor 域指示了表中首结点的位置。表中当前尾结点的域为 0，表示静态链表的结束。

下面是静态链表的结点结构体数组定义：

```
#define Maxsize=链表可能达到的最大长度
typedef struct
{
ElemType data;
int cursor;
}Component,StaticList[Maxsize];
```

2.4 线性表的具体应用

一元多项式相加是日常生活中经常遇到的问题。在计算机领域,我们可以使用循环链表来处理多项式相加的问题。假设有两个函数,如下所示。

(1)$a(x) = 8x^5 + 7x^4 + 3x^2 + 2x + 3$;

(2)$b(x) = 6x^3 + 4x^2 + 5$。

要实现这两个多项式相加,首先需要定义处理多项式结构的声明,多项式的每一项都使用一个结点代表:

```
typedef struct
{
    int coef;
    int exp;
    struct plist pnode;
} plist, * plink;
```

此时多项式循环链表的结构如图 2.24 所示。

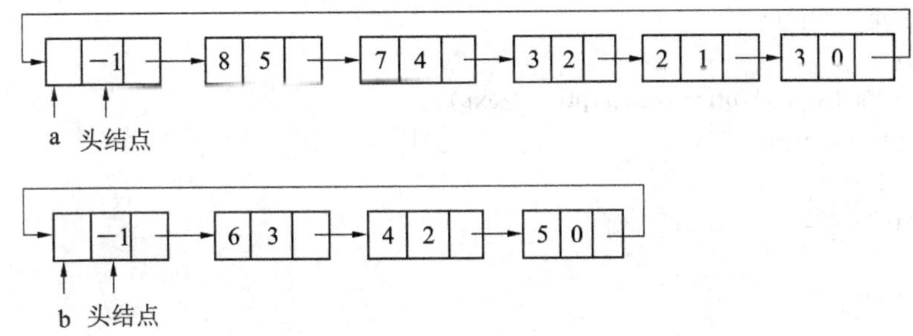

图 2.24 多项式循环链表的结构

在这里,我们引入了头结点的概念。链表的头结点是一个虚构的结点,并不包含在链表中,只是为了方便处理而增加的一个结点,它位于所有结点之前。图 2.24 中结点的第一字段是系数,第二字段是指数。头结点的指数设为−1 以表示并不是多项式,因为指数应大于或等于 0。从图 2.24 可以看出,多项式是以降序排列方式存储在链表中的,而且如果系数是 0 将不需要存储此幂次。根据多项式相加的数学运算,当指数相等时,需要将系数相加;当指数不等时,则直接写入结果。因此,只需要同时遍历上述两个链表,然后一一比较其指数,就可以处理多项式相加。具体步骤如下:

步骤 1:指向两个多项式链表真正的开始,由于引入了头结点,所以是从第二个结点开始;

步骤 2:创建存入多项式相加结果链表的头结点;

步骤 3:运行循环直到两个多项式都遍历完毕。

(1)创建存放多项式相加结果链表的结点;

(2)如果第二个多项式的指数高,则将其系数和指数存入(1)所创建的结点,将第二个多项式的指针往下移动;

(3)如果第一个多项式的指数高,则将其系数和指数存入(1)所创建的结点,将第一个多项式的指针往下移动；

(4)如果两个多项式的指数相等，将系数相加的结果和指数存入(1)所创建的结点，同时将两个多项式的指针往下移动；

(5)将(1)所创建的结点插入多项式的结果链表。

步骤 4:将尾结点指向头结点，这样可以将存放相加结果的链表转变成循环链表。

使用数组内容创建两个多项式链表，数组的内容是系数，下标为指数。然后将创建的两个多项式相加，输出存放相加结果的链表。

```
#include<stdlib.h>
typedef struct
{
    int coef;
    int exp;
    struct plist *next;
}plist, *plink;
void printpoly(plink poly)
{
    plink ptr;
    ptr=poly->next;
    while (poly! =ptr)
     {
      printf("%dX^%d",ptr->coef,ptr->exp);
      ptr=ptr->next;
      if(poly! =ptr)
       printf("+");
     }
    printf("\n");
}
/*使用数组值创建多项式*/
plink createpoly(int *array,int len)
{
    plink head;
    plink before;
    plink new_node;
    int i;
    head=(plink)malloc(sizeof(pnode));
    if (! head)
        return NULL;
    head->exp=-1;
    before=head;
    for (i=len-1;i>=0;i--)
    if (array[i]! =0)
    {
        new_node=(plink)malloc(sizeof(pnode));
        if (! new_node)
            return NULL;
```

```
            new_node->coef=array[i];
            new_node->exp=i;
            new_node->next=NULL;
            before->next=new_node;
            before=new_node;
        }
        new_node->next=head;
        return head;
}
/*多项式相加*/
plink polyadd(plink p1,plink p2)
{
        plink h1;
        plink h2;
        plink result;
        plink before;
        plink new_node;
        h1=p1->next;
        h2=p2->next;
        result=(plink)malloc(sizeof(pnode));
        if (! result)
         return NULL;
        result->exp=-1;
        before=result;
        while (p1! =h1 || p2! =h2)
        {
            new_node=(plink)malloc(sizeof(pnode));
            if (! new_node)
             return NULL;
            if (h1->exp<h2->exp)
             {
              new_node->coef=h2->coef;
              new_node->exp=h2->exp;
              h2=h2->next;
             }
            else
                if (h1->exp>h2->exp)
                {
                new_node->coef=h1->coef;
                new_node->exp=h1->exp;
                h1=h1->next;
                }
                else
                {
                 /*系数相加*/
                 new_node->coef=h1->coef+h2->coef;
```

```
                new_node->exp=h1->exp;
                h1=h1->next;
                h2=h2->next;
            }
        before->next=new_node;          /* 将前结点指向新结点 */
        before=new_node;                /* 新结点成为前结点 */
      }
      new_node->next=result;            /* 创建环状链接 */
      return result;
}
/* 主程序:多项式相加 */
void main()
{
   plink p1;
   plink p2;
   plink result;
   int list1[6]={3,2,3,0,7,8};
   int list2[6]={5,0,4,6,0,0};
   p1=createpoly(list1,6);  /* 创建多项式 1 */
   printf("多项式 1 内容:");
   printpoly(p1);
   p2=createpoly(list2,6);  /* 创建多项式 2 */
   printf("多项式 2 内容:");
   printpoly(p2);
   result=polyadd(p1,p2);
   printf("多项式相加结果:");
   printpoly(result);
}
```

本 章 小 结

本章需要掌握的重点是线性表的顺序存储方式和链式存储方式。掌握顺序表与单链表中结点的查找、插入与删除操作;比较顺序表与单链表基本操作的时间复杂度;了解循环链表和双向链表的特征及其基本操作。

思考与练习题

一、选择题

1. 下述选项是顺序存储结构的优点的是(　　)。

A. 存储密度大　　　　B. 插入运算方便

C. 删除运算方便　　　　D. 可方便地用于各种逻辑结构的存储表示

2. 下面关于线性表的叙述中，错误的是(　　)。

A. 线性表采用顺序存储方法，必须占用一片连续的存储单元

B. 线性表采用顺序存储方法，便于进行插入和删除操作

C. 线性表采用链式存储方法，不必占用一片连续的存储单元

D. 线性表采用链式存储方法，便于进行插入和删除操作

3. 线性表是具有 n 个(　　)的有限序列。($n>0$)

A. 表元素　　B. 字符　　C. 数据元素　　D. 数据项　　E. 信息项

4. 若某线性表最常用的操作是存取任一指定序号的元素和在最后进行插入和删除运算，则利用(　　)存储方式最节省时间。

A. 顺序表　　B. 双链表　　C. 带头结点的双循环链表　　D. 单循环链表

5. 某线性表中最常用的操作是在最后一个元素之后插入一个元素和删除第一个元素，则采用(　　)存储方式最节省运算时间。

A. 单链表　　B. 仅有头指针的单循环链表

C. 双链表　　D. 仅有尾指针的单循环链表

6. 设一个链表最常用的操作是在末尾插入结点和删除尾结点，则选用(　　)最节省时间。

A. 单链表　　B. 单循环链表

C. 带尾指针的单循环链表　　D. 带头结点的双循环链表

7. 若某链表最常用的操作是在最后一个数据元素之后插入元素或删除最后一个元素，则采用(　　)存储方式最节省运算时间。

A. 单链表　　B. 顺序表　　C. 单循环链表　　D. 带头结点的双向循环链表

8. 静态链表中指针表示的是(　　)。

A. 内存地址　　B. 数组下标　　C. 下一元素地址　　D. 左、右孩子地址

9. 链表不具有的特点是(　　)。

A. 进行插入、删除操作不需要移动元素

B. 可随机访问任一元素

C. 不必事先估计存储空间

D. 所需空间与线性表长度成正比

10. 以下表述错误的是(　　)。

(1)静态链表既有顺序存储的优点，又有动态链表的优点。所以，它存取表中第 i 个元素的时间与 i 无关。

(2)静态链表中能容纳的元素个数的最大数在表定义时就确定了，以后不能增加。

(3)静态链表与动态链表在元素的插入、删除上操作类似，不需要移动元素。

A. (1)，(2)　　B. (1)　　C. (1)，(2)，(3)　　D. (2)

11. 若长度为 n 的线性表采用顺序存储结构，在其第 i 个位置插入一个新元素的算法的时间复杂度为(　　)($1\leqslant i\leqslant n+1$)。

A. $O(0)$　　B. $O(1)$　　C. $O(n)$　　D. $O(n^2)$

12. 对于顺序存储的线性表，访问结点和增加、删除结点的时间复杂度为(　　)。

A. $O(n)$，$O(n)$　　B. $O(n)$，$O(1)$　　C. $O(1)$，$O(n)$　　D. $O(1)$，$O(1)$

13. 线性表(a_1，a_2，…，a_n)以链接方式存储时，访问第 i 位置元素的时间复杂度为(　　)。

A. $O(i)$　　B. $O(1)$　　C. $O(n)$　　D. $O(i-1)$

14. 在一个以 h 为头的单循环链表中，p 指针指向链尾的条件是(　　)。

A. p→next==h　　B. p→next==NULL

C. p→next→next==h　　D. p→data==-1

15. 设双向循环链表的结点结构为(data,Llink,Rlink)，Llink 和 Rlink 为指针域，Llink 指向当前结点的前驱结点，Rlink 指向当前结点的后继结点。在指针 p 的结点前插入一个指针 q 的结点操作是(　　)。

A. p->Llink=q;q->Rlink=p;p->Llink->Rlink=q;q->Llink=q;

B. p->Llink=q;p->Llink->Rlink=q;q->Rlink=p;q->Llink=p->Llink;

C. q->Rlink=p;q->Llink=p->Llink;p->Llink->Rlink=q;p->Llink=q;

D. q->Llink=p->Llink;q->Rlink=q;p->Llink=q;p->Llink=q;

二、填空题

1. 当线性表的元素总数基本稳定，且很少进行插入和删除操作，但要求以最快的速度存取线性表中的元素时，应采用________存储结构。

2. 线性表 L=(a_1,a_2,…,a_n)用数组表示，假定删除表中任一元素的概率相同，则删除一个元素平均需要移动元素的个数是________。

3. 设单链表的结点结构为(data,next)，next 为指针域，已知指针 px 指向单链表中 data 为 x 的结点，指针 py 指向 data 为 y 的新结点，若将结点 y 插入结点 x 之后，则需要执行以下语句：________；________。

4. 在单链表中设置头结点的作用是________。

5. 根据线性表的链式存储结构中每一个结点包含的指针个数，将线性链表分成________和________；根据指针的连接方式，链表又可分成________和________。

三、简答与算法设计题

1. 数组和链表结构都是一种有序的数据结构，请说明其差异。

2. 写一个函数删除链表内重复的结点(最先出现的结点保留)。

3. 对于结点类型为 struct LNode 的单链表，编写出下列每个算法。

(1)将一个单链表按逆序链接，即若原单链表中存储的次序为 a_1,a_2,…,a_n，则逆序链接后变为 a_n,a_{n-1},a_{n-2},…,a_1。假定仍使用原有结点。

(2)从单链表中查找出所有元素的最大值，该值由函数返回，若单链表为空，则显示出错信息并停止运行。

(3)统计出单链表中结点的值等于给定值 x 的结点数。

(4)根据一维数组 a[n]建立一个单链表，使单链表中元素的次序与 a[n]中元素的次序相同，并使该算法的时间复杂度为 $O(n)$。

第3章 栈和队列

栈和队列是两种特殊的线性表,它们和线性表有相同的逻辑结构,但是在使用上遵循一些特殊的运算规则,所以有的时候我们又称其为受限的线性表。这两种抽象数据类型在各类软件系统中广泛应用,并且和现实生活中许多问题密切相关。本章将探讨这两种抽象数据类型的定义、表示和实现,并且在此基础上给出一些具体的实例。

3.1 栈

3.1.1 栈的概念

栈(又称堆栈,stack)是限定只能在表尾进行插入或删除操作的线性表。由于所有操作都发生在表尾,表尾对栈而言就显得非常特殊,通常我们把栈的表尾称为"栈顶"(top),相应地,表头就称为"栈底"(bottom)。对栈的所有操作都限定只能在栈顶进行,一般而言,把数据放入栈的动作称为入栈,反之称为出栈。

假设栈 S=(a_1,a_2,…,a_n),如图 3.1 所示。若元素进入栈的顺序是从 a_1 到 a_n 的,那么这时候对于 S 而言,第一个出栈的元素一定是 a_n。同时,最后出栈的元素一定是 a_1。也就是说,栈的操作方式可以归纳为先进后出(first in last out)或后进先出(last in first out)。

我们可以通过生活中的实例来理解栈的工作特点。例如,我们在家里吃饭时要用碗(出栈),吃完饭要洗碗(入栈),同样的碗通常会摞成一叠,其实这一叠碗就具备栈的特点。例如:

就洗碗而言,如果我们要把新洗的碗加到已经有的一叠碗中,通常会把这个碗放在哪里呢?当然是顶部——栈顶。

就用碗而言,如果我们要用一个碗,通常会从一叠碗当中挑选哪一个呢?当然还是顶部——栈顶。

也就是说,无论是加入一个碗(入栈)还是抽出一个碗(出栈),操作都发生在栈顶。而且,最先放入的碗下次一定最后被拿出来使用(先进后出),最后放入的碗下次一定最先被拿出来使用(后进先出)。这就是类似栈的特点。

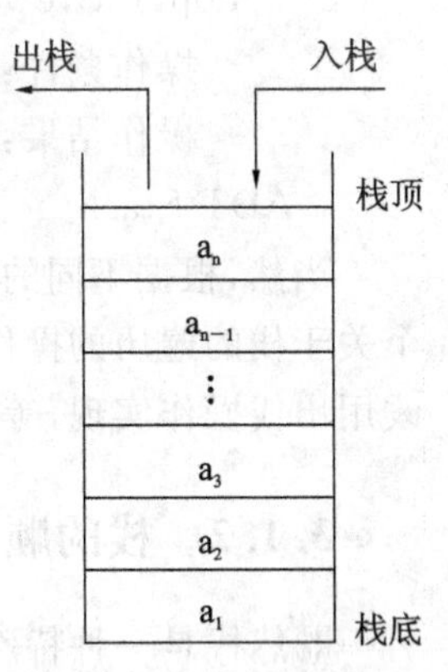

图 3.1 栈的示意图

栈的基本操作除了上面介绍的出栈和入栈之外,还有初始化、判断栈空及取栈顶元素等。

下面给出栈的抽线数据类型定义：

ADT Stack{

数据对象：D={a_i| a_i=ElemSet,i=1,2,…,n,n≥0}

数据关系：R_1={<a_{i-1},a_i> | a_{i-1},a_i∈D,i=1,…,n}

约定 a_n 为栈顶，a_1 为栈底；

基本操作：

StackInit（&S）

操作结果：创建一个空栈 S；

StackDestroy（&S）

操作条件：栈 S 是已经存在的；

操作结果：栈 S 被销毁；

StackClear（&S）

操作条件：栈 S 是已经存在的；

操作结果：将 S 清空为空栈；

StackEmpty(S)

操作条件：栈 S 是已经存在的；

操作结果：判断栈 S 是否为空，若是则返回 true，否则返回 false；

StackLength(S)

操作条件：栈 S 是已经存在的；

操作结果：求栈 S 的长度，即 S 当中元素的个数；

GetTop(S,e)

操作条件：栈 S 是已经存在的，并且不是空栈；

操作结果：用 e 返回 S 的栈顶元素；

Push(&S,e)

操作条件：栈 S 是已经存在的；

操作结果：将 e 插入栈 S 的顶部，并且 e 成为新的栈顶元素；

Pop(&S,e)

操作条件：栈 S 是已经存在的，并且非空；

操作结果：取出栈 S 的栈顶元素放到 e，返回其值，设置新的栈顶元素；

} ADT Stack

当然，根据不同的实际情况，可适当地增减一些栈的基本操作。例如，有时候可以增加一个关于栈的遍历的操作，也可以增加一个关于判断栈是否已满的操作，或者删去取栈顶操作而改用出栈操作实现，等等，具体情况需具体分析。

3.1.2 栈的顺序存储结构

既然栈是一种特殊的、受限的线性表，那么很自然地，线性表的存储结构也同样适用于栈。即栈也有顺序存储结构和链式存储结构两种。我们先讨论栈的顺序存储结构。

栈的顺序存储结构是指申请一块连续的存储空间，然后依次存放从栈顶到栈底的所有元素，并且专门设置一个指针 top 指向栈顶的当前位置。如图 3.2 所示。

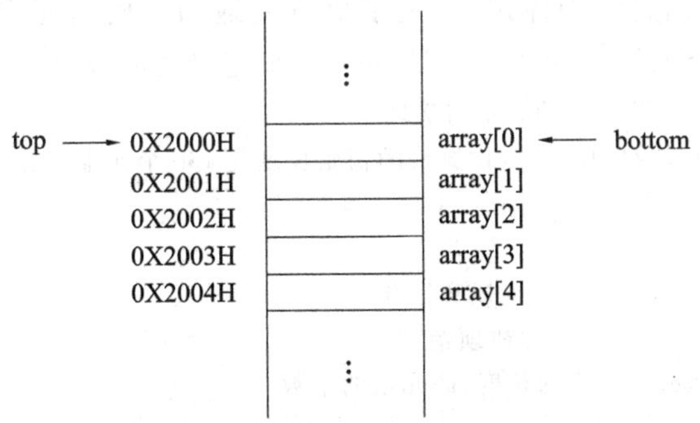

图 3.2 栈的顺序存储结构

这样的存储结构很容易让我们联想到使用 C 语言的数组类型来实现。

由于 C 语言的数组分配内存时下标小的元素在低地址内存空间，因此 top 指针初始时指向数组的起始地址，即下标为 0 的元素 array[0]所在内存空间的地址 0X2000H。同时，由于是新申请的空间，还没有填充内容，此时栈应该是空栈，故栈顶 top 和栈底 bottom 实际上指向同一个内存空间。

然后，每次入栈一个元素，top 指针都会向下移动一个位置(更确切地说，是一个元素所占的字节数)；而每次出栈一个元素，top 指针都会向上移动一个位置。如图 3.3 和图 3.4 所示。

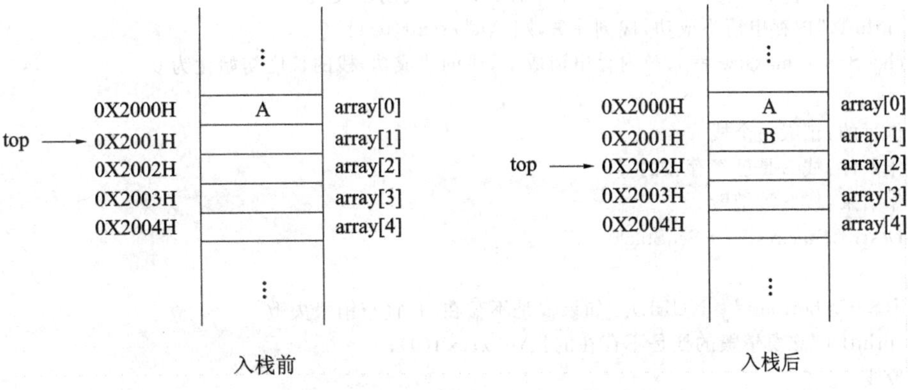

图 3.3 栈的顺序结构(入栈)

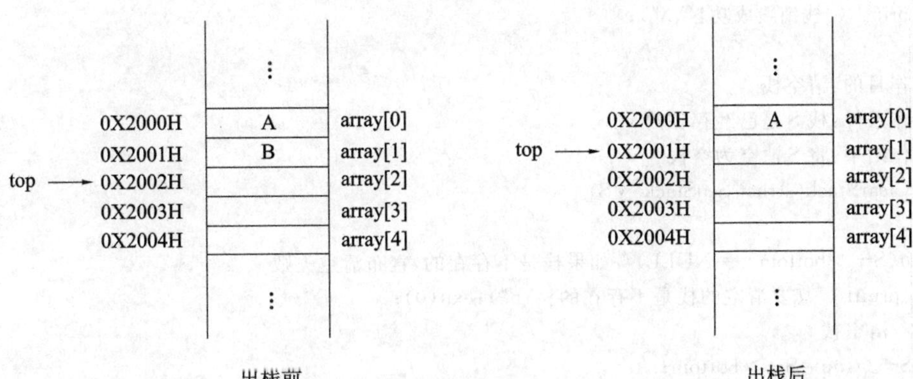

图 3.4 栈的顺序结构(出栈)

以下是顺序栈的C语言结构体定义，为了更方便地判断栈内元素的个数，或者说栈的实际长度，专门设置了一个无符号的整型变量 length 来记录栈的长度。

```
/*----------------------------顺序栈的表示与实现----------------------------*/
#define STACK_MAX_SIZE 100  //设置栈的初始长度为 100 个元素
struct SeqStack
{
    ElemType * bottom;          //栈底指针
    ElemType * top;             //栈顶指针
    unsigned int maxsize;   //栈的长度，即元素的个数
};

/*----------------------------栈的基本操作算法描述----------------------------*/
//操作目的：创建一个栈
//操作条件：无
//操作结果：创建一个空栈 S
void InitStack(struct SeqStack *S)
{
    S->bottom=S->top=(ElemType *)malloc(sizeof(ElemType) * STACK_MAX_SIZE);
    //栈在创建之初，栈顶指针和栈底指针指向同一个位置
    if(S->top == NULL)  //内存申请不成功，栈创建失败
    {printf("内存申请不成功，栈创建失败！\n");exit(0);}
    else S-> maxsize =0;//内存申请成功，栈创建成功，栈的长度初始化为 0
}
//操作目的：销毁一个栈
//操作条件：栈 S 是已经存在的
//操作结果：栈 S 被销毁
void DestroyStack(struct SeqStack *S)
{
    if(S->bottom==NULL)//如果栈是不存在的，宣布销毁失败
    {printf ("您要销毁的栈是不存在的！\n");exit(0);}
//销毁栈
    While(S->top != S->bottom)free(S->bottom++);
    printf ("栈销毁成功！\n");
}
//操作目的：清空栈
//操作条件：栈 S 是已经存在的
//操作结果：将 S 清空为空栈
void ClearStack(struct SeqStack *S)
{
    if(S->bottom==NULL)//如果栈是不存在的，宣布清空失败
    {printf ("您要清空的栈是不存在的！\n");exit(0);}
    //清空栈
    S->top=S->bottom;
    printf ("栈清空成功！\n");
}
//操作目的：判断栈空
```

```
//操作条件:栈 S 是已经存在的
//操作结果:判断栈 S 是否为空,是,返回 1;否则,返回 0
StackEmpty(struct SeqStack  * S)
{
    if(S->bottom==NULL)      //如果栈是不存在的,宣布判断失败
    {printf ("您要判断的栈是不存在的! \n");exit(0);}
    //判断栈空
    if(S-> maxsize == 0) return 1;
    else return 0;
}
//操作目的:求栈的长度
//操作条件:栈 S 是已经存在的
//操作结果:求栈 S 的长度,即 S 当中元素的个数
int StackLength(struct SeqStack  * S)
{
    if(S->bottom==NULL)      //如果栈是不存在的,宣布求长度失败
    {printf ("您要求长度的栈是不存在的! \n");exit(0);}
    //返回栈长度
    return S-> maxsize;
}
//操作目的:取栈顶元素
//操作条件:栈 S 是已经存在的,并且不是空栈
//操作结果:用 e 返回 S 的栈顶元素
void GetTop(struct SeqStack  * S,ElemType  * e)
{
    if(S->bottom==NULL || StackEmpty(S))
    //如果栈是不存在的,或者栈是空的,宣布取栈顶元素失败
    {printf ("栈不存在,或者栈是空的! \n");exit(0);}
    //取栈顶元素
     * e= * (S->top);
}
//操作目的:入栈
//操作条件:栈 S 是已经存在的,并且栈未满
//操作结果:将 e 插入栈 S 的顶部,并且 e 成为新的栈顶元素
Push(struct SeqStack  * S,ElemType  e)
{
    if(S->bottom==NULL || S-> maxsize == STACK_MAX_SIZE)
//如果栈是不存在的或栈已满,宣布入栈失败
    {printf ("栈不存在或栈已满,入栈失败! \n");exit(0);}
    else//入栈,向下移动栈顶指针,栈长度自增
    {
         * (S->top)=e;
        S->top++;
        S-> maxsize++;
        printf ("%d 入栈成功! \n",e);
    }
```

```
}
//操作目的:出栈
//操作条件:栈S是已经存在的,并且非空
//操作结果:取出栈S的栈顶元素放到e返回其值,设置新的栈顶
Pop(struct SeqStack *S,ElemType *e)
{
    if(S->bottom==NULL || S-> maxsize == 0)
//如果栈是不存在的,或者栈是空的,宣布出栈失败
    {printf ("栈是不存在的或者栈为空,出栈失败! \n");exit(0);}
    else //出栈,向上移动栈顶指针,栈长度自减
    {
        S->top--;
        *e= *(S->top);
        S-> maxsize--;
        printf ("%d 出栈成功! \n", *e);
    }
}
```

要注意,数组的起始位置位于低地址内存空间,随着数据持续入栈,地址空间向高地址内存空间变化,也就是说,实际上栈顶指针是朝高地址内存空间移动的。反之,数据不断出栈时,地址空间向低地址内存空间变化,栈顶指针朝低地址内存空间移动。读者可以自行作图演示。

栈的顺序存储结构是比较形象直观的,我们很容易根据数组的结构衍生出栈的顺序存储结构,并进行相应的栈的基本操作。使用数组作为栈的顺序存储结构虽然简单,但是也存在不足之处。

我们知道,数组的空间大小在申请时就已确定,例如,若用一个只能容纳100个数据元素的数组空间作为栈的存储结构,那么这个栈里面最多只能存放100个数据元素,假设入栈的元素过多,超出空间容量,就不能再入栈了。这个时候就比较麻烦了。因此,每次入栈之前,我们需额外地判断栈是否已满:如果未满,那么可以入栈;如果栈已满,是不能够再强制入栈的。

也就是说,若无法事先估计栈的最大长度,使用顺序存储结构的栈可能出现溢出问题。此时,可以考虑采用动态分配内存空间的方法来解决这个问题,即采用栈的链式存储结构。

3.1.3 栈的链式存储结构

栈的链式存储结构是指用链表的形式存储栈的元素,且限定只允许在链表的一端进行入栈和出栈操作。这时,链表能进行入栈和出栈操作的一端就是栈顶指针端,而另外一端是栈底指针端,不能进行进出操作。如图3.5所示。

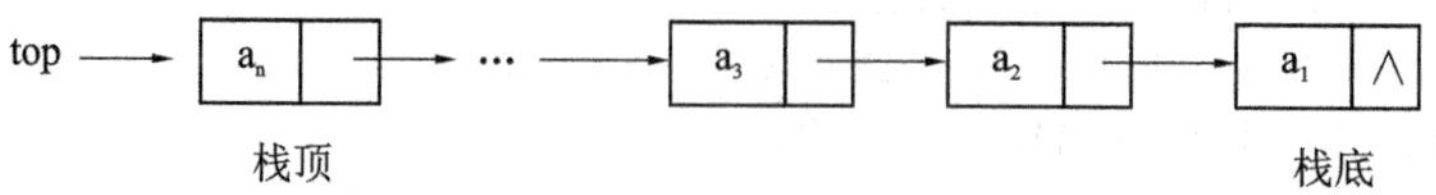

图3.5 栈的链式存储结构

链式栈创建之时,只创建一个结点,栈顶指针top和栈底指针bottom都指向这个结点。要注意,这个结点其实没有任何实际内容,只是起标识作用。每次执行入栈操作时,都增加一个新结点,并且把新的结点挂接到起始结点的前面,然后移动栈顶指针top指向这个最新加入

的结点，所以，栈顶指针 top 始终指向整个栈当中最新加入的结点，而判断栈空的条件就是 top 指针是否和 bottom 指针重叠，此时链式栈中仅剩一个结点。

以下是链式栈的C语言结构体定义，为了更方便地了解栈的长度，我们同样加入一个整型变量 length 来记录栈中元素的个数。

```
/*---------------------------链式栈的表示与实现---------------------------*/
struct Node                    //创建一个结点
{
    int data;                  //结点的数据域
    struct Node * next;        //结点的指针域，指向下一个结点
}node;
struct LinkStack
{
    struct Node * bottom;      //栈底指针
    struct Node * top;         //栈顶指针
    unsigned int maxsize;      //栈的长度，即元素的个数
};

/*---------------------------栈的基本操作算法描述---------------------------*/
//操作目的：创建一个栈
//操作条件：无
//操作结果：创建一个空栈 S
void LinkStackInit (struct LinkStack * S)
{
    S->bottom=S->top=(struct Node *)malloc(sizeof(struct Node));
//栈在创建之初，栈顶指针和栈底指针指向同一个位置
    if(S->top == NULL)      //如果内存申请不成功，宣布栈创建失败
    {printf("内存申请不成功，栈创建失败！\n");exit(0);}
    else    S-> maxsize =0;//内存申请成功，栈创建成功，栈的长度初始化为0
}
//操作目的：销毁一个栈
//操作条件：栈 S 是已经存在的
//操作结果：栈 S 被销毁
void LinkStackDestroy(struct LinkStack * S)
{
Struct Node * t=S->top;
    if(S->bottom==NULL)     //如果栈是不存在的，宣布销毁失败
    {printf("您要销毁的栈是不存在的！\n");exit(0);}
    //销毁栈
    while(t ! = S->bottom)    {t=S->top->next;free(S->top);}
    printf("栈销毁成功！\n");
}
//操作目的：清空栈
//操作条件：栈 S 是已经存在的
//操作结果：将 S 清空为空栈
void LinkStackClear (struct LinkStack * S)
```

```
{
    if(S->bottom==NULL)    //如果栈是不存在的,宣布清空失败
    {printf("您要清空的栈是不存在的! \n");exit(0);}
    //清空栈
    S->top=S->bottom;    S-> maxsize =0;
    printf("栈清空成功! \n");
}
//操作目的:判断栈空
//操作条件:栈 S 是已经存在的
//操作结果:判断栈 S 是否为空,是,返回 1;否则,返回 0
LinkStackEmpty(struct LinkStack * S)
{
    if(S->bottom==NULL)    //如果栈是不存在的,宣布判断失败
    {printf("您要判断的栈是不存在的! \n");exit(0);}
    //判断栈空
    if(S-> maxsize == 0) return 1;
    else return 0;
}
//操作目的:求栈的长度
//操作条件:栈 S 是已经存在的
//操作结果:求栈 S 的长度,即 S 当中元素的个数
int LinkStackLength(struct LinkStack * S)
{
    int count=0;
    struct Node * p;
    if(S->bottom==NULL)    //如果栈是不存在的,宣布求长度失败
    {printf("您要求长度的栈是不存在的! \n");exit (0);}
    //返回栈长度
    return S-> maxsize;
}
//操作目的:取栈顶元素
//操作条件:栈 S 是已经存在的,并且非空
//操作结果:用 e 返回 S 的栈顶元素
void GetTop(struct LinkStack * S,int * e)
{
    if(S->bottom==NULL || StackEmpty(S))
//如果栈是不存在的,或者栈是空的,宣布取栈顶元素失败
    {printf("栈不存在,或者栈是空的! \n");exit(0);}
    //取栈顶元素
    * e=S->top->data;
}
//操作目的:入栈
//操作条件:栈 S 是已经存在的,并且栈未满
//操作结果:将 e 插入栈 S 的顶部,并且 e 成为新的栈顶元素
LinkPush(struct LinkStack * S,int e)
{
```

```
    struct Node *p;
    if(S->bottom==NULL)      //如果栈是不存在的或栈已满,宣布入栈失败
    {printf("栈是不存在的或栈已满,入栈失败!\n");exit(0);}
    else//入栈,向下移动栈顶指针,栈长度自增
    {
        p=(struct Node *)malloc(sizeof(struct Node));
        p->next=S->top;
        p->data=e;
        S->top=p;
        S-> maxsize ++;
        printf("%d 入栈成功!\n",e);
    }
}
//操作目的:出栈
//操作条件:栈 S 是已经存在的,并且非空
//操作结果:取出栈 S 的栈顶元素放到 e 返回其值,设置新的栈顶
LinkPop(struct LinkStack *S,int *e)
{
    if(S->bottom==NULL || S->length == 0)
//如果栈是不存在的,或者栈是空的,宣布出栈失败
    {printf("栈不存在或者栈为空,出栈失败!\n");exit(0);}
    else //出栈,向上移动栈顶指针,栈长度自减
    {
        printf("%d 出栈成功!\n",S->top->data);
        S->top=S->top->next;
        S-> maxsize --;
    }
}
```

栈的链式存储结构虽然相对于顺序结构复杂一些,但是它不要求整个栈的数据元素顺序存放,且便于动态扩展栈的内存空间,所以适用范围更广。

3.1.4　栈的实际应用

一、进制转换

进制转换是使用栈结构解决实际问题的一个比较常见的例子。若要将十进制数值 D 转换成 X 进制的数值,其转换原理基于以下算式:

$$D=(D \text{ div } X)X+D \bmod X \tag{3.1}$$

其中 div 表示整除,mod 表示求余运算。

例如,$(1024)_{10}=(2000)_8$,其运算过程可以细化为图 3.6。

D	D div 8	D mod 8
1024	128	0
128	16	0
16	2	0
2	0	2

图 3.6　进制转换示例

将得到的所有余数按从后往前的顺序记录下来,所得即为十进制数 1024 对应的八进制数值(2000)。该方法简单明了,主要问题在于余数是从上往下逐个得到的,而记录的时候是从下往上反方向记录,也就是说,最先得到的余数,应该处于最终结果的末尾位置。

我们可以按照余数得到的顺序不断进行入栈操作，直至结束，此时按正常流程出栈并记录所得余数，就能得到对应的八进制数值了。这正是利用了栈“后进先出”的工作原理。按照这个思路，写出函数如下：

```
void convert()
{
 InitStack(S);//初始化一个空栈
 scanf("%d",&D);//输入一个待转换的十进制数
 while(D! ==0)//只要商非 0
 {
   push(D%8);//将余数入栈
   D = D / 8;
 }
while(! StackEmpty(S))
{
   pop(S,e);//余数出栈
   printf("%d",e);//打印输出余数
 }
}
```

在这个算法的基础上，读者可以尝试编写十进制向任意一种其他进制数值转换的算法，唯一的不同就在于求余数时，整除的模需要进行调整。

二、表达式求值

在程序设计语言中，表达式求值是一项基本操作。编译器需具备求解一个复杂表达式的值的能力，而其中也会涉及栈的应用。

通常在编写程序时，任何一个表达式都是由操作数、运算符和分界符组成的。操作数和运算符是表达式的主要部分，分界符则用于改变运算顺序或者标识一个表达式结束。

表达式可以分为三类：算术表达式、关系表达式和逻辑表达式。此处我们以算术表达式为例。现在假设我们要处理的算术表达式中只包含加、减、乘、除和圆括号这几种运算符，当然，更多的运算符读者可以同理进行推导。

要想计算一个表达式的值，编译器要做许多事情，其中最基本的是先正确理解和解释表达式。由于表达式的书写顺序并不一定是求解的顺序，运算符的优先级和结合性会影响到求解的顺序，因此理解表达式本质上是为了明确求值的顺序。如有表达式如下：

$$5+6/(8-2)*2$$

我们可以很快得到运算结果，但是实际上，在计算这个表达式的时候，我们已经考虑到表达式中隐含的计算规则：

(1)先圆括号内，后圆括号外；

(2)先乘除，后加减；

(3)从左往右计算。

在这些规则的规范下，计算的步骤应该是

$$5+6/(8-2)*2=5+6/6*2=5+1*2=5+2=7$$

可以发现，像这样形式的表达式，计算的顺序根本就不是表达式书写的顺序，我们一般把这样书写的表达式称为中缀表达式，即双目运算符总是出现在操作数的中间位置。编译器要

直接理解这样的中缀表达式存在一定难度，因为运算符的优先级会改变计算的顺序。

为了较好地解决这个问题，需使计算顺序遵循运算符书写的先后顺序，为此我们尝试将中缀表达式转换成对应的后缀表达式。

后缀表达式也称为逆波兰式，这种表达式将双目运算符放在两个操作数后面。例如，算术表达式 8 － 2 的后缀表达式为 8 2 －。

如果能够将中缀表达式转换成逻辑上等价的后缀表达式，那么计算的过程就能完全按照运算符出现的先后顺序进行，不必考虑括号，也不存在运算符优先级的问题，显然操作起来比用中缀表达式简单得多。

例如，中缀表达式 5 ＋ 6 / (8 － 2) * 2 对应的后缀表达式为 5 6 8 2 － / 2 * ＋，其运算步骤为 S1 ＝ 8 2 －，S2 ＝ 6 S1 /，S3 ＝ S2 2 *，S4 ＝ 5 S3 ＋。

后缀表达式有以下特点：

(1)后缀表达式的操作数与中缀表达式的操作数先后顺序相同，但运算符的先后次序改变了。

(2)后缀表达式中没有括号，后缀表达式的运算符顺序就是计算的先后顺序。

由上面讨论可知，编译程序对算术表达式求值需要经过两个步骤：

第 1 步：将中缀表达式转换成逻辑等价的后缀表达式；

第 2 步：对后缀表达式进行求解。

这两个步骤都将运用到栈结构。下面我们将详细阐述这两个步骤的解决方法。

第 1 步：将中缀表达式转换成逻辑等价的后缀表达式。

通过前面的范例可以看出，中缀表达式转换成后缀表达式的时候，操作数的出现顺序并没有发生改变，改变的仅仅是运算符的顺序。所以我们按照下面的思路来操作：

① 设置一个用于存放算符(将运算符和分界符统称为算符)的栈。初始化时，将表达式的起始分界符 # (假设表达式的起始和结束分界符都是“#”)推入栈。随后，从左到右依次扫描算术表达式中的所有字符。

② 如果读到的是一个操作数，则直接将它输出。

③ 如果栈的当前栈顶元素是 θ_1，刚从中缀表达式中读出的算符是 θ_2，那么考察：

若 θ_2 的优先级高于 θ_1，则将 θ_2 入栈，然后读下一个字符。

若 θ_2 的优先级低于 θ_1，则将 θ_1 出栈，并输出。然后利用 θ_2 与当前栈顶的元素继续进行优先级比较。

若 θ_2 为“)”，则将栈中左括号上方的所有算符依次出栈，并输出。然后左括号出栈并接着读下一个字符。若 θ_2 为“#”，θ_1 也为“#”，则算法结束。

不难看出，整个算法的难点在于第③点，即需要根据算符优先级比较的结果决定对算符进行何种处理。同样地，还是假设 θ_1 代表位于栈顶的算符，θ_2 代表当前扫描读到的算符。构造出运算符优先级对照表如表 3.1 所示，由表 3.1 可知：

当 θ_1 为 ＋ 或－，θ_2 为×或/时，θ_1 的优先级低于 θ_2 的优先级，θ_2 先输出，遵循“先乘除后加减”规则；

当 θ_1 为＋、－、×或/，θ_2 为“(”时，θ_1 的优先级低于 θ_2 的优先级，遵循“先括号内后括号外”规则；

当算符 θ_1 和算符 θ_2 同级别时，θ_1 的优先级高于 θ_2 的优先级，遵循“相同级别时从左算到右”规则；

当 θ_1 为“(”，θ_2 为“)”时，在表中标记为“＝”，这时括号内的运算已经完成，现在要进行的操作是去括号；

当 θ_1 为“＃”，θ_2 也为“＃”时，在表中同样标记为“＝”，这时整个算术表达式求值结束。

表中的空格表示不允许出现此种情况，一旦出现则认为中缀表达式的语法出错。当然，为了简化问题，此处假设表达式不会出现空格处的语法错误。

表 3.1　**算符优先级对照表**

θ_1	θ_2						
	＋	－	×	/	(	)	＃
＋	>	>	<	<	<	>	>
－	>	>	<	<	<	>	>
×	>	>	>	>	<	>	>
/	>	>	>	>	<	>	>
(	<	<	<	<	<	＝	
)	>	>	>	>		>	>
＃	<	<	<	<	<		＝

利用上述算法，将中缀表达式 5＋6/(8－2) * 2 变换为后缀表达式的变换过程如表 3.2 所示。

表 3.2　**中缀表达式转换后缀表达式过程表**

步骤	中缀表达式	栈	输出	剩余
1	5＋6/(8－2) * 2＃	＃	5	＋6/(8－2) * 2＃
2	＋6/(8－2) * 2＃	＃＋	5	6/(8－2) * 2＃
3	6/(8－2) * 2＃	＃＋	5 6	/(8－2) * 2＃
4	/(8－2) * 2＃	＃＋/	5 6	(8－2) * 2＃
5	(8－2) * 2＃	＃＋/(	5 6	8－2) * 2＃
6	8－2) * 2＃	＃＋/(	5 6 8	－2) * 2＃
7	－2) * 2＃	＃＋/(－	5 6 8	2) * 2＃
8	2) * 2＃	＃＋/(－	5 6 8 2	) * 2＃
9	) * 2＃	＃＋/	5 6 8 2 －	* 2＃
10	* 2＃	＃＋	5 6 8 2 － /	* 2＃
11	* 2＃	＃＋ *	5 6 8 2 － /	2＃
12	2＃	＃＋ *	5 6 8 2 － / 2	＃
13	＃	＃＋	5 6 8 2 － / 2 *	＃
14	＃	＃	5 6 8 2 － / 2 * ＋	＃
15	＃	＃	5 6 8 2 － / 2 * ＋	结束

我们将上面的转换方法编写成C语言程序的算符如下：

```
// 函数 convert 将中缀算术表达式转换成后缀算术表达式
void convert()
{
InitStack(&S); char ch='#'; Push(&S,ch); ch=getchar();
//从左往右扫描中缀表达式，只要当前读入的字符不是"#"，则持续进行操作
while(ch! ='#')
 {
//如果读入的算符是数字，则直接输出
  if(IsDigtal(ch))   putchar(ch);
//如果读入的算符是")"，则把栈中"("以上的所有运算符出栈、输出，并最后丢弃"("
  if(ch == ')')
  {
     while(GetTop(S)! ='(')
     {
        Pop(&S,e);putchar(e);
     }
     Pop(&S,ch);
  }
//如果读入的算符是运算符，则进行优先级比较
  if(ch > GetTop(S))Push(&S,ch);//如果读入的算符优先级高于栈顶算符，则将读入的算符入栈
  //如果读入的算符优先级低于栈顶算符，则栈顶元素出栈、输出，然后把算符和新的栈顶元素作比较
  else if(ch < GetTop (S))
        { Pop(S,e);putchar(e);continue; }
  ch=getchar();//读入下一个算符
 }
//算符读入完毕，考察栈顶元素是否为"#"，如果不是，则依次出栈、输出，直到栈顶元素为"#"为止
 while(GetTop(S)! ='#')
 {
  Pop(&S,e);putchar(e);
 }
}
```

依据上面的解决思路，我们将一个中缀表达式成功地转换成了对应的后缀表达式，这就为计算出表达式的值奠定了基础。下面，我们再来探讨如何进一步利用后缀表达式计算得到结果。

第 2 步：对后缀表达式求解。

将中缀表达式转变成后缀表达式后，计算后缀表达式值实际上相当简单，当然，这一过程仍然需要借助栈。算法思想如下：

① 设置一个栈存放操作数，从左向右依次扫描后缀表达式；

② 如果读到一个操作数，就将它入栈；

③ 如果读到一个运算符，就从栈顶取出两个操作数施以该运算符规定的运算，然后将运算结果作为一个新的操作数推入栈；

④ 重复②③的动作，直到后缀表达式扫描结束为止。最后存放在栈顶的操作数就是该后缀表达式的运算结果。

还是针对前面的中缀表达式5 + 6 / (8 - 2) * 2，我们已经转换得到了它的后缀表达式为5 6 8 2 - / 2 * +，再根据上面给出的求解步骤，计算得到表3.3所示的求解过程。

表3.3　**后缀表达式求解过程表**

步骤	读入算符	算符类型	执行动作	结果
1	5	操作数	入栈	5
2	6	操作数	入栈	5 6
3	8	操作数	入栈	5 6 8
4	2	操作数	入栈	5 6 8 2
5	-	运算符	8和2出栈做减法，将结果6入栈	5 6 6
6	/	运算符	6和6出栈做除法，将结果1入栈	5 1
7	2	操作数	入栈	5 1 2
8	*	运算符	1和2出栈做乘法，将结果2入栈	5 2
9	+	运算符	5和2出栈做加法，将结果7入栈	7

当然，为了确定后缀表达式扫描的终点位置，我们假设在后缀表达式的最后加上一个'='作为表达式的结束标志。也就是说，将后缀表达式5 6 8 2 - / 2 * +变成5 6 8 2 - / 2 * + =，这是可行的。一旦扫描发现'='，就意味着扫描应该结束。下面算法模拟了后缀表达式求值的实现方法：

```
void Caculate()
{
 InitStack(&S);     //初始化一个栈
 char ch;VarType x1,x2;//定义扫描读入的算符ch和两个任意类型的变量x1,x2
 ch=getchar();       //读入一个算符
//只要读入的算符不是'='，则应该持续进行扫描
 while(ch ! = '=')
 {
 if(IsDigital(ch)) Push(&S,ch);      //如果ch是一个操作数，则入栈
 else
 {  //如果ch是一个运算符，那么：
    Pop(&S,x2);Pop(&S,x1);          //从栈中取出两个操作数
    if(ch == '+') Push(&S,x1+x2);//如果ch是"+"，则进行加法运算，并将结果入栈
    if(ch == '-') Push(&S,x1-x2);//如果ch是"-"，则进行减法运算，并将结果入栈
    if(ch == '*') Push(&S,x1 * x2);//如果ch是"*"，则进行乘法运算，并将结果入栈
    if(ch == '/') Push(&S,x1/x2);//如果ch是"/"，则进行除法运算，并将结果入栈
  }
 }
}
```

读者不妨自己动手编写一个求解表达式的程序来验证上述算法，以加深理解。同时，关于栈的应用实例其实还有很多，这里不再一一列举。

3.2 队 列

3.2.1 队列的概念

队列,是限定只能从一端进行插入操作,从另外一端进行删除操作的线性表。为了区别,我们一般将进行插入操作的一端称为队尾,而将进行删除操作的一端称为队头(或队首)。

很显然,队列的工作特点和栈是完全不一致的,如果说栈的工作特点是先进后出的话,那么队列就应该是先进先出(first in first out)。

这跟我们日常生活中排队买火车票的行为是一致的,队列当中最早排进来的人,理所当然地最先买到车票,而后最先离开队列。队列示意如图 3.7 所示。

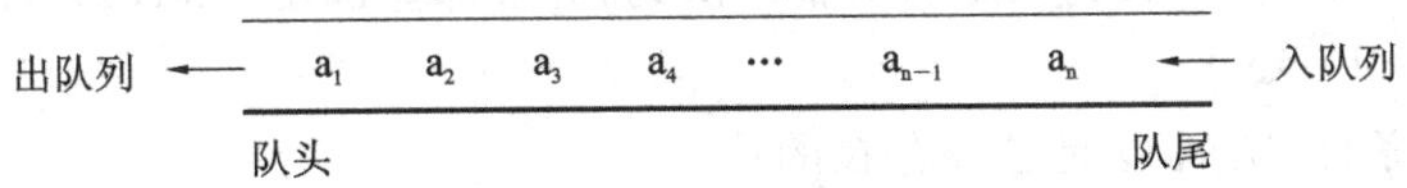

出队列 ← a_1 a_2 a_3 a_4 … a_{n-1} a_n ← 入队列

队头　　　　　　　　　　　　　　队尾

图 3.7 队列示意图

在计算机系统中,比较具有代表性的队列工作模式是在多道程序运行的操作系统。如果有多个程序需要使用通道进行输出,那么这些程序就需要排队,最先申请使用通道的程序将最先使用,依次类推。

队列的抽象数据类型和栈非常类似,需要特别注意的是,只能在队头进行删除操作,只能在队尾进行添加操作,下面是队列的抽象数据类型定义:

ADT Queue{
　数据对象:D={ai | ai=ElemSet,i=1,2,…,n,n≥0}
　数据关系:R1={<ai−1,ai> | ai−1,ai∈D,i=1,…,n}
　　约定 an 为队尾,a1 为队头;
　基本操作:
　　QueueInit (&Q)
　　　操作结果:创建一个空队列 Q;
　　QueueDestroy(& Q)
　　　操作条件:队列 Q 是已经存在的;
　　　操作结果:队列 Q 被销毁;
　　QueueClear(& Q)
　　　操作条件:队列 Q 是已经存在的;
　　　操作结果:队列 Q 清空为空队列;
　　StackQueue (Q)
　　　操作条件:队列 Q 是已经存在的;
　　　操作结果:判断队列 Q 是否为空,若是则返回 true,否则返回 false;
　　QueueLength(Q)
　　　操作条件:队列 Q 是已经存在的;

操作结果：求队列 Q 的长度，即 Q 当中元素的个数；

GetFirst(Q)

操作条件：队列 Q 是已经存在的，并且不是空队列；

操作结果：返回队列 Q 中的队头元素；

EnQueue(&Q,e)

操作条件：队列 Q 是已经存在的；

操作结果：将 e 插入队列 Q 的队尾，并且 e 成为新的队尾元素；

DeQueue (&Q,e)

操作条件：队列 Q 是已经存在的，并且非空；

操作结果：取出队列 Q 的队头元素放到 e 返回其值，设置新的队头；

ScanQueue (Q,visit())

操作条件：队列 Q 是已经存在的，并且非空；

操作结果：从队头到队尾遍历整个队列，寻找那些满足 visit()条件的元素；

QueueFull(Q)

操作条件：队列 Q 是已经存在的；

操作结果：判断队列 Q 是否为满队列，若是则返回 1，否则返回 0；

} ADT Queue

队列抽象数据类型中定义的基本操作与实际问题有关，可以在实际应用中根据需要进行加减。

同时，将上面对队列的描述和上一节对栈的描述进行对比之后，我们发现，队列的基本操作中多了一个遍历操作 ScanQueue，之所以将其加入队列的抽象数据类型定义中，是因为后续内容中会用到这个操作，对于队列来说，遍历可能是常见需求，而在运用栈的过程中却未必(注意：这并非意味着栈不能进行遍历)。

3.2.2 队列的链式存储结构

队列作为一种特殊的线性表，同样也有两种存储结构：链式存储结构和顺序存储结构。这里先介绍链式存储结构。

链式存储结构采用链表依次存放从队头至队尾的所有元素。为满足操作需求，还要额外设定队头指针 head 和队尾指针 end。链表当中可以有头结点，也可以没有头结点。如果没有头结点，那么 head 指针所指向的结点就是队列中的队头元素；如果有头结点，那么 head 指针所指向的结点没有实际内容，其下一个结点才是队列真正的队头元素，如图 3.8 所示。

有无头结点会给操作带来细微的差别。例如，在判断队列是否为空时，如果是有头结点的链队列，队列为空的条件是队头指针和队尾指针指向同一个结点；如果是没有头结点的链队列，队列为空的条件就是队头指针的内容为空。

下面给出了队列的链式结构 C 语言结构体定义，为了便于了解队列的长度，我们添加了一个整型变量 length 专门记录队列中元素的个数：

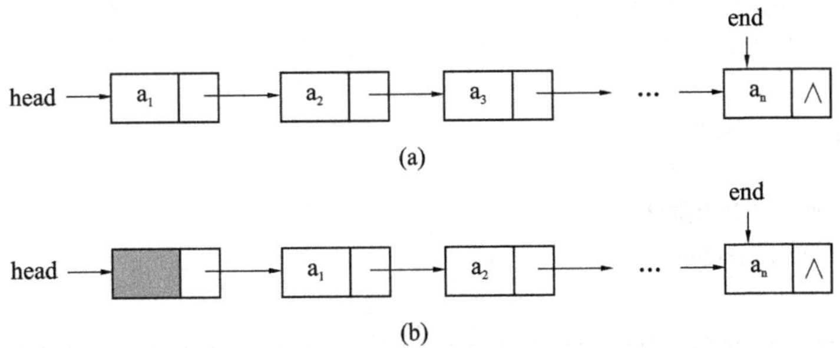

图 3.8　带头结点和不带头结点的链队列

(a)不带头结点的链队列；(b)带头结点的链队列

```
struct Node                //创建一个结点
{
    int data;              //结点的数据域
    struct Node * next;        //结点的指针域,指向下一个结点
};
struct LinkQueue
{
    struct Node * head;//队头指针
    struct Node * end;//队尾指针
    unsigned int length;//队列的长度
};
//操作结果:创建一个空队列 q
LinkQueueInit (struct LinkQueue * q)
{
    struct Node * n=(struct Node * )malloc(sizeof(struct Node)); //新建一个结点
    if(n==NULL)  //如果内存申请不成功,提示初始化错误并退出
    {printf("队列初始化错误,程序退出! \n");exit(0);}
    q->end=q->head=n; //队头指针和队尾指针都指向该结点
    q->length=0;//队列初始长度为 0
}
//操作目的:销毁一个队列
//操作条件:队列 q 是已经存在的
//操作结果:队列 q 被销毁
LinkQueueDestroy (struct LinkQueue * q)
{
    struct Node * n=q->head;
    if(n==NULL)    //如果想要销毁的队列不存在,报错提示
    {printf("您想要销毁的队列不存在! \n");exit(0);}
    //只要队头指针非空,就依次释放每个结点的内存空间
    while(q->head! =NULL)
    {
        n=q->head;
        q->head=q->head->next;
        free(n);
    }
```

```
    q->length=0;//队列长度清零
    printf("销毁队列成功! \n");
}
//操作目的:清空一个队列
//操作条件:队列 q 是已经存在的
//操作结果:队列 q 清空为空队列
QueueClear (struct LinkQueue * q)
{
    struct Node * n=q->head;
    if(n==NULL)
    {printf("队列不存在,清空失败! \n");exit(0);}
    LinkDestroyQueue(q);
    LinkQueueInit (q);
}
//操作目的:判断队列是否为空
//操作条件:队列 q 是已经存在的
//操作结果:判断队列 q 是否为空,是,返回 1;否则,返回 0
int LinkQueueEmpty(struct LinkQueue * q)
{
    if(q->head == NULL)
    {printf("您所要检查的队列不存在,程序退出! \n");exit(0);}
    if(q->length == 0)          return 1;
    else          return 0;
}
//操作条件:队列 q 是已经存在的
//操作结果:求队列 q 的长度,即 q 当中元素的个数
int LinkQueueLength(struct LinkQueue * q)
{
    if(q->head == NULL)
    {printf("您所要检查的队列不存在,程序退出! \n");exit(0);}
    return q->length;
}
//操作条件:队列 q 是已经存在的,并且不是空栈
//操作结果:用 e 返回队列 q 中的队头元素
struct Node * LinkGetFirst (struct LinkQueue * q)
{
    if(q->head == NULL)
    {printf("您所要检查的队列不存在,程序退出! \n");exit(0);}
    return q->head;
}
//操作条件:队列 q 是已经存在的
//操作结果:将 e 插入队列 q 的队尾,并且 e 成为新的队尾元素
LinkEnQueue(struct LinkQueue * q,int e)
{
    struct Node * n=(struct Node * )malloc(sizeof(struct Node));
    if(q->head == NULL)
```

```
    {printf("您所要检查的队列不存在,程序退出! \n");exit(0);}
    if(n == NULL)
    {printf("新建结点失败,无法入队! \n");exit(0);}
    n->data=e;                //入队数据域
    q->end->next=n;           //调整当前队尾指针的 next 域指向新结点
    q->end=n;                 //移动队尾指针指向新结点
    q->length++;              //队列长度自增
    printf("\t---> %5d 入队成功,这里已经有%5d 个结点在队列中! \n",e,q->length);
}
//操作条件:队列 q 是已经存在的,并且非空
//操作结果:取出队列 q 的队头元素放到 e 中,并返回其值,设置新的队头
LinkDeQueue(struct LinkQueue *q,int *e)
{
    if(q->head == NULL)
    {printf("您所要检查的队列不存在,程序退出! \n");exit(0);}
    if(QueueEmpty(q))
    {printf("队列是空队列,无法出队! \n");exit(0);}
    *e=q->head->data;              //取出队头元素的值放到变量 e 中
    q->head=q->head->next;         //移动队头指针指向其下一个结点
    q->length--;                   //队列长度自减
    printf("\t<--- %5d 出队成功,这里还有 %5d 个结点在队列中! \n",*e,q->length);
}
```

3.2.3 队列的顺序存储结构

队列的顺序存储结构是采用一组连续的地址空间,依次存放队列中的各个元素,再使用额外的队头指针和队尾指针分别指向队列的起始位置和结束位置。C 语言中,一维数组的形式就很适合在队列的顺序存储结构应用,可以考虑使用一维数组作为队列的顺序存储结构。

为了方便操作,我们可以规定:队头指针始终指向数组的起始位置的前一个位置(可以理解成下标为-1 的元素所在位置)。这样一来,如果队头指针和队尾指针指向同一个下标位置,就意味着队列为空队列(图 3.9)。

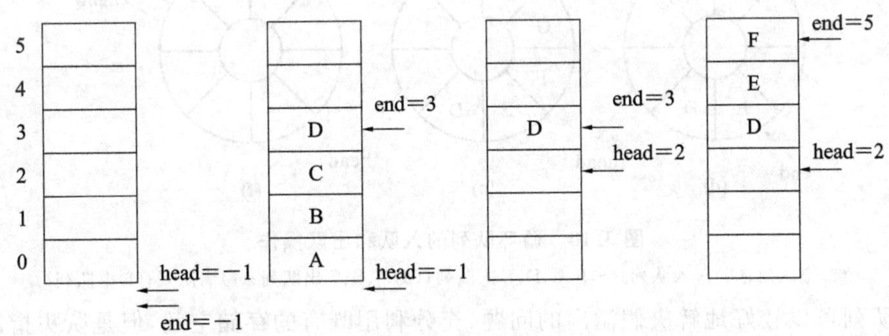

图 3.9 顺序队列在操作过程中队头指针和队尾指针的变化

每当需要往队列里加入一个元素时,先将队尾指针向后移动一位,再将元素存入当前队尾指针所在的位置;而每当从队列中移除一个元素时,先将队头指针加 1,再将队头指针所指向的元素出队。

使用数组来作为队列的顺序存储结构，可使程序更加简洁，因为这样的存储结构可以直接使用数组下标来指示操作，免去了链式存储结构中指针的变化，但是，这也带来了一个副作用。

观察图 3.9 后，我们会发现：随着出队次数的增加，队头指针 head 总是不断地向上移动，同样地，随着入队次数的增加，队尾指针 end 也在不断地向上移动。问题在于，随着这样的变化，队尾指针 end 可能很快就会移动到整个数组的最后一个位置，而在此过程中，出队操作又很可能使得队头指针 head 与队尾指针 end 相距不远，但无论如何，一旦出队，队头指针前面的空间已经随着出队操作而失去。

也就是说，整个队列的元素个数或许并不多，却因为队尾指针 end 移动到了数组的末尾而“显得”数组被占满了，新元素无法再入队，而实际上队头前面仍有剩余的空间无法利用。我们把这种现象称为“假溢出”。

为了消除假溢出的现象，可以对顺序存储结构加以改造，尽可能地重新利用因出队而空出的空间，使其更趋完善。一个解决方法就是使用具有顺序存储结构的循环队列。

3.2.4 循环队列

所谓循环队列，是将存放队列元素的数组首尾连接起来，构成一个环形结构。在循环队列中，“0 位置”位于数组最大位置 MaxSize－1 之后，因此当队头指针 head 或队尾指针 end 等于 MaxSize－1 时，再前进一个位置就是 0 位置。循环队列的入队和出队操作如图 3.10 所示。

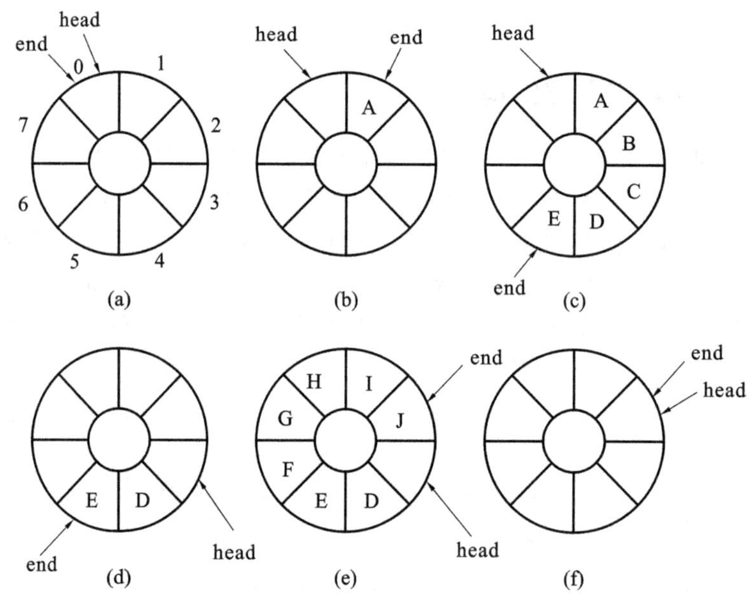

图 3.10　循环队列的入队和出队操作

(a)空队列；(b)A 入队列；(c)B、C、D、E 入队列；(d)A、B、C 出队列；(e)满队列；(f)空队列

循环队列可以较好地解决假溢出的问题，充分利用既有的存储空间，但是队头指针和队尾指针在出队和入队的过程中不断地循环移动，可能会增加编程的复杂性。试想，当循环队列是空队列时，head 和 end 指向同一个位置；而当循环队列装满时，head 和 end 还是指向同一个位置。也就是说，无法仅通过判断 head 是否等于 end 来判断队列是空还是已满。

解决的方法有两种：

一种方法是专门设置一个位置不用，在这样的情况下，如果发现 head 在与 end 相邻的下一个位置（环状态下的下一个位置），表示队列已满[图 3.10(e)]，如果 head 和 end 在同一个位置，表示队列为空。

另一种方法是设置一个标识来判定队列是空还是满。例如，队列的长度标识等。编者更愿意采用这一种方法，因为它简单且直接。

从上述分析可知，循环队列不适合采用 C 语言中动态分配内存空间的一维数组来实现，由于动态分配的内存空间会造成队头指针和队尾指针完全无法进行有效判断，因此，一般而言，如果应用程序需要使用循环队列这样的结构，而又不确定所需分配的存储空间大小，最佳解决思路就是先分配一个尽可能大的存储空间。

下面是循环队列的抽象数据类型定义：

```
#define SIZE 100    //队列最大存储容量
typedef struct
{
ElemType * base;//队列存储空间起始地址
    int head, end;//head 指示队头下标,end 指示队尾下标
    unsigned int MsxSize;     //队列长度,即队列元素个数
} SeqQueue;
//初始化循环队列
SeqQueueInit(SeqQueue * q)
{
    q.base=(ElemType *)malloc(SIZE * sizeof(ElemType));
    if(q.base == NULL) exit(-1); //内存分配失败
    head = end =0;      //队头、队尾都指向下标为 0 的位置
    q->MsxSize = 0;     //队列长度初始化为 0
}
//入队操作
SeqEnQueue(SeqQueue * q,ElemType e)
{
    if(q->MsxSize == 100) return ERROR; //队列满
    q.base[end] = e;//将元素入队到当前队尾处
    end = (end +1)%SIZE;//队尾朝"后"移动一个位置
    q->MsxSize++;//队列长度加 1
    return OK;
}
//出队操作
SeqDeQueue(SeqQueue * q,ElemType e)
{
    if(q->MsxSize == 0) return ERROR; //队列空
    e = q.base[head];//将当前队头元素出队
    head = (head+1)%SIZE;//队头朝"后"移动一个位置
    return OK;
}
```

注意，在结构中增加 MaxSize 成员变量是非常重要的。这样一来，判断队列是否为空的条件就简化为判断 MaxSize 是否为 0；同理，判断队列是否已满的条件就简化为判断 MaxSize

是否等于 SIZE。此方法简单有效，且无须额外浪费一个存储空间。

3.2.5 队列的应用

现实生活中需要利用队列这种数据结构进行模拟的问题非常多，举例而言，生活中需要排队的情境，几乎都是一种队列的处理。例如，去电影院需要排队购票，去火车站需要排队购票，等等，不胜枚举。这里我们以银行为例，为大家介绍一个关于队列应用的示例。

我们去银行办理业务时，都会见到银行设有排队机和叫号机。如果办理业务的人太多，银行柜台一时忙不过来，我们就会去排队机上拿一个号，然后开始等待，直到叫号机叫到我们拿到的号码时，便可前往指定柜台办理业务。

假设某家银行现在有两个柜台 A 和 B，从早到晚不断有客户前来办理业务。如果人少，某个柜台没有客户在进行业务处理，那么新来的客户可以直接到这个柜台办理业务。如果人多，新来的客户需到排队机拿号等待，直到叫号机通知客户到某个柜台办理业务。叫号机按照客户拿号的顺序依次叫号。按照先来先办的规则，我们可以利用队列结构模拟排队等待办理业务的客户，下面的算法模拟了这种业务流程，并计算了每个客户在银行办理业务总共花费的时间。

首先，要计算每个客户在银行办理业务总共花费的时间，我们需要知道客户进入银行和离开银行的时间点。此外，我们还需要给每个客户分配一个编号，所以下面这个结构体专门用来描述一个客户的基本信息：

```
struct Customer
{
    int no;         //客户在叫号机拿到的编号
    int InTime;     //客户拿号的时间点
    int OutTime;    //客户离开银行的时间点
};
```

从银行视角来看，每一个时间点上可能发生三种情况：

① 有客户到来；

② 有客户离开；

③ 没有客户到来，也没有客户离开，但是有客户在等待。

本程序根据这三种情况进行业务流程模拟。当然，现实中或许还存在第四种情况，就是银行里没有一个客户，不过这样一来银行就无须处理柜台业务，而本程序的目的就是模拟银行业务处理流程，故不考虑这种情况，读者可以自行补充完善。

```
void Bank()
{
    char ch=''; //ch 为"a"表示有新客户，ch 为"d"表示有客户离开，否则表示没有新客户
    int A=0,B=0;     //两个柜台，0 表示该柜台"闲"，1 表示该柜台"忙"
    int num=1;    //客户编号从 1 开始累加计算
    struct Customer c,t;     //定义两个临时的客户变量，c 表示新客户，t 表示客户离开
    LinkQueueInit (q);     //新建一个队列
    while(1)
    {
    ch = getchar();
```

```
    if(ch == 'a' || ch == 'A')      //如果有新客户到来
    {
        printf("请拿号排队,您的号码是:%d\n",c.no=num++);//新客户拿号
        scanf("%d",&c.Intime);//记录该客户拿号时间点
        printf("您拿号的时间是:%d\n",c.no);
        LinkEnQueue(q,c);      //将新客户入队
    }
      else if(ch == 'd' || ch == 'D')      //如果有客户离开
      {
        GetFirst(q,t);      //离开的客户一定是队头的客户,所以,取队头元素
        scanf("%d",&t.OutTime);//记录客户离开时间点
        printf("客户等待时间为:%d\n", t.OutTime-t.InTime);//计算并输出该客户花费的时间
        LinkDeQueue(q);//客户出队
        if(该客户是 A 台客户) A=0;else B=0;//将该客户所在柜台设置为"闲"状态
      }
      else if(! LinkQueueEmpty(q))
      //如果没有新客户,也没有人离开,但是队列非空,意味着还有客户在等待办理业务
      {
        if(A == 0) //如果 A 柜台"闲",A 柜台邀请客户办理业务
        { GetTop(q,t); printf("%d 号请到 A 台!",t.no);A=1; }
        else if(B == 0)//如果 B 柜台"闲",B 柜台邀请客户办理业务
        { GetTop(q,t); printf("%d 号请到 B 台!",t.no);B=1; }
      }
    }
}
```

3.3 递　　归

递归是一种特殊的调用关系。如果一个函数在执行的过程中,直接或者间接地调用了自己本身,这样的函数被称为递归函数;如果一个对象在定义的过程中,直接或间接地调用了自己本身,这样的对象就称为递归对象。递归,是栈的一种特殊应用。

之所以要在这里单独讨论递归这一话题,是因为在下列几种情况下,利用递归的思想解决问题时,能表现出它处理复杂问题时的强大能力。

其一,数学函数当中,有一些本身是递归定义的问题。

例如,数学上常用的阶乘函数:

$$\text{Fact}(n)=\begin{cases}1 & \text{若 } n=0\\ n\times \text{Fact}(n-1) & \text{若 } n>0\end{cases} \tag{3.2}$$

还有斐波那契(Fibonacci)数列:

$$F(n)=\begin{cases}0 & \text{若 } n=0\\ 1 & \text{若 } n=1\\ F(n-1)+F(n-2) & \text{若 } n>1\end{cases} \tag{3.3}$$

其二,在后续数据结构课程学习中出现的诸如二叉树、广义表等结构,其固有的递归特性,使得我们使用递归方法去描述更直观、更容易理解。

其三，有些问题，虽然没有明显的递归特性，但是如果采用递归的思想去思考和解决，会变得简洁、明了。如汉诺塔问题：

假设有 3 根标号为 A、B、C 的柱子，A 柱上从下至上依次叠放着 n 个由大到小的圆盘，要求将 A 柱上的圆盘全部移动到 C 柱上，移动必须遵循以下规则：① 一次只能移动一个圆盘；② 任何时刻均不能将大盘放在小盘上面；③ 在移动过程中，圆盘可以放在 A、B、C 任意一根柱子上。

规则是简单、易于理解的，但问题在于，当圆盘数量增多时，若采用非递归的思想方法去解决问题，很难总结出一种切实可行的思路，更遑论编写程序来解决这个问题了。然而，稍后我们采用递归的思想来思考，这个问题就会变得简洁、明了。

3.3.1 递归算法设计思想

递归算法的设计类似于数学思维中的归纳法，其核心思维在于把一个问题分成两个组成部分，即递推-回溯法。要注意的是，这两者是一个整体，共同构成递归的设计，缺一不可。

我们以上面介绍的汉诺塔问题为例，介绍使用递归算法进行设计的思路。

1. 递推法（也称分治法）

递推法就是把一个复杂问题不断向下分解，拆分成若干个相对较简单的问题分而治之。这样一来，求解一个复杂问题，就变成了对若干个较简单问题进行求解。当所有较简单问题都得到解决之后，将答案综合起来，就是复杂问题的答案。

针对汉诺塔问题，采用递推法进行分析如下：

复杂命题：如何将 3 个圆盘，从 A 柱子，经过 B 柱子，移动到 C 柱子？

分解命题：

① 将前面 2 个圆盘，从 A 柱子，经过 C 柱子，移动到 B 柱子；

② 将最后 1 个圆盘，从 A 柱子，直接移动到 C 柱子；

③ 将前面 2 个圆盘，从 B 柱子，经过 A 柱子，移动到 C 柱子。

经过这样的分析，就把移动 3 个圆盘的较复杂问题，分解成了 3 个小问题，这 3 个小问题当中的第①、③相对原来的复杂问题，难度已经较小了，尤其是第②个问题——把一个圆盘，从 A 柱子移动到 C 柱子，已经可以直接进行操作了。因此，当前需解决的问题就是如何进一步递推第①、③两个问题。同理，我们继续递推：

复杂命题①：将前面 2 个圆盘，从 A 柱子，经过 C 柱子，移动到 B 柱子。

分解命题①：

①-①　将第 1 个圆盘，从 A 柱子，直接移动到 C 柱子；

①-②　将第 2 个圆盘，从 A 柱子，直接移动到 B 柱子；

①-③　将第 1 个圆盘，从 C 柱子，直接移动到 B 柱子。

复杂命题③：将前面 2 个圆盘，从 B 柱子，经过 A 柱子，移动到 C 柱子。

分解命题③：

③-①　将第 1 个圆盘，从 B 柱子，直接移动到 A 柱子；

③-②　将第 2 个圆盘，从 B 柱子，直接移动到 C 柱子；

③-③ 将第 1 个圆盘，从 A 柱子，直接移动到 C 柱子。

通过上面的分析可以发现，一个原本复杂的问题，经过不断地递推分解之后，已经逐渐变得简单，直到最后可以直接进行操作了，递推法的思想是不是很浅显易懂？其实通过这样的不断递推，我们可以总结出一个递推的公式来解决复杂的汉诺塔问题：

复杂命题：如何将 n 个圆盘，从 A 柱子，经过 B 柱子，移动到 C 柱子？

分解问题：

① 将前面 $n-1$ 个圆盘，从 A 柱子，经过 C 柱子，移动到 B 柱子；

② 将最后 1 个圆盘，从 A 柱子，直接移动到 C 柱子；

③ 将前面 $n-1$ 个圆盘，从 B 柱子，经过 A 柱子，移动到 C 柱子。

然后，不断地将这个问题递推下去，把移动 $n-1$ 个圆盘的汉诺塔问题归结为移动 $n-2$ 个圆盘的汉诺塔问题……把移动 2 个圆盘的汉诺塔问题归结为移动 1 个圆盘的汉诺塔问题，而对于移动 1 个圆盘的汉诺塔问题是可以直接求解的。

当然，仅仅不断地向下递推是不能完全解决问题的，毕竟最终要落实到具体怎么操作的问题上，必须有一个可以直接执行的动作才行，也就是说，递推不能是无限的，需要有一个递推结束的点，而这个点，就是回溯法的起点。

2. 回溯法

回溯法是指在递推进行到最后一个步骤的时候，开始返回去进行逆向的操作。以刚才的汉诺塔问题为例，递推到最后 个步骤，即只有 1 个圆盘要求进行移动时，此时无法也不必冉进行递推了，因为移动 1 个圆盘的动作可以直接进行。

所以，当 1 个圆盘的汉诺塔问题解决后，则可以返回来解决 2 个圆盘的汉诺塔问题……当 $n-1$ 个圆盘的汉诺塔问题解决后，则可以返回来解决 n 个圆盘的汉诺塔问题。这样，n 个圆盘的汉诺塔问题就可以最终得到解决。汉诺塔问题求解过程见图 3.11。

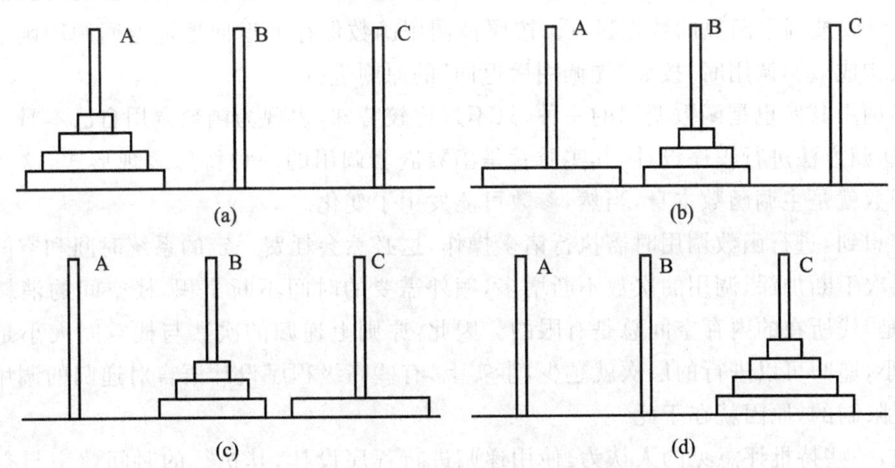

图 3.11 汉诺塔问题求解过程示意

如果说，原始的复杂问题是递归起始的位置，那么回溯开始的地方，就是递归结束的位置。对应到汉诺塔问题，我们可以给出递归函数如下：

```
void hanoi(int n,char A,char B,char C) //n 个盘子从 A 经过 B 移动到 C
{
```

```
    if(n==1)
        printf("%c ---> %c\n",A,C);//如果 n 为 1,直接从 A 移动到 C
    else
    {
        hanoi(n-1,A,C,B);//(n-1)个盘子从 A 经过 C 移动到 B
        printf("%c ---> %c\n",A,C);//1 个盘子直接移动
        hanoi(n-1,B,A,C);//(n-1)个盘子从 B 经过 A 移动到 C
    }
}
```

看上去,这段函数的代码非常简洁,原因在于运用递归思想来理解此类问题会非常简单明了;而同样的问题,如果采用非递归的方式去解决,难度恐怕会大幅上升。

总结起来,采用递归的方法做程序设计时,需要特别注意以下两点:

第一,必须存在函数对自身的调用。例如,汉诺塔问题中,就出现了函数 hanoi 对自己的调用,而且调用了两次。

第二,递推的过程一定要有至少一个可以结束的地方,而不能无限递推,这些递推结束的地方,就是回溯的起点。

由此可见,递推和回溯必须同时出现在递归程序设计中,缺一不可。例如,汉诺塔问题中,当仅存 1 个圆盘的时候,就是递推的终点,回溯的起点。再如,求阶乘问题中,对 0 和 1 求阶乘的时候,就是递推的终点,回溯的起点。

通常,在一个函数调用另一个函数时,系统需要完成三件工作:① 将所有的实参、返回地址等信息传递给被调用函数保存;② 为被调用函数的局部变量分配存储区;③ 将程序执行流程转移到被调用函数的入口。

同时,从被调用函数返回调用函数时,系统也要完成三件工作:① 保存被调用函数的计算结果;② 释放被调用函数的数据区;③ 按照被调用函数保存的返回地址返回调用函数。当有多个函数构成嵌套调用时,按照"先调用后返回"的原则进行。

递归调用其实也是函数调用的一种,只不过比较特殊,表现为函数调用自己本身。也就是说,使用递归方法进行程序设计,其实质就是函数嵌套调用的一种特殊表现形式,这些被嵌套调用的函数就是主调函数本身,当然,参数可能发生了变化。

不难想到,进行函数调用时需执行诸多操作,这必然会耗费一定的系统时间和空间。随着递归的层次不断加深,调用的次数不断增多,额外需要的时间不断累积,栈空间的消耗也持续增大,但是,栈所在的内存空间总是有限的。因此,原则上递归的次数与栈空间大小是成比例的,栈越小,递归可以进行的层次就越少,事实上,有些高级程序设计语言对递归的调用次数也是有一定限制的,原因就在于此。

因此,一些持批评意见的人认为,使用递归进行程序设计,其执行的时间效率与空间效率均相对较低。但是事实上,递归算法本身的执行时间效率是高还是低,与每个具体的问题相关。例如求 n 的阶乘这样的问题,循环和递归的时间复杂度是一样的,都是 $O(n)$,对于求斐波那契数列这样的问题,递归的时间复杂度为 $O(2^n)$,相比循环的 $O(n)$ 确实就高了。而在可以忍受的时间和空间消耗范围内,如果使用递归能够使问题解决变得简洁,那么使用递归也未尝不可。

3.3.2　递归与非递归的转换

现实中，很多问题本身固有的性质决定了此类问题是递归定义（如汉诺塔问题），因此，如果采用递归程序去思考和处理，在算法上可能会显得相对简洁明了，但是递归的执行过程却很让人费解，因为递归调用是对函数自身的调用，在一次调用结束之前可能又开始了另外一次调用，而且，这种调用很可能不止发生一次。

按照作用域的规定，函数在执行终止之前不能释放其所占用的空间，这也就意味着每一次的调用都要分配新的空间用来保存中间结果，而之前分配的空间仍未被释放。

然而，这并不需要用户考虑得太多，因为系统会负责处理善后工作。从用户的角度出发，只要递归在解决问题时带来了方便，那就足够了。唯一需要考虑的是，频繁地递归带来的系统开销是否会对程序的执行效率产生太多不利影响？如果是，就可以考虑将递归程序转换成与之等效的非递归程序。

递归程序向非递归程序的转换，一般可以采用下面的方法：由程序员自己设置一个栈，利用栈的出栈入栈工作机制，模拟递归调用的递推和回溯的过程，另外设置缓冲区来保存在这个过程中产生的所有中间数据。这是因为递归和回溯的机制正好类似栈的“先进后出”的工作机制。简而言之，这种方法就是由程序员自己负责所有函数调用的过程，而不借助系统的功能。

以前面的斐波那契数列为例，式(3.3)清晰地表明了递归设计的特点，但是如果想要采用非递归的方法来实现这个程序，就可以考虑利用栈的后进先出的工作机制实现非递归的程序设计。通过观察该公式，我们可以采用循环结构依次计算出从 fib[0]到 fib[n]的值。

如果是求 fib[0]和 fib[1]，可以从公式直接得到；如果是想要计算出当前 fib[n]的值，需要知道 fib[n－1]和 fib[n－2]的值。所以，我们可以考虑利用栈的先进后出的工作机制，将每次得到的 fib[n－1]和 fib[n－2]的值在栈中保存起来，需要计算时将其 pop 出栈，计算完成后，连同新得到的值一并 push 入栈。

下面是对斐波那契数列的非递归程序实现：

```
#include<stdio.h>
void main()
{       struct LinkStack s;
        StackInit (&S)
        long fib[100];
        for(i=0;i<100;i++)
        {
            if(i==0||i==1)
            {fib[i]=i;push(s,fib[i]);}
            else
            {
                a=pop(s);b=pop(s);
                fib[i]=a+b;
                push(s,b);push(s,a);push(s,fib[i]);
            }
        }
}
```

其实，对于递归而言，如果是简单的尾递归程序，甚至无须使用栈，直接采用循环结构便可完成；而对于复杂一些的非尾递归程序，就可以采用上面的思路：结合栈的先进后出的工作机制与循环结构，来模拟并保存中间过程产生的数据，手动完成整个算法。

本 章 小 结

本章首先介绍了栈这种新的数据结构。它具有后进先出的工作机制，是一种受限制的线性表，只能在表的一端进行操作。栈有顺序存储结构和链式存储结构两种存储结构。一般而言，栈具有初始化栈、清空栈、判断栈空、出栈、入栈、取栈顶和求栈长等操作。栈在计算机领域有很多具体应用，例如进行进制转换，在编译器当中的表达式求值，等等。

然后介绍了队列。队列也是一种受限制的线性表，它具有先进先出的工作机制，仅允许从队列的一端入，从另一端出。队列有链式存储结构和顺序存储结构，但是顺序存储结构的队列存在“假溢出”的问题，所以通常修正为循环队列的形式。一般而言，队列有初始化队列、清空队列、判断队列空、出队、入队、取队头和求队列长度等操作。队列在现实生活中有诸多具体应用，本章给出了银行排队办理业务的示例进行模拟实现。

最后本章还介绍了栈的典型应用——递归。递归调用的特点在于函数会对自身进行调用。递归程序的设计一般可以采用递推-回溯法进行分析和处理。在解决一些本身就具有递归定义性质的问题时，递归程序设计具有很强的可理解性和可操作性。本章以汉诺塔问题为例，详细地展示了这种递归程序设计方法的分析思路。同时，递归程序和非递归程序之间，理论上可以进行逻辑上的等价转换，它们各有优势和不足。我们在编写程序时可以根据具体的问题具体分析。

思考与练习题

一、选择题

1. 在对队列进行插入操作前，应该先判断（　　）；在从队列里进行删除操作前，应该先判断（　　）。

A. 队列是否满；队列是否空　　B. 队列是否空；队列是否满

C. 队列是否满；队列是否满　　D. 队列是否空；队列是否空

2. 有 6 个元素，分别按照 1、2、3、4、5、6 的顺序入栈，下列不可能是合法的出栈序列的是（　　）。

A. 5、4、3、6、1、2　　B. 4、5、3、1、2、6

C. 3、4、6、5、2、1　　D. 2、3、4、1、5、6

3. 栈可以在什么地方使用？（　　）

A. 递归调用　　B. 函数调用

C. 表达式求解　　D. 以上选项都对

4. 在循环队列中，如果发现 head==end，可以断定（　　）。

A. 队列为空　　B. 队列已满

C. 队列出错　　D. 无法断定

5. 在单向链式队列中,要删除一个中间的元素,需要(　　)。

A. 修改该节点的头指针　　B. 修改该节点的尾指针

C. 修改前一个节点的头指针　　D. 修改后一个节点的尾指针

6. 栈和队列的共同点在于(　　)。

A. 没有共同点　　B. 都是只能在端点处进行插入和删除操作

C. 都是先进先出　　D. 都是后进先出

7. 在一个链队中,假设 f 和 r 分别为队首和队尾指针,则插入 s 所指结点的运算时(　　)。

A. f－>next＝s;f＝s;　　B. r－>next＝s;r＝s;

C. s－>next＝r;r＝s;　　D. s－>next＝f;f＝s;

8. 栈通常采用的两种存储结构是(　　)。

A. 顺序存储结构和链式存储结构　　B. 散链方式和索引方式

C. 链表存储结构和数组　　D. 线性存储结构和非线性存储结构

9. 设计一个判别表达式中左右括号是否配对出现的算法,采用(　　)数据结构最佳。

A. 线性表的顺序存储结构　　B. 队列

C. 线性表的链式存储结构　　D. 栈

10. 假设以数组 A[m]存放循环队列的元素,其头尾指针分别为 head 和 end,则当前队列中的元素个数为(　　)。

A. (end－head＋m)%m　　B. end－head＋1

C. (head－end＋m)%m　　D. (end－head)%m

11. 若用一个大小为 6 的数组来实现循环队列,且当前 end 和 head 的值分别为 0 和 3,当从队列中删除一个元素,再加入两个元素后,end 和 head 的值分别为多少?(　　)

A. 1 和 5　　B. 2 和 4　　C. 4 和 2　　D. 5 和 1

12. 最大容量为 n 的循环队列,队尾指针是 end,队头指针是 head,则队空的条件是(　　)。

A. (end＋1) % n＝＝head　　B. end＝＝head

C. end＋1＝＝head　　D. (end－1) % n＝＝head

13. 如果 x 的初始值为 1,则执行完下列语句段后,返回值为(　　)。

```
int f(int x)
{
return ((x>0) x* f(x-1):2);
}
```

A. 2　　B. 4　　C. 8　　D. 无限递归

14. 表达式 a＊(b＋c)－d 的后缀表达式是(　　)。

A. abcd＊＋－　　B. abc＋＊d－　　C. abc＊＋d－　　D. －＋＊abcd

15. 表达式 3＊ 2∧(4＋2＊2－6＊3)－5 求值过程中当扫描到 6 时,对象栈和算符栈为(　　)(其中∧为乘幂)。

A. 3,2,4,1,1　　(＊∧(＋＊－

B. 3,2,8　　(＊∧－

C. 3,2,4,2,2　　　　(* ∧ (−

D. 3,2,8　　　　　　(* ∧ (−

二、填空题

1. 队列是一种受限制的线性表,在队列中存取数据遵循的原则是____________________。

2. 栈是一种受限制的线性表,在栈中存取数据遵循的原则是________________________。

3. 在循环队列中,如果 head==end,意味着____________________________________。

4. 如果有一个栈的入栈顺序为 A、B、C、D,而出栈的顺序为 B、A、D、C,请用 push 和 pop 操作描述这次动作序列:______________。

5. 与表达式 a * (b+c) − d * e 等价的后缀表达形式为______________。

三、简答与算法设计题

1. 编写一个能将十进制数值转换成十六进制的算法。

2. 已知一个中缀表达式为 5 * 2 − (9+7)/4,请写出其对应的后缀表达式,要求给出转换过程中栈的变化情况。

3. 设循环队列的容量为 40(序号从 0 到 39),现经过一系列的入队和出队运算后,有 ① head=11,end=19;② head=19,end=11。在这两种情况下,循环队列中各有元素多少个?

end1　　　　end2

4. 双向队列指限定在两端 end1 和 end2 都可以进行插入和删除操作的线性表,队列空的条件是 end1 等于 end2。若该双向队列采用顺序存储结构,试根据下列要求定义双向队列的结构,并给出在两端进行插入和删除操作的算法。

(1)当双向队列满时,最多只能有一个数据元素的空间是空的。

(2)在进行两端的插入和删除操作时,双向队列中的其他数据元素一律不动。

5. 回文是一种正读和反读都相同的字符串,例如“abcba”就是回文,而“abbc”不是回文。请利用栈的工作机制编写一个算法,用于判断一个字符串是否是回文。

6. 假设以数组 SEQ[n]存放循环队列的元素,同时只设置变量 rear 和 length 分别记录循环队列中队尾元素的位置和数据元素个数。

(1)请给出该循环队列的队满条件,并写出入队和出队的算法。

(2)如果用数组 SEQ[n]存放循环队列中的元素,请给出这种存储结构条件下进行入队和出队操作的算法。

第4章 串

串是字符串的简称。计算机上的非数值处理对象基本上是字符串数据。在早期的程序设计语言中就引入了字符串的概念,并作为输入/输出常量出现,不参加运算。随着计算机应用范围的不断扩大,需要使用字符串来解决的问题越来越多,字符串作为一种独立数据类型越来越多地出现在程序设计语言中。在这些语言中,具有字符串类型的变量可以同其他变量一样参加各种运算,并且多数语言还提供了一组实现字符串基本操作的函数。

本章主要讨论串的基本概念及存储结构,并在此基础上探讨串的基本操作的实现方法,以及串的模式匹配。

4.1 串及其操作

4.1.1 串的逻辑结构定义

串(或字符串)是由 0 个或者多个字符组成的有限序列,一般记为 S=“a_1 a_2 a_3⋯ a_{n-1} a_n”($n\geqslant 0$)。其中,S 是串名,而用双引号括起来的那部分称为串值,引号本身并不包括在串值中。串值中的 a_i 可以是数字、字母或其他允许的字符。串中字符的个数称为串的长度。

若串的长度为 0,则称为空串。要注意不要将空串和空格串混淆,空格串仍然包含若干字符,只不过这些字符均是空格,而空串不包含任何字符。

串中任意多个连续字符组成的序列称为该串的子串,包含子串的串相应地称为主串。通常将字符在串中的序号作为该字符在串中的位置,将子串的第一个字符在主串中的位置作为该子串在主串中的位置。

例如,字符串 S1=“I am a student”,其长度是 14,“student”是 S1 的子串,S1 串是子串“student”的主串,子串“student”在主串 S1 中的位置是 8。

若两个串的串值相等,则称这两个串相等。显然,若要两个串相等,则各个对应位置的字符都必须相同,并且串的长度也要相同。

串的逻辑结构与线性表的逻辑结构相似,因此可以将串看成一种特殊的线性表,其特殊性表现在串的数据对象是字符集合,并且每个数据元素仅由一个字符组成。

4.1.2 串的基本操作

串的基本操作与一般线性表的基本操作有较大的差异。在线性表的基本操作中,大多以

"单个元素"作为操作对象。例如,在线性表中查找某个数据元素,在线性表的某个位置前插入一个数据元素,将线性表某位置的元素删除,等等。而在串的操作中,通常以"串整体"作为操作对象。例如,给串赋值,在串中查找某个子串,测试两个串是否相等,两串连接操作,求子串操作,串的替换操作,串的复制操作,串的插入操作,串的删除操作,等等。

串的基本操作描述如下:

StringAssign(&S1,S2)

将串 S2 的串值赋给串变量 S1;

StringEmpty(S)

判断串 S 是否是空串,若是则返回 1,否则返回 0;

StringLength(S)

求串 S 的长度;

StringComp(S1, S2)

测试串 S1 与串 S2 的大小,S1<S2,返回负值;S1=S2,返回 0;S1>S2,返回正值;

StringConcat(&S1,S2)

将串 S2 连接在串 S1 末尾组成一个新串;

SubString(S, i, len)

求串 S 从 i 位置开始,长度为 len 的子串;

StringIndex(S1, S2)

求串 S2 在串 S1 中的位置,若串 S1 不包含串 S2,则返回 0;

StringReplace(&S, S1, S2)

用串 S2 替换串 S 中的子串 S1;

StringCopy(S1, S2)

产生一个与串 S1 完全相同的串 S2;

StringInsert(S1, i, S2)

在串 S1 的第 i 个字符前面插入串 S2;

StringDelete(S, i, k)

将串 S 中从第 i 个字符开始,长度为 k 的子串删除;

在上述串的基本操作中,串赋值 StringAssign、串比较 StringComp、求串长度 StringLength、两串连接 StringConcat 和求子串 SubString 这五种操作是串的最基本操作。这是因为这几种操作无法通过其他串操作实现,而其他操作可以通过这几个最基本操作实现。

4.2 串的存储结构

与栈、队列等线性表相同,串同样有顺序和链式两种存储方式,两种存储方式各具特点。

4.2.1 串的顺序存储结构

串的顺序存储结构是将字符串的所有字符依次存放在一段连续的存储单元中。在不同的计算机系统中,串的顺序存储结构可以采用不同的方法实现。

对于按字进行编址的计算机系统，串的顺序存储结构有两种不同的具体构成方法。一种是非紧缩存储方式，这种存储方式是以存储单元为单位依次存放串中的所有字符，即使每个存储单元能装下多个字符，这种存储方式也只存放一个字符。另一种是紧缩存储方式，这种存储方式是根据机器的字长尽可能地将多个字符存放在一个存储单元中。例如，若机器的字长为 4，则字符串 S＝“ABCDEFGHI”的两种不同存放方式的存储映像分别如图 4.1 和图 4.2 所示。

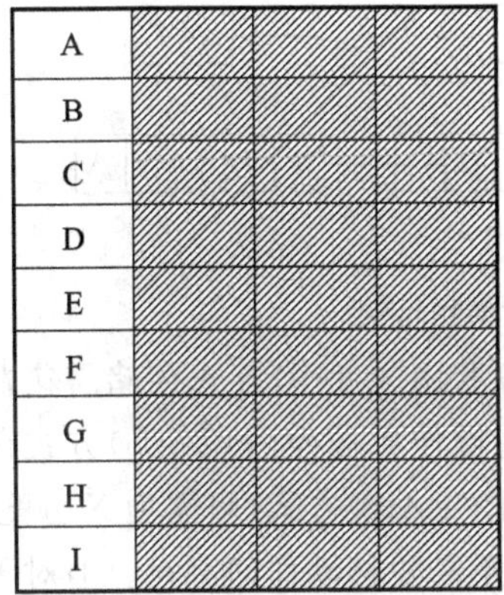

图 4.1　串 S 的非紧缩存储方式

A	B	C	D
E	F	G	H
I			

图 4.2　串 S 的紧缩存储方式

显然，紧缩存储方式比较节省存储空间，但访问单个字符等操作则需要花费较多的处理时间。非紧缩存储方式则正好相反，其存储空间开销较大，但无论是访问单个字符还是访问一组连续字符都很方便。

对于按字节进行编址的计算机系统，其存储单位是字节，而每一个字符正好占用一个字节空间，这样自然形成了一个存储单元存放一个字符的存储方式，如图 4.3 所示。

A	B	C	D	E	F	G	H	I		

图 4.3　串的单字节存储方式

串的顺序存储结构通常借助字符数组实现，即将字符串的所有字符依次存放在一个字符数组中。若采用静态字符数组存放字符串，则需要在定义串变量时就为它分配固定大小的存储区，以后不能再改变。例如，若采用以下定义：

```
char SString[255];
```

则数组 SString 可以存放长度在 0～255 之间的任何字符串。若要存放长度超过 255 的字符串，则超出部分会被舍去。

字符串的长度通常有两种表示方法。一种是用一个变量或数组元素来显式记录字符串的长度，比如用字符数组的 0 数组分量 SString[0]来记录字符串的长度，而字符串的字符从 SString[1]开始存放。另一种是在字符串的最后一个字符后面加上一个特殊符号，以标志该字符串结束。C 语言和 C＋＋语言中的字符串，就是在字符串末尾加上'\0 '表示该串终结。若采用这种表示方式，则串长为隐含值。

4.2.2　串的链式存储结构

和线性表的链式存储结构相类似，串值也可以采用链表方式存储。由于串结构的特殊性——结构中的每个数据元素是一个字符，因此在用链表存储串值时，存在“结点大小”的问题，即一个结点可以只存放一个字符，也可以存放多个字符。例如，图 4.4 显示了字符串S="ABCDEFGHIJ"的两种链式存储方式，其中，图 4.4(a)的链表中每个结点只存放了 1 个字符，而图 4.4(b)的链表中每个结点存放了 4 个字符。在图 4.4(b)中，由于字符串的串长不是 4 的整数倍，因此链表最后一个链结点没有被字符串中的字符占满，在这种情况下，应在空位置补上不属于字符集的特殊字符，如'\0 '或@等。

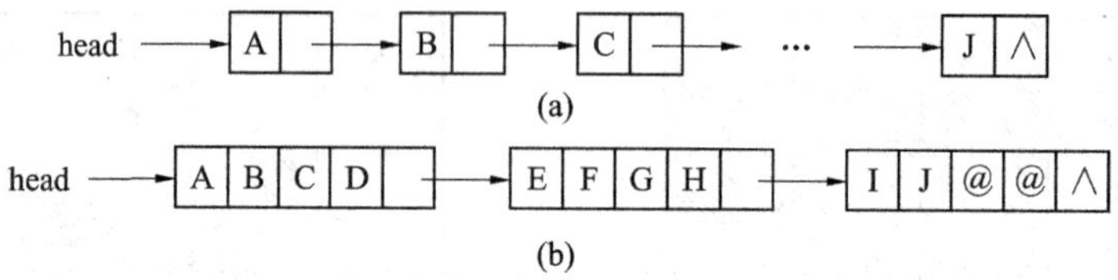

图 4.4 串的链式存储结构示例

对于同一个字符串，按照图 4.4(a)方式存储比按照图 4.4(b)方式存储需花费更多的存储空间。但若按照图 4.4(a)方式存储，则实现字符串的操作比按照图 4.4(b)方式存储方便。例如，若要在串 S 的字符 B 和 C 之间插入字符 X，对于图 4.4(a)方式，只需为 X 分配结点，再修改结点指针的逻辑指向，即可完成插入操作，操作过程中不需要移动任何字符。但对于图 4.4(b)方式，在进行插入之前，需要在多个结点之间移动字符。以上例子表明，在串的链式存储方式中，结点大小的选择直接影响着字符串处理的效率。

由于非数值计算要处理的字符串往往很长或者数量很多，因此存储空间的利用效率是一个重要指标。可以使用存储密度来描述存储空间的利用效率。存储密度定义如下：

存储密度＝串值占用的存储位/实际分配的存储位

存储密度小(如每个结点只存放一个字符)则运算方便，但存储占用量大；反之，存储占用量较小，但运算不方便。

字符串的链式存储结构描述如下：

```
#define CHUNKSIZE 80 //用户定义块大小
  typedef struct Chunk { // 结点结构
    char ch[CHUNKSIZE];
    struct Chunk *next;
  } Chunk;
  typedef struct { // 串的链表结构
    Chunk *head, *tail; // 串的头指针和尾指针
     int curlen; // 串的当前长度
  } LString;
```

在上面的链式存储结构描述中，结点的数据域是一个字符数组，用于存放相应的字符序列。链表除了头指针以外，还定义了一个尾指针，用于记录链表中最后结点的地址，同时可方便进行串的连接等运算。此外，链表中还定义了一个变量用于记录字符串的当前长度。按照这种方式定义的字符串的链式存储结构又称为“块链结构”。

尽管串的链式存储结构在执行某些串操作(如连接操作)时有一定方便之处，但总体而言，不如顺序存储结构灵活方便，且占用较多的存储空间、操作更为复杂，因此串的链式存储结构不如串的顺序存储结构应用广泛。

4.3 串基本操作的实现

在串的实际应用系统中，一般涉及大量或者很长的串处理，因此往往需要较大的内存空间。为了节省存储空间，同时又便于实现串操作，多数情况下，字符串采用顺序存储结构，所以下面只讨论在顺序存储结构上实现串基本操作的方法。

对于定长顺序存储表示的字符串，其数据类型定义如下：

```
#define MaxSize 255 /* 该值依赖于应用，由用户定义 */
typedef struct{
    char ch[MaxSize+1];
    int len; /* 串长 */
} SString;
```

这种表示的优点是涉及串长的操作速度快。下面给出几种实现基本操作的方法。

赋值操作：

```
void StrAssign( SString *s, char t[ ] )
{ /* 赋值操作，将串变量或串常量 t 的值赋给串 s */
    int i, j;
    i = j = 0;
    while( t[j] && j < MaxSize ) /* 当串 t 没有结束时，复制 */
        s->ch[i++] = t[j++];
    s->ch[i] = 0;
    s->len = i;
}
```

求串长操作：

```
int StrLength( SString s )
{ /* 返回串 s 中字符的个数 */
    return s.len;
}
```

求子串操作：

```
SString SubString( SString s, int pos, int len )
{  /* 求子串操作，返回从串 s 的第 pos 个字符开始的长度为 len 的子串 */
    SString t;
    int j;
    for(j=pos; j<pos+len; j++)
        t.ch[j-pos] = s.ch[j];
    t.len = len;
    t.ch[t.len] = '\0';
    return t;
}
```

串比较操作：

```
int StringComp(SString s,SString t)
{ /* ,若 s==t,返回 1;若 s! =t, 返回 0 */
    int i;
```

```
    if(s.len != t.len) return 0;
    for(i=0;i<s.len;i++)
        if(s.ch[i]!=t.ch[i]) return 0;
    return 1;
}
```

连接操作：

```
SString Concat(SString s,SString t)
{ /* 连接操作，将串 t 连接到串 s 之后，返回其结果 */
    SString r;
    int i, j;
    for(i=0; i<s.len; i++) /* 复制串 s 到目标串 r */
        r.ch[i] = s.ch[i];
    for(j=0; j<t.len; j++) /* 连接串 t 到目标串 r */
        r.ch[s.len+j] = t.ch[j];
    r.len = i + j;
    r.ch[r.len] = 0;
    return r;
}
```

定位操作：

```
int Index(SString s, SString t)
{ /* 定位操作，返回子串 t 在主串 s 中的起始位置 */
    int i, j, k;
    for(i=0; s.ch[i]; i++) { /* 从第 i 位开始匹配 */
        for(j=i,k=0; s.ch[j]==t.ch[k]; j++,k++);
        if( ! t.ch[k] ) return i; /* 到达串 t 的结束标识，匹配成功 */
    }
    return -1;
}
```

子串插入操作：

```
void StrInsert(SString *s, int pos, SString t)
{ /* 子串插入操作，将子串 t 插入串 s 的第 pos 个位置 */
    SString r;
    int j;
    if(pos > s->len) printf("position error!");
    else {
        for(j=pos; j<s->len; j++)
            r.ch[j-pos]=s->ch[j]; /* 缓存第 pos 个位置后面的字符串到串 r */
        r.len = s->len - pos;
        r.ch[r.len] = 0;
        for(j=0; j<t.len; j++)
            s->ch[j+pos] = t.ch[j]; /* 插入子串 */
        for(j=0; j<r.len; j++)
            s->ch[pos+t.len+j] = r.ch[j]; /* 恢复缓存中的数据到串 s */
        s->len = s->len+t.len;
        s->ch[s->len] = 0;
    }
```

```
}
```

删除子串操作：

```
void StrDelete(SString *s, int pos, int len)
{ /* 删除子串操作,从串 s 中删除从第 pos 个字符开始的长度为 len 的子串 */
    int j;
    if(pos>s->len || pos+len>s->len)
        printf("position error!");
    else {
        for(j=pos+len; j<s->len; j++)
            s->ch[j-len] = s->ch[j];
        s->len = s->len - len; /* 修改串长 */
        s->ch[s->len] = '\0'; /* 添加结束标记 */
    }
}
```

替换操作：

```
SString Replace(SString *s, SString t, SString r)
{ /* 替换操作,用串 r 替换串 s 中出现的第一个与串 t 相等的不重叠的子串 */
    int i = Index(*s,t);
    if( i >= 0 ) {
        StrDelete(s, i, t.len );
        StrInsert(s, i, r);
        i=Index(*s, t);
    }
    return *s;
}
```

4.4　串的模式匹配

串的模式匹配(即子串定位)是一种重要的串运算。计算机在处理字符串数据时,经常要进行子串定位操作,即查询在某个串中是否存在与一个给定串相等的子串。

设 S 和 T 是给定的两个串,在主串 S 中找到一个等于串 T 的子串的过程称为模式匹配,如果在 S 中找到等于 T 的子串,则称匹配成功,函数返回 T 在 S 中首次出现的存储位置(或序号);否则匹配失败,返回-1。T 也称为模式串。为了运算方便,设字符串的长度存放在 0 号单元,串值从 1 号单元开始依次存放,如此可使字符序号与存储位置一致。

4.4.1　简单的模式匹配算法

简单的模式匹配算法的基本思想:从主串 S="s_1 s_2… s_n"的第 pos(pos 为匹配起始位置)个字符起逐个与模式串 T="t_1 t_2… t_m"的字符进行比较,若对应字符相等,则继续依次比较后续字符;否则从主串 S 本趟比较起始位置的下一个字符开始,重新逐个与模式串 T 的字符进行比较,依次类推。若在主串 S 中找到一个连续的字符序列依次与模式串 T 的每个字符相等,则匹配成功,函数返回模式串第一个字符在主串中的位置;否则模式匹配失败,函数返回

－1。该算法也称为 BF(Brute-Force)算法。

例如，设主串 S=“a b c a a b c a d a c”，模式串 T=“a b c a d”，pos 等于 1，并设置计数指针 i 和 j 分别指示主串和模式串当前待比较字符的位置，则模式匹配过程如图 4.5 所示。

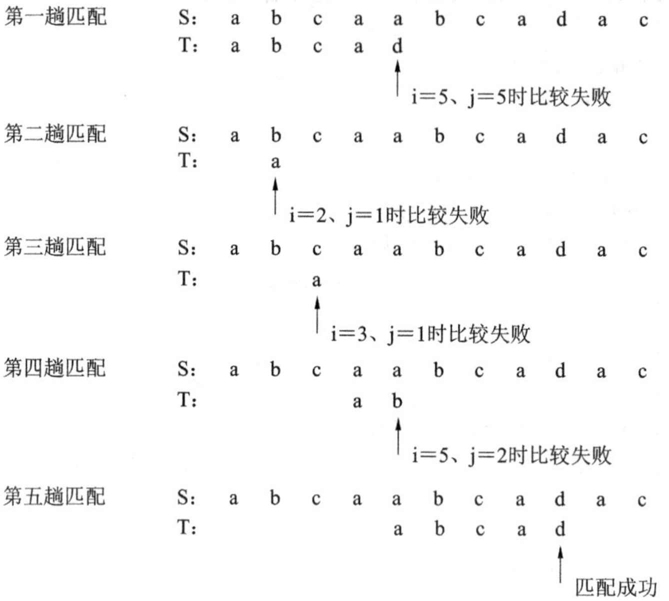

图 4.5　简单模式匹配过程示例

实现模式匹配的具体算法如下：

```
int Index(SString S, SString T, int pos){
    //从串 S 中 pos 位置开始搜索模式串 T
    i=pos; j=1;
    while (i<=S[0] && j<=T[0]){
        if(S[i]==T[j]) {++i; ++j;}
        else {i=i-j+2; j=1;}//i 从初始位置后移,j 复位
    }
    if (j>T[0]) return i-T[0];
    else return -1;
}
```

上面的模式匹配算法简单，易于理解，在一些应用场合(如文本编辑)中，往往也有较高的效率，在最好情况下，其时间复杂度为 $O(1)$。但在一些情况下，该算法的时间效率不会很高。效率不高的主要原因是当若干字符匹配成功后，一旦某字符匹配失败，主串计数指针就要回溯到本趟匹配起始位置的下一个位置。

例如，若主串 S = “00000000000000000000000000000000000000000000000001”，模式串 T = “0000000001”，主串和模式串的长度分别为 50 和 10；模式串与主串从第一个字符开始匹配，当模式串的第 10 个字符与主串第 10 个字符失配后，主串计数指针就要回溯到主串的第 2 个位置，即从主串的第 2 个字符起，与模式串开始新一趟的匹配；在模式串的第 10 个字符与主串第 11 个字符失配后，主串计数指针就要再次回溯……一共需要回溯 40 次。算法中 while 循环的总次数是 410(41×10)次。

一般情况下，若主串和模式串的长度分别为 n 和 m，则最多匹配 $(n-m+1)$ 趟，每趟最多比较 m 次，比较总次数最多为 $[(n-m+1)\times m]$。所以，简单模式匹配算法在最坏情况下的时间复杂度是 $O(n\times m)$。

BF 算法尽管简单，但往往效率不高，主串计数指针的这种回溯并非必要。因此，下一节我们将介绍另一种改进的模式匹配算法。

4.4.2　模式匹配的一种改进算法

这种改进算法由克努特(D. E. Knuth)、莫里斯(J. H. Morris)和普拉特(V. R. Pratt)三人同时发现，因此人们称它为克努特-莫里斯-普拉特操作(简称 KMP 算法)。此算法可以避免主串计数指针不必要的回溯，从而实现字符串的高效模式匹配。KMP 算法的基本思想是，在一趟匹配过程中，每当出现字符比较不相等的情况时，主串计数指针不回溯，而是利用已经得到的“部分匹配”结果将模式串向右“滑动”尽可能远的距离，再重新进行新一趟匹配。

例如，回顾图 4.5 所示的模式匹配过程，在第一趟匹配过程中，当主串第 5 个字符与模式串第 5 个字符比较不相等时，从 i=2、j=1 的位置起重新开始了第二趟匹配，之后又从 i=3、j=1 的位置起进行了第三趟匹配和从 i=4、j=1 的位置起进行了第四趟匹配。然而，这几趟匹配根本没有必要。这是因为由第一趟的部分匹配结果可知，主串的第 2、第 3、第 4 个字符必然是 b、c、a(即模式串的第 2、第 3、第 4 个字符)，模式串的第一个字符是 a，因此它无须再和这三个字符进行比较，仅需将模式串向右滑动 3 个字符位置继续从 i=5、j=2 开始进行字符匹配。改进的匹配过程如图 4.6 所示。整个模式匹配过程中，主串计数指针 i 没有回溯。

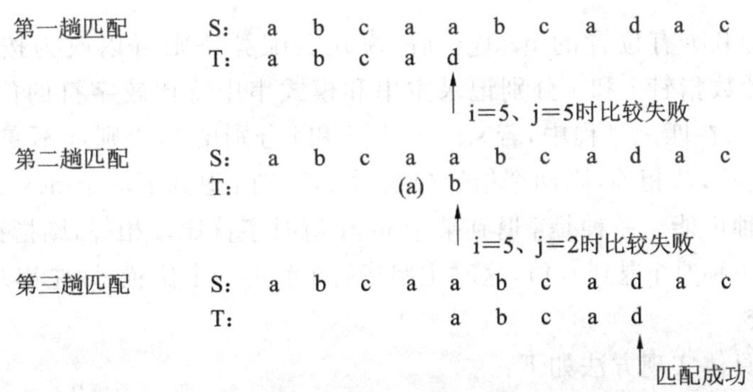

图 4.6　KMP 算法的匹配过程

由上述匹配过程可知，要实现 KMP 算法，必须解决以下问题：当主串第 i 个字符与模式串第 j 个字符失配时，模式串应“向右滑动”多远距离？即主串第 i 个字符应再与模式串的哪一个字符继续进行比较？

下面就一般情况进行讨论。假设主串是“$s_1\ s_2 \cdots\ s_n$”，模式串是“$t_1\ t_2 \cdots\ t_m$”，主串第 i 个字符与模式串第 j 个字符失配，并设这时主串第 i 个字符应再与模式串的第 k(k<j)个字符继续进行比较。

主串第 i 个字符应再与模式串的第 k(k<j)个字符继续比较意味着不需要再对模式串前面的 k−1 个字符进行比较，即前面的 k−1 个字符已匹配成功，于是下式成立：

$$“t_1\ t_2\ \cdots\ t_{k-1}” = “s_{i-k+1}\ s_{i-k+2}\ \cdots\ s_{i-1}” \tag{4.1}$$

另外，主串第 i 个字符与模式串第 j 个字符失配意味着前面 j−1 个字符已匹配成功，于是下式成立：

$$“t_{j-k+1}\ t_{j-k+2}\ \cdots\ t_{j-1}” = “s_{i-k+1}\ s_{i-k+2}\ \cdots\ s_{i-1}” \tag{4.2}$$

式(4.1)和式(4.2)的右边相同，于是下式成立：

$$“t_1\ t_2\ \cdots\ t_{k-1}” = “t_{j-k+1}\ t_{j-k+2}\ \cdots\ t_{j-1}” \tag{4.3}$$

式(4.3)表明，当主串第 i 个字符与模式串第 j 个字符失配时，主串第 i 个字符应再与模式串比较的字符位置 k 与主串无关，完全由模式串自身的特征决定。

若令 next[j]=k，即当模式串中第 j 个字符与主串中某字符失配时，下一趟主串中该字符应再与模式串中位于 next[j]位置的字符进行比较，借助式(4.3)，模式串的 next[j]函数值可以通过下面方法求得：

$$\text{next}[j] = \begin{cases} 0 & \text{当 } j = 1 \text{ 时} \\ \text{Max}\{k \mid 1 < k < j \text{ 且}“t_1\ t_2\ \cdots\ t_{k-1}” = “t_{j-k+1}\ t_{j-k+2}\ \cdots\ t_{j-1}”\} \\ 1 & \text{其他情况} \end{cases} \tag{4.4}$$

其中，next[1]=0 意味着主串计数指针前进一个位置。

例如，对于模式串“ababcaacadac”，根据上述方法，可以计算出其所有位置 j 的 next[j]函数值，计算结果见表 4.1。

表 4.1　**求模式串的 next[j]函数值的例子**

j	1	2	3	4	5	6	7	8	9	10	11	12
模式串	a	b	a	b	c	a	a	c	a	d	a	c
next[j]	0	1	1	2	3	1	2	2	1	2	1	2

在求得了模式串所有位置的 next[j]后，模式匹配算法则可以改为按照以下方式进行(KMP 算法)：用计数指针 i 和 j 分别记录主串和模式串中待比较字符的位置，i 的初始值为 pos，j 的初始值为 1；在匹配过程中，若 $s_i = t_j$，则 i 和 j 分别增 1，否则，i 不变。而将 next[j]作为新的 j，再进行比较，若相等，则两个指针分别增 1，否则 j 退到下一个 next 位置继续比较；依次类推，直至有两种可能。一种是 j 退到某个 next 值时字符比较相等，则指针 i 和 j 各自增 1，继续进行匹配；另一种是 j 退到 0 值，这时主串指针 i 前进一个位置，即主串从字符 s_{i+1} 起重新与模式串进行比较。

KMP 算法的具体实现方法如下：

```
int Index_KMP(SString S, SString T, int pos) {
    i=pos; j=1;
    while(i<=S[0] && j<=T[0]) {
        if (j==0 || S[i]==T[j]) {++i; ++j}
        else j=next[j];
    }
    if (j>T[0]) return i-T[0];
    else return 0;
}
```

要使用 KMP 算法进行模式匹配，显然需要事先求出模式串全部位置的 next[j](j=1，2，…，m)函数值，即需要事先求出当模式串的每一个字符失配后，下一次开始进行字符比较的起始位置。如何求出模式串所有位置的 next[j](j=1，2，…，m)函数值呢？

可以使用递推方法求解，方法如下：

由式(4.4)知，next[1] = 0，设 next[j] = k，则由式(4.4)知 k 满足 Max{ k | 1<k<j 且 "t_1 t_2… t_{k-1}" = "t_{j-k+1} t_{j-k+2}… t_{j-1}" }，现在求 next[j+1]。

(1)若 t_k = t_j，则下式成立：

$$\text{"}t_1\ t_2\cdots\ t_{k-1}\ t_k\text{"} = \text{"}t_{j-k+1}\ t_{j-k+2}\cdots\ t_{j-1}\ t_j\text{"} \tag{4.5}$$

表明若模式串第 j+1 位置的字符失配，则在进行下趟匹配时，已不需要对模式串的前 k 个字符进行比较，直接从 k+1 位置的字符开始比较就可以了，于是

$$\text{next}[j+1] = k+1 = \text{next}[j]+1 \tag{4.6}$$

(2)若 $t_k \neq t_j$，则表明

$$\text{"}t_1\ t_2\cdots\ t_{k-1}\ t_k\text{"} \neq \text{"}t_{j-k+1}\ t_{j-k+2}\cdots\ t_{j-1}\ t_j\text{"} \tag{4.7}$$

此时可以将求 next 函数值问题看成一个模式匹配问题，只是主串和模式串是同一个串。上式表明主串第 j 个字符 t_j 与模式串第 k 个字符 t_k 失配。根据 KMP 模式匹配原则，下一趟主串第 j 个字符 t_j 应与模式串 next[k]位置的字符 $t_{next[k]}$ 比较。

设 next[k] = k1。若 t_j = t_{k1}，则下式成立：

$$\text{"}t_1\ t_2\cdots t_{k1-1}\ t_{k1}\text{"} = \text{"}t_{j-k1+1}\ t_{j-k1+2}\cdots\ t_{j-1}\ t_j\text{"} \tag{4.8}$$

这表明 next[j+1] = k1+1，即

$$\text{next}[j+1] = \text{next}[k]+1=\text{next}[\text{next}[j]]+1 \tag{4.9}$$

同理，若 $t_j \neq t_{k1}$，则下一趟主串第 j 个字符 t_j 应与模式串 next[k1]位置的字符 $t_{next[k1]}$ 比较……依次类推，直至 t_j 与模式中的某个字符 t_{ki} 匹配成功，这时

$$\text{next}[j+1] = ki+1 \tag{4.10}$$

或者某个 next[ki]=0，这时

$$\text{next}[j+1] = 1 \tag{4.11}$$

例如，对于模式串"aabacaaaabaa"，采用递推法求得的各个位置的 next 函数值见表 4.2。

表 4.2　**用递推法求模式串 next[j]函数值的例子**

j	1	2	3	4	5	6	7	8	9	10	11	12
模式串	a	a	b	a	c	a	a	a	a	b	a	a
next[j]	0	1	2	1	2	1	2	3	3	3	4	5

下面是求解模式串各位置 next 函数值的算法：

```
void get_next(SString T,int next[])
{
  j=1;k=0;next[j]=k;
  while(j<T[0])
  if(k==0||p[j]==p[k])
  {
    j++;
    k++;
    next[j]=k;
  }
   else
    k=next[k];
}
```

KMP 算法的时间复杂度是 $O(n+m)$，n 和 m 分别是主串长度和模式串长度。与简单模式匹配算法的时间复杂度 $O(n\times m)$ 相比，时间性能明显改善。特别重要的是，KMP 算法在匹配过程中，仅需要对主串从头到尾扫描一遍，主串计数指针无须回溯，这在处理大文件时十分高效，可以边读入边匹配，不需要回头重读。

上面求解模式串 next 函数值的算法尚有缺陷。例如，模式串"aaaab"的 next[j]值依次为 0、1、2、3、4，当模式串第四个字符 a 与主串某字符失配时，还需依次取第三、第二、第一个字符进行比较。而这几次比较根本没有必要，其原因是模式串前 4 个字符都是 a，既然第四个字符失配了，前三个字符自然也失配。因此，可以对求模式串 next 函数值的算法进行以下修改：若模式串在第 j 个字符失配，求 k=next[j]，若 $t_k=t_j$，则无须再用 t_k 与主串字符比较，直接求解 k1=next[k]，若 t_{k1} 仍然等于 t_j，则再次求 next[k1]……改进后的算法如下：

```
void get_nextval(SString T,int nextval[])
{
  j=1;k=0;nextval[j]=k;
  while(j<T[0])
  if(k==0||p[j]==p[k])
  {
      j++;
      k++;
      if(T[k]! =T[J])
        next[j]=k;
      else
        nextval[j]=nextval[k];
  }
  else
    k=next[k];
}
```

求解模式串 next 函数值的算法的时间复杂度是 $O(m)$。考虑到 KMP 算法可以节省较多时间，以及通常模式串的长度远小于主串长度，多花费这点时间是值得的。

本章小结

本章主要介绍了串的基本概念，顺序和链式两种存储结构，串的基本操作；其中串赋值、串比较、求串长度、两串连接和求子串这五种操作是串的最基本操作，其他操作可以通过这几个最基本操作实现。在此基础上，讨论了串的基本操作的实现方法，以及串的模式匹配。

思考与练习题

一、选择题

1. 下面关于串的叙述中，不正确的一项是(　　)。

A. 串是字符的有限序列　　B. 空串是由空格构成的串

C. 模式匹配是串的一种重要运算　　D. 串既可以采用顺序存储，也可以采用链式存储

2. 若串 S1＝"ABCDEFG"，S2＝"9898"，S3＝"＃＃＃"，S4＝"012345"，执行 concat(replace(S1,substr(S1,length(S2),length(S3)),S3),substr(S4,index(S2,'8'),length(S2)))，其结果为(　　)。

A. ABC＃＃＃G0123　　B. ABCD＃＃＃2345

C. ABC＃＃＃G2345　　D. ABC＃＃＃2345

E. ABC＃＃＃G1234　　F. ABCD＃＃＃1234

G. ABC＃＃＃01234

3. 设有两个串 p 和 q，其中 q 是 p 的子串，求 q 在 p 中首次出现的位置的算法称为(　　)。

A. 求子串　　B. 联接　　C. 匹配　　D. 求串长

4. 已知串 S＝"aaab"，其 next 数组值为(　　)。

A. 0123　　B. 1123　　C. 1231　　D. 1211

5. 串"ababaaababaa"的 next 数组值为(　　)。

A. 0 1 2 3 4 5 6 7 8 9 9 9　　B. 0 1 2 1 2 1 1 1 1 2 1 2

C. 0 1 1 2 3 4 2 2 3 4 5 6　　D. 0 1 2 3 0 1 2 3 2 2 3 4 5

6. 字符串"ababaabab"的 nextval 值为(　　)。

A. 0 1 0 1 0 4 1 0 1　　B. 0 1 0 1 0 2 1 0 1

C. 0 1 0 1 0 0 0 1 1　　D. 0 1 0 1 0 1 0 1 1

7. 模式串 t＝"abcaabbcabcaabdab"，该模式串的 next 数组的值为(　　)，nextval 数组的值为(　　)。

A. 0 1 1 1 2 2 1 1 1 2 3 4 5 6 7 1 2　　B. 0 1 1 1 2 1 2 1 1 2 3 4 5 6 1 1 2

C. 0 1 1 1 0 0 1 3 1 0 1 1 0 0 7 0 1　　D. 0 1 1 1 2 2 3 1 1 2 3 4 5 6 7 1 2

E. 0 1 1 0 0 1 1 1 0 1 1 0 0 1 7 0 1　　F. 0 1 1 0 2 1 3 1 0 1 1 0 2 1 7 0 1

8. 若串 S＝"software"，其子串的数目是(　　)。

A. 8　　B. 37　　C. 36　　D. 9

9. 设 S 为一个长度为 n 的字符串，其中的字符各不相同，则 S 中的互异的非平凡子串(非空且不同于 S 本身)的个数为(　　)。

A. $2n-1$　　B. n^2　　C. $(n^2/2)+(n/2)$　　D. $(n^2/2)+(n/2)-1$

E. $(n^2/2)-(n/2)-1$　　F. 其他情况

10. 串的长度是指(　　)。

A. 串中所含不同字母的个数　　B. 串中所含字符的个数

C. 串中所含不同字符的个数　　D. 串中所含非空格字符的个数

二、填空题

1. 空格串是指____________，其长度等于________。

2. 组成串的数据元素只能是________。

3. 一个字符串中________称为该串的子串。

4. INDEX('DATASTRUCTURE'，'STR')＝________。

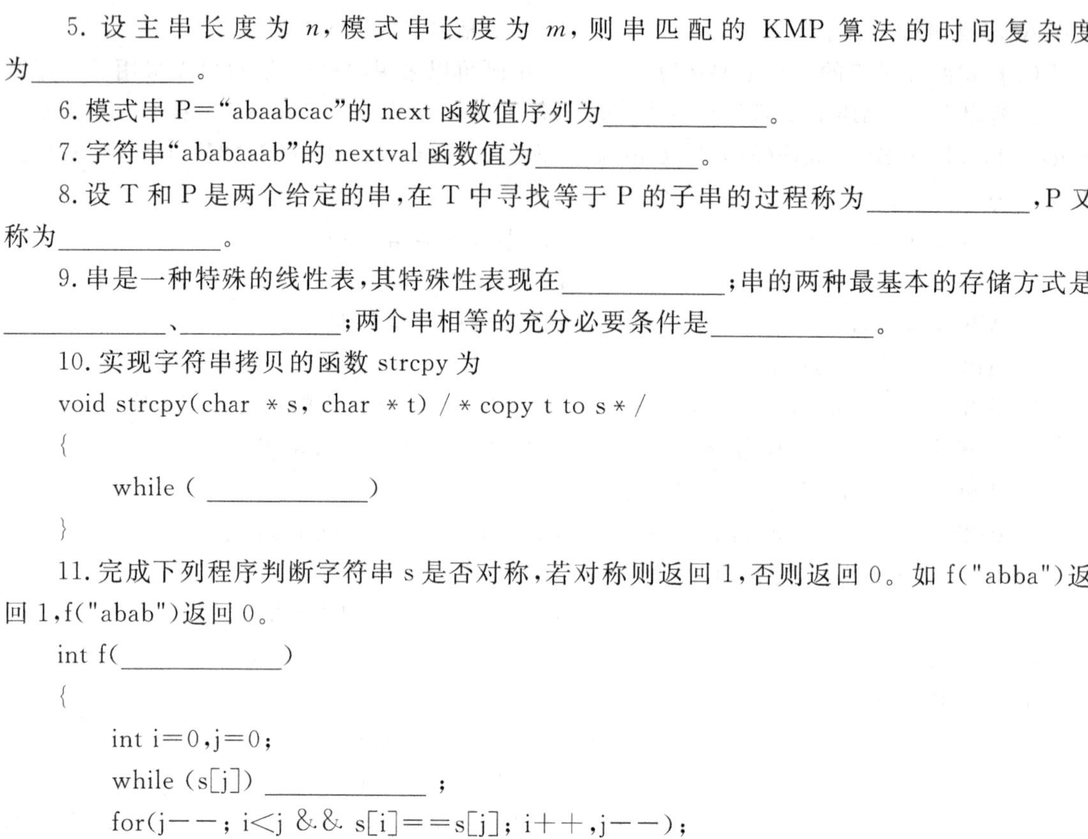

5. 设主串长度为 n，模式串长度为 m，则串匹配的 KMP 算法的时间复杂度为__________。

6. 模式串 P＝“abaabcac”的 next 函数值序列为__________。

7. 字符串“ababaaab”的 nextval 函数值为__________。

8. 设 T 和 P 是两个给定的串，在 T 中寻找等于 P 的子串的过程称为__________，P 又称为__________。

9. 串是一种特殊的线性表，其特殊性表现在__________；串的两种最基本的存储方式是__________、__________；两个串相等的充分必要条件是__________。

10. 实现字符串拷贝的函数 strcpy 为

```
void strcpy(char *s, char *t) /*copy t to s*/
{
    while (__________)
}
```

11. 完成下列程序判断字符串 s 是否对称，若对称则返回 1，否则返回 0。如 f("abba")返回 1，f("abab")返回 0。

```
int f(__________)
{
    int i=0,j=0;
    while (s[j]) __________ ;
    for(j--; i<j && s[i]==s[j]; i++,j--);
    return(__________)
}
```

三、简答与算法设计题

1. 设计一个算法，将顺序串 S 中的所有 s1 串替换成 s2 串(无替换返回 0，有则返回 1)。

2. 设计一个算法，将两个顺序串 S 和 T 中的相同字符复制到空顺序串中。

3. 输入一个字符串，内有数字和非数字字符，如：ak123x456 1. 0796? 302gef4563，要求将其中连续的数字作为一个整体，依次存放到一个一维数组 a 中，如将 123 放入a[0]，456 放入a[1]……并统计串中共有多少个整数。

4. 设计一个算法，计算某子串在主串中出现的次数。

5. 设计一个算法，查找顺序串 T 中第一个不在顺序串 S 中出现的字符。

6. 设计一个算法，计算顺序串 S 中第一个最长重复子串的位置和长度。

7. 计算模式串“abacbbacbcdefghdfg”所有位置的 next 函数值。

8. 设计一个算法，将链串 T 连接在链串 S 后面。

9. 设计一个算法，将两个链串 S 和 T 中的相同字符复制到空链串 A 中。

第 5 章　数组和广义表

数组和广义表是复杂的线性结构，其组成元素是可以分解的。通常数组和广义表被视为线性表的推广，这主要是因为这两种数据结构中的数据元素仍能构成一个线性表。本章的内容包括数组的概念和存储结构、矩阵的压缩存储、稀疏矩阵，以及广义表的基本概念、存储结构和基本操作等。

5.1　数组的概念

数组是一种常用的数据结构，在许多高级程序设计语言中都被当作固定类型来使用。数组作为一种数据结构，其特点是结构中的数据元素可以是具有某种结构的数据，甚至可以是数组，但这些元素必须属于同一数据类型。

可以将数组定义为由下标和值组成的数偶的有限集合。在数组中，每一组下标总是对应着一个值，这个值就是数组元素。每个数组元素在数组中的位置由一组下标$(j_1,j_2,\cdots,j_n)$确定。每个下标有一定的取值范围$0\leqslant j_i\leqslant b_{i-1}$，其中$b_i$称为第$i$维的长度$(i=1,2,\cdots,n)$。当$n=1$时，对应的数组称为一维数组；当$n=2$或$n>2$时，对应的数组称为二维数组或多维数组。

一维数组可以看作一个线性表，二维数组可以看作“数据元素是一维数组”的一维数组，三维数组可以看作“数据元素是二维数组”的一维数组。依次类推，任何多维数组都可以看作一个线性表，这时线性表中的每个数据元素也是一个线性表。多维数组是线性表的推广。以下是一个m行n列的二维数组。

$$\mathbf{A}=\begin{bmatrix} a_{11} & a_{12} & \cdots & a_{1n} \\ a_{21} & a_{22} & \cdots & a_{2n} \\ \vdots & \vdots & & \vdots \\ a_{m1} & a_{m2} & \cdots & a_{mn} \end{bmatrix}$$

数组可以分为静态数组和动态数组。静态数组在定义时直接给出了数组大小，例如，int a[5]定义了一个容量为5，下标范围0～4，且每个数组元素是整型类型的一维数组。静态数组一旦被定义，维数和维界都不再改变。

动态数组在程序运行时根据需要动态分配数组空间，并将其起始地址记录在一个指针变量中。例如，运行以下语句：

```
double * * p = new double * [4];
for( int i=0; i<4; i++ )
```

p[i] = new double[5];

就动态生成了一个数组元素为双精度实型、4 行 5 列、行下标范围 0～3、列下标范围 0～4、总数组元素个数等于 20 的二维数组，并将该数组的开始行地址记录在指针变量 p 中。

通常，数组是具有固定格式和数量的数据的有序集，每个数据元素都通过唯一的下标来访问。一般情况下，不对数组进行插入和删除操作。对数组的主要操作通常有以下几种：

(1)取值操作：给定数组下标，读取数组当中对应下标的数据元素。

(2)赋值操作：给定数组下标，存储或修改数组当中对应下标的数据元素。

(3)清空操作：将数组中的所有数据元素清除。

(4)复制操作：将一个数组当中的所有元素赋给另一个数组。

(5)排序操作：对数组中的所有数据元素进行排序。

(6)反转操作：将数组中所有数据元素的顺序进行反转。

5.2 数组的存储结构

通常，数组中的数据元素都是采用顺序存储结构来存储的，因为数组的数据元素在内存中要求连续存放，计算机的内存是一个一维数组，内存地址就是数组的下标。所以，对于一维数组，可以根据数组元素的下标来获取其存储地址，并且访问一维数组中的数据元素。假设有一维数组，每个数组元素占 L 个存储单元，第一个数组元素的存储起始地址是 a，则该数组中任意一个数组元素的存储地址 LOC(i)可以通过式(5.1)计算：

$$\mathrm{LOC}(i) = \mathrm{LOC}(i-1) + L = \mathrm{a} + (i-1) \times L \tag{5.1}$$

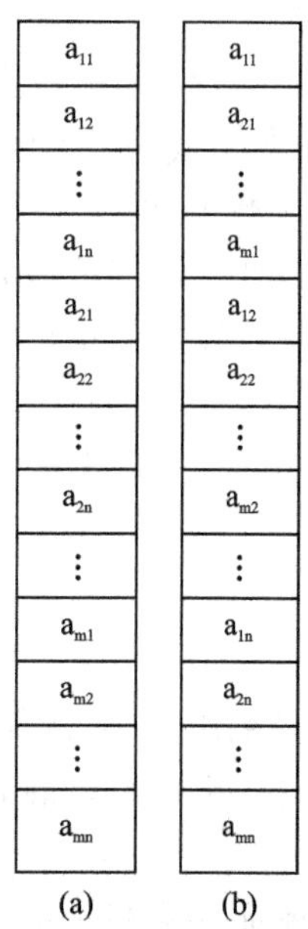

图 5.1 二维数组的两种存放方式示意

(a)以行序为主序；(b)以列序为主序

对于二维数组，由于计算机的存储结构是线性的，因此存在如何用线性存储结构来存放二维数组的行/列次序排列问题。采用以行序为主序的存储方式时，先存储第 0 行，随后依次存储第 1 行……直至最后存储第 $m-1$ 行。C、Pascal、BASIC 等大多数程序设计语言中采用的是以行序为主序的存储方式。在 Fortran 等少数程序设计语言中，采用的是以列序为主序的存储方式，即先存储第 1 列数据元素，随后依次存储第 2 列数据元素……直至最后存储第 $n-1$ 列数据元素。图 5.1 给出了上述二维数组的两种存放方式示意。

假设有二维数组的基址是 LOC(a_{11})，每个数据元素占 w 个存储单元。

若采用以行序为主序的存储方式，则该数组中任意一个数组元素的存储地址 LOC(a_{ij})的物理地址可通过式(5.2)计算：

$$\mathrm{LOC}(a_{ij}) = \mathrm{LOC}(a_{11}) + [(i-1) \times n + j - 1] \times w \tag{5.2}$$

这是因为数组元素 a_{ij} 的前面有 $i-1$ 行，每一行有 n 个数据元素，在第 i 行中 a_{ij} 的前面还有 $j-1$ 个元素。

若采用以列序为主序的存储方式，则该数组中任意一个数

组元素的存储地址 LOC(a_{ij})的物理地址可通过式(5.3)计算：

$$LOC(a_{ij}) = LOC(a_{11}) + [(j-1) \times m + i - 1] \times w \tag{5.3}$$

这是因为数组元素 a_{ij} 的前面有 $j-1$ 列，每一列有 m 个数据元素，在第 j 列中 a_{ij} 的前面还有 $i-1$ 个元素。

由以上公式可知，一旦确定了数组各维的长度，便可以计算任意一个元素的存储地址，并且计算时间相等。因此，访问数组中任一元素的时间也相等，故数组是一种随机存储结构。

【例 5.1】 有 m 名学生，每人考 n 门功课，试写出求任一学生的总分数和任一门课程总分数的数据结构和算法。

把学生的考试成绩存放在 m 行 n 列的二维数组中，则第 $i(0 \leqslant i < m)$ 行第 $j(0 \leqslant j < n)$ 列中存放了第 i 个学生的第 j 门课程考试成绩。数据结构如下：

```
#define M <学生人数>
#define N <课程门数>
int score[M][N]; //定义学生成绩的二维数组
//求第 i 名学生总分数的算法：
int studentsum(int score[M][N],int i)
{
    int j,sum=0;
    for(j=0;j<N;j++)
        sum=sum+score[i][j];
    return (sum);
}
//求第 j 门课程总分数的算法：
int coursesum(int score[M][N],int j)
{
    int i,sum=0;
    for(i=0;i<M;i++)
        sum=sum+score[i][j];
    return (sum);
}
```

5.3　矩阵的压缩存储

在科学计算和工程领域等方面经常要使用矩阵的概念。矩阵具有很多与数组相似的性质，如数据元素数目固定、数据元素按下标有序排列。因此，矩阵一般都采用二维数组存放。但在实际问题中，尤其是在数值分析中，会遇到一些阶数很高的矩阵，并且矩阵中的元素在分布上具有规律性，或者存在大量的相同元素，这两类矩阵分别称为特殊矩阵和稀疏矩阵。为了节省存储空间，可以对此类矩阵进行压缩，即对多个相同值元素只分配一个存储空间，而对零元素则不分配空间。本节介绍对特殊矩阵压缩存储的具体方法(稀疏矩阵相关内容见 5.4 节)。

5.3.1　对称矩阵的压缩存储

若一个 n 阶矩阵 $\mathbf{A}$ 的矩阵元素满足 $a_{ij}=a_{ji}(1 \leqslant i \leqslant n, 1 \leqslant j \leqslant n)$，则称该矩阵是一个 n 阶

对称矩阵。

由于对称矩阵中的矩阵元素以主对角线为中线对称，因此在存储时可只存储对称矩阵中上三角或下三角的元素，使对称的矩阵元素共享一个存储空间。包括主对角线在内的下(或上)三角部分一共有[$n(n+1)/2$]个元素，这样可以将 n^2 个矩阵元素压缩存储到这[$n(n+1)/2$]个元素的存储空间中，其存储结构见图 5.2。下面讨论以行序为主序存储下三角(包括对角线)矩阵元素的方法。

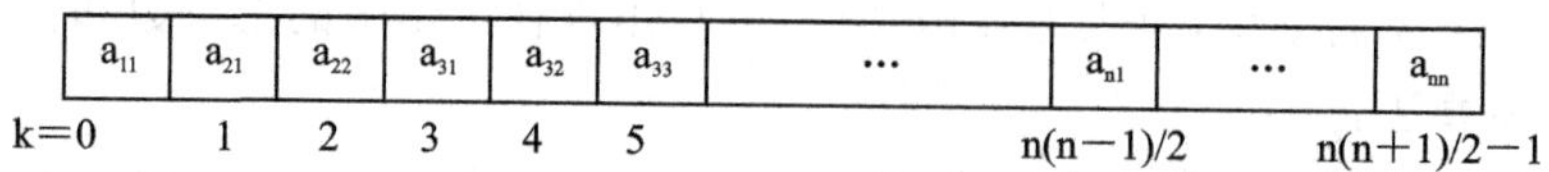

图 5.2 *n* 阶对称矩阵的压缩存储结构

假设一维数组 SA[0..n(n+1)/2]作为 n 阶对称矩阵 $\boldsymbol{A}$ 的存储结构，SA 中只存储对称矩阵 $\boldsymbol{A}$ 的下三角(包括对角线)部分的元素，则 $\boldsymbol{A}$ 中任一元素 a_{ij} 和 SA[k]之间存在如下关系：

$$k=\begin{cases}\dfrac{i(i-1)}{2}+j-1 & i\geqslant j\\[2mm] \dfrac{j(j-1)}{2}+i-1 & i<j\end{cases}\tag{5.4}$$

由此称一维数组 SA[0..n(n+1)/2]为 n 阶对称矩阵 $\boldsymbol{A}$ 的压缩存储，该压缩存储只需按式(5.4)作一一映射即可实现矩阵元素的随机访问。

5.3.2 三角矩阵的压缩存储

一个 n 阶矩阵，若它上三角(不包括对角线)的所有矩阵元素均为 0 或为同一常数，则该矩阵称为下三角矩阵；反之，若它下三角(不包括对角线)的所有矩阵元素均为 0 或为同一常数，则该矩阵称为上三角矩阵。以下矩阵 $\boldsymbol{A}$ 是一个下三角矩阵。

$$\boldsymbol{A}=\begin{bmatrix}a_{11} & & & & \\ a_{21} & a_{22} & & 0 & \\ a_{31} & a_{32} & a_{33} & & \\ \vdots & \vdots & \vdots & \ddots & \\ a_{n1} & a_{n2} & a_{n3} & \cdots & a_{nn}\end{bmatrix}$$

设以一维数组 SB[0..n(n+1)/2]作为 n 阶三角矩阵 $\boldsymbol{B}$ 的存储结构，以行序为主序依次存储下三角(包括对角线)的矩阵元素，则 $\boldsymbol{B}$ 中任一元素 b_{ij} 和 SB[k]之间存在如下关系：

$$k=\begin{cases}\dfrac{i(i-1)}{2}+j-1 & i\geqslant j\\[2mm] \dfrac{n(n+1)}{2} & i<j\end{cases}\tag{5.5}$$

n 阶下三角矩阵的压缩存储结构见图 5.3，其中 c 为常数项。

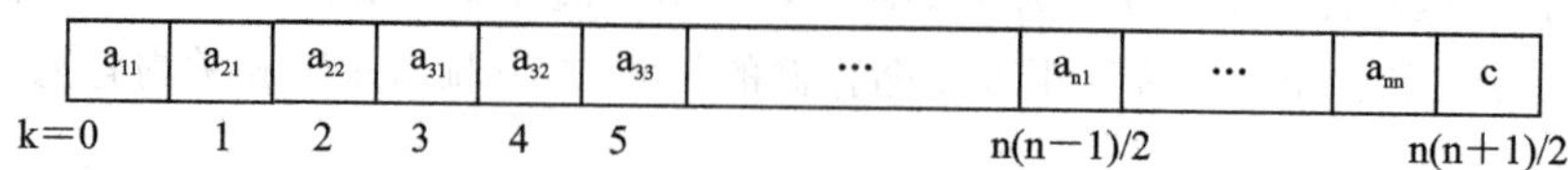

图 5.3 *n* 阶下三角矩阵的压缩存储结构

对于上三角矩阵，其存储思想与下三角矩阵类似，即以行序为主序依次存储上三角(包括对角线)部分的元素,最后再用一个存储单元存放下三角的常数值。矩阵中任意元素 b_{ij} 的下标与它在数组 SA 中的位置 k 之间存在如下对应关系:

$$k=\begin{cases}\dfrac{(i-1)(2n-i+2)}{2}+j-i & j\geqslant i\\ \dfrac{n(n+1)}{2} & j<i\end{cases} \tag{5.6}$$

n 阶上三角矩阵的压缩存储结构见图 5.4,其中 c 为常数项。

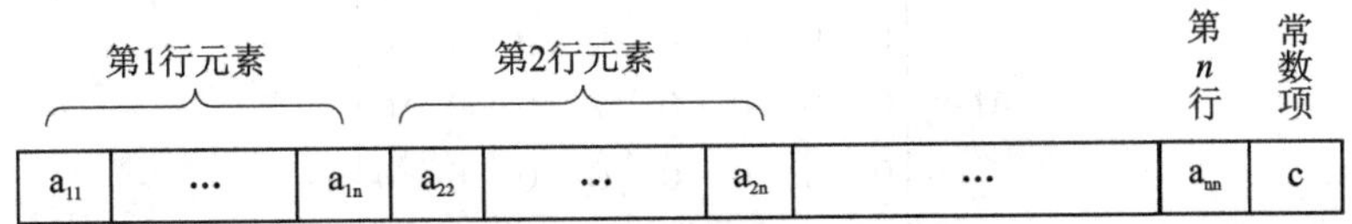

图 5.4　n 阶上三角矩阵的压缩存储结构

5.3.3　对角矩阵的压缩存储

对角矩阵的所有非零元素都集中在以主对角线为中心的带状区域内,即除了主对角线及其上、下方若干条对角线上的元素外,其他元素都为 0 或为同一个常数。以下矩阵即为 n 阶三对角矩阵的示例。

$$\mathbf{A}=\begin{bmatrix} a_{11} & a_{12} & & & & \\ a_{21} & a_{22} & a_{23} & & & \\ & a_{32} & a_{33} & a_{34} & & \\ & & a_{43} & a_{44} & \ddots & \\ & & & \ddots & \ddots & a_{(n-1)n} \\ & & & & a_{n(n-1)} & a_{nn} \end{bmatrix}$$

一个有 m 条非零元素带的 n 阶对角矩阵 $\mathbf{A}$ 的非零元素总数 u 的计算公式如式(5.7)所示。($\lfloor x \rfloor$表示不大于 x 的最大整数)

$$u=mn-2\times[\lfloor m/2\rfloor+(\lfloor m/2\rfloor-1)+\cdots+1]=mn-\lfloor m/2\rfloor\times(\lfloor m/2\rfloor+1) \tag{5.7}$$

设以一维数组 SA[u+1]为对角矩阵 $\mathbf{A}$ 的存储结构,则 $\mathbf{A}$ 中任一元素 b_{ij} 和 SA[k]之间存在如下关系:

$$k=(\lfloor m/2\rfloor+1)i+j-\lfloor m/2\rfloor+1 \tag{5.8}$$

以上讨论的对称矩阵、三角矩阵、对角矩阵的压缩存储方法就是把具有一定分布规律并且具有相同值的元素(包括 0 元素)压缩存储在一个存储空间中。通过这种压缩存储方法,只需在算法中按公式作一一映射即可实现矩阵元素的随机访问。

5.4　稀疏矩阵

5.4.1　稀疏矩阵的概念

设 $m\times n$ 的矩阵中有 t 个非零元素且 $t\ll m\times n$,这样的矩阵称为稀疏矩阵。也有人按照以下方式定义稀疏矩阵：假设在一个 $m\times n$ 阶的矩阵中，有 t 个元素不为 0，令 $\delta=t/(m\times n)$，称 δ 为矩阵的稀疏因子，若 $\delta\leqslant 0.05$，则该矩阵是一个稀疏矩阵。稀疏矩阵的压缩存储方法如下：将非零元素所在的行、列以及它的值构成一个三元组(i,j,v)，然后按某种规律存储这些三元组。例如，下面由非零元三元组构成的表((1,3,3)，(1,8,1)，(3,1,9)，(4,5,7)，(5,7,6)，(6,4,2)，(6,6,3)，(7,3,5))就可以作为以下稀疏矩阵 **M** 的另一种描述。

$$\boldsymbol{M}=\begin{bmatrix}0&0&3&0&0&0&0&1\\0&0&0&0&0&0&0&0\\9&0&0&0&0&0&0&0\\0&0&0&0&7&0&0&0\\0&0&0&0&0&0&6&0\\0&0&0&2&0&3&0&0\\0&0&5&0&0&0&0&0\end{bmatrix}$$

由非零元三元组构成的表可以使用不同的存储结构进行存储，而不同的存储方式则可得到不同的稀疏矩阵压缩存储方法。

稀疏矩阵的抽象数据类型描述如下：

ADT SparseMatrix {

数据对象：D={a_{ij} | i=1,2,3,…,m; j=1,2,3,…,n; a_{ij}∈ElemSet，m 和 n 分别是稀疏矩阵的行数和列数}

数据关系：R={Row,Col}

Row={<a_{ij},a_{ij+1}>| $1\leqslant i\leqslant m$, $1\leqslant j\leqslant n-1$ }

Col ={<a_{ij},a_{i+1j}>| $1\leqslant i\leqslant m-1$, $1\leqslant j\leqslant n$ }

基本操作：

CreateSMatrix(&M)	建立稀疏矩阵 M；
DestroySMatrix(&M)	销毁稀疏矩阵 M；
TransposeSMatrix(M)	求稀疏矩阵 M 的转置矩阵；
AddSMatrix(&M, &N)	求稀疏矩阵 M 和 N 之和；
MulSMatrix(&M, &N)	求稀疏矩阵 M 和 N 之积；

}ADT SparseMatrix

关于矩阵的运算算法较多，以上描述的稀疏矩阵的抽象数据类型中，只列举了几种最常见的运算算法。

5.4.2 稀疏矩阵的三元组表示及基本操作

若把稀疏矩阵的三元组线性表按顺序存储结构进行存储，则称之为稀疏矩阵的三元组顺序表。三元组表的数据类型可以定义如下：

```
#define NUM 100              //矩阵中非零元素的最大个数
typedef struct{
    int r;                   //行号
    int c;                   //列号
    ElemType d;              //元素值
}tupletype;                  //三元组定义
```

```
typedef struct{
    int rows;               //行数值
    int cols;               //列数值
    int nums;               //非零元素个数
    tupletype data([NUM]);
}table;                     //三元组顺序表定义
```

其中，data 域中表示的非零元素以行序为主序顺序排列，这是一种下标按行有序的存储结构，可简化大多数矩阵运算算法。以下讨论均假设 data 域按行有序存储。

按这种方式定义三元组表的数据类型便于实现矩阵的某些操作。矩阵操作通常包括矩阵转置、矩阵相加、矩阵相减、矩阵相乘等。以下将讨论稀疏矩阵转置和稀疏矩阵相加操作。

1. 稀疏矩阵转置

转置运算是一种最简单的矩阵运算。对于一个 $m\times n$ 阶的矩阵，它的转置矩阵是一个 $n\times m$ 阶的矩阵，且 $N(i,j)=M(j,i)$，$1\leqslant i\leqslant n$，$1\leqslant j\leqslant m$。例如，以下矩阵 $\boldsymbol{M}$ 和矩阵 $\boldsymbol{N}$ 互为转置矩阵。稀疏矩阵的转置矩阵仍然是稀疏矩阵。若用三元组表存放稀疏矩阵，则需根据被转置矩阵的三元组表生成转置矩阵的三元组表。

$$\boldsymbol{M}=\begin{bmatrix}15 & 0 & 0 & 22 & 0 & -15 & 0\\ 0 & 11 & 0 & 0 & 0 & 0 & 3\\ 0 & 0 & 0 & -6 & 0 & 0 & 0\\ 0 & 0 & 0 & 0 & 0 & 0 & 0\\ 91 & 0 & 0 & 0 & 0 & 0 & 0\\ 0 & 0 & 28 & 0 & 0 & 0 & 0\end{bmatrix}\qquad \boldsymbol{N}=\begin{bmatrix}15 & 0 & 0 & 0 & 91 & 0\\ 0 & 11 & 0 & 0 & 0 & 0\\ 0 & 0 & 0 & 0 & 0 & 28\\ 22 & 0 & -6 & 0 & 0 & 0\\ 0 & 0 & 0 & 0 & 0 & 0\\ -15 & 0 & 0 & 0 & 0 & 0\\ 0 & 3 & 0 & 0 & 0 & 0\end{bmatrix}$$

对于一个 $m\times n$ 阶的矩阵 $\boldsymbol{A}$，其转置矩阵是一个 $n\times m$ 阶的矩阵 $\boldsymbol{B}$，满足 $a_{ij}=b_{ji}$，其中 $1\leqslant i\leqslant m$，$1\leqslant j\leqslant n$，其完整的转置算法如下：

```
void trans(table re,table &sr)
{
    int p,q=0,v;        //q 为 sr.data 的下标
    sr.rows=re.cols;sr.cols=re.rows;sr.nums=re.nums;
    if(re.nums!=0){
        for(v=0;v<re.cols;v++)        //sr.data[q]中的记录以 c 域的次序排序
            for(p=0;p<re.nums;p++)
                if(re.data[p].c==v){
                    sr.data[q].r=re.data[p].c;
                    sr.data[q].c=re.data[p].r;
                    sr.data[q].d=re.data[p].d;
                    q++;
                }
    }
}
```

以上算法的时间复杂度为 O(t，re.rows×re.nums)，当使用二维数组存储一个 m 行 n 列的矩阵时，其转置算法的时间复杂度为 $O(m\times n)$。最坏的情况是稀疏矩阵中的非零元素个数 re.nums 和 $m\times n$ 处于同数量级（即 re.nums≈$m\times n$），转置算法的时间复杂度为 $O(m\times n^2)$。

2.稀疏矩阵相加

已知两个三元组A和B,用i和j分别作为两个三元组的指针,以行序为主序对它们的当前值进行相加运算,并把相加后的结果存放在第三个三元组C当中。算法如下:

```
int add(table a,table b,table &c)
{
    int i=0,j=0,k=0;
    ElemType v;
    if(a.rows! =b.rows||a.cols! =b.cols)
        return 0;
    c.rows=a.rows;c.cols=a.cols;
    while(i<a.nums && j<b.nums){
      if(a.data[i].r==b.data[i].r){
        if(a.data[i].c<b.data[j].c){
            c.data[k].r=a.data[i].r;
            c.data[k].c=a.data[i].c;
            c.data[k].d=a.data[i].d;
            k++;i++;
        }
        else if(a.data[i].c>b.data[j].c){
            c.data[k].r=b.data[j].r;
            c.data[k].c=b.data[j].c;
            c.data[k].d=b.data[j].d;
            k++;j++;
        }
        else{
            v=a.data[i].d+b.data[i].d;
            if(v! =0){
                c.data[k].r=a.data[i].r;
                c.data[k].c=a.data[i].c;
                c.data[k].d=v;
            }
            k++;i++;j++;
        }
    }
    else if(a.data[i].r<b.data[i].r){
        c.data[k].r=a.data[i].r;
        c.data[k].c=a.data[i].c;
      c.data[k].d=a.data[i].d;
      k++;i++;
    }
    else{
      c.data[k].r=b.data[j].r;
      c.data[k].c=b.data[j].c;
      c.data[k].d=b.data[j].d;
      k++;j++;
```

```
        }
        c.nums=k;
    }
}
```

5.4.2　稀疏矩阵的十字链表表示

十字链表又称为正交链表，它是稀疏矩阵的一种较好的链式表示方法。十字链表为稀疏矩阵的每一行和每一列都分别设置一个单独链表，这样稀疏矩阵的每一个非零元素就同时被包含在两个链表中，即每一个非零元素同时被包含在所在行的行链表和所在列的列链表中。在十字链表中，每一个非零元素存储在一个结点内。每一个结点除了存储非零元素的三元组外，还设置了 right 和 down 两个指针，这两个指针分别指向同一行的下一个非零元素结点和同一列的下一个非零元素结点。这就显著缩短了链表的长度，便于算法在行方向和列方向上搜索，从而大大降低了算法的时间复杂度。以下稀疏矩阵 **A** 的十字链表如图 5.5 所示。

$$\boldsymbol{A}=\begin{bmatrix}3&0&0&7\\0&0&1&0\\2&0&0&0\\0&0&0&0\\0&0&0&9\end{bmatrix}$$

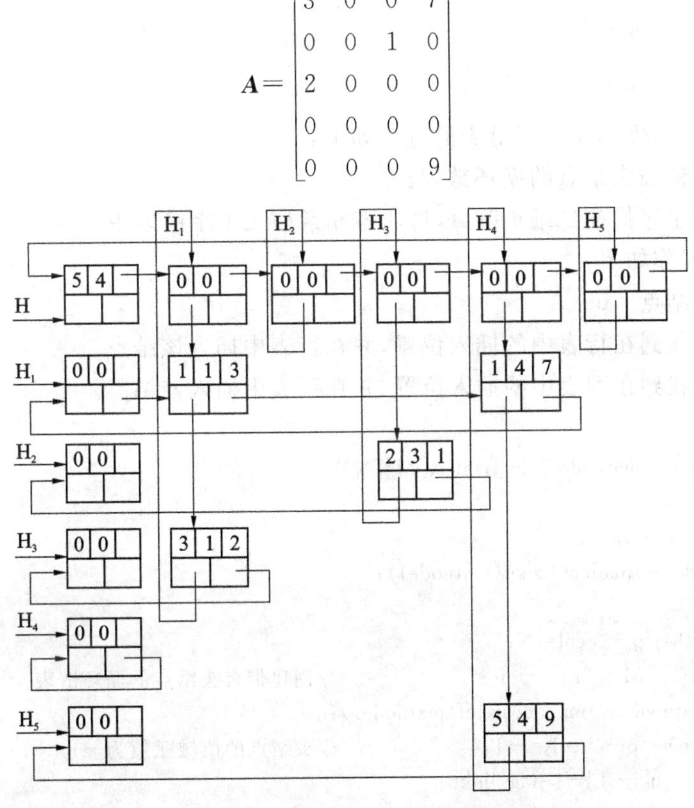

图 5.5　稀疏矩阵 A 的十字链表

十字链表的头结点设置 5 个域：row(行域)、col(列域)、next(指针域)、right(指针域)和 down(指针域)。其中行域和列域的值均为 0。对于行循环链表的头结点，其 right 域存储该行循环链表头结点的地址，但 down 域并未使用。对于列循环链表的头结点，其 down 域存储该列循环链表头结点的地址，而 right 域没有使用。

一般情况下，稀疏矩阵有多行多列。每行有一个行循环链表，每列有一个列循环链表，因此对应的十字链表中存在多个行循环链表的头结点和多个列循环链表的头结点。为了节省存储空间，可以利用头结点中未使用的 right 域和 down 域，以省掉一部分头结点。具体方法：让行号和列号相同的行循环链表和列循环链表共用一个头结点，即规定第 i 个头结点的 right 域存放第 i 个行循环链表头结点的地址，down 域存放第 i 个列循环链表头结点的地址。若按上述方式建立头结点，则十字链表中头结点的数量由稀疏矩阵行数和列数的最大值决定。

十字链表结点结构和头结点的数据结构可定义如下：

```
#define M 3             //假设矩阵3行
#define N 4             //假设矩阵4列
#define MAX((M)>(N)?(M):(N)) //矩阵行列较大者
typedef struct mt{
    int row;
    int col;
    struct mt *right, *down;
    union{
      int value;
      struct mt *link;
    }tag;
}matnode;
```

根据一个二维矩阵创建十字链表的过程如下：

(1)建立十字链表头结点的循环链表。

(2)以行序为主序扫描二维矩阵 **A**，将非零元素插入十字链表中。

插入的具体操作如下：

(1)创建一个结点 * p。

(2)根据行号找到在行表中的插入位置，并在行表中插入该结点。

(3)根据列号找到在列表中的插入位置，并在列表中插入该结点。

算法如下：

```
matnode *createmt(matnode *h[],int A[M][N])
{   int i,j;
    matnode *p, *q;
    p=(matnode *)malloc(sizeof(matnode));
    h[0]=p;
    p->row=M; p->col=N;
    for (i=1; i<=Max; i++) {                    //创建带有头结点的循环链表
        p=(matnode *)malloc(sizeof(matnode));
        p->row=p->col=-1;                       //头结点的值域赋值为-1
        h[i]=p; h[i-1]->tag.linkp;
        p->down=p->right=p;
    }
    h[max]->tag.link=h[0];
    for (i=0; i<M; i++)
     for(j=0; j<N; j++)
        if (A[i][j]! =0) {
        p=(matnode *)malloc(sizeof(matnode));
        p->row=i; p->col=j; p->tag.value=A[i][j];
```

```
        q=h[i+1];                //查找在行表中的插入位置
        while (q->right! =h[i+1] && q->right->col<j)
            q=q->right;
        p->right=q->right; q->right=p; //完成行表的插入
        q=h[j+1];                //查找在列表中的插入位置
        while (q->down! =h[j-1] && q->down->row<i)
                q=q->down;
        p->down=q->down; q->down=p; //完成列表的插入
    }
    return h[0];
}
```

针对十字链表的建立，若非零元素由用户输入，则算法的时间复杂度为 $O(\mathrm{Max}\times t)$，t 为非零元素个数，$\mathrm{Max}=\max\{m,n\}$，且对非零元素输入的先后次序没有任何要求。而上面的算法是从二维矩阵中获得非零元素的，其时间复杂度为 $O(m\times n\times \mathrm{Max})$，因而并不高效。

【例 5.2】 采用十字链表存储结构，设计一个查找指定元素值位置的算法。

按行序扫描十字链表 hh 中的每个结点，当其 value 域值等于指定的元素值时，查找成功。本例算法如下：

```
int findnode(matnode * hh, Ele,Type x, int &rown, int &coln)
{
  matnode * p, * q;
  p=hh->tag.link;
  while (p! =m){
     q=p->right;
     while(p! =q) {
        if(q->tag.value==x) {
            rown=q->row; coln=q->col;
            return l;
            }
            q=q->right;
        }
        p=p->tag.link;
    }
    return 0;
}
```

5.5　广义表的基本概念

在线性表中，每个数据元素在结构上是不能再分割的原子元素。广义表是线性表的推广，线性表中的元素仅限于原子项，即不可以再分，而广义表中的元素既可以是原子项，也可以是表（另一个线性表）。

n 个元素 $a_0,a_1,\cdots,a_{n-1}$ 组成有序序列，其中元素 $a_i(0\leqslant i\leqslant n-1)$ 是数据元素（原子）或者是广义表（子表），记为广义表 $GL=(a_0,a_1,\cdots,a_{n-1})$。

其中，GL 是广义表的名称，n 是广义表的长度；若元素 a_i 是数据元素，则称为 GL 的原子；若元素 a_i 是广义表，则称为 GL 的子表。但一般习惯用大写字母表示广义表，小写字母表示原子。a_0 为广义表 GL 的表头，$(a_1,\cdots,a_{n-1})$ 为广义表 GL 的表尾（还是广义表），分别记为 $head(GL)=a_0$ 和 $tail(GL)=(a_1,\cdots,a_{n-1})$。广义表的长度是指广义表中包含元素（包括原子和子表）的个数。广义表的深度是指广义表中所包含括号的层数。

下面是几个广义表的例子。

A =(())：长度为 1 的表，其中表头是一个空表；

B =(a,(b,c,d))：长度为 2 的表；

C =(A,B,())：长度为 3 的表，前面两个元素都是广义表，后面一个是空表；

D =()：一个空表，长度为 0；

E =(a,E)：长度为 2 的表，其中一个元素为原子，另一个元素是子表。

根据广义表的概念和上述例子可知，广义表具有以下特性：

(1)一个广义表可以被其他广义表共享，例如，表 A、表 B 是表 C 的共享子表。

(2)广义表可以是递归的表。广义表的定义并没有限制元素的递归，即广义表也可以是其自身的子表。例如，表 E 就是一个递归的表。

在广义表上经常进行的操作包括：求表的长度，查找元素，在表指定位置进行插入或删除操作，求表的深度，取表头或表尾等。由于广义表比线性表复杂，因此实现广义表的操作比线性表要复杂得多。

广义表的抽象数据类型描述如下：

```
ADT GList {
  数据对象：D={ ai | i=1,2,…,n; n≥0; ai∈D0 或者属于某个广义表，D0 是某个数据对象 }
  数据关系：R={ <ai-1,ai> | ai-1,ai∈D, 2≤i≤n }
  基本操作：
    InitGList( &LS )              建立空的广义表 LS；
    CreateGList( &LS )            建立广义表 LS；
    DestroyGList( &LS )           销毁广义表 LS；
    CopyGList( &LS, L )           由广义表 L 复制得到广义表 LS；
    GListLength( LS )             求广义表的长度；
    GListDepth( LS )              求广义表的深度；
    GListEmpty( LS )              判断广义表 LS 是否是空表；
    GetHead( LS )                 取广义表 LS 的表头；
    GetTail( LS )                 取广义表 LS 的表尾；
    InserFirst( &LS, e )          插入元素 e 作为广义表 LS 的第一个元素；
    DeleteFirst( &LS,& e )        删除广义表 LS 的第一个元素，并用 e 返回其值；
    TraverseGList( LS )           遍历广义表；
} ADT GList
```

5.6 广义表的存储结构

由于广义表中的数据元素可以是原子，也可以是广义表，显然难以用顺序存储结构表示，通常我们用链式存储结构来表示。表中的每个数据元素可用一个结点来表示。广义表中有两类结点，一类是单个元素结点，另一类是子表结点。从 5.5 节得知，任何一个非空的广义表都可以分解成表头和表尾两部分；反之，一对确定的表头和表尾可以唯一地确定一个广义表。由此，一个表结点可由三个域构成：标志域、指向表头的指针域、指向表尾的指针域。而元素结点只需要两个域：标志域和值域。这种链式存储结构又称为头尾表示法。若广义表不为空，则可以唯一地分解成表头和表尾两部分；反之，一对表头和表尾也能唯一地确定一个广义表。

头尾表示法就是根据这一性质设计的一种存储方法，使用头尾表示法存储广义表需用标志区分原子元素和子表两类结点，因为它们存放的信息不一样。对于原子元素结点，没有更下层，仅需要将自身的值存放起来。对于子表结点，则需要将其与相同层结点之间的逻辑关系和与下一层结点之间的逻辑关系表示出来。因此，可以按以下方法建立广义表的链式存储结构。

(1)为每一个子表设置一个表结点。每个表结点定义 tag、hp、tp 三个域[图 5.6(a)]，其中，标志域 tag 等于 1，表明当前结点是表结点，指针 hp 指向当前表结点的表头结点，指针 tp 指向当前表结点的表尾结点。

(2)为每一个原子元素设置一个原子结点。每个原子结点定义 tag 和 data 两个域[图 5.6(b)]，其中，标志域 tag 等于 0，表明当前结点是原子元素结点，data 域存放当前原子元素的值。

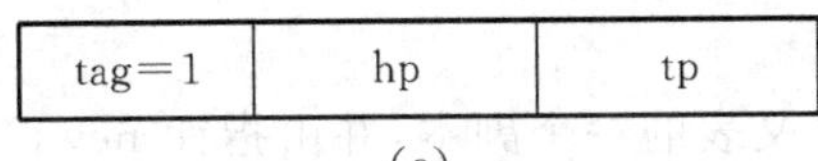

(a)

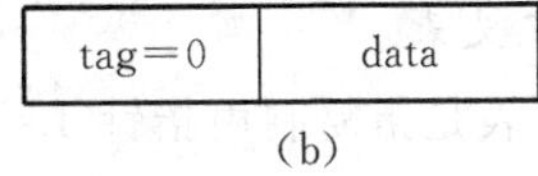

(b)

图 5.6 头尾表示法的结点结构

(a)表结点；(b)原子结点

设有 4 个广义表 A(d,e,f)、B(a,b,c)、C(A,g)、D((),B,C)，若采用头尾表示法，则其存储结构如图 5.7 所示。

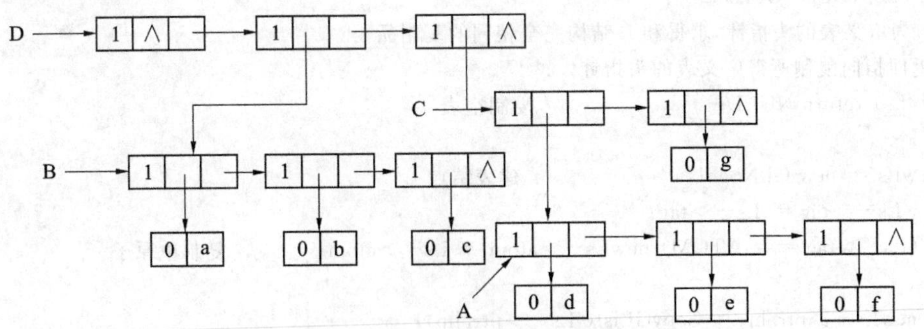

图 5.7 广义表的头尾表示法存储结构

5.7 广义表的基本操作

基于广义表是递归定义的结构，一般使用递归函数作为实现广义表操作的算法。广义表的基本操作包括求广义表的长度和深度，向广义表插入元素和从广义表中查找或删除元素，建立广义表，输出广义表及复制广义表等。此处重点介绍以下几个基本操作。

1. 求广义表的深度

根据广义表的深度的定义可知，广义表的深度＝Max{各个子表的深度}＋1。由于子表亦为广义表，则可递归求解，并且空表的深度为1；若子表数据元素为原子，则其深度为0。由此可得如下算法：

```
int GListDepth(GList L)
{
  // L为指向广义表的头指针，返回L所指广义表的深度
  if (! L) return 1; // 空表深度为1
  if (L->tag == ATOM) return 0; // 原子深度为0
  for (max=0, pp=L; pp; pp=pp->ptr.tp) {
    dep = GlistDepth(pp->ptr.hp); // 求以pp->ptr.hp为头指针的子表深度
    if (dep > max) max = dep;// 找出所有子表中的最大深度
  } // for
  return max + 1;// 非空表的深度是各子表的深度的最大值加1
} // GlistDepth
```

2. 复制广义表

复制广义表是指复制由指针 Ls 所指向的广义表的一个副本，并由指针 newLs 指向复制的广义表。换言之，求得 Ls 所指结点的复制品——newLs 所指结点，其中指针 newLs－＞ptr.hp 所指为 Ls－＞ptr.hp 所指表头的复制品，newLs－＞ptr.tp 所指为 Ls－＞ptr.tp 所指表尾的复制品。

广义表的表头和表尾也是广义表，因此可递归求解，递归的终结状态为“空表”或“原子”。

```
GList CopyGList(GList Ls) {
// L为广义表的头指针，求得和L结构完全相同的复制品
// 返回指向复制所得广义表的头指针
if (! Ls) return NULL;              // 复制空表
else {
  newLs = new GLNode;               // 建表结点
  newLs->tag = Ls->tag;
  if (Ls->tag == ATOM) newLs->atom = Ls->atom;      // 复制单原子
  else {
    newLs->ptr.hp = CopyGList( Ls->ptr.hp);
                        // 复制求得表头Ls->ptr.hp的一个副本newLs->ptr.hp
    newLs->ptr.tp = CopyGList( Ls->ptr.tp);
                        // 复制求得表尾Ls->ptr.tp的一个副本newLs->ptr.tp
  } // else
```

```
  } // else
  return newLs;
} // CopyGList
```

3. 建立广义表

假设以串 S="(a_1,a_2,…,a_n)"的形式输入广义表，其中 a_i 为第 i 个子表串，且设空表串为"(　)"，单原子以单个小写字母表示。

这个算法的基本思想为：去除串 S 中首尾一对括弧之后，将它分割成 n 个子串，每个子串 a_i 定义一个子表，从而引出 n 个子问题，即分别由每个子串建立一个子表。若由串 S 求得指向广义表的头指针 L，则由子串 a_i 求得指向第 i 个子表的头指针，通过 n 个表结点可将这 n 个子表组合成一个广义表。

```
Glist CreateGList( String S)
{
  // 建立由串 S 确定的广义表的存储结构，返回指向该广义表的头指针
  if (StrCompare(s,"( )")) return NULL;// 创建空表
  else {
    L = new GLNode;                    // 生成表结点
    L->tag=List; p=L; sub=SubString(S,2,StrLength(S)-1);
                                       // 脱去串 S 的外层括弧
    do {
      sever(sub, hsub);                              // 分离出子表串 hsub=al
      if (StrLength(hsub)==1) {
        p->ptr.hp=new GLNode;
        p->ptr.hp->tag=ATOM;
        p->ptr.hp->atom=hsub;                        // 创建单原子结点
        } // 如果子表串长度为 1,说明其只有表头
      else p->ptr.hp = CreateGList(hsub);            // 递归建广义表
      if (! StrEmpty(sub)) {
        p->ptr.tp = newGLNode;                       // 创建下一个子表的表结点 *(p->ptr.tp)
        p=p->ptr.tp;
      }
    }
   while (! StrEmpty(sub));p->ptr.tp = NULL; // 设定表尾为空表
    return L;
    }
}
```

设计一个算法 delnode(* h,x)，删除广义表 h 中所有值为 x 的元素。例如，delnode((a,(a)),a)的结果为(())。删除元素的过程如下：让 p 指向广义表的第 1 个元素，循环处理所有的元素。当 p 为原子时，如果其 data 域值为 x，则删除(分是否为第 1 个元素两种情况，若为第 1 个元素，则又分是否有后继元素两种情况)；当 p 为子表时，则递归处理该子表。算法如下：

```
int delnode(gnode * &h, ElemType x) //h 为广义表的表头结点指针
{
        gnode * p=h->val.sublist, * pre, * q;                //pre 指向 p 的前驱结点
        if(h==NULL)
          return 0;
```

```
    while (p! =NULL){
      if (p->tag==0){                              //为原子的情况
          if(p->val.data==x){                      //其 data 域值为 x 时删除
            q=p;                                   //q 指向被删结点
            if(h->val.sublist==p)                  //被删的是第 1 个结点
                if(p->link==NULL)                  //被删结点无后续结点
                    h->val.sublist=NULL;           //置为空表
            else
                    h->val.sublist=p->link;
          else                                     //被删的不是第 1 个结点
            pre->link=p->link;
          p=p->link; free(q);
      }
      else{                                        //原子结点的 data 域值不为 x
            pre=p; p=p->link;
            }
       }
     else{                                         //为子表的情况
        pre=p;
        delnode(p,x);                              //递归删除子表中的 x
        p=p->link;
     }
   }
   return 1;
}
```

本章小结

本章主要介绍了数组和广义表的基本概念，包括特殊矩阵和稀疏矩阵的压缩存储、广义表的结构特点及其存储表示方法和基本操作。数组和广义表是较为复杂的线性结构，数组是相同类型元素构成的连续存储结构，支持高效随机访问但动态操作低效，广义表是递归定义的线性结构，可嵌套原子或子表，灵活但访问效率较低，二者均扩展了线性表的适用场景。

思考与练习题

一、选择题

1. 设二维数组 A[0,1,…,m−1][0,1,…,n−1]按行优先顺序存储在内存中，第一个元素的地址为 p，每个元素占 k 个字节，则元素 a_{ij} 的地址为(　　)。

A. $p+[i\times n+j-1]\times k$　　B. $p+[(i-1)\times n+j-1]\times k$

C. $p+[(j-1)\times n+i-1]\times k$　　D. $p+[j\times n+i-1]\times k$

2. 已知二维数组 $A_{10\times 10}$ 中，元素 a_{20} 的地址为 560，每个元素占 4 个字节，则元素 a_{10} 的地址

为(　　)。

A. 520　　B. 522　　C. 524　　D. 518

3. 若数组 A[0,1,…,m][0,1,…,n]按列优先顺序存储,则元素 a_{ij} 的地址为(　　)。

A. $LOC(a_{00})+[j\times m+i]$　　B. $LOC(a_{00})+[j\times n+i]$

C. $LOC(a_{00})+[(j-1)\times n+i-1]$　　D. $LOC(a_{00})+[(j-1)\times m+i-1]$

4. 若下三角矩阵 $\mathbf{A}_{n\times n}$,按列顺序压缩存储在数组 Sa[0…(n+1)n/2]中,则非零元素 a_{ij} 的地址为(　　)。(设每个元素占 d 个字节)

A. $\left[(j-1)\times n-\frac{(j-2)(j-1)}{2}+i-1\right]\times d$　　B. $\left[(j-1)\times n-\frac{(j-2)(j-1)}{2}+i\right]\times d$

C. $\left[(j-1)\times n-\frac{(j-2)(j-1)}{2}+i+1\right]\times d$　　D. $\left[(j-1)\times n-\frac{(j-2)(j-1)}{2}+i-2\right]\times d$

5. 设有广义表 D=(a,b,D),其长度为(　　),深度为(　　)。

A. 无穷大　　B. 3　　C. 2　　D. 5

6. 广义表 A=(a),则表尾为(　　)。

A. a　　B. (( ))　　C. 空表　　D. (a)

7. 广义表 A=((x,(a,B)),(x,(a,B),y)),则运算 head(head(tail(A)))的结果为(　　)。

A. x　　B. (a,B)　　C. (x,(a,B))　　D. A

8. 下列广义表用图来表示时,分支结点最多的是(　　)。

A. L=((x,(a,B)),(x,(a,B),y))　　B. A=(s,(a,B))

C. B=((x,(a,B),y))　　D. D=((a,B),(c,(a,B),D))

9. 通常对数组进行的两种基本操作是(　　)。

A. 建立与删除　　B. 索引和修改　　C. 查找和修改　　D. 查找与索引

10. 假定在数组 A 中,每个元素的长度为 3 个字节,行下标 i 从 1 到 8,列下标 j 从 1 到 10,从首地址 SA 开始连续存放在存储器内,存放该数组至少需要的单元数为(　　)。

A. 80　　B. 100　　C. 240　　D. 270

二、填空题

1. 一维数组的逻辑结构是________,存储结构是________;对于二维或多维数组,分为________和________两种不同的存储方式。

2. 对于一个二维数组 A[m][n],若按行序为主序存储,则任一元素 A[i][j]相对于 A[0][0]的地址为________。

3. 一个稀疏矩阵为 $\begin{bmatrix}0&0&2&0\\3&0&0&0\\0&0&-1&5\\0&0&0&0\end{bmatrix}$,则对应的三元组线性表为________。

4. 已知广义表 A=((a,b,c),(d,e,f)),则运算 head(tail(tail(A)))=________。

5. 设有一个 10 阶的对称矩阵 $\mathbf{A}$,采用压缩存储方式以行序为主序存储,a_{00} 为第一个元素,其存储地址为 0,每个元素占有 1 个存储地址空间,则 a_{85} 的地址为________。

6. 已知广义表 LS=(a,(b,c,d),e),运用 head 和 tail 实现取出 LS 中的原子 b 的运算

是________________。

7. 三维数组 R[$c_1\cdots d_1$, $c_2\cdots d_2$, $c_3\cdots d_3$]共含有________________个元素。(其中:$c_1\leqslant d_1$，$c_2\leqslant d_2$，$c_3\leqslant d_3$)

8. 数组 A[1,…,10,−2,…,6,2,…,8]以行优先的顺序存储，设第一个元素的首地址是100，每个元素占 3 个存储长度的存储空间，则元素 A[5,0,7]的存储地址为______________。

三、判断题

1. 数组可看作基本线性表的一种推广，因此与线性表一样，可以对它进行插入、删除等操作。(　　)

2. 多维数组可以看作数据元素也是基本线性表的基本线性表。(　　)

3. 以行为主序或以列为主序对于多维数组的存储没有影响。(　　)

4. 对于不同的特殊矩阵，应该采用不同的存储方式。(　　)

5. 采用压缩存储之后，下三角矩阵的存储空间可以节约一半。(　　)

6. 在一般情况下，采用压缩存储之后，对称矩阵是所有特殊矩阵中存储空间节约最多的。(　　)

7. 矩阵不仅可以表示多维数组，而且是表示图的重要工具。(　　)

8. 矩阵中的数据元素可以是不同的数据类型。(　　)

9. 矩阵中的行列数往往是不相等的。(　　)

10. 广义表的表头可以是广义表，也可以是单个元素。(　　)

四、简答与算法设计题

1. 设有一个二维数组 A[m][n]，假设 A[0][0]存放位置在 644，A[2][2]存放位置在 676，每个元素占一个空间，则 A[3][3]存放在什么位置？

2. 设有一个 $n\times n$ 的对称矩阵 $\boldsymbol{A}$，为了节约存储空间，可以只存对角线及对角线以上的元素，或者只存对角线及对角线以下的元素。前者称为上三角矩阵，后者称为下三角矩阵。我们把它们按行存放于一个一维数组 B 中，称之为对称矩阵 $\boldsymbol{A}$ 的压缩存储方式。试问：

(1) 存放对称矩阵 $\boldsymbol{A}$ 上三角元素或下三角元素的一维数组 B 有多少元素？

(2) 若在一维数组 B 中从 0 号位置开始存放，则对称矩阵中的任一元素 a_{ij} 在只存储下三角元素的情形下应处于一维数组的什么下标位置？给出计算公式。

3. 利用广义表的 head 和 tail 操作写出函数表达式，把以下各题中的单元素 banana 从广义表中分离出来：

(1) L1(apple, pear, banana, orange)

(2) L2((apple, pear), (banana, orange))

(3) L3(((apple), (pear), (bananA), (orange)))

(4) L4((((apple))), ((pear)), (bananA), orange)

(5) L5((((apple), pear), bananA), orange)

(6) L6(apple, (pear, (bananA), orange))

4. 一个 n 阶对称矩阵 $\boldsymbol{A}$ 采用一组数组 S 按行优先顺序存放其上三角各元素，设计一个算法给出 S[k]和 A[i][j]的关系。

5. 设计一个算法 max(* h)，求出一个广义表 h 中最大的原子。例如，max(a,(b),d,c)返回的结果为 d。

第 6 章　树和二叉树

树形结构是一种非常重要的非线性结构，在这种结构中，数据元素之间不是单纯的线性关系，而是更为复杂的由分支确定的层次关系。其中，二叉树是一种特殊的树，是最常用的树形结构。许多实际存在的事物都具有树形结构的特征，典型的如家族关系、国家部门机构之间的层次关系、计算机科学中操作系统的文件管理系统，以及互联网中的域名管理系统等都是树形结构。

本章将重点讨论树和二叉树的基本概念、存储结构以及一些基本操作的实现方法，并在最后介绍它们的一些应用实例。

6.1　树的基本概念

6.1.1　树的定义

树是由 $n(n\geqslant 0)$ 个结点组成的有限集合。若 n 等于 0，则称该树为空树。若 n 大于 0，则树满足下列条件：①有且仅有一个特定的称为根(root)的结点；②若除根结点以外还有其他结点，则其他结点可以划分为 $m(m\geqslant 1)$ 个互不相交的有限集合 $T_1,T_2,\cdots,T_m$，其中每一个集合本身又是一棵树，它们都称为根的子树。

图 6.1 给出了一棵树的例子。图 6.1(a)是只有一个根结点的树，图 6.1(b)是除根结点外，还具有 15 个结点的树。其中，树的根结点是 A，其余的结点划分为 3 个互不相交的子集：$T_1=\{B,E,F,G,L,M\}$，$T_2=\{C,H,N,O\}$，$T_3=\{D,I,J,K\}$；T_1、T_2 和 T_3 本身也是一棵树，且都是根结点 A 的子树。T_1、T_2 和 T_3 除了各自的根结点以外，其余结点也可划分为若干个互不相交的子集，分别是各自根结点的子树。例如，T_1 的根结点是 B，其余的结点又划分为三个互不相交的子集：$T_{11}=\{E,L,M\}$，$T_{12}=\{F\}$，$T_{13}=\{G\}$；T_{11}、T_{12} 和 T_{13} 都是 B 的子树，其中，T_{11} 的根结点是 E，其余结点又划分为$\{L\}$和$\{M\}$两棵只有根结点的子树。

可以看到，在定义树的概念时，使用到了树本身的概念，这在计算机科学中是合理的，称为递归定义，这恰好反映了树形结构的内在特性。

在实际应用中，除了像图 6.1 那样用“倒置的树”来表示树的结构以外，还可以用其他方式来表达树的逻辑关系。

例如，对于图 6.1(b)所示的树，可以用凹入表示、嵌套集合表示和广义表表示等，如图 6.2 所示。

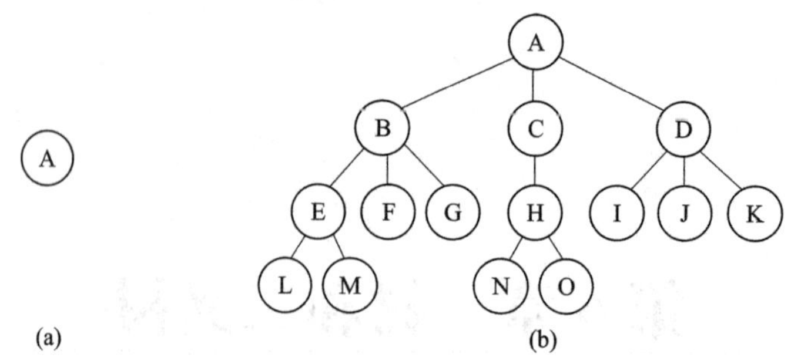

图 6.1 树的示例

(a)只有根结点的树;(b)一般的树

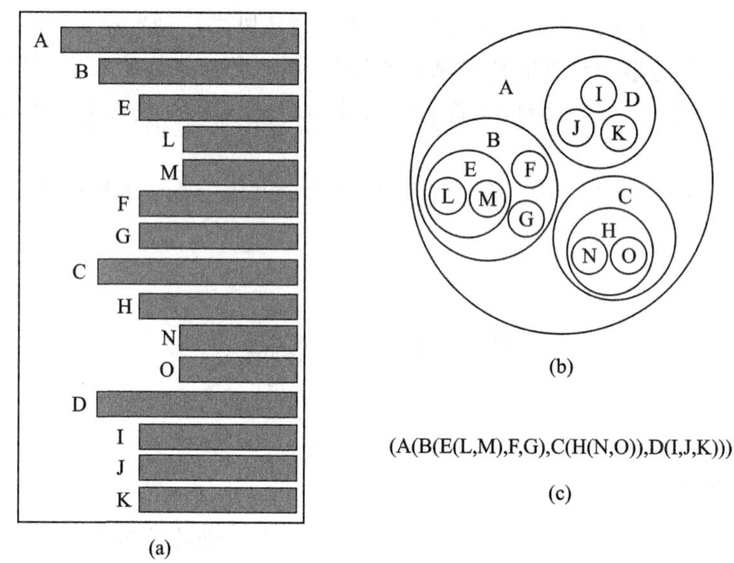

图 6.2 树的其他几种表示方法

(a)树的凹入表示;(b)树的嵌套集合表示;(c)树的广义表表示

6.1.2 树的基本术语

(1)结点:存放数据元素的逻辑单元,如 A、B、C 等。

(2)分支:结点之间的二元关系(序偶),如 A、B 之间有分支相连。

(3)结点的度:结点拥有的子树个数,如 A 的度是 3,E 的度是 2。

(4)叶子结点(终端结点):度为 0 的结点,如 F、G、N、O 等。

(5)分支结点(非终端结点):度不为 0 的结点,如 A、B、C 等。

(6)树的度:树内各结点度的最大值,该树的度是 3。

(7)孩子结点:该结点的子树的根,如 A 的孩子结点有 B、C、D,一个结点可以有 1 个、多个或 0 个孩子结点。

(8)双亲结点(父结点):如 A 是 B 的双亲结点,A 也是 C、D 的双亲结点。除了根结点外,一个结点可以没有孩子结点,但一定有双亲结点且只能有一个双亲结点。

(9)兄弟结点:具有相同双亲的结点,它们互称为兄弟结点,如 B、C、D。

(10)祖父结点:如 A 是 B 的父结点,B 是 E 的父结点,则称 A 是 E 的祖父结点。

(11)堂兄弟结点:若两结点的父结点是兄弟关系,则这两个结点互称为堂兄弟结点,如 G 和 H 就互为堂兄弟结点。

(12)祖先结点:从根到某结点所经分支上的所有结点,称为该结点的祖先结点。如 A、C 和 H 是结点 N 的祖先结点。

(13)子孙结点:以某结点为根的子树上的任何其他结点都是该结点的子孙结点。如 E、L、M、F、G 是结点 B 的子孙结点。

(14)结点的层次:根为第一层,对任何其他结点,若其双亲结点是第 k 层,则它自己是第 $(k+1)$ 层。

(15)树的深度(高度):树中结点的最大层次数,如图 6.1(b)所示树的深度是 4。

(16)有序树:若树中任意一个结点的各棵子树从左到右是有序的,即其次序不能任意颠倒,则称该树是有序树。

(17)无序树:若树中任意一个结点的各棵子树之间没有先后次序,则称该树是无序树。

(18)森林:$m(m\geqslant 0)$棵互不相交的树的集合称为森林。

6.1.3　树的抽象数据类型

树的结构定义加上针对树的一组基本操作,共同构成了树的抽象数据类型。

ADT Tree{

数据对象:$D=\{a_i \mid a_i \in ElemSet, i=1,2,3,\cdots,n, n\geqslant 0\}$

数据关系:若 D 为空集,则称其为空树;若 D 仅含一个数据元素,则数据关系为空集,否则 D 上存在{R},R 是以下二元关系。

(1)在 D 中有且仅有一个称为根(root)的数据元素,根在关系 R 下没有前驱。

(2)除根结点以外,其余结点划分为 m 个互不相交的子集,对任意一个子集 $D_i(1\leqslant i\leqslant m)$,存在唯一的数据元素 x_i,使得 $<root, x_i> \in R$。

(3)除了 $<root, x_1>$、$<root, x_2>$、…、$<root, x_n>$ 以外,D 上的所有关系可以划分为 m 个互不相交的子集 $R_i(1\leqslant i\leqslant m)$,且子集 R_i 是 D_i 上的二元关系,$(D_i,\{R_i\})$是根(root)的子树。

基本操作:

InitTree(&T)	建立一棵空树;
DestroyTree(&T)	销毁树 T;
TreeEmpty(T)	判断树 T 是否是空树;
TreeDepth(T)	求树 T 的深度;
Root(T)	求树 T 的根结点;
Parent(T, x)	求树 T 中结点 x 的双亲结点;
Child(T, x, i)	求树 T 中结点 x 的第 i 个孩子结点;
RightSibling(T, x)	求树 T 中结点 x 右边的兄弟结点;
InsertChild(&T,x,i,S)	将以 S 为根的树插入树 T 中,作为结点 x 的第 i 棵子树;
DeleteChild(&T, x, i)	删除树 T 中结点 x 的第 i 棵子树;
TraverseTree(T, visit())	按某种次序对树 T 进行遍历操作;

}ADT Tree

6.2 二叉树的概念和存储结构

二叉树是一种较为简单的树形结构，容易存储和实现对它的基本操作，同时能将针对二叉树所得到的一些结论推广到一般的树，因此先研究二叉树的性质。

6.2.1 二叉树的定义

二叉树是一种度小于或等于 2 的有序树，特点是树的每一个结点最多只能有两棵子树(即不存在度大于 2 的结点)，并且其子树有左右之分，其次序不能任意颠倒，即二叉树是有序树。

同样，二叉树的递归定义如下：

二叉树是一个二元组(D,S)，其中，D 是 $n(n\geqslant 0)$个具有相同特性的数据元素的集合，S 是 D 上关系的集合。若 D 为空集，则称其为空树；若 D 仅含有一个数据元素，则 S 为空集；否则 S={R}，R 具有以下二元关系：

(1)在 D 中有且仅有一个称为根的数据元素，根在关系 R 下没有前驱。

(2)除根结点以外，其余结点最多可以划分为 2 个互不相交的子集 D_l 和 D_r。若 D_l 不为空集，则存在唯一元素 x_l，使得$<$ root, $x_l>\in$ R；若 D_r 不为空集，则存在唯一元素 x_r，使得$<$ root, $x_r>\in$ R。

(3)除了$<$ root, $x_l>$，$<$ root, $x_r>$以外，D 上的所有关系可以划分为两个互不相交的子集 R_l 和 R_r，且子集 R_l 是 D_l 上的二元关系、子集 R_r 是 D_r 上的二元关系，(D_l，{R_l})是根(root)的左子树，(D_r，{R_r})是根(root)的右子树。

上述定义表明，二叉树是 $n(n\geqslant 0)$个结点的有限集，它可能是空树($n=0$)，或者只有一个结点(根结点)，或者由一个根结点和两棵分别称为根结点左子树和根结点右子树的互不相交的二叉树组成。

常将某结点左子树的根称为该结点的左孩子，其右子树的根称为该结点的右孩子。

二叉树有图 6.3 所示的 5 种基本形态。

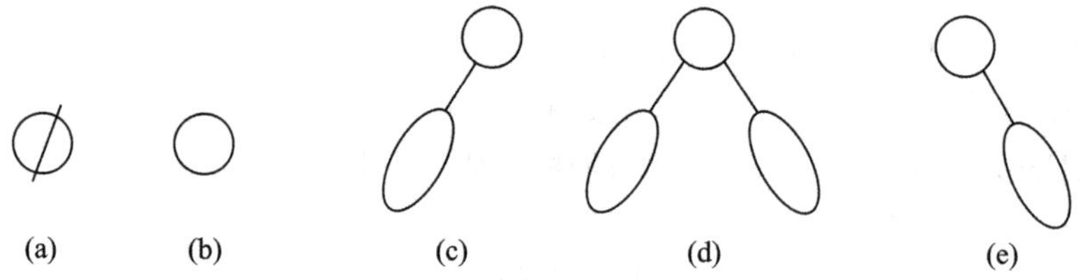

图 6.3 二叉树的 5 种基本形态

(a)空二叉树；(b)只有根结点的二叉树；(c)根结点只有左子树的二叉树；(d)根结点左、右子树都有的二叉树；(e)根结点只有右子树的二叉树

二叉树的基本操作与树的基本操作类似，此处不再赘述，且在 6.1 节中引入的有关一般树的术语完全适用于二叉树。

下面介绍两种特殊形态的二叉树。

1. 满二叉树

如果一棵二叉树的所有非叶子结点都有非空的左、右子树，且所有叶子结点都位于二叉树的最下面一层，则这样的二叉树称为满二叉树。图 6.4 所示的二叉树就是一棵满二叉树，对于深度为 k 的二叉树，满二叉树的结点个数是(2^k-1)。

2. 完全二叉树

若对满二叉树的结点进行连续编号，约定编号从根结点开始，自上而下，自左至右，那么，对于深度为 k，具有 n 个结点的二叉树，当且仅当其每个结点都与深度和它一样为 k 的满二叉树中前 n 个结点一一对应时，称之为完全二叉树。

对于一棵完全二叉树，只有最下面两层结点的度可以小于 2，且最下面一层的结点都集中在该层最左边。图 6.5 所示的二叉树就是一棵完全二叉树。满二叉树是完全二叉树的特例。

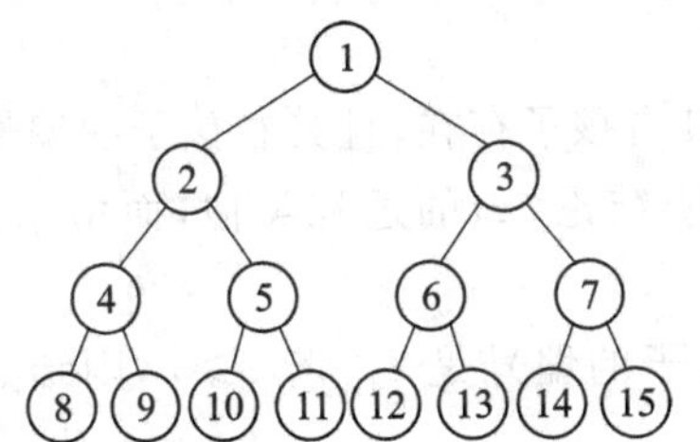

图 6.4　满二叉树的例子

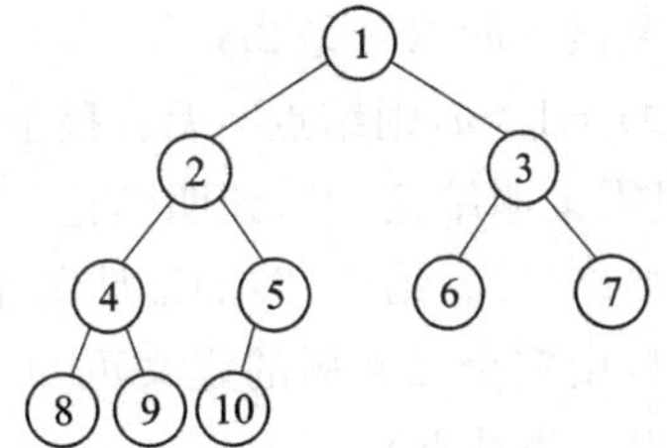

图 6.5　完全二叉树的例子

6.2.2　二叉树的性质

二叉树具有以下重要性质。

性质 1　二叉树的第 i 层上最多有 2^{i-1} 个结点($i\geqslant 1$)。

利用归纳法容易证明此性质。

证明：当 $i=1$ 时，只有一个根结点，这时 $2^{i-1}=2^0=1$，结论正确。

设第 i 层上最多有 2^{i-1} 个结点，现考虑第($i+1$)层情况。由于二叉树每个结点度的最大值是 2，因此第($i+1$)层上的结点数量最多是第 i 层上结点数量的两倍(每个 i 层结点都有 2 个孩子结点)，即第($i+1$)层上结点数量最多有 $2\times 2^{i-1}=2^i=2^{(i+1)-1}$，所以性质 1 成立。

性质 2　深度为 k 的二叉树最多有 2^k-1 个结点。

利用性质 1 的结论以及等比数列求和公式，即可得到在深度为 k 的二叉树上最多有 2^k-1 个结点的结论，此时该树是满二叉树。

性质 3　对于任意一棵二叉树，若其叶子结点数为 n_0，度为 2 的结点数为 n_2，则以下关系成立：$n_0=n_2+1$。

证明：设 n 为二叉树的结点总数，n_1 为度为 1 的结点个数，则有

$$n=n_0+n_1+n_2$$

设 B 为二叉树中的总分支数。二叉树中除根结点以外，每一个结点有一个分支进入，于是有

$$B=n-1$$

由二叉树的结构可知，度为 2 的结点发出 2 个分支，度为 1 的结点发出 1 个分支，度为 0 的结点不发出分支，于是有

$$B=n_1+2n_2$$

综合以上三式即可得到性质 3 的结论。

性质 4　具有 n 个结点的完全二叉树的深度为 $\lfloor \log_2 n \rfloor+1$。

证明：假设该完全二叉树的深度为 k，根据性质 2 和完全二叉树的定义得

$$2^{k-1}-1<n\leqslant 2^k-1 \quad 或 \quad 2^{k-1}\leqslant n<2^k$$

则有 $k-1\leqslant \log_2 n<k$，因为 k 是整数，所以 $k=\lfloor \log_2 n \rfloor+1$。

性质 5　对于具有 n 个结点的完全二叉树，若从 1 开始，按层次从上到下，每层从左到右的顺序依次对每个结点进行编号，则编号为 i 的结点具有以下性质。

(1)如果 $i=1$，则结点 i 是二叉树的根，没有双亲结点。如果 $i>1$，则双亲结点的编号是 $\lfloor i/2 \rfloor$。

(2)如果 $2i>n$，则结点 i 无左孩子(当然也没有右孩子，即该结点是叶子结点)；否则 i 必有左孩子，且左孩子的编号是 $2i$。

(3)如果 $2i+1>n$，则结点 i 无右孩子；否则其右孩子存在，且其右孩子的编号是 $2i+1$。

本性质只需证明结论(2)，证明结论(3)与证明结论(2)的过程类似，而由结论(2)和结论(3)可以推出结论(1)。结论(2)的证明如下：

对于 $i=1$，由完全二叉树的定义可知，其左孩子的编号是 2。若 $2>n$，则结点 i 无左孩子(这时二叉树只有根结点)。

设所有 $j(1\leqslant j\leqslant i)$号结点的左孩子编号为 $2j$，现求 $i+1$ 号结点的左孩子。由于 i 号结点的左孩子是 $2i$ 号结点，i 号结点的右孩子是 $2i+1$ 号结点，经过 i 号结点的右孩子后才是 $i+1$ 号结点的左孩子，因此，$i+1$ 号结点的左孩子的编号应为 $2i+2=2(i+1)$，除非 $2(i+1)>n$，在这种情况下，$i+1$ 号结点没有左孩子。所以结论(2)成立，以此类推，可证得结论(3)和结论(1)。(注：在后续课程内排序中的堆排序算法里，要用到这里的结论。)

6.2.3　二叉树的存储结构

二叉树的存储结构有顺序存储结构和链式存储结构两种。

1. 二叉树的顺序存储结构

二叉树的顺序存储结构是将一棵完全二叉树的全部结点按层次从上到下，每层从左到右的顺序依次存放在一组地址连续的存储单元中。一组地址连续的存储空间可以用一个一维数组描述，因此，也可以认为二叉树的顺序存储结构是将一棵完全二叉树的全部结点按层序，每层从左至右，依次存放在一个一维数组内。若按照上述方式存储完全二叉树，根据二叉树的性质 5，则结点在一维数组中的存储位置指示了结点在完全二叉树上的逻辑关系。完全二叉树的顺序存储结构示意见图 6.6。

对于一般的二叉树，若要采用顺序存储方式存放，则需事先在二叉树上添加一些不存在的“虚结点”，将其在形式上转化为一棵完全二叉树，再按上述方式将该二叉树存放在一维数组内。存放时，每个虚结点仍“占据”一个数组元素位置。一般二叉树的顺序存储结构示意见图 6.7。

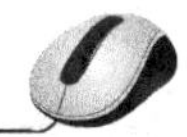

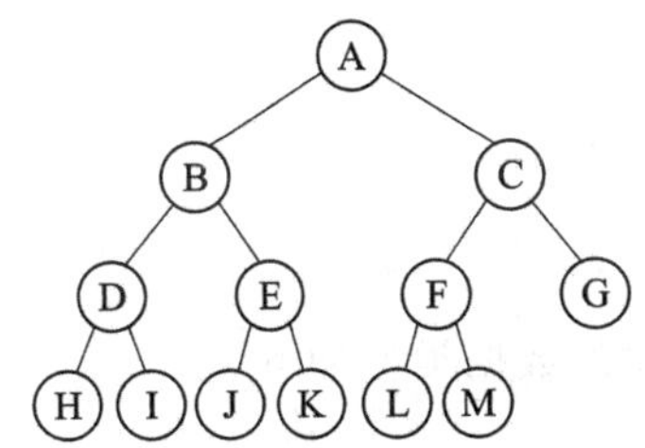

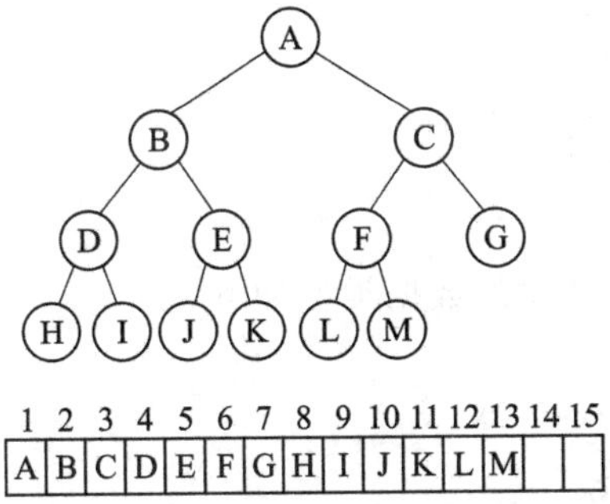

图 6.6　一棵完全二叉树的顺序存储结构

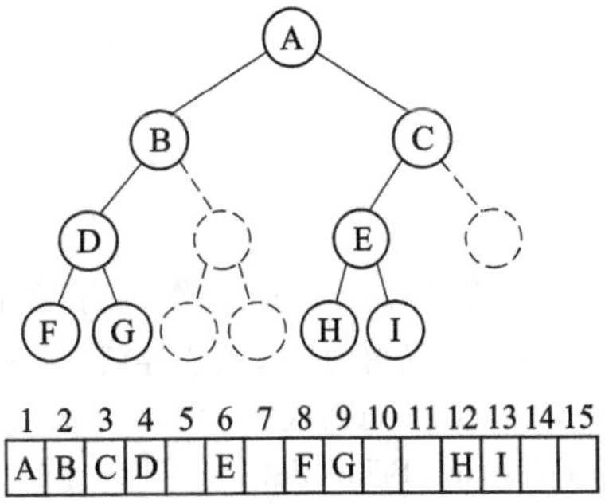

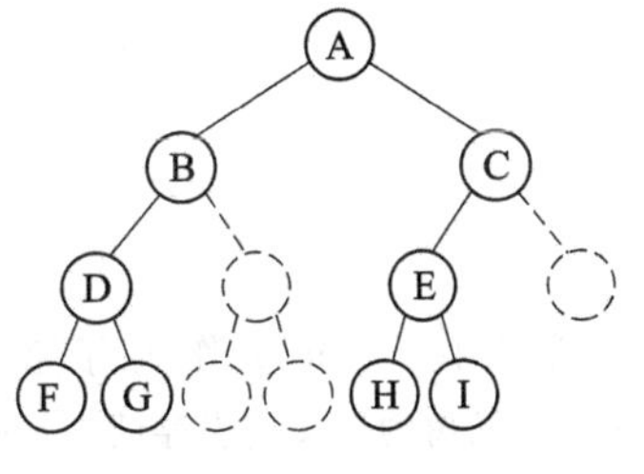

图 6.7　一棵一般二叉树的顺序存储结构

由于一般二叉树采用顺序存储结构存放会浪费存储空间，因此，若二叉树的形态与完全二叉树的形态相差很大，则不宜采用顺序存储结构。

2. 二叉树的链式存储结构

二叉树最常采用链式存储方式存放数据。这种存储方式的基本思想是每一个树结点对应一个链结点，每个链结点除了存放数据元素以外，还要根据应用需要定义若干指针，分别用于存放当前结点的左、右孩子地址以及双亲结点的地址。

在链式存储结构中，若每个结点除了数据域以外，还定义了两个指针 lchild 和 rchild 分别指向当前结点的左孩子和右孩子，则称该结构为二叉链表。二叉链表的结点结构见图 6.8(a)。二叉链表的例子见图 6.9。

二叉链表是二叉树最常用的存储结构。该存储结构的优点是结构简单，便于实现大部分二叉树的基本操作。其缺点是访问当前结点的双亲结点比较麻烦。

若在二叉链表的每个结点内再增加一个指针 parent，用来指向当前结点的双亲结点，则对应的链式存储结构称为三叉链表。三叉链表的结点结构见图 6.8(b)。三叉链表的例子见图 6.10。

lchild	data	rchild

(a)

lchild	data	parent	rchild

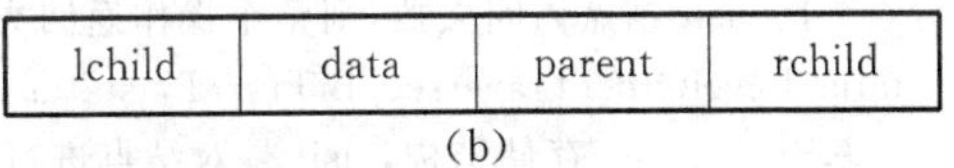

(b)

图 6.8　二叉链表和三叉链表的结点结构

(a)二叉链表的结点结构；(b)三叉链表的结点结构

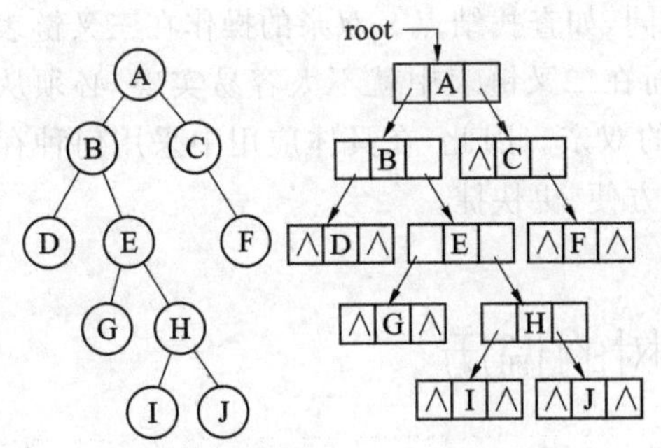

图 6.9　二叉树及其二叉链表

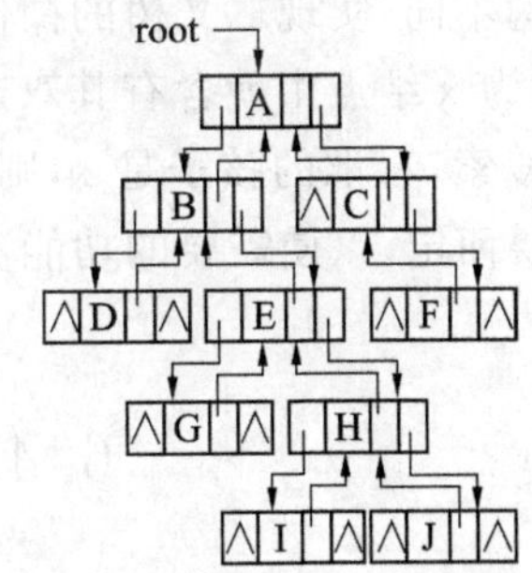

图 6.10　二叉树(图 6.9)的三叉链表

由于三叉链表的每个结点同时存放了左、右孩子地址和双亲结点的地址，因此既便于访问当前结点的孩子结点，也便于访问当前结点的双亲结点。这种结构会使二叉树的一些操作实现起来更加方便，但会增加空间开销。

6.3 二叉树的数据类型

若二叉树采用二叉链表作为存储结构，则可定义二叉树的数据类型如下。

```
//----------二叉树的二叉链表存储表示----------
typedef char ElemType;                    // 数据元素类型说明，按需定义
typedef struct BiTNode{                   // 二叉树结点结构定义
ElemType data;                            // 结点数据
struct BiTNode *lchild, *rchild;          // 指向左、右孩子的指针
}BiTNode, *pBiTree;                       // 定义结点和其指针类型
//----------二叉树基本操作的函数原型说明(部分)----------
status CreateBiTree(pBiTree &T);
// 按给定的数据(多个字符)构造出树中的结点，空格符表示空树
// 建立结点的指向关系，从而创建整个二叉树 T
status PreOrderTraverse(pBiTree T, status (*visit)(ElemType e));
// 基于二叉链表存储结构，visit 是对结点进行访问的函数
// 先序遍历二叉树 T，对每个结点调用 visit 函数访问一次且仅访问一次
// 一旦 visit 结点访问失败，则整个操作返回失败
status InOrderTraverse(pBiTree T, status (*visit)(ElemType e));
// 基于二叉链表存储结构，visit 是对结点进行访问的函数
// 中序遍历二叉树 T，对每个结点调用 visit 函数访问一次且仅访问一次
// 一旦 visit 结点访问失败，则整个操作返回失败
status PostOrderTraverse(pBiTree T, status (*visit)(ElemType e));
// 基于二叉链表存储结构，visit 是对结点进行访问的函数
// 后序遍历二叉树 T，对每个结点调用 visit 函数访问一次且仅访问一次
// 一旦 visit 结点访问失败，则整个操作返回失败
status LevelOrderTraverse(pBiTree T, status (*visit)(ElemType e));
// 基于二叉链表存储结构，visit 是对结点进行访问的函数
// 按层次遍历二叉树 T，对每个结点调用 visit 函数访问一次且仅访问一次
// 一旦 visit 结点访问失败，则整个操作返回失败
```

存储结构不同，实现二叉树的操作方法亦不同，如查找结点 x 双亲的操作在三叉链表中很容易实现，因为 x 结点中就含有其双亲的指针；而在二叉链表中就不太容易实现，必须从根结点开始依次搜索，看谁的孩子是 x，则它就是 x 的双亲。因此，在具体应用中采用何种存储方式要根据需要而定，以使需要的功能实现起来更方便、更快捷。

6.4 二叉树的遍历

在二叉树的操作中，经常需要在树中查找具有某种特征的结点，或者需要对树中的结点逐一进行某种处理，这就引出了遍历二叉树的问题。所谓遍历二叉树，是指按照某种搜索方式，访问二叉树中的每个结点，且每个结点只访问一次。“访问”的含义很广，可以是对结点进行各种处理，如修改结点的值，输出结点的内容等。线性结构的遍历操作很容易实现，但二叉树属

于非线性结构，因此必须根据二叉树的特征，按照某种规律依次对结点进行访问操作，才能实现遍历目的。

由二叉树的递归定义可知，一棵非空二叉树由根结点、左子树和右子树三部分组成，只要能够按照某种方式遍历这三部分，便完成了对整棵二叉树进行遍历的操作。如果用 L、D、R 分别表示遍历左子树、访问根结点、遍历右子树，则有 DLR、LDR、LRD、DRL、RDL、RLD 六种遍历方案。如果限定先左后右(即规定总是先遍历左子树后才遍历右子树)，则遍历方案减少为三种，即 DLR 先(根)序遍历、LDR 中(根)序遍历、LRD 后(根)序遍历。再加上按层次从左到右进行遍历，总共有四种常用的遍历方案。

遍历操作是二叉树各种操作的基础，许多二叉树的操作都需要在遍历过程中实现。下面介绍各种遍历操作的具体实现方法，并给出在遍历过程中实现二叉树的一些基本操作的例子。

6.4.1　先序遍历二叉树

先序遍历二叉树的操作定义如下。

若二叉树为空，则空操作；否则先访问根结点，再先序遍历根结点的左子树，最后先序遍历根结点的右子树。

显然，先序遍历的定义也是递归的。

例如，对于图 6.11 中的二叉树，有以下先序遍历序列：

A B C D E F G H I

下面分别给出实现先序遍历二叉树的递归算法和非递归算法。

A
B
G
C
D
H
E
F
I

图 6.11　二叉树的例子

1. 先序遍历二叉树的递归算法

在前面介绍二叉树的先序遍历操作时定义的函数原型中有一个 visit 函数指针，该指针指向实现对二叉树结点进行访问的函数，因此在实现先序遍历算法时必须先写好该函数。

最简单的 visit 函数，是仅输出二叉树结点的数据(一个字符)：

```
status PrintElement(ElemType e)
{
printf("%c\n",e);
return 1;
}
```

先序遍历二叉树的递归算法如下：

```
status PreOrderTraverse(pBiTree T, status ( * visit)(ElemType e))
{
  if( T ! = NULL)      // 若待遍历二叉树的根非空，则继续
  {
      visit( T->data );// 先访问根结点
      PreOrderTraverse( T->lchild, visit );// 再先序遍历根的左子树
      PreOrderTraverse( T->rchild, visit );// 最后先序遍历根的右子树
  }
}
```

这里给出的是较简洁明了的先序遍历递归算法，每一条语句都与先序遍历的操作定义相

对应，很好理解，且递归函数也是C语言所支持的。算法中省略了关于对结点访问是否成功的判断，读者可以根据需要在实际运用中补充完整。

若要先序遍历以T为根的二叉树，用上面定义的PrintElement函数去访问各个结点的数据，则应进行如下调用：

```
PreOrderTravers( T, PrintElement );// 将访问函数的名字作为实参传递进去
```

由于树和二叉树都是递归定义的，二叉树的遍历操作定义也是递归定义的，因此使用递归算法实现遍历操作是很合适的，非常便于理解。尽管如此，递归算法也不是十全十美的，在有些场合就不宜用递归算法，因此还需讨论二叉树遍历的非递归算法。

2. 先序遍历二叉树的非递归算法

先序遍历二叉树的非递归算法比先序遍历二叉树的递归算法稍显复杂。由先序遍历的操作定义可知，遍历二叉树是从根结点开始，沿左分支向下搜索，每搜索到一个结点，就访问该结点，直至该结点没有左分支为止。然后，返回已搜索过的最后一个结点的右孩子，继续沿左分支开始新的搜索。如此一直进行，直至二叉树的所有结点均被访问完毕。

按照上述方式进行非递归遍历，在访问完某个结点后，不能立即删除该结点，这是因为遍历完它的左子树后，还要从它的右孩子起进行遍历。因此，在访问完某个结点后，需要保存它的指针，以便后续能通过这个指针找到该结点的右孩子。

由于要先访问根结点的左子树结点后才会访问右子树结点，故应使用一个堆栈保存已访问结点的指针。若使用第3章定义的栈来存放已访问结点的地址，则先序遍历二叉树的非递归算法如下：

```
status PreOrder_NoneRecursion(pBiTree T, status ( * visit)(ElemType e))
{
  InitStack( s );// 初始化栈 s
  while( T || ! StackEmpty( s ) )        // 若根结点或栈非空，则循环
  {
      if( T ! = NULL )                   // 结点指针 T 非空
      {  visit( T );                     // 访问指针 T 指向的结点
           Push( s, T );                 // 将刚访问过的结点 T 压入栈中
        T = T->lchild;                   // 沿 T 的左分支向下继续搜索
      }
      else{
        Pop( s, T );                     // 弹出栈顶指针
        T = T->rchild;                   // 使右孩子为当前结点，回到循环中
      }
  }
}
```

在理解先序遍历非递归算法时，不妨借助一个实例，将整个程序运行一遍，并手动绘制出栈里数据的变化情况，以帮助理解。今后大家在学习本课程的算法时，要仔细地领悟程序每一步的设计意图，不断积累经验、拓展思路，进而提高解决问题的能力。

6.4.2 中序遍历二叉树

中序遍历二叉树的操作定义如下。

若二叉树为空，则空操作；否则先中序遍历根结点的左子树，再访问根结点，最后中序遍历根结点的右子树。

例如，对于图 6.11 中的二叉树，中序遍历序列结果如下：

C B E D F A H I G

同先序遍历，下面也给出中序遍历二叉树的递归算法和非递归算法。

1. 中序遍历二叉树的递归算法

中序遍历算法中也使用 visit 函数，定义同先序遍历，不再列出。

中序遍历二叉树的递归算法如下：

```
status InOrderTraverse(pBiTree T, status ( * visit)(ElemType e))
{
  if( T ! = NULL)      // 若待遍历二叉树的根非空，则继续
  {
      InOrderTraverse( T->lchild, visit );// 先中序遍历根的左子树
      visit( T->data );                   // 再访问根结点
      InOrderTraverse( T->rchild, visit );// 最后中序遍历根的右子树
  }
}
```

同先序遍历递归算法对比，中序遍历算法只是将访问根结点的位置放在了两次递归调用之间，这与中序遍历算法的操作定义一致，其余方面则都类似先序遍历。

2. 中序遍历二叉树的非递归算法

中序遍历二叉树的非递归算法与先序遍历二叉树的非递归算法很相似。在先序遍历时，每搜索到一个结点，先访问它再将它的指针推入堆栈，但在中序遍历时，搜索到结点后并不立即访问，而是将它的指针推入堆栈，等左分支搜索完毕后再从堆栈中弹出该结点指针并进行访问。由此可知，中序遍历二叉树的非递归算法，只需在先序遍历二叉树的非递归算法的基础上，将访问结点的语句调整到出栈语句之后即可。具体实现方法如下：

```
status InOrder_NoneRecursion(pBiTree T, status ( * visit)(TElemType e))
{
  InitStack( s );// 初始化栈 s
  while( T ! = NULL|| ! StackEmpty( s ) )// 若根结点或栈非空，则循环
  {
    if( T ! = NULL )      // 结点指针 T 非空
    {
      Push( s, T );       // 将结点 T 压入栈中
      T = T->lchild;      // 沿 T 的左分支向下继续走
    }
    else{
      Pop( s, T );        // 弹出栈顶指针到 T
      visit( T );         // 访问指针 T 指向的结点
      T = T->rchild;      // 使右孩子为当前结点，回到循环中
    }
  }
}
```

同样，在理解中序遍历非递归算法时，不妨借助一个实例，将整个程序运行一遍，并手动绘制出栈里数据的变化情况，以协助理解。对于较复杂的、一时不能理解的程序，最好的学习方法就是用实际例子，将整个程序运行一遍，体悟其中的过程，程序设计思路就清楚了。

6.4.3 后序遍历二叉树

后序遍历二叉树的操作定义如下。

若二叉树为空，则空操作；否则先后序遍历根结点的左子树，再后序遍历根结点的右子树，最后访问根结点。

例如，对于图 6.11 中的二叉树，有以下后序遍历序列：

C E F D B I H G A

下面分别给出实现后序遍历二叉树的递归算法和非递归算法。

1. 后序遍历二叉树的递归算法

后序遍历算法中也使用 visit 函数，定义同先序遍历，不再列出。

后序遍历二叉树的递归算法如下：

```
status PostOrderTraverse(pBiTree T, status ( * visit)(ElemType e))
{
  if( T ! = NULL)      // 若待遍历二叉树的根非空，则继续
   {
       PostOrderTraverse( T->lchild, visit );        // 先后序遍历根的左子树
       PostOrderTraverse( T->rchild, visit );        // 再后序遍历根的右子树
       visit( T->data );                             // 最后访问根结点
   }
}
```

同先序、中序递归算法一样，后序遍历递归算法也很容易理解。

2. 后序遍历二叉树的非递归算法

后序遍历二叉树的非递归算法要复杂一些。由于后序遍历最后才访问根结点，所以对于每一个结点，应先沿着它的左分支往下遍历，每遍历到一个结点就将其地址进栈，直至遍历到无左分支的结点为止。这时，若该结点无右子树，则直接访问这个结点；否则，从该结点右子树的根开始，按照上述方法重新进行遍历，直至遍历完结点的整棵右子树后，才访问该结点。

若按上述方法访问，则对于二叉树中的某个结点，当访问完它的左分支后，这个结点还不能出栈，还应继续访问它的右分支，直到该结点的整棵右子树遍历完毕后才能将它弹出堆栈进行访问。在后序遍历过程中，每个结点的地址会两次出现在堆栈的栈顶，这两次应进行不同处理。当某结点的地址第一次出现在栈顶时，表明这个结点的左子树已遍历完成，但右子树尚未遍历，这时该结点不能出栈，而应利用它找到它的右孩子，遍历整棵右子树；当该结点的地址第二次出现在栈顶时，表明这个结点的右子树已遍历完成，这时需将该结点弹出堆栈并访问它。

```
status PostOrder_NoneRecursion(pBiTree T, status ( * visit)(ElemType e))
{
  InitStack( s ); // 初始化栈 s
  BiTreeNode * p;
  Push(ps,T);  // 将根结点进栈
```

```
    while (! EmptyStack(ps)){
        GetStack(ps,p);      // 读出栈顶,但并不弹出数据
        if(p ! = NULL){   // 若栈顶非空
        while(GetStack(ps,p) && p ! = NULL)   // 向左走到尽头
            Push(ps,p->lchild);
        GetStack2(ps,p);// while 语句结束后,栈顶一定是空指针
        Push(ps,p->rchild);    // 转到栈顶非空结点的右子树
        }
        else{
            Pop(ps,p);            // 弹出栈顶的空指针
            if(! EmptyStack(ps)){
              Pop(ps,p);          // 继续弹出栈顶
              if(p == NULL){ // 若仍然为空,暗示左、右子树均被访问过
                Pop(ps,p);        // 弹出该结点
                visit(p);         // 访问该结点
                Push(ps,NULL);   // 每访问一个结点,压入一个 NULL 指针
              }
              else{
                Push(ps,p);// 将刚才弹出的元素压回栈里
                Push(ps,NULL);// 压回刚才弹出的空指针
                Push(ps,p->rchild);// 转到右子树上
              }
            }
        }
    }
}
```

6.4.4　按层次遍历二叉树

二叉树还有一种常用的遍历方法是按层次遍历。即从根开始,按层的递增顺序和每层从左到右的顺序进行遍历。对于图 6.11 中的二叉树,若按层次从左到右进行遍历,则有以下遍历序列:

A B G C D H E F I

要实现按层次遍历,需要使用一个队列来存放刚访问结点的地址。层次遍历按照以下方式进行:

(1) 先访问根结点,再将根结点的指针进入队列。

(2) 重复执行以下操作:从队列中取出队头结点(实际上是取该结点的指针),依次访问该结点的左、右孩子(若存在的话),直至队列空;而每个结点被访问后,就将该结点的指针插入队列。

若使用第 3 章定义的队列来存放已访问结点的地址,则按层次遍历的算法如下:

```
status LevelTraverseBiTree(pBiTree T, status ( * visit)(ElemType e))
{// 按层次从左到右遍历二叉树
  InitQueue( Q );  // 初始化队列
  pBiTree p = T;  // 从根开始遍历,指针 p 始终指向当前结点
  visit( p );          // 访问根结点,然后入队列
  EnQueue( Q, p );         // 使根结点的地址入队列
```

```
    while( ! QueueEmpty( Q ) )        // 若队列不空,则重复执行
    {   p = DeQueue( Q );             // 使队头结点的地址出队列
        if( p->lchild )               // 若左孩子存在,则访问左孩子,然后入队列
        {  visit( p->lchild );
           EnQueue( Q, p->lchild );
        }
        if( p->rchild )               // 若右孩子存在,则访问右孩子,然后入队列
        {  visit( p->rchild );
           EnQueue( Q, p->rchild );
        }
    }
}
```

6.4.5 二叉树遍历的应用例子

二叉树遍历是最基本的二叉树操作,二叉树的其他操作都需要在遍历过程中实现。下面介绍一些二叉树的常用操作作为二叉树遍历的应用例子。

1. 销毁二叉树

二叉树是非线性结构,销毁二叉树比销毁线性表要复杂一些。不过,在二叉树的遍历过程中,利用后序遍历递归算法也能完成树的销毁:

```
void DestroyBiTree( pBiTree T )        // 销毁以 T 为根的二叉树
{
  if( T != NULL )
  {  DestroyBiTree( T->lchild );       // 先销毁左子树
     DestroyBiTree( T->rchild );       // 再销毁右子树
     free( T );                        // 最后释放根结点
  }
}
```

用递归函数销毁二叉树不能采用先序和中序的递归算法,大家思考一下原因。

在实现 DestroyBiTree 函数的基础上,可以通过调用它来删除二叉树某结点的子树,方法如下:

```
void DeleteLChildTree( pBiTree T )     // 删除结点 T 的左子树
{
    DestroyBiTree( T->lchild );
    T->lchild = NULL;
}
```

2. 根据二叉树的先序遍历序列和中序遍历序列创建二叉树

给定一棵二叉树,可以得到唯一的先序遍历序列、中序遍历序列和后序遍历序列;但反过来则不成立,仅由某单个遍历序列不能得到一棵唯一的二叉树。那么,若干种遍历序列组合起来能否唯一地确定一棵二叉树呢?研究表明,先序遍历序列和后序遍历序列的组合仍然不能唯一地确定一棵二叉树,但先序遍历序列和中序遍历序列的组合可以唯一地确定一棵二叉树,中序遍历序列和后序遍历序列的组合也可以唯一地确定一棵二叉树。

根据先序遍历和中序遍历的操作定义可知,先序遍历序列的第一个结点一定是二叉树的

根结点，而中序遍历序列中的根结点恰好是其左、右子树的分界点，因此可以按照下述方法，利用二叉树的先序遍历序列和中序遍历序列，逆推出该二叉树。具体步骤和编程思路如下：

(1)用先序遍历序列的第一个元素作为根结点；

(2)在中序序列中查找根结点的位置，并以此为界将中序遍历序列划分为左、右两个子序列(左、右两棵子树)；

(3)根据第(2)步得到的左子树和右子树的结点个数，将先序遍历序列除掉根结点后的序列划分为两个子序列，它们分别是根结点左、右子树的先序遍历序列；

(4)对左、右子树的先序遍历序列和中序遍历序列，通过递归方式进行同样的操作，直至左、右子树遍历序列为空。

算法如下：

```
pBiTree CreateBiTree(ElemType * PreOrder,int p1,ElemType * InOrder,int i1,int i2)
{// 根据先序遍历序列和中序遍历序列建立二叉树。先序遍历序列存放在 PreOrder[p1…]中，
 // 中序序列存放在 InOrder[i1…i2]中。
    pBiTree p;
  int n = 0;
  if( i1 > i2 ) return NULL;          // 空结点
    p = (pBiTree)malloc(sizeof(BiTNode));        // 建立根结点
    p->data = PreOrder[p1];  // 先序序列下标 p1 处的是根结点数据
  while( PreOrder[p1] ! = InOrder[i1+n] ) n++;  // 求左子树结点个数
    p->lchild = CreateBiTree(PreOrder,p1+1,InOrder,i1,i1+n-1);  //建立左子树
    p->rchild = CreateBiTree(PreOrder,p1+n+1,InOrder,i1+n+1,i2 );//建立右子树
  return p;
}
```

从这里我们再次领略到递归算法的魅力，看似较复杂的问题，用递归算法却很容易解决。因此，递归算法是解决一些具有"重复行为"问题的有力工具，所谓"重复行为"，是指要解决的问题本质上是一样的，只是每次行为的条件有所变化，而这种条件的变化又可以通过在递归过程中的参数传递得到体现。

3. 求某个结点的兄弟结点

函数通过形参返回一个标志 flag。若 flag 等于 1，则结点 current 有左兄弟；若 flag 等于 2，则结点 current 有右兄弟；若 flag 等于 0，则结点 current 没有兄弟结点。若结点 current 有兄弟结点，则函数值返回兄弟结点的地址。

求解思路如下：函数设置一个形参 flag 作为标记，在先序遍历过程中，若当前结点的左孩子的地址是 current，且当前结点的 rchild 域非 0，则将 flag 置为 2，此时当前结点的 rchild 指针指向 current 的右兄弟；若当前结点的右孩子的地址等于 current，且当前结点的 lchild 域非 0，则将 flag 置为 1，此时当前结点的 lchild 指针指向 current 的左兄弟。若找到了 current 结点的兄弟结点，则函数返回，否则继续在左、右子树上搜索。算法如下：

```
pBiTree SiblingBiTree(pBiTree * T, pBiTree * current, int &flag )
{
pBiTree * p;
flag = 0;
if( T == NULL ) return NULL;// 空操作
```

```
    if( T->lchild == current )
  {   if( T->rchild ) flag = 2;            // 置右兄弟标记
      return T->rchild;                    // 返回右兄弟的指针
  }
  if( T->rchild == current )
  {   if( T->lchild ) flag = 1;            // 置左兄弟标记
      return T->lchild;                    // 返回左兄弟的指针
  }
      p = SiblingBiTree( T->lchild,current,flag );// 在左子树上继续遍历
  if( flag )
      return p;          // 若在左子树上已找到兄弟结点,则停止遍历
  else
      return SiblingBiTree( T->rchild,current,flag );// 在右子树上继续遍历
  }
```

4.求指定结点所在的层号

求解思路如下:设置变量 level 记录当前结点的层号,其初始值为 0;设置标志 flag 标识是否已搜索到元素 element,其初始值为 0,若找到 element,则将其置为 1;在先序遍历过程中,每进入一层,level 加 1;若没有找到 element,则每退出一层,level 减 1;若找到 element,则终止遍历,且在退层过程中保持 level 不变。算法如下:

```
void LevelBiTree(pBiTree T, ElemType &element, int &level, int &flag)
{// 在以 T 为根的二叉树中,查找元素 element 所在的层号
  if( T )
  {  level++;            // 每进入一层,level 加 1
     if( T->data == element )// 若找到 element,则 flag 置为 1
         flag = 1;
     else          // 若没有找到 element,则在左、右子树上继续遍历
     {  LevelBiTree( T->lchild, element, level, flag );
            if( ! flag ) LevelBiTree( T->rchild, element, level, flag );
        if( ! flag ) level--;// 若没有找到 element,则退层时 level 减 1
        }
  }
}
```

5.复制二叉树

在二叉树的先序遍历过程中,可以实现二叉树的复制操作。方法如下:若二叉树为空,则返回空指针;若二叉树非空,则复制根结点,再分别复制根结点的左、右子树。实现算法如下:

```
pBiTree CopyBiTree( pBiTree T )
{  // 通过先序遍历复制二叉树,函数值返回新二叉树根结点的地址
   if( ! T ) return NULL;
   pBiTree * p = (pBiTree)malloc(sizeof(BiTNode));// 复制根结点
   p->data = T->data;
   p->lchild = CopyBiTree( T->lchild );// 复制左子树
   p->rchild = CopyBiTree( T->rchild );// 复制右子树
   return p;
}
```

6. 搜索指定结点的双亲结点

可以通过先序遍历搜索指定结点的双亲结点。具体方法如下：若二叉树为空，则返回空指针；若二叉树非空，且当前结点就是指定结点的双亲结点，则终止遍历，并返回双亲结点的地址；否则，在左、右子树上继续遍历，一旦搜索到双亲结点，就停止遍历。实现算法如下：

```
pBiTree ParentBiTree(pBiTree T, pBiTree pNode)
{  // 从 T 开始，搜索 current 结点的双亲结点，函数值返回其双亲结点的地址
if( T == NULL ) return NULL;      // 空树返回 NULL
if(T->lchild == pNode ||T->rchild == pNode) return T; // 返回双亲结点
    pBiTree * p = ParentBiTree( T->lchild, pNode);  // 在左子树上搜索
    if( p ) return p;        // 若在左子树上搜索到双亲结点，则停止遍历退出
    else return ParentBiTree( T->rchild, pNode);// 在右子树上搜索
}
```

7. 求二叉树的深度

可以通过后序遍历求二叉树的深度。由于二叉树的深度等于根结点的左、右子树的最大深度 +1，因此有以下求解方法：

```
int DepthBiTree( pBiTree T )
{  // 利用后序遍历求二叉树的深度
   if( ! T ) return 0;        // 空树则返回 0
   else
   {  int ldepth = DepthBiTree ( T->lchild );   // 求左子树的深度
      int rdepth = DepthBiTree ( T->rchild );   // 求右子树的深度
      if( ldepth > rdepth ) return ldepth+1;     // 计算子树深度的最大值
      else return rdepth+1;                      // 返回二叉树的深度
      }
}
```

6.5　线索二叉树

若需频繁按某种次序遍历二叉树，则无论是递归遍历还是非递归遍历方法，都不是最优选择。将二叉树线索化后再进行遍历，其时间特性和空间特性都将得到改善。

6.5.1　线索二叉树的概念

遍历操作的本质是对二叉树这种非线性结构进行线性化处理的过程。通过按照某种方式对二叉树进行遍历，可以将二叉树的所有结点排成一个线性序列。该序列中，除了头结点以外，每一个结点有且仅有一个直接前驱；除了尾结点以外，每一个结点有且仅有一个直接后继。

为了利用遍历得到线性顺序，有必要将遍历得到的结点之间的前驱和后继关系保存下来。最简单的做法是在二叉链表的每个结点中增加两个指针域，一个存放结点直接前驱的地址，另一个存放结点直接后继的地址，但按这种方式设置结点会浪费较多的存储单元。

而在具有 n 个结点的二叉链表中，存在$(n+1)$个空指针域。完全可以将这些空闲的指针域利用起来，存放结点直接前驱或直接后继的地址。若按照这种方式设置结点，则结点的指针

域扮演双重角色：若结点有孩子结点，则该结点的指针域用于存放孩子结点的地址；若结点没有孩子结点，则该结点的指针域用于存放该结点直接前驱或直接后继的地址。

为了区分结点指针域的两个角色，每个结点可以设置两个标识 ltag 和 rtag，并规定

$$\text{ltag} = \begin{cases} 0 & \text{若 lchild 域存放结点左孩子的地址} \\ 1 & \text{若 lchild 域存放结点直接前驱的地址} \end{cases}$$

$$\text{rtag} = \begin{cases} 0 & \text{若 rchild 域存放结点右孩子的地址} \\ 1 & \text{若 rchild 域存放结点直接后继的地址} \end{cases}$$

每个结点增加两个标识后，二叉链表的结点具有如图 6.12 所示的结构。

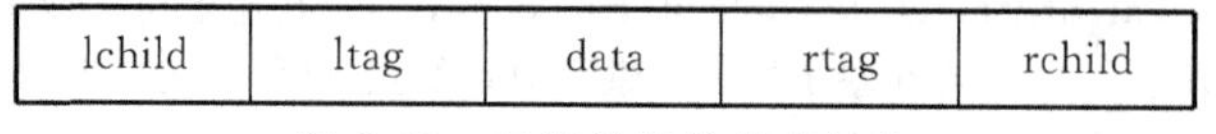

lchild	ltag	data	rtag	rchild

图 6.12　二叉链表的结点结构

按照这种结点结构构成的二叉链表称为线索链表，其中指向直接前驱或直接后继的指针称为线索。添加了线索的二叉树称为线索二叉树。而按照某种次序将二叉树转化为线索二叉树的过程，称为二叉树的线索化。由于有不同的遍历方式，因此可以得到不同的线索二叉树和线索链表，分别称之为先序线索二叉树和先序线索链表，中序线索二叉树和中序线索链表，后序线索二叉树和后序线索链表等。一个中序线索二叉树和中序线索链表的例子见图 6.13。

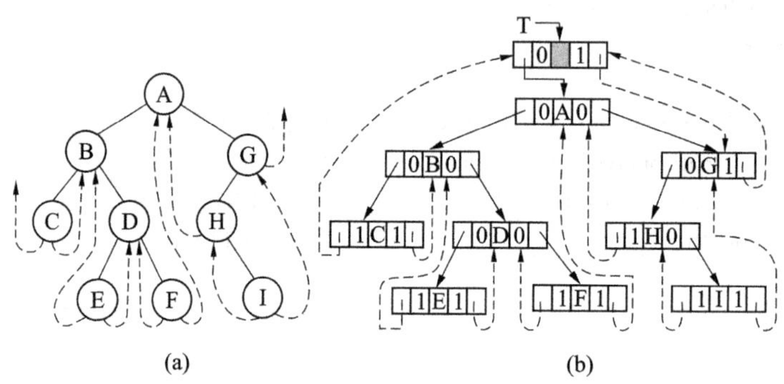

图 6.13　中序线索二叉树和中序线索链表的例子

(a)中序线索二叉树；(b)中序线索链表(带头结点)

将二叉树线索化后，由于部分结点保存了其前驱或后继的地址，因此遍历等操作更加容易实现，系统开销也将减少。在线索二叉树上可以按照以下方式进行遍历操作：先找到遍历序列的头结点，再依次查找该结点的直接后继，直到结点的后继为空。也可以进行相反的遍历操作，即先找到遍历序列的尾结点，然后依次查找该结点的直接前驱，直到结点的前驱为空。

由于不同线索二叉树的构造方式存在差异，因此在不同线索二叉树上查找结点直接后继和直接前驱的方法各不相同。

在中序线索二叉树上，可以按照以下方式查找结点的直接后继：

(1)若结点的右标识 rtag 等于 1，则该结点的 rchild 指针就指向其直接后继结点。

(2)若结点的右标识 rtag 等于 0，则当前结点存在右子树。这时，当前结点的直接后继是遍历该结点右子树时最先访问的结点，亦即该结点右孩子沿左分支最左下角的结点。

在中序线索二叉树上，可以按照以下方式查找结点的直接前驱：

(1)若结点的左标识 ltag 等于 1，则该结点的 lchild 指针就指向其直接前驱结点。

(2)若结点的左标识 ltag 等于 0，则当前结点存在左子树。这时，当前结点的直接前驱是

遍历该结点左子树时最后访问的结点，亦即该结点左孩子沿右分支最右下角的结点。

在其他类型的线索二叉树上查找结点的前驱或后继往往没有中序线索二叉树方便。例如，在后序线索二叉树上查找结点的直接后继需按照以下方式进行：

(1)若结点是二叉树的根结点，则其直接后继为空。

(2)若结点是其双亲结点的右孩子，或者是其双亲结点的左孩子且双亲结点没有右子树，则该结点的直接后继就是双亲结点。

(3)若结点是其双亲结点的左孩子，并且双亲结点有右子树，则该结点的直接后继是对双亲的右子树进行后序遍历时最先访问的结点。

由以上查找结点直接后继的方法可知，要在后序线索二叉树上查找结点的直接后继，需要知道双亲结点的地址，因此不能使用带线索的二叉链表作为存储结构，而应使用带线索的三叉链表作为存储结构。同样，在先序线索二叉树上查找结点的直接前驱，也需要使用带线索的三叉链表作为存储结构。因此，在线索二叉树中，以中序线索二叉树使用最多。

6.5.2　中序线索二叉树和中序线索链表

建立中序线索二叉树后，往往可以方便地利用线索直接找到结点的直接前驱或直接后继，因此在中序线索二叉树上进行遍历操作时，尽管其时间复杂度与在一般二叉树上进行遍历的时间复杂度在数量级上相同，都是 $O(n)$，但常数因子较小，且遍历过程中无须设栈。所以，若程序需要经常对某个二叉树进行遍历，或经常需要在二叉树上查找某结点的直接前驱或直接后继，则该二叉树可以考虑采用中序线索链表作为存储结构。

为了操作方便，与线性链表类似，也经常在二叉树的中序线索链表的根结点前面增加一个头结点，并令头结点的 lchild 指针指向二叉树的根结点，头结点的 rchild 指针指向中序遍历序列的尾结点；同时，令中序遍历序列头结点(左孩子一定为空)的 lchild 指针指向头结点，中序遍历序列尾结点的 rchild 指针也指向头结点。这样，就为二叉树建立了一个双向循环线索链表。这种情况下，既可以从头结点开始沿后继进行遍历，也可以从尾结点开始沿前驱进行遍历。带头结点中序线索链表的例子见图 6.13(b)。

线索二叉链表的数据类型说明如下：

```
typedef struct BiThrNode                    // 线索二叉链表的结点结构体类型
{
    ElemType data;                          // 数据元素域
    BiThrNode * lchild, * rchild;           // 线索或孩子指针
    int ltag, rtag;                         // 左、右标识
}BiThrNode, * pBiThrNode;
```

在中序线索二叉树上可以按照以下方法实现遍历操作：①找到中序遍历的头结点，该结点一定是根结点沿左分支最左下角的结点；②依次查找结点的直接后继，直至结点的直接后继为头结点。

查找结点的直接后继又分两种情况：①若结点的右标识 rtag 等于 1，则该结点的 rchild 指针指向其直接后继；②若结点的右标识 rtag 等于 0，则当前结点存在右子树，这时结点的直接后继是遍历该结点右子树时最先访问的结点，亦即该结点右孩子沿左分支最左下角的结点。

遍历中序线索二叉树的算法如下：

```
void InOrderTrav_Thread(pBiThrNode T,void( * visit)(pBiThrNode))
{  // 遍历中序线索二叉树
   pBiThrNode p = T->lchild;        // 使 p 指向根结点
   while( p ! = T )                 // 空树或遍历结束时(p 等于 T)
   {  while( p->ltag == 0 )
          p = p->lchild;            // 沿左孩子支路走到尽头
      visit( p );                   // 访问最左下角的结点
      while( p->rtag == 1 && p->rchild ! = T )
      {  p = p->rchild;             // 若右孩子是后继,则直接向右走
         visit( p );                // 访问后继结点
      }
      p = p->rchild;                // 切换到新的二叉树,重复上述过程
   }
}
```

要使用线索二叉树，首先需要对二叉树进行线索化。二叉树的线索化就是将二叉链表中的空指针修改为指向直接前驱或直接后继的线索。由于前驱和后继的信息仅能在遍历过程中获取，因此线索化过程就是在遍历过程中修改空指针的过程。

下面给出了对二叉树进行中序线索化的算法。该算法中，为了记下遍历过程中访问结点的先后顺序，使用了两个指针，其中指针 p 指向当前访问的结点，指针 pre 指向刚访问过的结点，即当前结点中序序列里的直接前驱。

二叉树的中序线索化操作借助两个函数实现：ThreadBiTree 函数增加一个头结点，并调用递归的线索化函数 Thread；Thread 函数在中序遍历过程中完成二叉树的线索化工作。

```
void ThreadBiTree( pBiThrNode &T )
{  //对二叉树 T 进行中序线索化
   pBiThrNode p, pre;      // p 指向当前结点,pre 指向当前结点中序序列里的直接前驱
   p = T;                  // 使 p 指向根结点
   Thrt = (pBiThrNode)malloc(sizeof(BiThrNode));// 生成头结点
   if( ! T )
      Thrt->lchild = Thrt->rchild = Thrt;  // 若二叉树为空,则头结点指针回指
   else{
      Thrt->lchild = T; Thrt->ltag = 0;  // 使头结点的左指针指向树根
      pre = Thrt;
      Thread( p, pre );// 中序线索化二叉树
     pre->rchild = Thrt; pre->rtag = 1;  // 遍历序列尾结点的线索化
     Thrt->rchild = pre; Thrt->rtag = 1;
   }// 头结点的 rchild 指向遍历序列的尾结点
}
void Thread( pBiThrNode p, pBiThrNode &pre )// 注意形参 pre 是引用类型
{  // 在中序遍历过程中对二叉树线索化
   if( p ){
     Thread( p->lchild, pre );                 // 对左子树中序线索化
     if( ! p->lchild ){                        // 左指针不为空
          p->ltag = 1; p->lchild = pre;        // 左指针指向直接前驱
```

```
        }
        if( ! pre->rchild ){                         // 前驱的右指针不为空
            pre->rtag = 1; pre->rchild = p;          // 右指针指向直接后继
        }
        pre = p;                                     // 刚线索化过的结点是新的直接前驱
        Thread( p->rchild, pre );                    // 对右子树中序线索化
    }
}
```

6.6 树和森林

在较好地理解了二叉树之后，现在开始讨论一般的树的表示方法和对其的操作，并通过二叉链表建立森林和二叉树的对应关系。

6.6.1 树的存储结构

在计算机中，可以采用多种存储方式来存储树。既可以使用顺序存储方式，也可以使用链式存储方式，其中以链式存储方式更为常用。无论采用哪种存储方式，都要求除了存储结点本身的数据信息之外，还必须把树中各结点之间的逻辑关系保存在存储结构中。下面介绍几种常用的存储方式。

1. 双亲表示法

双亲表示法基于每个结点(除根结点以外)只有唯一双亲的性质，采用一个一维数组存储树。数组中的每个数组元素存放树的一个结点。每个结点设置两个域，一个域为数据域，另一个域用于存放位置指示器，它指示当前结点的双亲结点在一维数组中的位置(下标)。树的双亲表示法存储方式的例子见图 6.14。

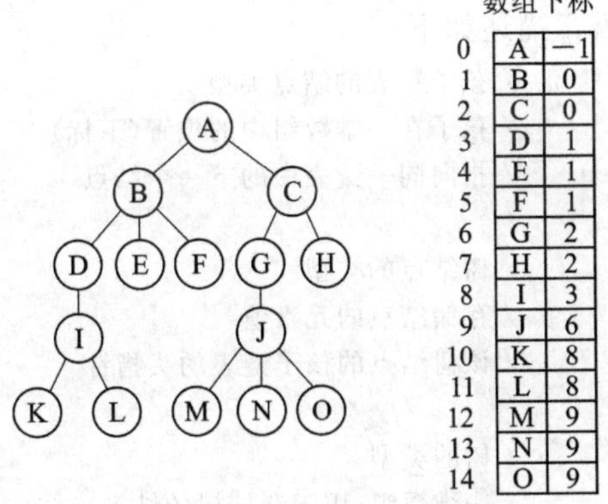

数组下标		
0	A	−1
1	B	0
2	C	0
3	D	1
4	E	1
5	F	1
6	G	2
7	H	2
8	I	3
9	J	6
10	K	8
11	L	8
12	M	9
13	N	9
14	O	9

图 6.14 树的双亲表示法存储方式

在这种存储方式中，由于每个结点只保存了其双亲结点的地址，因此从树的某个结点开始，容易实现对其祖先结点的访问操作，但要访问其子孙结点则较困难，需要遍历整棵树。双亲表示法的 C 语言描述如下：

```
typedef struct PTreeNode      // 结点的类型
{  ElemType data;             // 数据元素域
   int parent;                // 双亲位置域
}PTreeNode;
typedef struct Tree           // 树的类型
{  PTreeNode * Array;         // 一维数组,用于存储树的结点,动态分配
   int r, n;                  // 根结点的位置和树的结点个数
}PTree;
```

2. 孩子链表表示法

这是一种用多个单链表表示树的方法。具体步骤如下：①将树的全部结点存储在一个一维数组中；②将每个树结点的所有孩子结点连接成一个单链表，并将该单链表的头指针存放在该树结点的指针域中；③每个树结点设置两个域，一个存储树结点元素的值，另一个存放孩子链表的头指针；④孩子链表中的每个结点定义两个域，一个存放对应孩子在一维数组中的位置(下标)，另一个存放指向该结点下一个兄弟结点的指针。孩子链表表示法的例子见图 6.15。

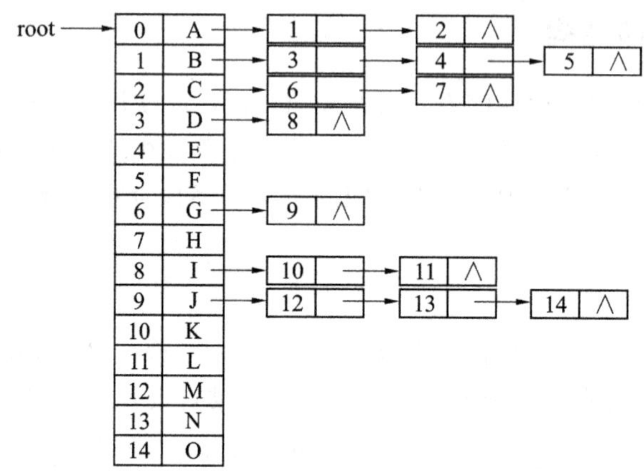

图 6.15　树(图 6.14)的孩子链表存储方式

孩子链表表示法的 C 语言描述如下：

```
typedef struct CTreeNode          // 孩子链表的结点类型
{  int Child;                     // 孩子在一维数组中的位置(下标)
   struct CTreeNode * next;       // 指向同一链表中的下一个结点
} * pCTreeNode;
typedef struct ChildNode          // 树结点的类型
{  ElemType data;                 // 存储结点的元素值
   pCTreeNode first;              // 该树结点的孩子链表的头指针
}ChildNode;
typedef struct                    // 树的类型
{  ChildNode * Array;             // 一维数组,用于存储树的结点
   int r,n;                       // 根结点的位置和树的结点个数
}ChildTree;
```

在孩子链表表示法中，每一个结点只存储了其与孩子结点的关系，因此从树的某个结点开始，容易实现访问其子孙结点的操作，但访问其祖先结点则较困难，需要对整棵树进行遍历。

为了克服双亲表示法和孩子链表表示法的不足，可以将它们组合起来构成双亲孩子表示法存储结构(图 6.16)。

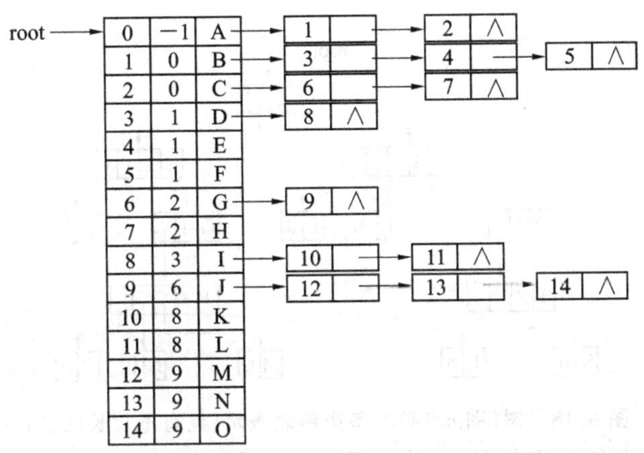

图 6.16　树(图 6.14)的双亲孩子表示法存储方式

3. 多重链表表示法

在这种存储结构中，每个树结点构成链表中的一个结点，每个结点设置一个数据域和多个指针域，每一个指针指向该结点的一个孩子结点。由于在一棵树中，不同结点可以具有不同的度，因此结点指针域的数目可以有不同的设置方式。通常有两种设置方式.

(1)定长结点的多重链表表示。

这种存储方法依据树的度来设置结点中指针域的数目。由于结点的度可能小于树的度，因此这种设置方式会导致不少链结点中存在空指针域，从而造成存储空间被浪费。定长结点的多重链表表示的例子见图 6.17。

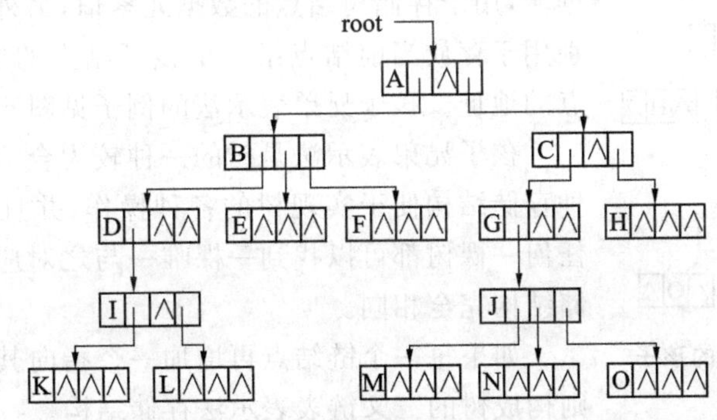

图 6.17　树(图 6.14)的多重链表表示(具有定长结点)

对于定长结点的多重链表表示，其 C 语言描述如下：

```
#define TreeDegree 10                    // 树的度
struct TreeNode                          // 链结点的类型
{   ElemType data;                       // 存放结点元素值
    TreeNode * child[TreeDegree];        // 多个指向孩子结点的指针
};
```

(2)不定长结点的多重链表表示。

在这种存储结构中，每个结点根据自己的度来设置指针域的数目。由于每个结点的度可以不同，因此每个链结点还需要设置一个变量来记录当前结点的度，即指针域的数目。这种存储方式占用的存储空间较小，但会给某些操作带来不便。不定长结点的多重链表表示的例子见图 6.18。

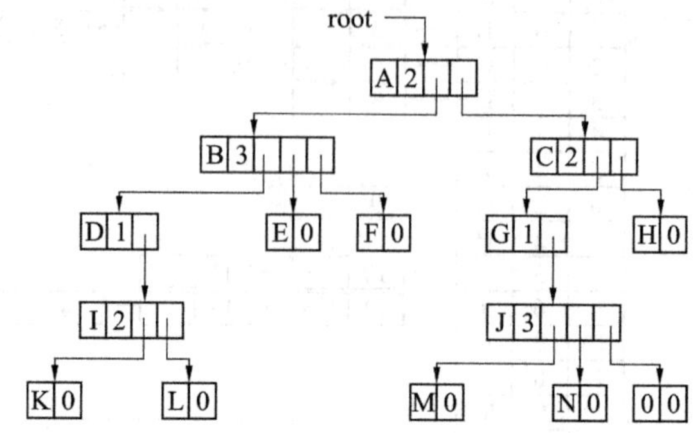

图 6.18　树(图 6.14)的多重链表表示(具有不定长结点)

对于不定长结点的多重链表表示，其 C 语言描述如下：

```
struct TreeNode                   // 链结点的类型
{   ElemType data;                // 存放结点元素值
    TreeNode * * child;           // 一维指针数组，存放指向孩子结点的指针
    int Nodedegree;               // 结点的度
};
```

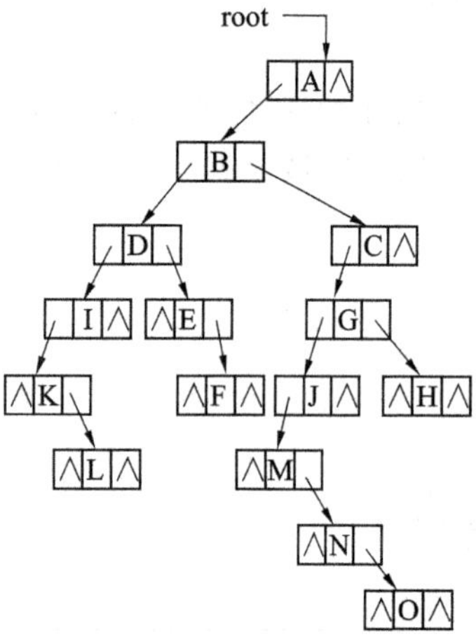

图 6.19　树(图 6.14)的孩子兄弟表示法

4. 孩子兄弟表示法

孩子兄弟表示法又称为二叉树表示法、二叉链表表示法、孩子兄弟链表表示法等。在这种存储结构中，每个树结点构成了链表中的一个链结点。每个链结点设置三个域：一个域为数据域，用于存储树结点的数据元素值；另外两个域是指针域，分别用于存放当前结点第一个孩子结点的地址和下一个兄弟结点的地址。孩子兄弟表示法的例子见图 6.19。

孩子兄弟表示法是树的一种较为合适的存储结构，利用这种存储结构便于实现树的各种操作，并且借助这种存储结构，任何一棵树都可以找到一棵唯一与之对应的二叉树，它们的存储结构完全相同。

如果每一个链结点再增加一个指向其双亲结点的指针域，则构成树的三叉链表表示法存储结构。

下面给出孩子兄弟表示法的类定义。

```
typedef struct CSNode                // 链结点结构体类型
{
    ElemType data;                   // 结点的数据元素域
    struct CSNode * firstchild;      // 指向结点的第一个孩子结点
    struct CSNode * nextsibling;     // 指向结点的下一个兄弟结点
}CSNode, * pCSNode;
```

部分函数实现如下：

```
CSNode * Find( pCSNode &T, ElemType element )
```

```
{  // 从 T 结点开始,查找值等于 element 的结点,函数值返回该结点的地址
   if( ! T ) return NULL;
   if( T->data == element ) return T;
   pCSNode q, p = T->firstchild;
   while( ! ( q = Find( p, element) ) && p )
     p = p->nextsibling;
   return q;
}
void DeleteTree( pCSNode &T )
{  // 删除以 T 为根的树
   if( T )
   {  pCSNode p, q = T->firstchild;
      while( q )
      {  p = q->nextsibling;
         DeleteTree( q );
         q = p;
      }
      delete T;T = NULL;
   }
}
int InsertChild( pCSNode &T, ElemType element, ElemType value )
{  // 将元素 value 插入以 T 为根的树,作为结点 element 的最后一个孩子结点
   pCSNode current = Find( T, element );
   if( ! current && T ) return 0;
   pCSNode pNewNode = (pCSNode )malloc(sizeof(CSNode ));
   if( ! T ) { T = NewNode; return 1; }
   if( ! current->firstchild ) {
     current->firstchild = pNewNode; return 1; }
   pCSNode p = current->firstchild;
   while ( p->nextsibling ) p = p->nextsibling;
   p->nextsibling = NewNode;
   return 1;
}
int DeleteFirstChild(pCSNode T, ElemType element )
{  // 删除结点 element 的第一棵子树
   pCSNode current = Find( T, element );
   if( ! current ) return 0;
   pCSNode p = current->firstchild;
   if( ! p ) return 0;
   current->firstchild = p->nextsibling;
   DeleteTree( p );
   return 1;
}
int DeleteNextSibling( pCSNode T, Type element )
{  // 删除以结点 element 的下一个兄弟为根的子树
   pCSNode current = Find( T, element );
```

```
    if( ! current ) return 0;
    pCSNode p = current->nextsibling;
    if( ! p ) return 0;
    current->nextsibling = p->nextsibling;
    DeleteTree( p );
    return 1;
}
```

6.6.2 树、森林与二叉树的转换

由于树和二叉树都可以使用二叉链表作为存储结构，因此以二叉链表为媒介，树与二叉树之间可以建立起一种对应转换关系。任何一棵树都可以找到一棵唯一与之对应的二叉树，它们的存储结构完全相同，只是解释不同。这种对应转换关系对实现树的操作有很大帮助，这是因为与树相比，二叉树的存储和操作实现起来要简单一些，只要能将树转变成一棵确定的二叉树，并且以后能将其还原为原树，则对树的处理就可以转换为对二叉树的处理。

树与二叉树之间的对应转换关系见图 6.20。由树的二叉链表表示的定义可知，树与二叉树之间存在以下对应转换关系：树的根结点对应二叉树的根结点，树上某结点的第一个孩子结点在对应二叉树上是该结点的左孩子，树上某结点的下一个兄弟结点在对应二叉树上是该结点的右孩子。

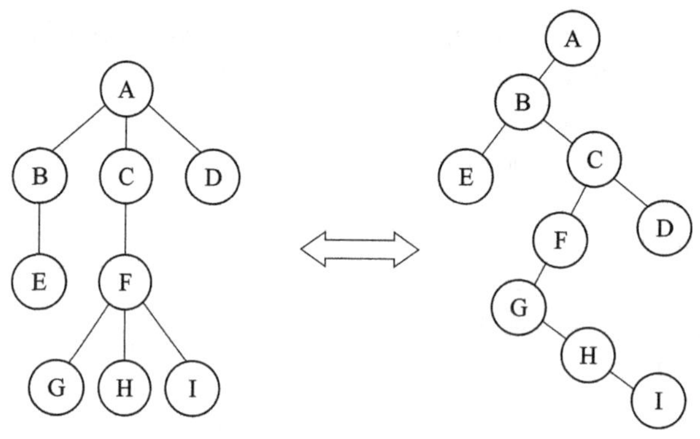

图 6.20 树与二叉树之间的对应转换关系

任何一棵与树对应的二叉树，其根结点的右子树必然是空树。若将森林中第二棵树的根结点看成第一棵树根结点的下一个兄弟结点，将森林中第三棵树的根结点看成第二棵树根结点的下一个兄弟结点……则森林和二叉树之间也存在唯一的对应转换关系。森林与二叉树对应转换的例子见图 6.21。

森林与二叉树之间可以通过以下方法进行相互转换。

1. 森林转换成二叉树

对于森林 F={ T_1, T_2, …, T_m }，可以按以下方式将其转换为二叉树 B ={ root,LB,RB }：

(1)若森林 F 为空，则 B 为空二叉树。

(2)若森林 F 非空，则二叉树 B 的根是 F 中第一棵树 T_1 的根，二叉树 B 根结点的左子树 LB 由 T_1 中根结点的子树森林转换而成，二叉树 B 根结点的右子树 RB 由森林{ T_2, T_3, …, T_m }转换而成。

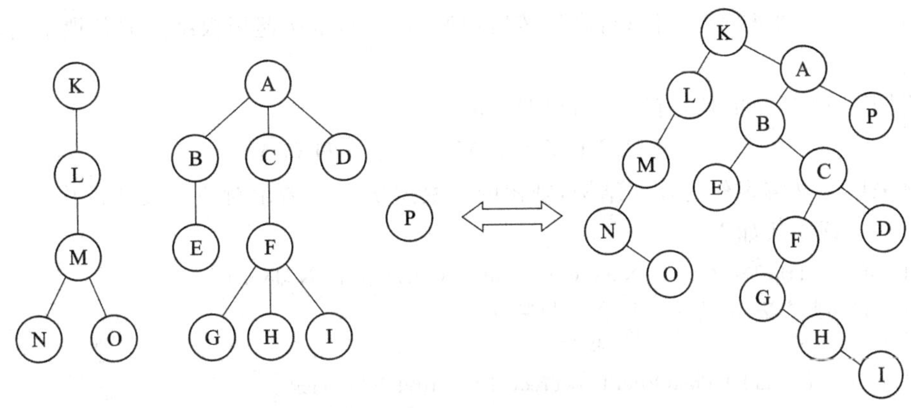

图 6.21　森林与二叉树之间的对应转换关系

2. 二叉树转换成森林

对于二叉树 B ={ root,LB,RB },可以按以下方式将其转换成森林 F ={ T_1,T_2,…,T_m}:

(1)若二叉树 B 为空,则 F 为空森林。

(2)若二叉树 B 非空,则森林 F 中第一棵树 T_1 的根是二叉树 B 的根,T_1 中根结点的子树森林由二叉树 B 根结点的左子树 LB 转换而成,F 中除 T_1 之外其余树组成的森林{ T_2,T_3,…,T_m}由二叉树 B 根结点的右子树 RB 转换而成。

6.6.3　树和森林的遍历

1. 树的遍历

树一般有三种遍历方法,即先根(次序)遍历、后根(次序)遍历和按层次遍历,其中,按层次遍历树的方法与按层次遍历二叉树的方法相同。

(1)先根遍历。

先根遍历树的操作定义如下。

若树是空树,则进行空操作;否则先访问根结点,再按先根遍历规则,依次遍历根结点的各棵子树。

对于图 6.14 所示的树,有以下先根遍历序列:

A B D I K L E F C G J M N O H

若树采用二叉链表作为存储结构,则树的先根遍历可以借用对应二叉树的先序遍历算法实现。具体实现方法如下:

```
void PreOrderTravTree( pTreeNode &T, void( * visit)( pTreeNode x ))
{  // 通过递归方法,从结点 T 开始,先根遍历树
    if( ! T ) return;              // 空操作
    visit( T );                    // 访问根结点
    if( T->firstchild ) PreOrderTravTree( T->firstchild, visit );
    if( T->nextsibling ) PreOrderTravTree( T->nextsibling, visit );
}
```

(2)后根遍历。

后根遍历树的操作定义如下。

若树是空树，则进行空操作；否则先按后根遍历规则，依次遍历根结点的各棵子树，再访问根结点。

对于图 6.14 所示的树，有以下后根遍历序列：

K L I D E F B M N O J G H C A

若树采用二叉链表作为存储结构，则树的后根遍历可以借用对应二叉树的中序遍历算法实现。具体实现方法如下：

```
void PostOrderTravTree( pTreeNode &T, void( * visit)( pTreeNode x ))
{  // 通过递归方法，从结点 T 开始，后根遍历树
   if( ! T ) return;            // 空操作
   if( T->firstchild ) PostOrderTravTree( T->firstchild, visit );
   visit( T );                  // 访问根结点
   if( T->nextsibling ) PostOrderTravTree( T->nextsibling, visit );
}
```

2. 森林的遍历

森林一般有两种遍历方法，即先序遍历和中序遍历。

(1)先序遍历。

先序遍历森林的操作定义如下。

若森林为空，则进行空操作；否则先访问森林中第一棵树的根结点，再先序遍历森林中第一棵树根结点的子树森林，然后先序遍历除去第一棵树之外由剩余的树构成的森林。

对于图 6.21 中的森林，其先序遍历序列如下：

K L M N O A B E C F G H I D P

(2) 中序遍历。

中序遍历森林有人亦称之为后序遍历森林，其操作定义如下。

若森林为空，则进行空操作；否则先中序遍历森林中第一棵树根结点的子树森林，再访问森林中第一棵树的根结点，然后中序遍历除去第一棵树之外由剩余的树构成的森林。

对于图 6.21 中的森林，其中序遍历序列如下：

N O M L K E B G H I F C D A P

若森林采用二叉链表作为存储结构，则森林的先序遍历和中序遍历可以分别借用对应二叉树的先序遍历和中序遍历算法实现。

6.7　哈夫曼树及其应用

6.7.1　哈夫曼树

哈夫曼(Huffman)树的定义涉及一些概念，下面先对这些概念进行解释。

(1)结点之间的路径和路径长度：在一棵树中，从一个结点向下到达某子孙结点的分支，称为这两个结点之间的路径，路径上分支的数目称为路径长度。

(2)树的路径长度：指树根到每个结点的路径长度之和。对于具有 n 个结点的二叉树，以

完全二叉树的路径长度最短。

(3)结点的权和结点的带权路径长度：结点的权指给树中结点赋予一个数值，其值是该结点某种属性的数值化描述；结点的带权路径长度指从树根到该结点的路径长度与结点权的乘积。

(4)树的带权路径长度(WPL)：指树中所有叶子结点的带权路径长度之和。

现有 n 个数值{ $w_1, w_2, \cdots, w_n$ }，若将它们作为 n 个结点的权，并以这 n 个结点为叶子结点构造一棵二叉树，那么可以构造出多棵具有不同形态的二叉树。其中，带权路径长度最短的那棵二叉树称为哈夫曼树，或最优二叉树。

例如，图 6.22 中有四棵二叉树，它们都以 a、b、c、d 为叶子结点，其权值分别为 8、6、4、2，它们的带权路径长度 WPL 分别如下：

(a) $WPL = 8\times2+6\times1+4\times3+2\times3 = 40$；

(b) $WPL = 8\times2+6\times2+4\times3+2\times3 = 46$；

(c) $WPL = 8\times2+6\times2+4\times2+2\times2 = 40$；

(d) $WPL = 8\times1+6\times2+4\times3+2\times3 = 38$。

其中以(d)树的带权路径长度最小，可以验证它就是哈夫曼树。从这个例子可知，要使二叉树的带权路径长度最小，一定要使权值大的叶子结点尽量靠近根。

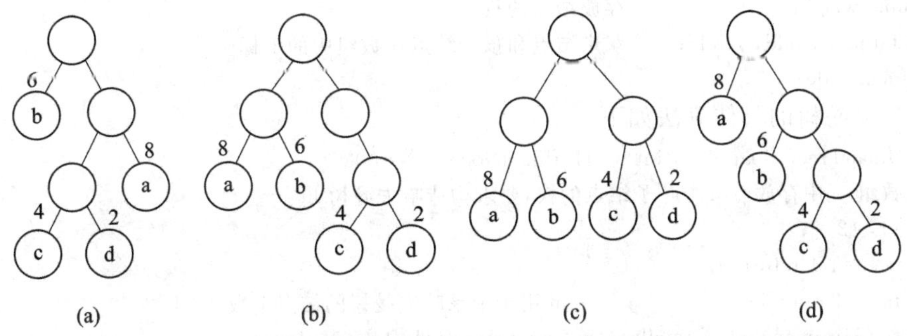

图 6.22　以 a、b、c、d 为叶子结点，但具有不同带权路径长度的二叉树

那么，怎样构造哈夫曼树呢？哈夫曼最先提出了一种构造哈夫曼树的算法(即哈夫曼算法)，其基本思想如下。

(1)根据 n 个给定的权值{ $w_1, w_2, \cdots, w_n$ }，构造一个森林 $F=\{T_1, T_2, \cdots, T_n\}$。该森林中的每一棵二叉树 T_i 只有权值为 w_i 的根结点，其左、右子树均为空树。

(2)在森林 F 中选取两棵根结点权值最小的树作为左、右子树构造一棵新的二叉树，并且将新二叉树根结点的权置为其左、右子树根结点权值之和。

(3)在森林 F 中删除这两棵二叉树，同时将新得到的二叉树加入 F 中。

(4)重复第(2)～(3)步，直至森林 F 只包含一棵树为止。最后剩下的这棵二叉树就是哈夫曼树。

构造哈夫曼树的过程见图 6.23。

我们讨论的哈夫曼树是一种二叉树，可以采用前面讨论的某种存储方法进行存储。不过，在下面讨论建立哈夫曼树的算法时，对哈夫曼树却使用了另一种存储方法，即将哈夫曼树以链式存储方式存放在一个一维数组中。

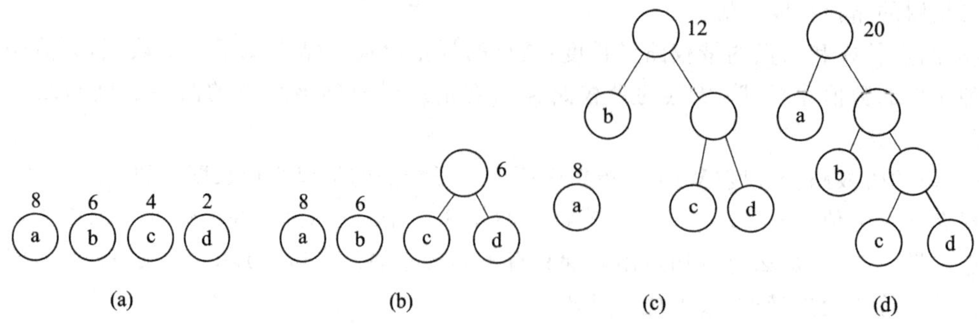

图 6.23　哈夫曼树的构造过程

要将哈夫曼树存放在一个一维数组中，必须先确定数组大小。由于哈夫曼树没有度为 1 的结点，对于具有 n 个叶子结点的哈夫曼树，根据二叉树的性质，可以推出其具有($2n-1$)个结点，因此存储哈夫曼树的一维数组至少应具有($2n-1$)个数组元素。

在哈夫曼树中，除了使用一个数据域来存放某结点的权值以外，还要设置三个指针(此处借用"指针"这一说法，实际是整数)，分别指向该结点的左、右孩子结点及双亲结点，则可以按照以下方式定义哈夫曼树中结点的结构：

```
typedef struct HuffmanNode{        // 结点的类型
    double weight;                 // 存放结点的权
    int father, lchild, rchild;  // 双亲结点和孩子结点在数组中的下标
} HuffmanNode;
```

建立哈夫曼树的具体算法如下：

```
int HuffmanTree( float * w, int n, HuffmanNode * &ht )
{   // 数组 w 中存放着 n 个叶子结点的权,要求构造哈夫曼树 ht
    int s1, s2, i;
    if( n<=1 ) return 0;
    int m = 2 * n-1;                  // m 用于记录哈夫曼树的结点个数
    ht = (HuffmanNode * )malloc((m+1) * sizeof(HuffmanNode));
        // 为存储哈夫曼树的数组分配空间,0 号数组元素未使用
    for( i=1; i<=n; i++ )        // 执行哈夫曼算法的第(1)步
    {   ht[i]. weight = w[i-1]; ht[i]. father = 0;
        ht[i]. lchild = ht[i]. rchild = 0;
    }
    for( i=n+1; i<=m; i++ )// 重复执行算法的第(2)～(3)步,直至只剩一棵树
    {   Select( ht,i-1,s1,s2);        // 选择两棵根结点权值最小的树,其根的下标分别放在 s1 和 s2 中
        ht[i]. weight = ht[s1]. weight+ht[s2]. weight;
        ht[i]. father = 0;
        ht[i]. lchild = s1; ht[i]. rchild = s2;
        ht[s1]. father = i; ht[s2]. father = i;
    }
    return 1;
}
```

上面函数调用了 Select 函数。该函数从包含若干二叉树的集合中，选择了两棵根结点权值最小的二叉树，并将这两棵树的根结点的下标分别通过形参 s1 和 s2 返回调用函数。Select 函数实现如下：

```
int Select( HuffmanNode * ht, int k, int &s1, int &s2 )
{  // 从 ht[1]~ht[k]中找两个无双亲且权值最小的结点,下标分别存入 s1 和 s2
   int i,j;
   if( k< 2 ) return 0;
   s1 = 0; s2 = 0;
   for( j=1; j<=k; j++ )  // 使 s1 和 s2 指向 ht 中最前面两个无双亲结点
   {  if( ht[j]. father ) continue;
      if( ! s1 ) s1 = j;
      else { s2 = j; break; }
      }
   if( ! s1 || ! s2 ) return 0;  // 这种情况表示 ht 中最多有一棵树
   if( ht[s1]. weight > ht[s2]. weight )
   {  i = s1;s1 = s2;s2 = i;}  //使结点 s1 的权值小于 s2
   for(i=j+1; i<=k; i++ )  //查找无双亲且权值最小的两个结点,记在 s1 和 s2
   {  if( ht[i]. father ) continue;
      if( ht[i]. weight < ht[s1]. weight ) { s2 = s1; s1 = i; }
      else if( ht[i]. weight < ht[s2]. weight ) s2 = i;
   }
   return 1;
}
```

6.7.2　哈夫曼编码

在利用电报进行远距离通信时,传送电文前需要先将传送的文字转换成由二进制字符 0、1 组成的字符串,这个过程称为编码。接收方收到二进制字符串后,再将其还原成文字,这个过程称为译码。

编码常采用两种方式。一种编码方式是使用等长编码,即每个字符的编码长度都相同。例如,假设 A、B、C、D 四个字符的等长编码分别是“00”“01”“10”“11”,则字符串“ABCDDACB”的二进制编码串为“0001101111001001”。使用等长编码发送电文,不会出现错误译码。另一种编码方式是使用不等长编码,即每一个字符的编码长度可以不同。

在传送电文时,若要考虑传送效率,则总希望一段文字对应电文的总长度尽可能短。要达到这个目的,需要采用不等长编码,即让电文中出现频率较高的字符采用尽可能短的编码,从而减小传送的二进制编码串的总长度。但若字符的不等长编码设计得不合适,则无法译码。在设计不等长编码时,为确保能够正确译码,要求任何一个字符的编码都不能是其他字符编码的前缀,按照这种方式设计的编码称为前缀编码。

可以利用二叉树来设计二进制的前缀编码,方法如下:若要设计 n 个字符的前缀编码,首先以这 n 个字符为叶子结点构造一棵二叉树;二叉树的每个结点有左、右两个分支,令右分支为 1,左分支为 0,然后从根结点依次访问到叶子结点,即可确定对应字符的前缀编码。例如,若要确定 a、b、c、d 四个字符的前缀编码,只需以这四个字符为叶子结点构造一棵二叉树,就可以确定它们的前缀编码。图 6.24 绘出了以 a、b、c、d 为叶子结点构造的三棵二叉树,从中可以得到它们的三组前缀编码:① 010、011、1、00;② 00、01、10、11;③ 0、10、110、111。

我们使用前缀编码是为了使电文编码总长度最短。怎样找到使电文编码总长度最短的二进制前缀编码呢?假设字符 i 在电文中出现的次数为 w_i,字符 i 的编码长度为 l_i,电文有 n 种

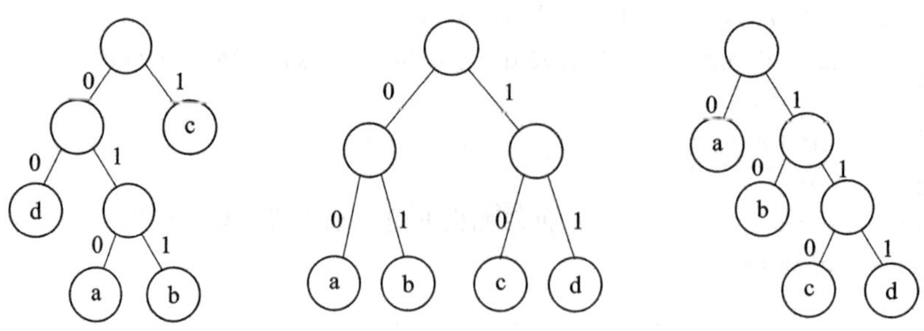

图 6.24　以 a、b、c、d 为叶子结点构造的三棵二叉树

字符，则电文编码的总长度为 $\sum_{i=1}^{n} w_i l_i$。对应到二叉树上，l_i 恰好是从根到叶子结点 i 的路径长度，若置 w_i 为叶子结点 i 的权，则 $\sum_{i=1}^{n} w_i l_i$ 是对应二叉树的带权路径长度。我们要得到使电文编码总长度最短的前缀编码，就要求构造带权路径长度最小的前缀编码二叉树，即使其为一棵哈夫曼树。按照这种方式构造的前缀编码称为哈夫曼编码。

由上面讨论可知，要得到 n 个字符的哈夫曼编码，首先要以这 n 个字符为叶子结点，以字符在电文中的平均出现次数为权，构造一棵哈夫曼树。然后在该哈夫曼树上，通过从叶子结点访问到根，或者从根访问到叶子结点的方式，确定各字符的哈夫曼编码。

求解哈夫曼编码的算法如下：

```
void HuffmanCode( float *w, int n, char **&HCode )
{ // 数组 w 存放 n 个字符的权，求这 n 个字符的哈夫曼编码，并存放在数组 HCode 中
    int c,f;
    HuffmanNode *HT;
    HuffmanTree( w, n, HT );// 构造哈夫曼树，并将结果存放在数组 HT 中
    HCode = (char**)malloc(sizeof(char*)*(n+1));// 生成数组 HCode，不使用 0 号数组元素
    char *code = (char*)malloc(sizeof(char)*n);
    code[n-1] = '\0';              // 数组 code 临时存放一个字符的编码
    for( int i=1; i<=n; i++ )  // 通过 for 循环求 n 个字符的哈夫曼编码
    {  int start = n-1;
       f=HT[i].father;
    for( c=i; f ; c=f, f=HT[f].father )// 从叶子结点访问到根结点
        if( HT[f].lchild == c ) code[--start] = '0'; // 求字符的哈夫曼编码
        else code[--start] = '1';
    HCode[i] = (char*)malloc(sizeof(char)*(n-start));
    strcpy(HCode[i], &code[start]);
    }
    free(code);
}
```

本章小结

二叉树是树形非线性结构中最基本、最重要的一种，本章详细讨论了二叉树的存储结构，

尤其是二叉链表结构。基于二叉树的二叉链表结构，实现二叉树的主要操作——先序、中序、后序遍历以及层次遍历，而基于遍历操作又给出二叉树的其他常用操作的实现方法。值得注意的是，中序线索化后的二叉树具有一些优良的性能。

在讨论一般树的存储和实现中，主要借鉴了二叉树的成功经验，并推广到森林。在本章的最后，通过哈夫曼树实现了通信领域里常用的哈夫曼编码和译码。

思考与练习题

一、选择题

1. 在一棵二叉树中，第 i 层上最多具有(　　)个结点。

A. 2^i　　B. 2^{i+1}　　C. 2^{i-1}　　D. $2i$

2. 在一棵树中，(　　)没有前驱结点。

A. 树枝结点　　B. 叶子结点　　C. 树根结点　　D. 空结点

3. 在一棵树中，每个结点最多有(　　)个前驱结点。

A. 0　　B. 1　　C. 2　　D. 任意多

4. 二叉树的二叉链表中，空指针域等于非空指针域数加上(　　)。

A. 2　　B. 1　　C. 0　　D. -1

5. 在一棵深度为 h 的完全二叉树中，所有结点的总个数不小于(　　)。

A. 2^h　　B. 2^{h+1}　　C. 2^h-1　　D. 2^{h-1}

6. 若完全二叉树具有 35 个结点，则该树的深度是(　　)。

A. 6　　B. 7　　C. 5　　D. 8

7. 具有 n 个结点的完全二叉树，其非叶子结点的最大编号是(　　)。

A. $\lfloor (n+1)/2 \rfloor$　　B. $\lfloor (n-1)/2 \rfloor$　　C. $\lfloor n/2 \rfloor$　　D. $\lceil n/2 \rceil$

8. 利用 n 个值生成的哈夫曼树中，共有(　　)个结点。

A. n　　B. $n+1$　　C. $2n$　　D. $2n-1$

9. 由 3、6、8、12、5、7 这些值生成的哈夫曼树，其深度是(　　)。

A. 3　　B. 4　　C. 5　　D. 6

10. 由 3、6、8、12 这四个值生成的哈夫曼树，其带权路径长度是(　　)。

A. 55　　B. 29　　C. 58　　D. 38

11. 二叉树在线索化后，仍不能有效求解的问题是(　　)。

A. 前(先)序线索二叉树中求前(先)序后继　　B. 中序线索二叉树中求中序后继

C. 中序线索二叉树中求中序前驱　　D. 后序线索二叉树中求后序后继

二、填空题

1. 对于一棵具有 n 个结点的树，该树中所有结点的度之和为＿＿＿＿＿＿。

2. 一棵二叉树，叶子结点数为 n_0，度为 1 的结点数为 n_1，度为 2 的结点数为 n_2，则三者之间的关系为＿＿＿＿＿＿。

3. 若一棵树的广义表为 A(B(C,D(E,F,G),H(I,J)))，则树中所含的结点数为＿＿＿＿＿＿。

4. 在一棵二叉树中，若双分支结点数为 5 个，单分支结点数为 6 个，则叶子结点数是____________。

5. 一棵深度为 5 的完全二叉树中的结点最少是____________个，最多是____________个。

6. 若一棵二叉树的广义表为 A(B(C)，D(E，F))，则其层次遍历结果是____________。

7. 深度为 h 的完全二叉树，最多有____________个结点，最少有____________个结点，h 与结点总数 n 之间的关系是____________。

8. 一棵有 n 个结点的满二叉树有____________个度为 1 的结点，有____________个分支(非终端)结点和____________个叶子结点，该满二叉树的深度为____________。

9. 对于一棵完全二叉树，若一个结点的编号为 i，若其左孩子结点存在则其编号为____________，若其右孩子结点存在则其编号为____________。

10. 若一棵二叉树的结点数为 18，则其最小深度为____________，最大深度是____________。

11. 在一棵树的孩子兄弟链表中，一个结点的右指针是该结点的____________。

12. 设树 T 的度为 4，其中度为 1、2、3、4 的结点个数分别为 4、2、1、1，则 T 中的叶子结点数为____________。

13. 设森林 F 对应的二叉树为 B，B 有 m 个结点，B 的根为 p，p 的右子树的结点数为 n，则森林 F 中第一棵树的结点数是____________。

14. 若一棵二叉树有 25 个叶子结点，则该二叉树中度为 2 的结点有____________个。

15. 设森林 F 中有三棵树，第一、第二、第三棵树的结点数分别为 n_1、n_2、n_3，则与森林 F 对应的二叉树根结点的右子树上的结点数是____________。

16. 一棵二叉树高度为 h，所有结点的度或为 0，或为 2，则这棵二叉树最少有____________个结点。

17. n 个结点的线索二叉树上含有的线索数为____________。

18. 在顺序存储的二叉树中，编号为 i 和 j 的两个结点处在同一层的条件是____________。

19. 已知二叉树有 40 个叶子结点，则该二叉树的总结点数至少是____________。

20. 若一个二叉树的叶子结点是某子树的中序遍历序列中的最后一个结点，则它必是该子树的____________序列中的最后一个结点。

21. 先序遍历森林正好等同于____________遍历对应的二叉树；中序遍历森林正好等同于____________遍历对应的二叉树。

22. 设 n_0 为哈夫曼树的叶子结点数目，则该哈夫曼树共有____________个结点。

23. 给定一组数据{7，3，5，12，6，8}，以它们为叶子结点的权构造一棵哈夫曼树，则树高为____________，树的带权路径长度 WPL 为____________。

三、简答与算法设计题

1. 若一棵二叉树的广义表为 a(b(e)，c(f(h，i，j)，g)，d)，分别写出先序、后序、中序和层次遍历的结果。

2. 已知一棵二叉树的先序和中序序列，推导出该树，并进行后序遍历。

先序序列：A，B，C，D，E，F，G，H，I，J

中序序列：C，B，A，E，F，D，I，H，J，G

后序序列：

3. 一棵非空的二叉树其先序序列和后序序列正好相反，试画出这棵二叉树。

4. 已知一棵二叉树的静态数组表示(顺序存储)如下，0 表示该结点不存在，请画出该树，并进行先序、中序、后序遍历。

1	2	3	4	5	6	7	8	9	10	11	12	13
20	8	46	5	15	30	0	0	0	10	18	0	35

先序序列：

中序序列：

后序序列：

5. 某二叉树的中序和后序遍历序列分别是 BFDJGACHKEI 和 FJGDBKHIECA。

(1)画出该二叉树。

(2)画出该二叉树的中序线索树。

(3)画出该二叉树对应的森林。

6. 假设一棵二叉树的层次序列为 ABCDEFGHIJ，中序序列为 DBGEHJACIF，请画出这棵二叉树。

7. 一棵二叉树的先序、中序和后序序列分别如下：

先序序列：_ B _ F _ I C E H _ G

中序序列：D _ K F I A _ E J C _

后序序列：_ K _ F B H J _ G _ A

序列中有一部分未显示出来，试写出该部分内容，并画出该二叉树。

8. 已知一棵二叉树采用二叉链表作为存储结构，编写算法完成：若左孩子结点的值大于右孩子结点的值，则交换左、右子树。

9. 编写算法，求先序序列中第 k 个结点的值。

10. 编写算法，统计二叉树中所有叶子结点的个数。

11. 对二叉链表表示的二叉树，试编写一个算法，以其后序序列，用先序遍历的创建方法，重新创建出一棵二叉树。

12. 编写算法，删除二叉树中所有值为 x 的结点。

13. 已知二叉树采用二叉链表作为存储结构，试编写一个算法，判断该二叉树是否是完全二叉树。

14. 编写算法，求二叉树中所有结点的左、右孩子结点值之差的最大值和最小值，并记录该结点的指针。

15. 已知一棵二叉树按顺序方式存储在数组 A[1,…,n]中，设计算法求出下标分别为 i 和 j 的两个结点的最近公共祖先结点的值。

16. 已知二叉树的先序和中序遍历序列，编写一个算法，恢复二叉链表表示的该二叉树。

17. 二叉树采用二叉链表存储，对二叉树中的结点从 1 开始连续编号，要求每个结点的编号都大于其左、右孩子的编号，左孩子的编号都小于右孩子的编号，试写出对该二叉树编号的非递归算法(结点数据域存放该结点的编号)。

第7章 图

图(或图结构)是一种比线性结构和树形结构更复杂的非线性结构。其在语言学、逻辑学、物理、化学、电信工程、计算机科学以及数学等学科中都有广泛应用。

在线性结构中,数据元素之间存在一对一的先后次序关系,除首尾结点外,每个结点只有一个直接前驱和直接后继;在树形结构中,数据元素之间存在一对多的层次关系,同层上的每个结点可以和下一层的零个或多个结点相关,但只能和上一层的一个结点相关;而在图中,数据元素之间的关系可以是任意的,图中任意两个数据元素之间都可能存在关系。

本章首先介绍图的基本概念和存储结构,然后重点讨论图的一些关键算法和运算。

7.1 图的基本概念

图是一种数据元素间存在多对多关系的数据结构,加上一组基本操作构成的抽象数据类型。图 G 由两个集合 V 和 R 组成,二元表示为 G=(V,R)。其中,V 是具有相同属性的数据元素的有穷非空集合,称为顶点集,表示为 V(G);R 是描述数据元素之间关系的有穷集合,表示为 R(G)={VR},VR={<x,y>|x,y∈V(G)且 P(x,y),<x,y>是顶点 x 和 y 之间的边,描述 x 和 y 之间的关系,P(x,y)定义了边<x,y>的意义或信息}。其中 R(G)可以是空集,若 R(G)为空,表示图只有顶点没有边。

若图中的每条边都是有方向的,则该图称为有向图(digraph)。有向图中,有向边也称为弧(arc),通常用一对尖括号表示。<x,y>表示顶点 x 到顶点 y 的弧,其中顶点 x 称为弧尾(tail)或边的始点(initial node),顶点 y 称为弧头(head)或边的终点(terminal node)。例如,图 7.1(a)中的 G1 是有向图,图的集合描述如下:

$G_1=(V(G_1),R(G_1))$

$V(G_1)=\{V_1,V_2,V_3,V_4,V_5\}$

$R(G_1)=\{<V_1,V_2>,<V_2,V_3>,<V_2,V_4>,<V_4,V_3>,<V_4,V_5>,<V_5,V_1>\}$

若图中的每条边都是没有方向的,则该图称为无向图(undigraph)。无向图中通常用圆括号表示两个顶点的无向性。顶点 x 和顶点 y 之间的无向性的边表示为(x,y)。例如,图 7.1(b)中的 G_2 是无向图,图的集合描述如下:

$G_2=(V(G_2),R(G_2))$

$V(G_2)=\{V_1,V_2,V_3,V_4,V_5\}$

$R(G_2)=\{(V_1,V_2),(V_1,V_4),(V_1,V_5),(V_4,V_3),(V_4,V_5),(V_5,V_2),(V_5,V_3),(V_2,V_3)\}$

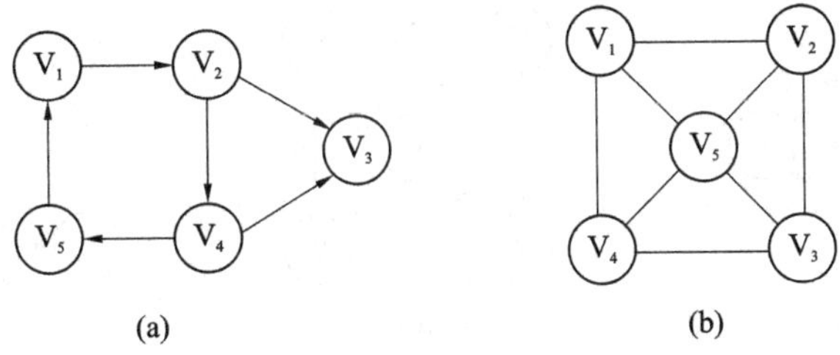

图 7.1　图的示例

(a)有向图 G_1；(b)无向图 G_2

为了描述方便，以后我们将有方向性的边统称为弧或者有向边，而将无方向性的边仍称为边。

在无向图中，若任意两个顶点之间都存在边，则该无向图称为完全图(completed graph)。对于具有 n 个顶点的无向完全图，一共有 $n(n-1)/2$ 条边。

在有向图中，若任意两个顶点 x 和 y，既存在 x 到 y 的弧，也存在 y 到 x 的弧，则该有向图称为有向完全图。对于具有 n 个顶点的有向完全图，一共有 $n(n-1)$ 条弧。

若一个图的边或者弧很少，则该图称为稀疏图(sparse graph)；反之，若一个图的边或者弧很多，则该图称为稠密图(dense graph)。

在无向图中，若(v,u)是一条边，则顶点 v 和 u 互称为邻接(adjacent)点，或称 v 和 u 相邻接，边(v,u)依附于顶点 v 和 u，或者说边(v,u)与顶点 v 和 u 相关联。如图 7.1(b)中与顶点 V_1 相邻接的顶点是 V_2，V_4 和 V_5，而关联于顶点 V_2 的边是(V_1，V_2)，(V_5，V_2)和(V_2，V_3)。

在有向图中，若<v,u>是一条弧，则称顶点 v 邻接到顶点 u，顶点 u 邻接至顶点 v，弧<v,u>与顶点 v 和 u 相关联。如图 7.1(a)中关联于顶点 V_1 的边是<V_1，V_2>和<V_5，V_1>，而顶点 V_1 邻接到顶点 V_2，顶点 V_2 邻接至顶点 V_1。

与顶点相关联的边的数目或者弧的数目称为该顶点的度(degree)，记为 D(V)。在有向图中，弧具有方向性，因此要区分顶点的入度和出度。以顶点为弧头的弧的数目称为入度(indegree)，记为 ID(V)；以顶点为弧尾的弧的数目称为出度(outdegree)，记为 OD(V)；入度与出度之和就是该顶点的度，即 D(V)＝ID(V)＋OD(V)。例如，图 7.1(a)所示有向图中的顶点 V_4，其入度为 1，出度为 2，度为 3；图 7.1(b)所示无向图中的顶点 V_5 的度为 4。无论是有向图还是无向图，顶点数 n、边数 e 和度数之间有如下关系：

$$e=\frac{1}{2}\sum_{i=1}^{n}D(V_i) \tag{7.1}$$

图中的边或者弧有时带有具有某种意义的数值，这些数值称为该边或弧的权(weight)。权是边或者弧某种属性的数值化描述，在某些情境下，可以表示从一个顶点到另一个顶点的距离或耗费。这种带权的图称为网(network)，见图 7.2。

对于图 G＝(V,R)和 G′＝(V′,R′)，若存在 $V'\subseteq V$ 和 $R'\subseteq R$，则称图 G′是图 G 的子图。图 7.3 是图 7.1(a)中有向图 G_1 的两个子图。

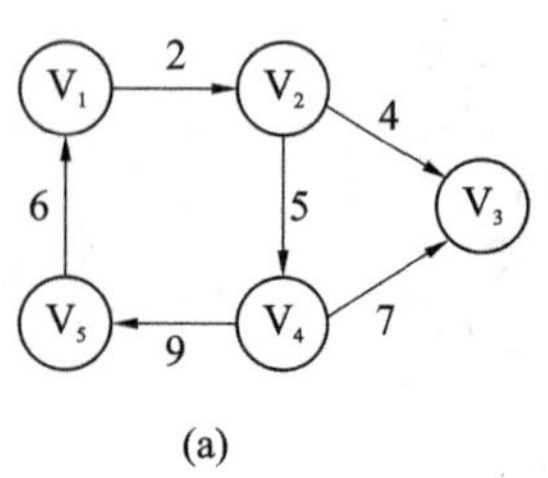

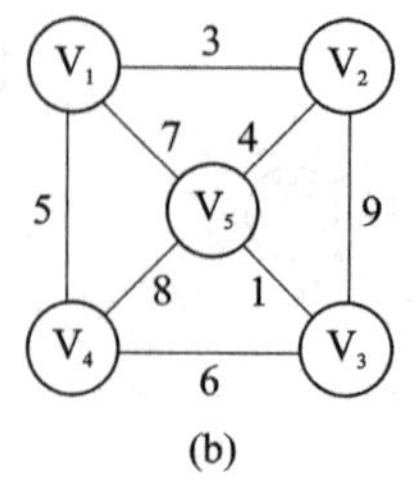

图 7.2 网的示例

(a)有向网 G_3；(b)无向网 G_4

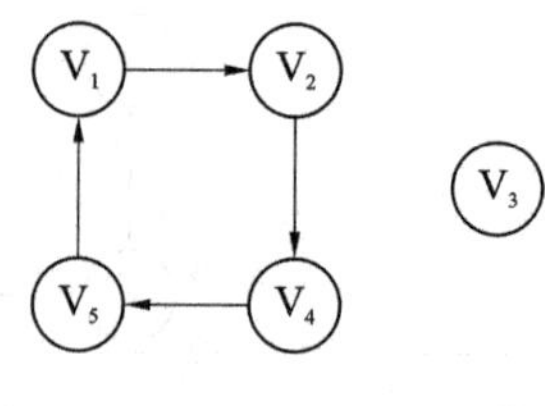

图 7.3 图 7.1(a)有向图 G_1 的两个子图

在有向图 G=(V,R)中，若存在顶点序列 $V_1,V_2,\cdots,V_n$，使得$<V_1,V_2>,<V_2,V_3>,\cdots,<V_{n-1},V_n>\in R(G)$，则称顶点序列为顶点 V_1 到 V_n 的路径。路径上弧的数目称为这条路径的路径长度。例如，图 7.1(a)中，V_1,V_2,V_4,V_5 是一条从顶点 V_1 到顶点 V_5 的长度为 3 的路径。

在无向图 G=(V,R)中，若存在顶点序列 $V_1,V_2,\cdots,V_n$，使得$(V_1,V_2),(V_2,V_3),\cdots,(V_{n-1},V_n)\in R(G)$，则称顶点序列为顶点 V_1 到 V_n 之间的路径。路径上边的数目称为这条路径的路径长度。例如，图 7.1(b)中，V_1,V_2,V_3,V_4,V_5 是一条从顶点 V_1 到顶点 V_5 的长度为 4 的路径。

若起点 V_1 与终点 V_n 重合，则称相应的路径为回路或者环(cycle)。例如，图 7.1(a)中，V_1,V_2,V_4,V_5,V_1 是一条从起始顶点 V_1 到终点顶点 V_1，路径长度为 4 的回路。

路径 $V_1,V_2,\cdots,V_n$ 中，顶点不重复出现的路径称为简单路径。除了起点 V_1 和终点 V_n 之外，其余顶点不重复出现的回路称为简单回路或简单环。例如，图 7.1(b)中，V_1,V_2,V_5,V_4,V_3 是一条从顶点 V_1 到顶点 V_3 的长度为 4 的简单路径；而 V_1,V_5,V_4,V_1,V_2,V_3 是一条从顶点 V_1 到顶点 V_3 的长度为 5 的路径，但不是简单路径。图 7.1(a)中，V_1,V_2,V_4,V_5,V_1 是一条从起始顶点 V_1 到终点顶点 V_1，路径长度为 4 的回路，同时也是简单回路。

在无向图中，若顶点 v 和顶点 u 之间有路径，则称它们是连通的。若图中任意两个顶点之间都是连通的，则称该图为连通图(connected graph)，否则称为非连通图。图 7.1(b)中的 G_2 就是一个连通图，而图 7.4(a)中的 G_5 是非连通图。无向图的极大连通子图称为原图的连通分量(connected component)。显然对于连通图，只有一个连通分量就是图本身，而对于非连通图，有多个连通分量。非连通图和连通分量的例子见图 7.4(b)。

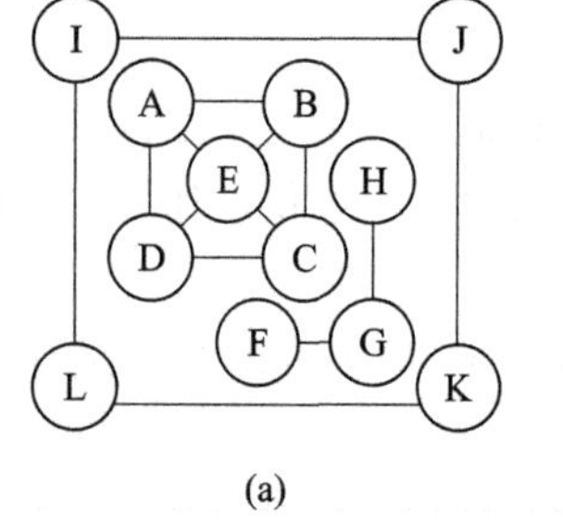

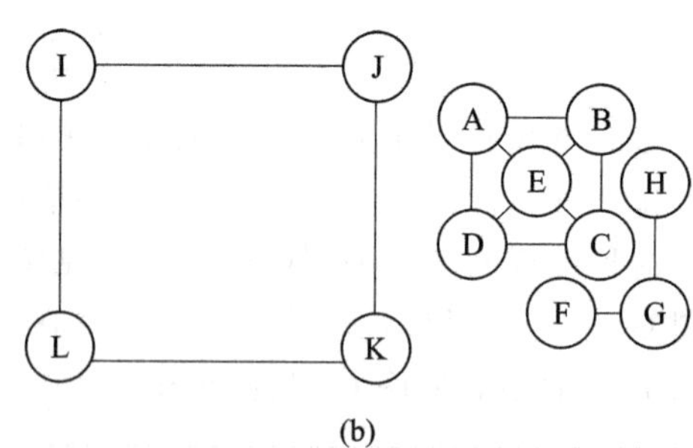

图 7.4 非连通图和它的连通分量

(a)非连通图 G_5；(b)非连通图 G_5 的三个连通分量

在有向图中，对于任意两个顶点 v、u，若既存在从 v 到 u 的路径，也存在从 u 到 v 的路径，

则称该有向图为强连通图，否则称为非强连通图。有向图的极大强连通子图称为原图的强连通分量。显然，强连通图只有一个强连通分量，而非强连通图则有多个强连通分量。强连通图和强连通分量的例子见图 7.5。

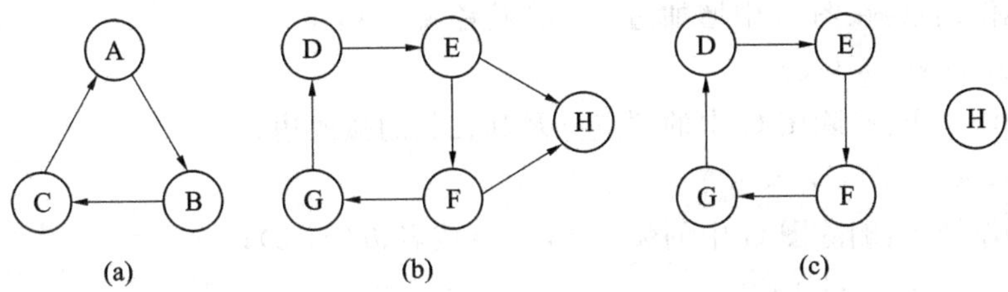

图 7.5　强连通图、非强连通图、强连通分量示例

(a)强连通图；(b)非强连通图 G_6；(c)图 G_6 的两个强连通分量

对于具有 n 个顶点的连通图，其生成树是该图的一个极小连通子图，它包含图的全部顶点，但只有 $n-1$ 条边。图的生成树上不存在回路。若在生成树上添加任意一条边，则必然会构成一个环；反之，若去掉生成树上的一条边，则此图成为非连通图。

对于非连通图，将其每个连通分量的环去掉后，可以得到相应的生成树，于是整个非连通图可以得到一个生成森林，该生成森林包含非连通图的全部顶点，但只含足以构成全部互不相交树的边。

图的抽象数据类型描述如下。

ADT Graph{
　数据对象 V:V 是具有相同特性的数据元素的集合
　数据关系 R:R 是数据元素之间关系的集合，即 R = { VR }
　　　　VR = { < x, y > 或 (x, y) | x, y ∈ V 且 P (x, y),
　　　　　　< x, y >是顶点 x 到 y 的弧,(x, y) 是顶点 x 和 y 之间的边,
　　　　　　P (x, y)定义了弧< x, y > 或边(x, y)的意义或信息 }
　基本操作:
　　CreateGraph(& G, V, VR)
　　　操作结果:根据顶点集 V 和边或弧的集合 VR 构造一个图;
　　DestroyGraph(& G)
　　　操作结果:销毁图 G;
　　LocateVex(G, v)
　　　操作结果:确定顶点 v 在图 G 中的位置;
　　GetVex(G, v)
　　　操作结果:返回图的第 v 个顶点;
　　PutVex(& G, v, value)
　　　操作结果:将值 value 赋给顶点 v 的值域;
　　FirstAdjVex(G, v)
　　　操作结果:求图 G 中顶点 v 的第一个邻接点;
　　NextAdjVex(G, v, u)
　　　操作结果:求图 G 中顶点 v 在邻接点 u 之后的邻接点;

InsertVex(&G, v)
  操作结果:在图 G 中增加新顶点 v;
InsertArc(&G, v,u)
  操作结果:在图 G 中增加边(v, u)或者弧< v, u >;
DeleteVex(&G, v)
  操作结果:删除图 G 中的顶点 v 及其相关的弧或边;
DeleteArc(&G, v, u)
  操作结果:删除图 G 中的弧< v, u >或者边(v, u);
DFSTraverse(G)
  操作结果:对图进行深度优先遍历;
BFSTraverse(G)
  操作结果:对图进行广度优先遍历;
}ADT Graph

7.2 图的存储结构

在前面章节讲述的数据结构内容中,除了树和广义表外,都可以采用两种不同的存储结构,分别是顺序存储结构和链式存储结构。图是一种结构复杂的数据结构,表现在不仅各个顶点的度可以千差万别,而且顶点之间的逻辑关系也错综复杂,因此往往无法通过数据元素在存储区中的物理位置来表示元素之间的逻辑关系,即图不存在顺序存储结构。可以通过链式存储结构或数组来表示图中元素之间的关系。由图的定义可知,一个图的信息包括两部分,即图中顶点的信息以及描述顶点之间的关系——边或者弧的信息。因此,无论采用什么存储方法,都要完整、准确地反映这两方面的信息。若图带有权,则还要考虑权值的存放问题。

图的存储方式较多,具体采用哪种存储方式取决于实际应用和操作的需要。常用的存储结构有数组表示、邻接表、十字链表和邻接多重表。下面分别进行介绍。

7.2.1 数组表示

数组表示法又称为邻接矩阵表示法,这种存储方法是用两个数组来存放图:一维数组存放图中所有数据元素(顶点)的信息,二维数组存放图中的数据元素之间的关系(边或者弧)的信息。存放图中边或者弧的二维数组称为邻接矩阵,它反映了图中各顶点之间的邻接关系。

若以数组中的下标代表对应顶点,则邻接矩阵中的矩阵元素 A[i][j]中存放了顶点 i 和顶点 j 之间的关系。若图是有向图,则 A[i][j]中存放了顶点 i 到顶点 j 的弧;若图是无向图,则 A[i][j]中存放了顶点 i 与顶点 j 之间的边。

对于一般的图,邻接矩阵的矩阵元素 A[i][j]的定义如下:

$$A[i][j]=\begin{cases}1 & \text{当顶点 i 和 j 之间存在边,或顶点 i 到 j 之间存在弧}\\0 & \text{当顶点 i 和 j 之间不存在边,或顶点 i 到 j 之间不存在弧}\end{cases}$$

对于网,邻接矩阵的矩阵元素 A[i][j]的定义如下:

$$A[i][j]=\begin{cases} w_{ij} & \text{当顶点 i 和 j 之间存在边，或顶点 i 到 j 之间存在弧} \\ 0\ \text{或}\ \infty & \text{当顶点 i 和 j 之间不存在边，或顶点 i 到 j 之间不存在弧} \end{cases}$$

其中，w_{ij} 是顶点 i 和 j 之间边的权，或顶点 i 到顶点 j 之间弧的权。

对于图 7.1 给出的有向图和无向图，其邻接矩阵分别如下：

$$\boldsymbol{G}_1=\begin{bmatrix} 0 & 1 & 0 & 0 & 0 \\ 0 & 0 & 1 & 1 & 0 \\ 0 & 0 & 0 & 0 & 0 \\ 0 & 0 & 1 & 0 & 1 \\ 1 & 0 & 0 & 0 & 0 \end{bmatrix} \qquad \boldsymbol{G}_2=\begin{bmatrix} 0 & 1 & 0 & 1 & 1 \\ 1 & 0 & 1 & 0 & 1 \\ 0 & 1 & 0 & 1 & 1 \\ 1 & 0 & 1 & 0 & 1 \\ 1 & 1 & 1 & 1 & 0 \end{bmatrix}$$

对于图 7.2 给出的有向网和无向网，其邻接矩阵分别如下：

$$\boldsymbol{G}_3=\begin{bmatrix} \infty & 2 & \infty & \infty & \infty \\ \infty & \infty & 4 & 5 & \infty \\ \infty & \infty & \infty & \infty & \infty \\ \infty & \infty & 7 & \infty & 9 \\ 6 & \infty & \infty & \infty & \infty \end{bmatrix} \qquad \boldsymbol{G}_4=\begin{bmatrix} \infty & 3 & \infty & 5 & 7 \\ 3 & \infty & 9 & \infty & 4 \\ \infty & 9 & \infty & 6 & 1 \\ 5 & \infty & 6 & \infty & 8 \\ 7 & 4 & 1 & 8 & \infty \end{bmatrix}$$

从邻接矩阵的存储方式可知，邻接矩阵具有以下特征：

(1)无向图(网)的邻接矩阵是对称矩阵，其描述用一个上(或下)三角矩阵表示即可；而有向图(网)的邻接矩阵是非对称矩阵。

(2)对于无向图，其邻接矩阵第 i 行(或第 i 列)非零元素的个数正好是第 i 个顶点的度。

(3)对于有向图，其邻接矩阵第 i 行非零元素的个数正好是第 i 个顶点的出度，而第 i 列非零元素的个数正好是第 i 个顶点的入度。

邻接矩阵作为图的存储结构，数据结构类型定义如下：

```
typedef char VertexType;                      /* 顶点的数据类型 */
typedef float AdjType;                        /* 权值类型 */
typedef struct{
  int vnum, anum;                             /* 顶点数和边(或弧)数 */
  VertexType vexs[MaxVex];                    /* 顶点 */
  AdjType arcs[MaxVex][ MaxVex];              /* 邻接矩阵 */
}MGraph;
```

下面是对无向网一些算法的描述：

```
CreateGraph(MGraph * G){                                  /* 创建图 */
   int i,j,k;
   VertexType v1,v2;
   AdjType w;
   scanf("请输入图 G 的顶点数%d,弧数%d",&(*G).vnum,& (*G).anum);
   for(i=0;i<(*G).vnum;i++)
     (*G).vexs[i]=getchar();                              /* 读入顶点信息,建立顶点数组 */
   for(i=0;i<(*G).vnum;i++)
      for(j=0;j<(*G).vnum;j++)
        (*G).arcs[i][j]=0;                                /* 初始化邻接矩阵 */
   for(k=0;k<(*G).anum;k++){                              /* 构建邻接矩阵 */
      scanf("输入邻接顶点%d%d,以及权值%f",&v1,&v2,&w);
```

```
        i=LocateVex(G,v1);
        j=LocateVex(G,v2);
        (*G).arcs[i][j]=w;
        (*G).arcs[j][i]=w;
    }
}
int LocateVex(MGraph *G, VertexType v){                    /*顶点定位*/
    int i;
    for(i=0;i<(*G).vnum;i++)
     if(strcmp(v,(*G).vexs[i])==0)                         /*顶点值比较*/
        return i;
    return -1;
}
int FirstAdjVex(MGraph *G, VertexType v ){                 /*求顶点 v 的第一个邻接点的位置*/
    int i,j;
    AdjType w=0.0;
    j=LocateVex(G,v);
    for(i=0;i<(*G).vnum;i++)
       if((*G).arcs[j][i]! =w)
          return i;
    return -1;
}
int NextAdjVex(MGraph *G,VertexType v1,VertexType v2){  /*求 v 的下一个邻接点的位置*/
    int i,j,k;
    AdjType w=0.0;
    j=LocateVex(G,v1);
    k=LocateVex(G,v2);
    for(i=k+1;i<(*G).vnum;i++)                             /* 从 v2 顶点后开始查找*/
       if((*G).arcs[j][i]! =w)
            return i;
    return -1;
}
InsertVex(MGraph *G,VertexType v){                         /*增加一个顶点*/
    int i;
    (*G).vexs[(*G),vnum]=v;                                /* 构造新顶点*/
    for(i=0;i<(*G).vnum;i++){                              /* 初始化该顶点的邻接矩阵*/
       (*G).arcs[(*G).vexnum][i]=0;
       (*G).arcs[i][(*G).vexnum]=0;
    }
    (*G).vnum+=1;
}
int InsertArc(MGraph *G,VertexType v1,VertexType v2){   /*在两个顶点间增加一条边*/
    int i,j;
    AdjType w;
    i=LocateVex(G,v1);
    j=LocateVex(G,v2);
    if(i<0||j<0)                                           /* 判断顶点是否在图 G 内*/
```

```
        return -1;
    (*G).anum+=1;                                    /* 边的总数增加 1 */
    scanf("请输入边的权值%f",&w);
    (*G).arcs[v1][v2]=w;
    (*G).arcs[v2][v1]=w;
    return 1;
}
int DeleteVex(MGraph *G,VertexType v){              /* 删除图中的一个顶点 */
    int i,j,k;
    AdjType w=0.0;
    k=LocateVex(*G,v);
    if(k<0)                                          /* 判断顶点是否在图 G 内 */
        return -1;
    for(j=0;j<(*G).vnum;j++)                         /* 判断是否存在边 */
        if((*G).arcs[k][j]! =w)
            (*G).anum-=1;                            /* 修改边数 */
    for(j=k+1;j<(*G).vnum;j++)
        (*G).vexs[j-1]=(*G).vexs[j];                 /* 顶点前移 */
    for(i=0;i<(*G).vnum;i++)
        for(j=k+1;j<(*G).vnum;j++)
            (*G).arcs[i][j-1]=(*G).arcs[i][j];       /* 邻接矩阵行数据前移 */
    for(i=0;i<(*G).vnum;i++)
        for(j=k+1;j<(*G).vnum;j++)
            (*G).arcs[j-1][i]=(*G).arcs[j][i];       /* 邻接矩阵列数据前移 */
    (*G).vnum--;                                     /* 修改顶点数 */
    return 1;
}
int DeleteArc(MGraph *G,VertexType v1,VertexType v2) /* 删除两顶点间的边 */
{
    int i,j;
    i=LocateVex(G,v1);
    j=LocateVex(G,v2);
    if(i<0||j<0)
        return -1;
    (*G).arcs[i][j]=0;
    (*G).arcs[j][i]=0;
    (*G).anum-=1;
    return 1;
}
DestroyGraph(MGraph *G){                             /* 销毁图 G */
    int i,j;
    for(i=0;i<(*G).vnum;i++)
        for(j=0;j<(*G).vnum;j++)
            (*G).arcs[i][j]=0;
    (*G).vnum=0;
    (*G).anum=0;
}
```

采用邻接矩阵作为图的存储结构，容易实现一些图的操作，例如，很容易判断两顶点之间是否有边(弧)相连；但也有一些操作实现起来较麻烦，例如，若要确定图中存在多少条边，则必须按行和列对每个矩阵元素逐一进行检测，时间开销较大。

对于具有 n 个顶点的图，若采用邻接矩阵存储，则邻接矩阵需要占用 $n\times n$ 个存储单元，其空间复杂度为 $O(n^2)$，因此，这种方法比较适合稠密图的存储，而用于稀疏图则可能浪费较多的存储空间。

7.2.2 邻接表

图的邻接表表示法采用顺序存储和链式存储相结合的方式。其中，顺序存储部分存储的是图中顶点的信息，链式存储部分存储的是每一个顶点与其他结点之间的邻接关系[即边(或弧)的信息]。

对于图中的每一个顶点 v_i，将其邻接的顶点 v_j 全部链接起来，构成一个以 v_i 为头结点的单链表，该单链表称为顶点 v_i 的邻接表(adjacency list)。显然，图有多少个顶点就有多少个邻接表，邻接表中的结点由边或者弧构成，而头结点由顶点构成，它们以顺序存储方式存储。

对于每一个由边或者弧构成的链表结点，需要定义三个域[图 7.6(a)]。adjvex 域用于存储该边的一个结点或者该弧的弧头在图中的位置(即它在相应一维数组中的下标)，而同一个链表中所有边(弧)的共同端点的信息存储在链表的头结点中。weight 域用于存储该边(弧)上的权或者其他信息，若图不是网或者边(弧)上没有其他信息，则可以不定义该域。nextarc 是指针域，用于存放该结点在同一链表中的后继结点的地址。

对于由顶点构成的头结点，需要定义两个域[图 7.6(b)]。vertex 域用于存放该顶点的信息。firstarc 是指针域，指向由依附于该顶点的所有边(或者以该顶点为弧尾的所有弧)构成链表的头结点。

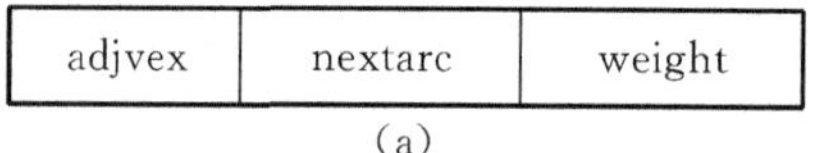

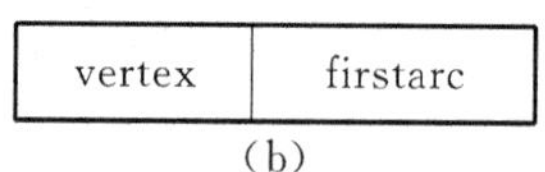

图 7.6 邻接表的结点结构

(a)边(弧)结点的构造；(b)顶点结点的构造

所有由顶点构成的头结点存放在一个一维数组中。

对于图 7.1 中的有向图和无向图，其邻接表表示如图 7.7 所示。

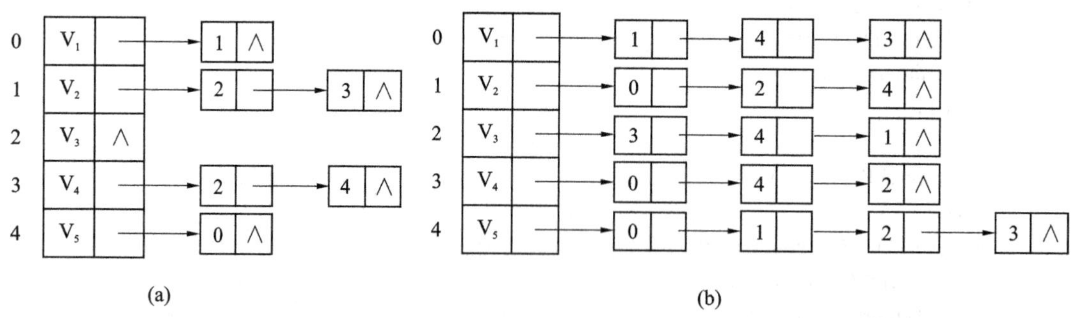

图 7.7 邻接表的表示

(a)有向图 G_1 的邻接表；(b)无向图 G_2 的邻接表

在无向图的邻接表中，第 i 个链表中边结点的个数等于顶点 v_i 的度。在有向图邻接表中，第 i 个链表中弧结点的个数等于顶点 v_i 的出度，若要求顶点的入度，必须遍历整个图。为了便于确定顶点的入度或者以该顶点为头的弧，可以建立一个名为“逆邻接表”的存储结构。

建立逆邻接表的思想与建立邻接表的思想相似，只不过在建立链式结构时，将对弧尾的操作改为对弧头的操作，即对于有向图中的每一个顶点 v_i，使用以顶点 v_i 为弧头的所有弧作为链结点，构成一个带头结点的线性链表，该线性链表的头结点就是弧头 v_i，除此之外，其他部分与邻接表相同。图 7.1(a)中有向图 G_1 的逆邻接表如图 7.8 所示。

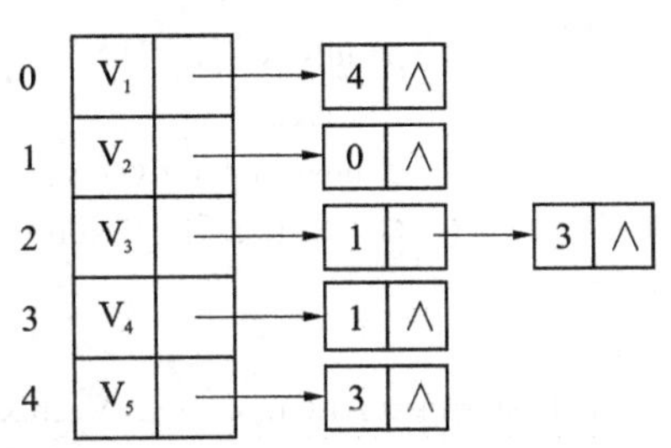

图 7.8　有向图 G_1 的逆邻接表

对于有向图，是选用邻接表还是选用逆邻接表作为它的存储结构，取决于要对图实施什么操作。

若图以邻接表作为存储结构，则比较容易查找某个顶点的邻接点，但要判断两个顶点之间是否有边(或弧)相连，需要搜索对应的链表，这一点不如邻接矩阵方便。

若以邻接表作为图的存储结构，数据结构类型定义如下：

```
typedef char VertexType;                    /* 顶点的数据类型 */
typedef float AdjType;                      /* 权值类型 */
typedef struct ArcNodeType{
    int adjvex;                             /* 邻接表结点位置 */
    struct ArcNodeType *nextarc;            /* 指向下一条弧(或边)的指针 */
    AdjType weight;                         /* 该弧(或边)的权值 */
}ArcNodeType;
typedef struct VexNodeType{
    VertexType vertex;                      /* 顶点信息 */
    ArcNodeType *firstarc;                  /* 指向第一条邻接该顶点的弧(或边)的指针 */
}VexNodeType,AdjList[Max];
typedef struct{
    AdjList vertices;                       /* 邻接图顶点信息 */
    int vnum,anum;                          /* 邻接图顶点数和弧(或边)数 */
}ALGraph;
```

下面是对有向网一些算法的描述：

```
CreateGraph(ALGraph *G){                          /* 创建邻接图 */
    int i,j,k;
    AdjType w;
    ArcNodeType *p;
    VertexType v1,v2;
    scanf("请输入图的顶点数，边数：%d,%d",&(*G).vnum,&(*G).anum);
    for(i=0;i<(*G).vexnum;++i)                    /* 构造顶点信息 */
    {
        scanf("%s",(*G).vertices[i].vertex);
        (*G).vertices[i].firstarc=NULL;
    }
    for( k=0;k<(*G).anum;++k){                    /* 构造邻接表 */
```

```
        scanf("请顺序输入每条弧的权值、弧尾和弧头%f%c%c",&w,v1,v2);
        i=LocateVex(G,v1);                        /*弧尾*/
        j=LocateVex(G,v2);                        /*弧头*/
        p=(ArcNodeType *)malloc(sizeof(ArcNodeType));
        p->adjvex=j;
        p->weight=w;
        p->nextarc=(*G).vertices[i].firstarc;            /* 插在表头 */
        (*G).vertices[i].firstarc=p;
    }
}
int LocateVex(ALGraph *G,VertexType v){                   /*顶点定位*/
    int i;
    for(i=0;i<(*G).vnum;++i)
        if(strcmp(v,G.vertices[i].vertex)==0)             /*顶点值比较*/
            return i;
    return -1;
}
int FirstAdjVex(ALGraph G,VertexType v){                  /*求顶点v的第一个邻接点的位置*/
    ArcNodeType *p;
    int n;
    n=LocateVex(G,v);
    p=G.vertices[v1].firstarc;                            /*顶点v的第一个邻接点*/
    if(p)
        return p->adjvex;
    return -1;
}
int NextAdjVex(ALGraph *G,VertexType v1,VertexType v2){   /*求v的下一个邻接点的位置*/
    int i,j;
    ArcNodeType *p;
    i=LocateVex(G,v1);
    j=LocateVex(G,v2);
    p=G.vertices[i].firstarc;
    while(p&&p->adjvex!=j)                                /*指针p不为空且所指表结点不是j*/
        p=p->nextarc;
    if(!p||!p->nextarc)                                   /*没有其他邻接点*/
        return -1;
    else
        return p->nextarc->adjvex;                        /*下一个邻接顶点的位置*
}
InsertVex(ALGraph *G,VertexType v){                       /*增加一个顶点*/
    (*G).vertices[(*G).vnum].vertex =v;
    (*G).vertices[(*G).vnum].firstarc=NULL;
    (*G).vnum++;
}
int InsertArc(ALGraph *G,VertexType v1,VertexType v2){    /*在两个顶点间增加一条弧*/
```

```
    ArcNodeType  * p;
    int i,j,k;
    AdjType w;
    i=LocateVex( * G,v1);                          /* 弧尾的位置 */
    j=LocateVex( * G,v2);                          /* 弧头的位置 */
    if(i<0||j<0)
        return -1;
    ( * G). anum++;                                /* 图 G 的弧数目加 1 */
    scanf("请输入弧的权值%f",&w);
    p=(ArcNodeType  * )malloc(sizeof(ArcNodeType));
    p->adjvex=j;
    p->weight=w;                                   /* 增加弧 */
    p->nextarc=( * G). vertices[i]. firstarc;      /* 两顶点建立连接 */
    ( * G). vertices[i]. firstarc=p;
    return 1;
}
int DeleteVex(ALGraph  * G,VertexType v){          /* 删除图中的一个顶点 */
    int i,j;
    ArcNodeType  * p, * q;
    j=LocateVex( * G,v);                           /* v 在图 G 内位置 */
    if(j<0)                                        /* 判断顶点是否在图 G 内 */
      return -1;
    p=( * G). vertices[j]. firstarc;
    while(p)                                       /* 删除以 v 为出度的弧 */
    {
      q=p;
      p=p->nextarc;
      free(q);
      ( * G). anum--;                              /* 弧或边数减 1 */
    }
    ( * G). vnum--;                                /* 顶点数减 1 */
    for(i=j+1;i<( * G). vexnum;i++)                /* 顶点 v 后面的顶点前移 */
        ( * G). vertices[i-1]=( * G). vertices[i];
    for(i=0;i<( * G). vexnum;i++){                 /* 删除以 v 为入度的弧,修改相应
                                                      表结点的顶点位置值 */
        p=( * G). vertices[i]. firstarc;           /* 图中顶点 vi 指向第一条弧 */
    while(p){                                      /* 存在弧 */
        if(p->adjvex==j){
            if(p==( * G). vertices[i]. firstarc){  /* v 是头结点 */
                ( * G). vertices[i]. firstarc=p->nextarc;
                free(p);
                p=( * G). vertices[i]. firstarc;
                ( * G). anum--;
            }
            else{
                q->nextarc=p->nextarc;
```

```
                free(p);
                p=q->nextarc;
                (*G).anum--;
            }
        }
        else{
            if(p->adjvex>j)
                p->adjvex--;                          /*修改邻接表的顶点位置*/
            q=p;
            p=p->nextarc;
        }
}
}
    return 1;
}
int DeleteArc(ALGraph *G,VertexType v1,VertexType v2)   /*删除两顶点间的弧*/
{
    int i,j;
    ArcNodeType *p,*q;
    i=LocateVex(G,v1);                                  /*弧尾的位置*/
    j=LocateVex(G,v2);                                  /*弧头的位置*/
    if(i<0||j<0)
        return -1;
    p=(*G).vertices[i].firstarc;
    while(p&&p->adjvex!=j){                            /*查找弧<v1,v2>*/
        q=p;
        p=p->nextarc;
}
if(p==(*G).vertices[i].firstarc)                        /*指向第一条弧*/
        (*G).vertices[i].firstarc=p->nextarc;           /*指向下一条弧*/
    else
        q->nextarc=p->nextarc;                          /*指向下一条弧*/
    free(p);
    (*G).anum-=1;
    return 1;
}
DestroyGraph(ALGraph *G){                               /*销毁图G*/
    int i;
    ArcNodeType *p,*q;
    for(i=0;i<(*G).vnum;i++){
        p=(*G).vertices[i].firstarc;
        while(p){
            q=p->nextarc;
            free(p);
            p=q;
        }
```

```
    }
    ( * G).vnum=0;
    ( * G).anum=0;
}
```

从以上算法可以看出，在存储过程中，若无向图有 n 个顶点和 e 条边，则它的邻接表有 n 个头结点和 $2e$ 个边结点，因此无向图的时间复杂度为 $O(n+2e)$；而对于有 n 个顶点和 e 条弧的有向图，其邻接表有 n 个头结点和 e 个弧结点，因此有向图的时间复杂度为 $O(n+e)$。显然，在边或弧稀疏的情况下，用邻接表存储图比用邻接矩阵存储图更节省存储空间。

值得注意的是，图的邻接矩阵表示是唯一的，但其邻接表表示方法是不唯一的，因为邻接表的表示中，各邻接点的链接次序与结点的输入次序和算法有关系。

7.2.3　十字链表

十字链表是图的另一种链式存储结构，但只适用于存储有向图。可以将它看成由有向图的邻接表和逆邻接表组合起来得到的一种链式存储结构。

这种链式存储结构的结点由弧组成，且按照以下方式构建存储结构：对于有向图中的每一个顶点 v_i，用以 v_i 为弧尾的所有弧为结点，构成一个带头结点的线性链表，该线性链表的头结点就是弧尾 v_i；类似地，对于每一个顶点 v_i，用以顶点 v_i 为弧头的所有弧为结点，同样构成一个带头结点的线性链表，该线性链表的头结点就是弧头 v_i。

若按照上述方式建立链式结构，则每一个弧结点一定位于两个链表中，且每个顶点一定分别是以它为弧头或弧尾的两个线性链表的头结点。

对于每个由弧构成的结点，需要定义五个域[图 7.9(a)]。headvex 域用于存储该弧的弧头顶点在图中的位置，即它在相应一维数组中的下标。tailvex 域用于存储该弧的弧尾顶点在图中的位置，即它在相应一维数组中的下标。weight 域用于存储该弧的权或者其他信息，若有向图不是网或者弧上不存在其他信息，可以不定义该域。hlink 和 tlink 是两个指针域，其中，hlink 指向具有相同弧头的下一个弧结点，tlink 指向具有相同弧尾的下一个弧结点。

对于由顶点构成的头结点，需要定义三个域[图 7.9(b)]。vertex 域用于存放该顶点的数据信息。firstin 和 firstout 是两个指针域，其中，firstin 指向由以该顶点为弧头的所有弧构成链表的第一个弧结点，firstout 指向由以该顶点为弧尾的所有弧构成链表的第一个弧结点。

所有由顶点构成的表头结点存放在一个一维数组中，它们之间按顺序存储。

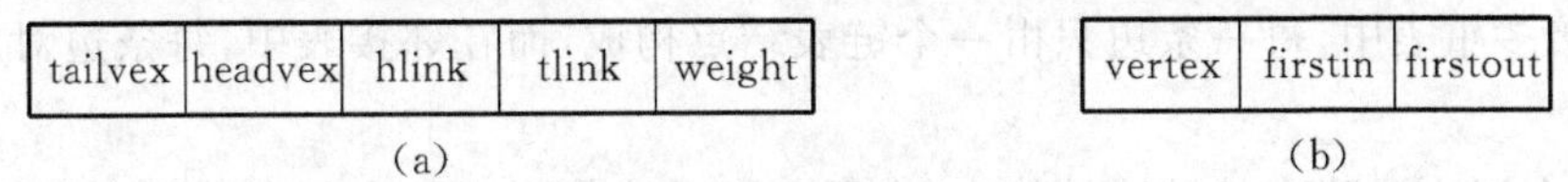

图 7.9　十字链表的结点结构

(a)弧结点的结构；(b)顶点结点的结构

对于图 7.1(a)中的有向图 G_1，其十字链表表示如图 7.10 所示。

若以十字链表作为图的存储结构，数据结构类型定义如下：

```
typedef char VertexType;                    /* 顶点的数据类型 */
typedef float AdjType;                      /* 权值类型 */
typedef struct ArcBoxType{
    int tailvex,headvex;                    /* 弧尾、弧头的位置 */
```

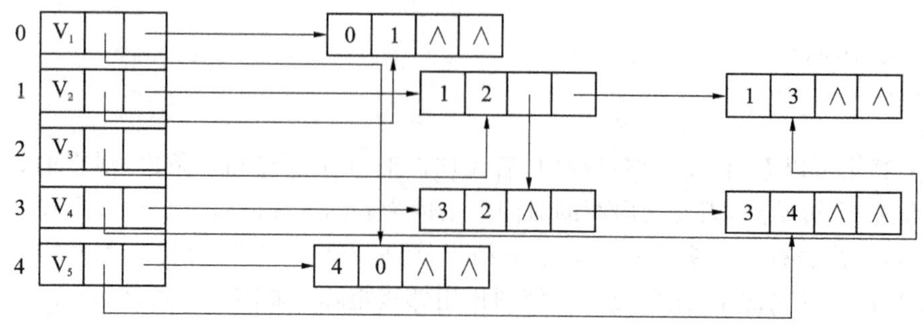

图 7.10　有向图 G_1 的十字链表

```
    struct ArcBoxType  * hlink, * tlink;        /* 弧头相同的链域、弧尾相同的链域 */
    AdjType weight;                             /* 该弧的权值 */
}ArcBoxType;
typedef struct VexNodeType{
    VertexType vertex;                          /* 顶点信息 */
    ArcBoxType  * firstin, * firstout;          /* 该顶点第一条入弧、出弧 */
}VexNodeType;
typedef struct{
    VexNodeType xList[Max];                     /* 表头结点信息 */
    int vnum,anum;                              /* 有向图顶点数和弧数 */
}OLGraph;
```

在某些应用中，十字链表是很有用的工具，因为它同时具有邻接表和逆邻接表的优点。例如，若将十字链表作为有向图的存储结构，则既容易找到以某个顶点 v_i 为弧尾的弧，也容易找到以 v_i 为弧头的弧，这样就便于求顶点的入度和出度。

如果将图的邻接矩阵按稀疏矩阵的十字链表进行存储，则可发现，图的十字链表是图邻接矩阵的十字链表的变形。

7.2.4　邻接多重表

邻接多重表是只用于无向图的一种链式存储结构。这种链式存储结构的结点由边组成，且按照以下方式构建结构：对于无向图中的每一个顶点 v_i，以依附于顶点 v_i 的所有边为结点，建立一个带头结点的线性链表，该线性链表的头结点就是顶点 v_i。邻接多重表与邻接表的区别是，在邻接多重表中，每一条边只由一个链表结点构成，而在邻接表中，每条边对应两个链表结点。

在按照上述方式建立的链式结构中，由于每一条边依附于两个顶点，因此它对应的结点一定位于两个链表内，且每个顶点一定是一个线性链表的头结点。

对于每一个由边构成的结点，需要定义六个域[图 7.11(a)]。ivex 和 jvex 域分别用于存放该边的两个端点在图中的位置，即它们在相应一维数组中的下标。weight 域用于存放该边上的权或者其他信息，若无向图不是网或者边上没有其他信息，则可以不定义该域。ilink 和 jlink 是两个指针域，其中，ilink 指向下一条依附于顶点 ivex 的边，jlink 指向下一条依附于顶点 jvex 的边。mark 域是标志域，用来标识该边是否被搜索过。

对于由顶点构成的头结点，需要定义两个域[图 7.11(b)]。vertex 域用于存放该顶点自

身的数据信息。first 是一个指针域，指向由依附于该顶点的所有边构成链表的头结点。

所有由顶点构成的头结点存放在一个一维数组中。

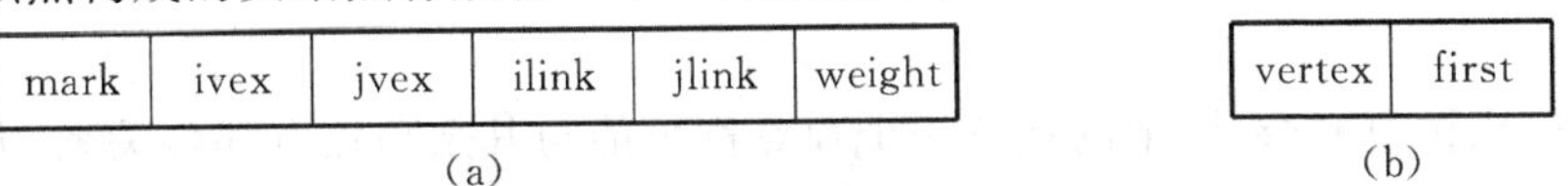

图 7.11　邻接多重表的结点结构

(a)边结点的结构；(b)顶点结点的结构

对于图 7.1(b)中的无向图，其邻接多重表表示如图 7.12 所示。

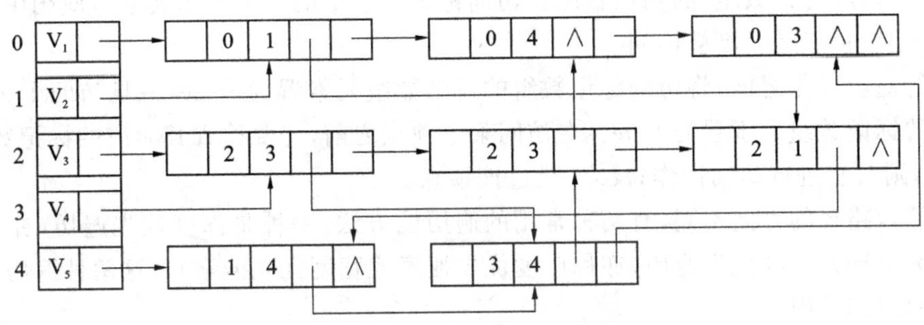

图 7.12　无向图 G_2 的邻接多重表

若以邻接多重表作为图的存储结构，数据结构类型定义如下：

```
typedef char VertexType;                    /* 顶点的数据类型 */
typedef float AdjType;                      /* 权值类型 */
typedef struct ArcEBoxType{
    int mark;                               /* 访问标记，1 表示访问，0 表示未访问 */
    int ivex,jvex;                          /* 一条边的两个顶点的位置 */
    struct ArcEBoxType *ilink, *jlink;      /* 分别指向这两个顶点的下一条边 */
    AdjType weight;                         /* 该边的权值 */
}ArcEBoxType;
typedef struct VexNodeType{
    VertexType vertex;                      /* 顶点信息 */
    ArcEBoxType *first;                     /* 指向顶点的第一条边 */
}VexNodeType;
typedef struct{
    VexNodeType adjmuList[Max];             /* 表头结点信息 */
    int vnum,anum;                          /* 无向图顶点数和弧数 */
}AMLGraph;
```

在邻接多重表中，图的每条边构成了链表中的一个结点，且每个结点同时记录了该边的两个端点在图中的位置，因此，若使用它作为无向图的存储结构，则会使图的某些操作实现起来更加方便。

7.3　图的遍历

与树的遍历类似，对图也需要进行遍历操作。从图中的任意指定顶点出发，按照某种访问原则依次访问图中的其余顶点，且每个顶点只访问一次，这一过程叫作图的遍历（traversing graph）。图的遍历操作是实现其他图操作的基础，对许多图的问题进行求解均需要在遍历过程中完成。

图的结构比树要复杂，图中的任意一个顶点都可能与其余顶点有邻接关系，尤其是当图中存在环时，在访问了某个顶点之后，在随后的访问过程中可能沿着环的路径访问，再次回到这个顶点上，因此图的遍历要比树的遍历复杂得多。

在图的遍历过程中，为了避免对顶点进行重复访问，要对已经访问过的顶点进行标记，通常采用一个"访问标记数组"的辅助数组。访问标记数组中的每个数组元素对应图中的一个顶点，用于标记该顶点是否已被访问。

在进行遍历操作之前，将访问标记数组的每个数组元素置为 false，一旦访问了某顶点，就将其对应的标记数组元素置为 true。在访问某个顶点之前，先要检查其对应的标记数组元素，若为 false，则对它进行访问操作；反之，跳过该顶点。

根据搜索路径的方向不同，有两种常用的遍历图方法：一种是深度优先遍历（亦称深度优先搜索），另一种是广度优先遍历（亦称广度优先搜索或宽度优先搜索）。这两种遍历方法对无向图和有向图都适用。

7.3.1 深度优先遍历

图的深度优先遍历（depth-first search）类似于树的先根遍历，可以将它看成树先根遍历的推广。其遍历原则是，从图中任选一个顶点 v_i 开始，先访问顶点 v_i，然后依次从 v_i 的尚未被访问的邻接点出发深度优先遍历图，直至与 v_i 有路径相通的所有顶点都被访问到。若图是一个连通图，则访问结束。若图是一个非连通图，则选择一个新的顶点 v_j 为新的出发点继续进行深度优先遍历，如此重复，直至所有顶点都被访问为止。

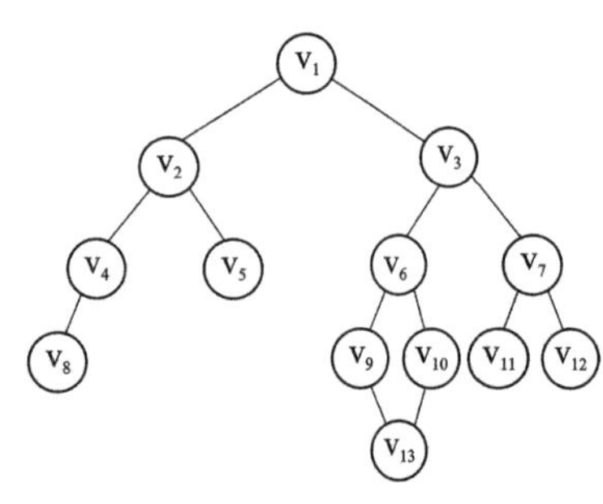

图 7.13 无向图的例子

以图 7.13 所示的无向图为例，从顶点 v_1 开始深度优先遍历该图的过程是，先访问顶点 v_1，然后选择未被访问的邻接点 v_2，从 v_2 出发进行深度优先遍历，依次访问顶点 v_2，v_4，v_8；在访问了顶点 v_8 后，由于 v_8 的所有邻接点都已访问，于是退回到 v_8；同理，继续经 v_4，回退到顶点 v_2；发现 v_2 的另一个邻接点 v_5 尚未被访问，于是对 v_5 进行访问，由于 v_5 的所有邻接点都已访问，于是退回到 v_5；同理，继续经 v_2 回退到顶点 v_1；由于 v_1 的另一个邻接点 v_3 尚未被访问，又从 v_3 继续进行下去。由此，得到以下深度优先遍历顺序：

$$v_1, v_2, v_4, v_8, v_5, v_3, v_6, v_9, v_{13}, v_{10}, v_7, v_{11}, v_{12}$$

显然，上述过程是一个递归过程。对图的深度优先遍历可以用递归算法实现，为了在遍历过程中便于区分顶点是否已被访问，需设置访问标记数组 visited[0:n－1]，其初始化为"false"，一旦顶点被访问，则相应的值置为"true"。以下为图的深度优先遍历算法。

（1）用邻接矩阵存储方式表示图的深度优先遍历算法如下：

```
Boolean visited[Max];                    /*访问标记数组（全局量）*/
void DFS(MGraph G,int n){
    VertexType v1,v2;
```

```
    int m;
    visited[n]=TRUE;                    /*设置访问标记为 TRUE(已访问)*/
    printf("%c", G.vexs[n]);
    v1=G.vexs[n];
    for(m=FirstAdjVex(G,v1);m>=0;m=NextAdjVex(G,v1,strcpy(v2,G.vexs[m])))
/*搜索邻接点*/
        if(! visited[m])
            DFS(G,m);                   /*递归调用*/
}
void DFSTraverse(MGraph G){
    int i,n;
    VertexType v;
    for(i=0;i<G.vnum;i++)
        visited[i]=FALSE;
    scanf("输入遍历的起始顶点%c",&v);
    n=LocateVex(&G,v);
    if(! visited[n])
        DFS(G,n);
}
```

(2)用邻接表存储方式表示图的深度优先遍历算法如下：

```
void DFS(ALGraph G,int n){
    VertexType v1,v2;
    int m;
    visited[n]=TRUE;                    /*设置访问标记为 TRUE(已访问)*/
    printf("%c", G.vertices[n].vertex);
    v1=G.vertices[n].vertex;
    for(m=FirstAdjVex(G,v1);m>=0;m=NextAdjVex(G,v1,strcpy(v2,G.vertices[m].vertex)))
        if(! visited[m])
            DFS(G,m);                   /*递归调用*/
}
void DFSTraverse(ALGraph G){
    int i,n;
    VertexType v;
    for(i=0;i<G.vnum;i++)
        visited[i]=FALSE;
    scanf("输入遍历的起始顶点%c",&v);
    n=LocateVex(&G,v);
    if(! visited[n])
        DFS(G,n);
}
```

在图的深度优先遍历过程中，对每个顶点最多嵌套调用 DFS(深度优先搜索)函数一次，一旦某个顶点被访问，则其被相应的标记数组元素标记，后续不再从该顶点出发进行搜索。因此遍历图的过程实质就是对每个顶点查找其邻接点的过程。其耗费的时间取决于图的存储结构。用邻接矩阵存储图时，对具有 n 个顶点的图，搜索一个顶点的所有邻接点要花费的时间为 $O(n)$，从 n 个顶点出发搜索邻接点需要花费的时间为 $O(n^2)$。若以邻接表作为图的存储结构，

搜索 n 个顶点的所有邻接点即是对边或弧的扫描，则查找邻接点花费的总时间为 $O(e)$，其中 e 为边或弧的数量。因此，当以邻接表作为存储结构时，深度优先遍历图的时间复杂度是 $O(n+e)$。

7.3.2 广度优先遍历

图的广度优先遍历(breadth-first search)类似于树的层次遍历，可以看成树层次遍历的推广。其遍历原则是，从图中某个指定顶点 v 开始，先访问顶点 v，再依次访问 v 的所有尚未被访问的邻接点 $v_1,v_2,\cdots,v_n$，然后依次访问与 $v_1,v_2,\cdots,v_n$ 邻接且尚未访问过的所有顶点，依次进行下去，直到与 v 有路径相通的所有顶点都被访问到。若图是一个连通图，则访问结束；若图是一个非连通图，则选择一个新顶点 u 为新的出发点继续进行广度优先遍历，如此重复进行，直至所有顶点都被访问为止。

以图 7.13 中的无向图为例，从顶点 v_1 开始广度优先遍历该图的过程是，先访问顶点 v_1，然后依次访问其未被访问过的邻接点 v_2 和 v_3，再依次访问 v_2 未被访问过的邻接点 v_4 和 v_5，v_3 未被访问过的邻接点 v_6 和 v_7，v_4 未被访问过的邻接点 v_8，v_6 未被访问过的邻接点 v_9 和 v_{10}，v_7 未被访问过的邻接点 v_{11} 和 v_{12}，最后访问 v_9 未被访问过的邻接点 v_{13}，由此得到以下广度优先遍历顺序：

$$v_1,v_2,v_3,v_4,v_5,v_6,v_7,v_8,v_9,v_{11},v_{10},v_{12},v_{13}$$

广度优先遍历的遍历原则表明，在遍历过程中，要求先访问的顶点及其邻接点也要先被访问。为了保证这种访问顺序，需要使用一个队列来存放已被访问过的顶点。一旦对某顶点进行了访问，就将其插入队列。而遍历过程是，顺序从队列中取出位于队头的顶点，依次访问其未被访问的邻接点(访问顶点后，再将顶点插入队列)，直到队列变为空队列为止。

与深度优先遍历类似，在遍历的过程中需要定义一个访问标记数组，来标记相对应的顶点是否被访问。以下为邻接矩阵存储方式表示图的广度优先遍历算法：

```
Boolean visited[Max];                        /* 访问标记数组(全局量) */
void BFSTraverse(MGraph G){
    int i,j,k;
    VertexType v1,v2;
    LinkQueue Q;
    for(i=0;i<G.vnum;i++)
      visited[i]=FALSE;                      /* 初始化标记数组 */
    InitQueue(&Q);                           /* 初始化队列 Q */
    for(i=0;i<G.vnum;i++){
      if(! visited[i]){
          visited[i]=TRUE;                   /* 设置访问标志为 TRUE(已访问) */
          printf("%c", G.vexs[i]);
          EnQueue(&Q,i);                     /* i 入队列 */
          while(! QueueEmpty(Q))             /* 队列不为空 */
          {
                DeQueue(&Q,&j);              /* 队头元素位置出队并置为 j */
                v1= G.vexs[j];
for(k=FirstAdjVex(G,v1);k>=0;k=NextAdjVex(G,v1,strcpy(v2,G.vexs[k]))){
```

```
                    if(! visited[k]) /* w为u的尚未访问的邻接顶点的序号 */
                    {
                        visited[w]=TRUE;
                        printf("%c", G.vexs[k]);
                        EnQueue(&Q,k);
                    }
                }
            }
        }
    }
}
```

用邻接表存储方式表示图的广度优先遍历算法的实现思路与邻接矩阵算法的实现一致，关键在于两者对顶点的循环访问方式不同。对于有 n 个顶点和 e 条边的邻接矩阵存储的图来说，算法的外部顶点循环次数为 n，内部的邻接点查找循环次数也是 n，故算法的总时间为 $O(n^2)$。当以邻接表作为存储结构时，算法的内循环次数取决于各顶点的边结点的数目，对于无向图，内循环执行的次数是边的数目的两倍，为 $2e$ 次；对于有向图，内循环执行的次数是边的数目，为 e 次。大 O 表示法中，常数因子可忽略，故算法总时间复杂度为 $O(n+e)$。

7.4 最小生成树

在图论中，通常将无回路的连通图定义为树。在连通图中，如果一个子图包含了图中所有顶点且无回路，则称该子图为此图的生成树。在非连通图中，由满足生成树规则的连通分量子图组成该非连通图的生成森林。

由于有 n 个顶点的连通图至少有 $n-1$ 条边，而生成树是包含了 n 个顶点和 $n-1$ 条边，且无回路的连通子图，所以连通图的生成树是该图的一个极小连通子图。这里的“极小”是指边数最少，若删除图中任意一条边，都会变成非连通图；若添加任何一条边，都会出现回路。

通过图的遍历操作也可以得到图的生成树，但是图的生成树是不唯一的，采用不同的遍历方法和不同的遍历起点，可以得到不同的生成树。通常，由深度优先遍历得到的生成树称为深度优先生成树，简称 DFS 生成树；由广度优先遍历得到的生成树称为广度优先生成树，简称 BFS(广度优先搜索)生成树。

图的生成树是不唯一的，如果连通图是一个网(边上带权)，有时需要从连通网的诸生成树中，寻找出一棵各边权值之和达到最小的生成树。具有这种特点的生成树称为最小生成树(minimum spanning tree,MST)或最小代价树。生成树边上的权值之和称为该生成树的代价。

寻找连通网的最小生成树具有重要的实际意义。例如，若要在 n 个城镇之间建立通信网络，为了将各个城镇连接在一起，至少需要架设 $n-1$ 条线路。由于架设一条通信线路需要建设经费，且连接不同城镇之间的通信线路的建设代价不一样，因此需要从所有可能的通信线路中间选 $n-1$ 条出来，使其能连通 n 个城镇且总造价最低。

若用顶点表示城镇，用边表示连接城镇之间的通信线路，并将通信线路的造价抽象成边的权，则可以用一个具有 n 个顶点的完全连通网来描述 n 个城镇之间可能架设的所有通信线路。于是，以上应用问题就变成在这个完全连通网上寻找最小生成树的问题。

有许多算法可以实现寻找连通网的最小生成树，其中多数算法利用了最小生成树的下述 MST 性质：假设 N=(V,E)是一个连通网，U 是顶点集 V 的一个非空子集。若(u,v)是一条具有最小权值(代价)的边(u∈U,v∈V)，则必存在一棵包含边(u,v)的最小生成树。

下面介绍两种利用 MST 性质寻找连通网的最小生成树的算法。

7.4.1 普里姆算法

普里姆算法的基本思想如下：

设 N=(V,E)是一个连通网，集合 TE 存放连通网 N 的最小生成树的边，初始状态下 TE 为空集；U 是顶点集 V 的一个非空子集，初始状态下 U 只包含一个顶点 v_1，即 U={v_1}，集合 V-U 包含其他所有顶点，即 V-U={v_2,v_3,…,v_n}；重复执行下述操作：在所有两个端点分别位于集合 U 和 V-U 内的边中，寻找当前权值最小的边(v_i,v_j)(v_i∈U,v_j∈V-U)并入集合 TE，同时将 v_j 并入集合 U，直至 U 等于 V 为止。此时，TE 中必有 $n-1$ 条边，且 T=(V,TE)为连通网 N 的最小生成树。

通过普里姆算法构造连通网的最小生成树的例子见图 7.14。

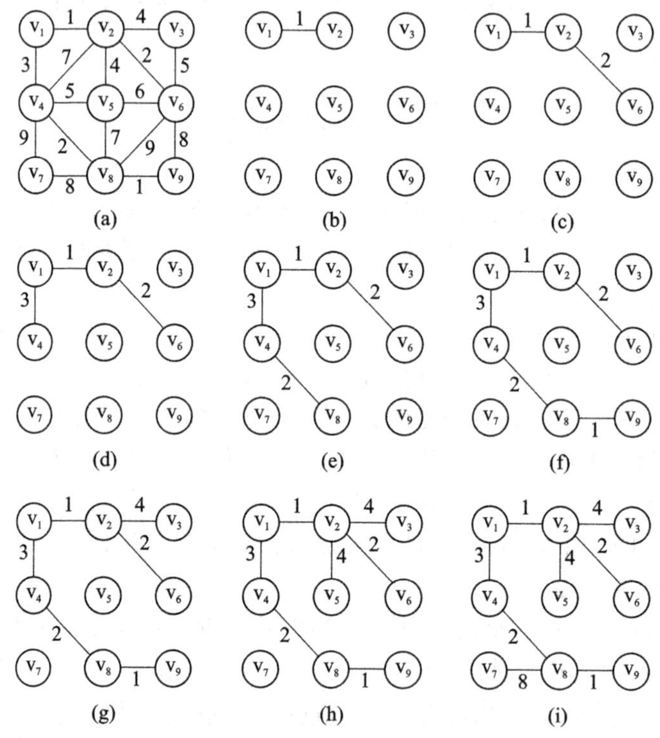

图 7.14 普里姆算法构造最小生成树的过程

要用计算机实现普里姆算法需要使用一个辅助一维数组 lowcostedge[ ]，该数组用于存放当前找到的依附于集合 V-U 中顶点的最小权值边。对于集合 V-U 中的每个顶点 v_i，存在一个对应的辅助数组元素 lowcostedge[i-1]，它代表当前找到的依附于顶点 v_i 的最小权值边，该边的另一个端点位于集合 U 内。lowcostedge 数组的每个数组元素具有以下两个域：adjvex 域，用于存放该边的另一个端点(位于集合 U 内)在图中的位置；weight 域，用于存放该边的权(代价)。

借助辅助数组 lowcostedge[ ]，使用普里姆算法构造连通网的最小生成树的过程见表 7.1。其中 k 表示依附于 U 中顶点的权值最小的边的下一个邻接点的下标。

表 7.1　　**借助辅助数组构造最小生成树的过程**

v_i 数组元素	v_2	v_3	v_4	v_5	v_6	v_7	v_8	v_9	U	V-U	k
adjvex	v_1		v_1						v_1	$v_2,v_3,v_4,v_5,v_6,v_7,v_8,v_9$	1
weight	1		3								
adjvex		v_2	v_1	v_2	v_2				v_1,v_2	$v_3,v_4,v_5,v_6,v_7,v_8,v_9$	5
weight	0	4	3	4	2						
adjvex		v_2	v_1	v_2			v_6	v_6	v_1,v_2,v_6	v_3,v_4,v_5,v_7,v_8,v_9	3
weight	0	4	3	4	0		9	8			
adjvex		v_2		v_2		v_4	v_4	v_6	v_1,v_2,v_6,v_4	v_3,v_5,v_7,v_8,v_9	7
weight	0	4	0	4	0	9	2	8			
adjvex		v_2		v_2		v_8		v_8	v_1,v_2,v_6,v_4,v_8	v_3,v_5,v_7,v_9	8
weight	0	4	0	4	0	8	0	1			
adjvex		v_2		v_2		v_8			v_1,v_2,v_6,v_4,v_8,v_9	v_3,v_5,v_7	2
weight	0	4	0	4	0	8	0	0			
adjvex		v_2				v_8			$v_1,v_2,v_6,v_4,v_8,v_9,v_3$	v_5,v_7	4
weight	0	4	0	0	0	8	0	0			
adjvex						v_8			$v_1,v_2,v_6,v_4,v_8,v_9,v_3,v_5$	v_7	6
weight	0	0	0	0	0	8	0	0			
adjvex									$v_1,v_2,v_6,v_4,v_8,v_9,v_5,v_3,v_7$	{ }	
weight	0	0	0	0	0	0	0	0			

初始状态时，U={v_1}，U-V={$v_2,v_3,v_4,v_5,v_6,v_7,v_8,v_9$}。从依附于顶点 v_1 的所有边中找到权值最小的边(v_1,v_2)，该边一定是最小生成树的一条边。将顶点 v_2 并入集合 U(将 lowcostedge[1]. weight 的值置为 0)。由于集合 U 中新增顶点会使依附于集合 V-U 中顶点的当前最小权值边发生改变，因此应根据实际情况对 lowcostedge 数组的数组元素进行修改，使其始终存放当前找到的依附于集合 V-U 中顶点的最小权值边。例如，由于边(v_3,v_2)的权小于边(v_3,v_1)的权(顶点 v_3 和 v_1 构成边的权为∞)，因此当顶点 v_2 并入集合 U 后，依附于顶点 v_3 的当前最小权值边应由原来的边(v_3,v_1)更改为边(v_3,v_2)。在重新确定依附于 V-U 中顶点的当前最小权值边后，再通过求最小权值的方法找出最小生成树的另一条边(v_6,v_2)。将 v_6 并入 U(将 lowcostedge[5]. weight 的值置为 0)。重复进行类似操作，直至 U=V。

为便于计算，使用二维邻接矩阵作为连通网的存储结构。这时，lowcostedge 辅助数组的初值为邻接矩阵第 $i-1$ 行(v_1 是集合 U 中在初始状态下包含的顶点的序号)矩阵元素的值。

下面给出求连通网的最小生成树的普里姆算法。

```
struct LowCostEdgeType                                  // 辅助数组元素的类型
{
    VertexType adjvex;
    AdjType weight;
}lowcostedge[Max];
void PRIM( MGraph G, VertexType u )
{
    int i,j,k;
```

```
        AdjType min,max=10000.0;
        k=LocateVex(G,u);                        //开始顶点在数组中的位置
        for(i=0; i<G.vnum; i++){                 //初始化辅助数组元素
            if(i! =k)
                lowcostedge[i]={u, G.arcs[k][i]};
        }
        lowcostedge[k].weight=0;                 //初始化顶点权值
        for(i=1; i<G.vnum; i++)// 循环求最小生成树,每次循环求得一条最小权值边
        {
          min=max;
          for(j=0; j<G.vnum; j++) // 利用辅助数组,求当前权值最小的边
           if(lowcostedge[j].weight && lowcostedge[j].weight<min)
           {
              min = lowcostedge[j].weight;
              k = j;
           }
          printf(lowcostedge[k].adjvex, G.vexs[k]); //输出生成树的边
          lowcostedge[k].weight = 0; // 将最小权值边位于 V-U 中的端点并入 U 中
          for( j=0; j<G.vnum; j++ )              // 修改辅助数组
            if(G.arcs[k][j] < lowcostedge[j].weight )
                    lowcostedge[j]={G.vexs[k], G.arcs[k][j]};
        }
}
```

对于具有 n 个顶点的连通网,求解最小生成树的 $n-1$ 条最小权值边需要循环 $n-1$ 次。而每次循环过程中要执行两个内循环:一个是通过辅助数组,求出当前的最小权值边并输出;另一个是重新计算辅助数组中各数组元素的值,即重新选择依附于集合 V-U 中顶点的当前具有最小代价的边。两个内循环的时间复杂度是 $O(n)$,因此普里姆算法的总时间复杂度为$O(n^2)$。

7.4.2 克鲁斯卡尔算法

克鲁斯卡尔算法从另一途径求解连通网的最小生成树,它是一种按照边上权值的递增顺序依次选择最小权值边构造最小生成树的方法。

假设 N=(V,E)是具有 n 个顶点的连通网。T=(V,TE)为 N 的最小生成树。在初始状态下,设 T=(V,{ }),即初始状态下的最小生成树是具有 n 个顶点,但不存在任何边的非连通图。克鲁斯卡尔算法的基本思想是,从 N 中选择出一条当前还未选择过且权值最小的边,若这条边的两个端点分别位于 T 的不同连通分量上,则将它加入 T,否则舍弃此边而选择下一条权值最小的边;重复上述操作,直至集合 TE 中包含了 $n-1$ 条边为止。此时的 T 就是 N 的最小生成树。

使用克鲁斯卡尔算法构造连通网的最小生成树的例子见图 7.15。

实现克鲁斯卡尔算法的具体方法取决于图的存储结构。一种实现方法是先对图中的边进行排序,使它们按权值从小到大排列,然后重复对边进行选择操作,要求挑选的边满足以下条件:当前权值最小且其两个端点分别位于不同的连通分量上。克鲁斯卡尔算法经过细心组织

后，时间复杂度可为 $O(e\log_2 e)$，其中 e 为连通网中边的数目。

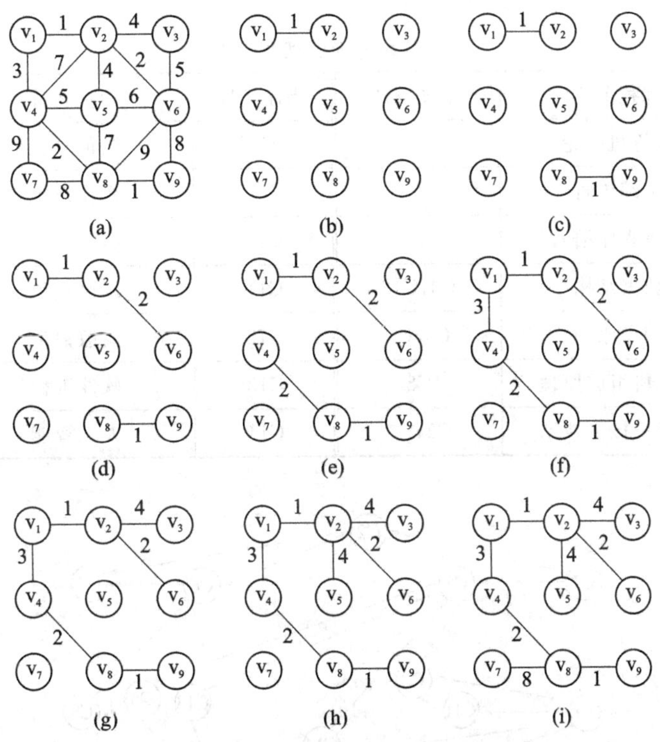

图 7.15　克鲁斯卡尔算法构造最小生成树的过程

7.5　AOV 网与拓扑排序

有向无环图(directed acyclic graph，DAG)是不含环的有向图，其在许多领域都有应用，其中一个重要的应用就是描述一项工程或系统的进行过程。

对于整个工程或者系统，人们总关心这样的问题：如何制订工程计划和进度方案？哪些计划和方案能使工程顺利完成？这些问题可以分别通过 AOV 网和拓扑排序进行解决。

7.5.1　AOV 网的概念

对于一个工程，可以将它拆分成若干个子工程，每个子工程又称为活动(activity)。只有当全部子工程完成以后，整个工程才算完成。而这些子工程之间存在着相互依赖、相互约束的关系。例如，某些子工程必须在另一些子工程完成以后才能开始。

一般情况下，人们常用有向图来描述和分析一项工程的计划和实施过程，在有向图中若以顶点表示活动，有向边表示活动之间的先后关系，则称这样的图为顶点活动网(activity on vertex network)，简称 AOV 网。

我们来看一个例子。表 7.2 给出了计算机专业学生必须学习的一系列课程。可以将学习这些课程的过程看成完成一项工程。尽管表中已经指明了学习课程的先后顺序，但并不直观。

若改用 AOV 网来描述这项工程(图 7.16),则学习课程的先后顺序以及课程之间的相互制约关系便会一目了然。

表 7.2　　计算机专业的课程设置

课程代号	课程名称	先决条件	课程代号	课程名称	先决条件
C1	计算机引论	无	C8	数值分析	C3,C10,C11
C2	汇编语言	C1	C9	操作系统	C4,C6
C3	高级程序语言	C1	C10	高等数学	无
C4	数据结构	C3,C12	C11	线性代数	C10
C5	编译原理	C3,C4	C12	离散数学	C10
C6	计算机组成原理	C2	C13	软件工程	C3,C4
C7	计算机接口技术	C2,C6	C14	人工智能	C3,C10,C12

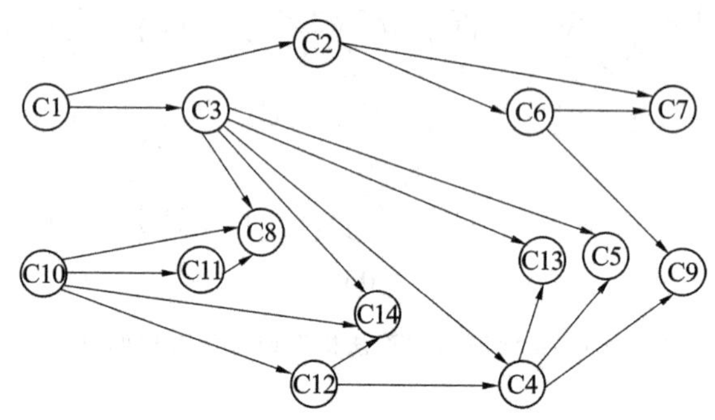

图 7.16　AOV 网描述课程之间优先关系

在 AOV 网中,若顶点 i 到顶点 j 存在一条有向路径,则称 i 是 j 的前驱,j 是 i 的后继,表示活动间的优先顺序和制约关系。如图 7.16 中,顶点表示具体的课程,有向边(或弧)表示课程之间的先后关系。

若用 AOV 网来描述一项工程的流程,该工程若要顺利完工,则有向图中一定不能存在环。这是因为若存在环,则意味着活动以自己为先决条件,按照这种流程图进行施工,工程显然无法顺利完成。同样,若程序的数据流图中存在环,则表明存在死循环,这样的程序自然无法运行结束。

那么,怎样判断 AOV 网中是否存在环呢?检测方法就是对 AOV 网中的顶点进行拓扑排序。若能得到一个包含全部顶点的拓扑有序序列,则 AOV 网中必定不存在环;反之,若不能得到一个包含全部顶点的拓扑有序序列,则 AOV 网中一定存在环。

7.5.2　拓扑排序

拓扑排序是一种操作,通过这种操作,可以将某个集合上的一个偏序关系转变为该集合上的全序关系。

偏序和全序是离散数学中的概念。若集合上的某关系是自反的、反对称的和传递的,则称该关系是这个集合上的一个偏序关系。假设 R 是集合 X 上的偏序关系,若对于每个 x,y∈X,

必有 x R y 或 y R x，则称 R 是集合 X 上的全序关系。直观而言，偏序指集合中仅有部分元素之间可以进行比较，而全序指集合中任意两个元素之间均可以进行比较。

图 7.17 给出了偏序和全序的例子。在图 7.17(a)所示的有向图中，顶点 v_2 和 v_3 是顶点 v_1 的直接前驱，顶点 v_4 是顶点 v_2 和 v_3 的直接前驱，根据偏序的传递性，顶点 v_4 也是顶点 v_1 的前驱，但顶点 v_2 与 v_3 之间没有前驱或后继关系，因此图 7.17(a)所示有向图上的关系是偏序关系。

若我们进行一个操作，即从顶点 v_2 向顶点 v_3 连一条弧，则图 7.17(a)上的偏序关系就转变为全序关系，于是得到图 7.17(b)。这种由偏序得到全序的操作就是拓扑排序。由拓扑排序得到的全序称为拓扑有序。

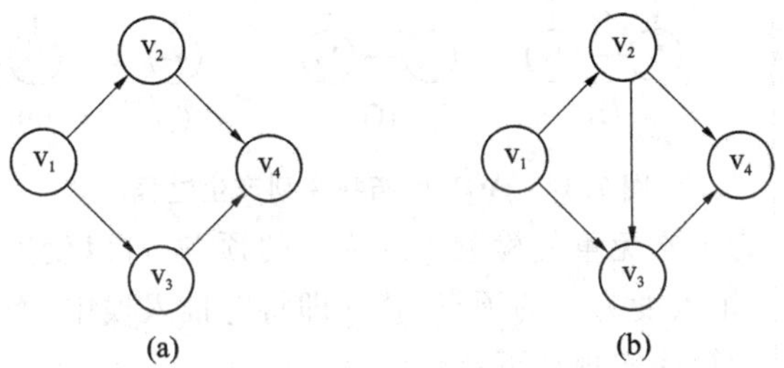

图 7.17　表示偏序(a)和全序(b)的有向图

对顶点进行拓扑排序，可以采用不同方法。采用不同的拓扑排序方法将得到不同的拓扑有序序列。例如，对图 7.16 所示的有向图中的顶点进行拓扑排序可以得到若干个拓扑有序序列，下面就是其中两个：

(C1,C3,C2,C10,C11,C8,C12,C14,C4,C13,C5,C6,C7,C9)

(C10,C11,C12,C1,C3,C8,C14,C4,C13,C5,C2,C6,C9,C7)

但我们并不关心得到的拓扑有序序列具有什么特征以及能够得到多少个拓扑有序序列，只关心能否得到一个包含全部顶点的拓扑有序序列。只要能得到一个包含全部顶点的拓扑有序序列，则有向图中就不可能存在环；反之，有向图中一定存在环。

正是基于上述原因，我们可以按照以下方法进行拓扑排序：

(1)在有向图中选取一个没有前驱的顶点将其输出。

(2)从图中删除该顶点和所有以它为尾的弧。

重复上述两步操作，直至全部顶点均已输出，或者当前图中不存在无前驱的顶点为止。若当前图中仍存在无前驱的顶点，则说明有向图中存在环。

以图 7.18(a)中的有向图为例。图中，v_1 和 v_7 没有前驱，任选一个输出，假设先输出 v_1，在输出 v_1 且删除 v_1 和弧 $<v_1,v_2>$、$<v_1,v_4>$ 之后，只有 v_7 没有前驱，输出 v_7 且删除 v_7 和弧 $<v_7,v_4>$、$<v_7,v_8>$……依次类推，直至当前所有没有前驱的顶点都被输出为止。于是对于图 7.18(a)，可以得到以下拓扑有序序列：

$$v_1, v_7, v_4, v_2, v_5, v_8, v_3, v_6, v_9$$

要用计算机实现拓扑排序，可以选择邻接表作为有向图的存储结构，并且在每个顶点结点(头结点)中增加一个用于存放顶点入度的数组(indegree)。增加入度域的好处是入度为 0 的顶点就是没有前驱的顶点；删除顶点以及以它为弧尾的弧的操作可以通过将弧头顶点的入度减 1 来实现。

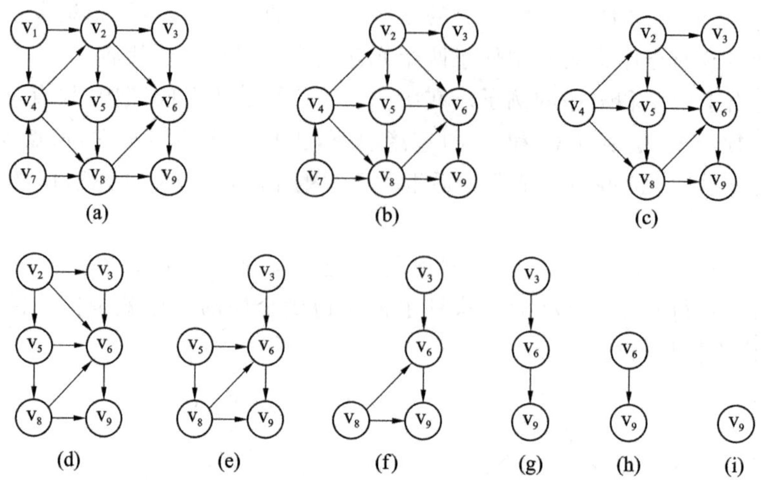

图 7.18 AOV 网拓扑序列产生过程

在拓扑排序过程中，为了避免重复检测入度为 0 的顶点，可以设置一个栈来暂存所有入度为 0 的顶点。每当产生一个入度为 0 的顶点，就立即将它推入栈中，而每次总是从栈中取出顶点输出，直至栈变空为止。算法实现如下：

```
void TopoSort(ALGraph G)
{
    int i,j,count,indegree[Max];
    SqStack S;
    ArcNodeType *p;
    int VexNum = G.GetVexNum( );
    for(i=0;i<G.vnum;i++)
        indegree[i]=0;                       // 初始化入度数组
        for(i=0;i<G.vexnum;i++)              // 计算各顶点的入度
          for(p=G.vertices[i].firstarc; p; p=p->nextarc )
              indegree[p->adjvex]++;
        InitStack(&S);                       //初始化栈
        for(i=0;i<G.vnum;++i)
          if(! indegree[i])
            Push(&S,i);                      //使入度为 0 的顶点的序号入栈
        count=0;                             // 计数器 count 记录输出顶点的个数
        while(! StackEmpty(S)){              // 当栈不为空时，执行循环操作
          Pop(&S,&i);;                       // 从栈中取出栈顶顶点并输出
          printf("%s ",G.vertices[i].vertex);
          ++count;
        // 下面语句删除刚输出的顶点和所有以它为尾的弧，且将新产生的入度为 0 的顶点入栈
            for(p=G.vertices[i].firstarc;p;p=p->nextarc){
              j=p->adjvex;
              if(! (--indegree[j]))
                Push(&S,j);
            }
        }
```

```
    if(count<G.vnum)
      printf("此有向图有回路\n");
    else
      printf("为一个拓扑序列。\n");
}
```

假设有向图有 n 个顶点和 e 条弧，则各顶点入度的时间复杂度是 $O(e)$；建立含所有入度为 0 的顶点的栈的时间复杂度是 $O(n)$；在拓扑排序过程中，每个顶点进栈一次，出栈一次，且入度减 1 操作总共执行 e 次，因此总的时间复杂度是 $O(n+e)$。

7.6　AOE 网与关键路径

对于整个工程或者系统，人们还关心一些问题：整个工程的最短工期是多少？哪些活动是影响整个工程按时完成的关键因素？对于这些问题，可以通过 AOE 网进行研究并对关键求解路径进行讨论。

7.6.1　AOE 网的概念

与 AOV 网相对的是 AOE(activity on edge network)网，即以边表示活动的网。AOE 网是一个带权的有向无环图，其中，顶点表示事件(event)，边表示活动，权表示活动持续的时间。顶点表示的事件是该顶点所有入边所表示的活动均已经完成，其出边表示的活动即将开始的状态。通常，AOE 网可用来估算工程的完成时间。

AOE 网的例子见图 7.19，其中，每个顶点表示一个事件，每条弧表示一个活动。一个事件出现表示在它之前的所有活动已全部结束，在它之后的活动可以开始，只要前面还有一个活动没有结束，它后面的事件就不可能出现。在正常情况下，AOE 网只有一个入度为 0 的顶点，该顶点称为源点，代表工程开始事件；AOE 网也只有一个出度为 0 的顶点，该顶点称为汇点，代表工程完成事件。

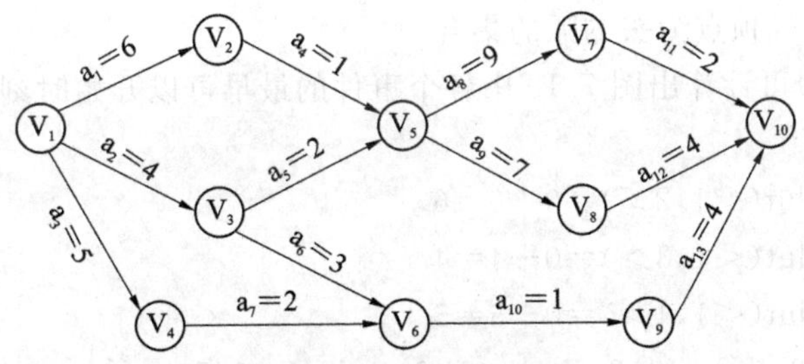

图 7.19　AOE 网的例子

图 7.19 是一个假设有 13 项活动的 AOE 网。该网中有 10 个事件 $V_1,V_2,\cdots,V_{10}$，每个事件表示在它之前的活动已经完成，在它之后的活动可以开始。例如，V_1 表示整个工程的开始，V_{10} 表示整个工程结束，V_5 表示活动 V_2 和 V_3 已经完成，V_7 和 V_8 可以开始这种状态。若权值以天为时间单位，则活动 a_1 需要 6 天完成，a_2 需要 4 天完成，等等。整个工程一开始，活动 a_1,a_2,a_3 就可以并行开展，只有当事件 V_2,V_3,V_4 分别发生后活动 a_4,a_5,a_6,a_7 才能进行，只

有当事件 V_5,V_6 分别发生后活动 a_8,a_9,a_{10} 才能进行,最后,当活动 a_{11},a_{12},a_{13} 完成时,整个工程即完成。

7.6.2 关键路径

对于一项工程,只有它的所有活动(子工程)都完成以后,整个工程才算完成,因此,整个工程完成所需要的最短时间一定是由源点到汇点的最长路径决定,这条路径称为关键路径(critical path)。关键路径上所有活动的持续时间之和就是整个工程完成所需的最短时间。

怎样求解关键路径?要求解关键路径,需要找到关键路径上的各个活动,而寻找这些活动需要先求得事件和活动的相关时刻。

任何事件均涉及两个时刻:①最早可以开始时刻;②在确保工程按时完成的前提下,最迟必须开始时刻。若某活动的最早可以开始时刻与最迟必须开始时刻相同,则表明这个活动一旦具备开始条件就必须立即开始,否则将影响工程按时完成,具有这种特点的活动称为关键活动。关键路径上的所有活动都是关键活动,因此,可以在求解关键活动的基础上求解关键路径。即,求出的关键活动构成一条从源点到汇点的路径,这条路径就是关键路径。

由上面的讨论可知,判断一个活动是否是关键活动,需要先求出它的最早可以开始时刻与最迟必须开始时刻,而要求出活动的这两个时刻则需要先求出与该活动关联的两个事件的时刻。

设活动 i 用弧$<j,k>$表示,事件 j 是该弧的弧尾,事件 k 是该弧的弧头,活动 i 的持续时间是 $dut(<j,k>)$,事件 j 的最早可以开始时刻是 ve(j),事件 k 的最迟必须开始时刻是 vl(k),则活动 i 的最早可以开始时刻 e(i)和最迟必须开始时刻 l(i)分别通过下面两式求得:

$$e(i)=ve(j) \tag{7.1}$$

$$l(i)=vl(k)-dut(<j,k>) \tag{7.2}$$

而所有事件的两个时刻 ve(j)和 vl(j)($j=1,2,\cdots,n$)可以使用下面方法求得。

(1)不失一般性,设源点的最早可以开始时刻 ve(1)等于 0,则其他各顶点的最早可以开始时刻 ve(j)($j=2,3,\cdots,n$)可以通过下式递推求得:

$$ve(j)=\underset{i}{Max}\{ve(i)+dut(<i,j>)\} \quad <i,j>\in T,\ j=2,3,\cdots,n \tag{7.3}$$

其中,T 是所有以第 j 号顶点为头的弧的集合。

按递推公式(7.3)可计算出图 7.19 中各个事件的最早可以开始时刻:

$ve(1)=0$

$ve(2)=ve(1)+dut(<1,2>)=0+6=6$

$ve(3)=ve(1)+dut(<1,3>)=0+4=4$

$ve(4)=ve(1)+dut(<1,4>)=0+5=5$

$ve(5)=max\{ve(2)+dut(<2,5>),\ ve(3)+dut(<3,5>)\}=max\{6+1,4+2\}=7$

$ve(6)=max\{ve(3)+dut(<3,6>),\ ve(4)+dut(<4,6>)\}=max\{4+3,5+2\}=7$

$ve(7)=ve(5)+dut(<5,7>)=7+9=16$

$ve(8)=ve(5)+dut(<5,8>)=7+7=14$

$ve(9)=ve(6)+dut(<6,9>)=7+1=8$

$ve(10)=max\{ve(7)+dut(<7,10>),ve(8)+dut(<8,10>),ve(9)+dut(<9,10>)\}$

$\qquad=max\{16+2,14+4,8+4\}=18$

(2)汇点的最迟必须开始时刻 vl(n)与最早可以开始时刻 ve(n) 相等(该点代表工程完成事件),其他各顶点的最迟必须开始时刻 vl(j)($j=n-1,n-2,\cdots,1$)可以通过下式递推求得:

$$\mathrm{vl}(i)=\mathop{\mathrm{Min}}_{j}\{\mathrm{vl}(j)-\mathrm{dut}(<i,j>)\}\quad <i,j>\in S,\ i=n-1,n-2,\cdots,1 \qquad (7.4)$$

其中,S 是所有以第 i 号顶点为尾的弧的集合。

按递推公式(7.4)可计算出图 7.19 中各个事件的最迟必须开始时刻:

vl(10)=18

vl(9)=vl(10)-dut(<9,10>)=18-4=14

vl(8)=vl(10)-dut(<8,10>)=18-4=14

vl(7)=vl(10)-dut(<7,10>)=18-2=16

vl(6)=vl(9)-dut(<6,9>)=14-1=13

vl(5)=min{vl(8)-dut(<5,8>), vl(7)-dut(<5,7>)}=min{14-7,16-9}=7

vl(4)=vl(6)-dut(<4,6>)=13-2=11

vl(3)=min{vl(6)-dut(<3,6>), vl(5)-dut(<3,5>)}=min{13-3,7-2}=5

vl(2)=vl(5)-dut(<2,5>)=7-1=6

vl(1)=min{vl(2)-dut(<1,2>),vl(3)-dut(<1,3>),vl(4)-dut(<1,4>)}

　　=min{6-6,5-4,11-5}=0

从上述的计算可以看出:vl(1)=ve(1),vl(2)=ve(2),vl(5)=ve(5),vl(7)=ve(7),vl(8)=ve(8),vl(10)=ve(10)。则在图 7.19 中存在两条关键路径,一条是 $V_1\to V_2\to V_5\to V_7\to V_{10}$,另一条是 $V_1\to V_2\to V_5\to V_8\to V_{10}$,两条路径的路径长度都为 18,如图 7.20 所示。

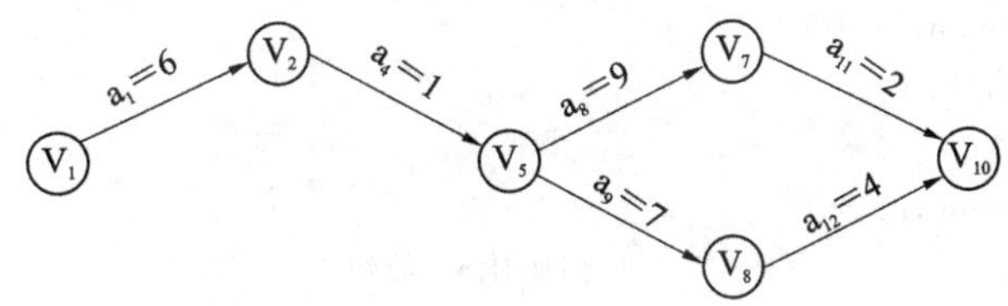

图 7.20　图 7.19 所示网的关键路径

就本问题而言,非关键路径上事件的 vl 和 ve 时间在一般情况下不相等。例如,若设时间单位为月,则图 7.19 中事件 V_6(顶点 V_6)的最早可以开始时刻是开工后的第 7 个月末,最迟必须开始时刻是开工后的第 13 个月末(整个工程需要 18 个月完成),否则将影响工程按时完成。至于 V_6,在开工后的第 7 个月末至第 13 个月末之间的任意一天进行都不会对工程按时完成造成重要影响。因此,分析关键路径的目的是识别哪些路径是关键路径,以便提高工程效率,缩短整个工程的工期。

使用这两个递推公式计算时,必须分别在拓扑有序和逆拓扑有序的前提下进行。也就是说,ve (j)必须在 V_j 的所有前驱的最早可以开始时刻求出后才能确定,而 vl(j)必须在 V_j 的所有后继的最迟必须开始时刻求出后才能确定,因此,可以在进行拓扑排序的基础上计算 ve(j) 和 vl(j)。

由此得到求解关键路径的算法如下:

(1)输入信息,建立 AOE 网的存储结构,进行拓扑排序。

(2)从源点到汇点,用递推方法求出所有事件的最早可以开始时刻。

(3)从汇点到源点,用递推方法求出所有事件的最迟必须开始时刻。

(4)求出活动的最早可以开始时刻和最迟必须开始时刻，再根据这两个时刻是否相等判断该活动是不是关键活动，并输出关键活动。将求出的关键活动构成一条从源点到汇点的路径，这条路径就是关键路径。

下面给出采用邻接表存储结构求解关键路径的算法。

```
AdjType ve[max];                    //最早时间数组
AdjType vl[max];                    //最迟时间数组
Stack T;                            //拓扑序列堆栈
void VertexEarliestTime(AGraph G){
    int i,j,k, indegree[max];
    SqStack S;
    ArcNodeType *p;
    for(i=0;i<G.vexnum;i++)
        indegree[i]=0;
        for(i=0;i<G.vexnum;i++){
        p=G.vertices[i].firstarc;
        while(p){
          indegree[p->adjvex]++;
          p=p->nextarc;
          }
    }
    InitStack(&S);
    InitStack(&T);
    for(i=0;j<G.vnum;i++)
      if(! indegree[i])
        Push(&S,j);
    for(i=0;i<G.vnum;i++)
      ve[i] = 0;                    //初始化 ve 数组
    while(! StackEmpty(S))
    {
      Pop(&S,&j);
      Push(T,j);                    //根据拓扑排序结果,将拓扑序列压入堆栈
      for (p=G.vertices[i].firstarc;p;p=p->nextarc ){
        k=p->adjvex;
        if(--indegree[k]==0)        //若入度减为 0,则入栈
          Push(&S,k);
        if(ve[j]+p->weight>ve[k])   //求事件的最早可以开始时刻
          ve[k]=ve[j]+p->weight;
      }
  }
}
void VertexLatestTime(AGraph G){
    int i,j,k;
    ArcNodeType *p;
    j=ve[0];
    for(i=1;i<G.vnum;i++)           //得出完成整个工程的时间值
```

```
        if(ve[i]>j)
            j=ve[i];
    for(i=0;i<G.vnum;i++)           //初始化 vl 数组
        vl[i]=j;
    while(! StackEmpty(T)){          // 根据逆拓扑排序求顶点 vl 值
        for(Pop(&T,&j),p=G.vertices[j].firstarc;p;p=p->nextarc){
            k=p->adjvex;
            if(vl[k]-p->weight<vl[j])    //求事件的最迟必须开始时刻
                vl[j]=vl[k]-p->weight;
        }
}
}
void CriticalPath(AGraph G){
        int i,k;
        AdjType ee,el,dut;
        ArcNodeType *p;
VertexEarliestTime(G);                // 求各事件的最早可以开始时刻
        VertexLatestTime(G);          // 求各事件的最迟必须开始时刻
        for(i=0;i<G.vnum;++i)         // 寻找关键活动,输出关键活动
            for(p=G.vertices[i].firstarc; p; p=p->nextarc){
                k=p->adjvex;
dut=p->weight;                        //dut<i,k>
ee=ve[i];
el=vl[k]-dut;
if(ee==el)
    printf("%c\n",G.vertices[i].vertex,G.vertices[k].vertex);
        }
}
```

求解关键路径算法的时间复杂度为 $O(n+e)$，其中 n 为 AOE 网的顶点个数，e 为弧的数目。

7.7 最短路径

在图中，若两个顶点之间有路径相通，则称该路径上边(或弧)的数目为这条路径的路径长度。而对于网，边(或弧)上存在权，则这时的路径长度指路径上全部边(或弧)的权值之和。两个顶点之间往往存在若干条路径，各条路径的路径长度可以不同。一些应用需要我们从这若干条连接两顶点的路径中，找出长度最短的路径。例如，从连接两城镇的多条路线中，挑选出距离最短的路线。

下面讨论几个常用的求最短路径问题。在所讨论的问题中，称路径上的第一个顶点为源点，最后一个顶点为终点。

7.7.1 求从一个源点到其他各顶点的最短路径

讨论这样一个问题：对于一个网 N=(V,E)，给定源点 v_1，求从 v_1 到 V 中其余各顶点的最短路径。例如，对于图 7.21 所示的有向网，求源点 v_1 到其余各顶点的最短路径。在该有向网中，从 v_1 到 v_2 没有路径，从 v_1 到 v_3 的最短路径为(v_1，v_3)，从 v_1 到 v_4 的最短路径为(v_1，v_3，v_4)，从 v_1 到 v_5 的最短路径为(v_1，v_3，v_4，v_5)，从 v_1 到 v_6 的最短路径为(v_1，v_3，v_4，v_6)。

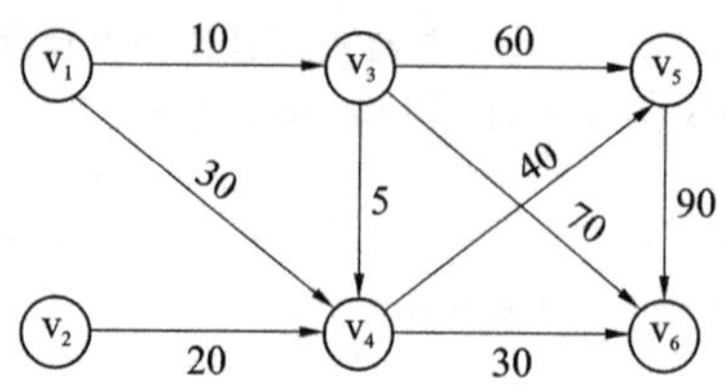

图 7.21　有向网的例子

求从一个源点到其他各顶点的最短路径常使用迪杰斯特拉(Dijkstra)算法。迪杰斯特拉算法可以按照路径长度的递增顺序依次求出从单源点到其余各顶点的最短路径。即先求出长度最短的一条最短路径，再求出长度次短的一条最短路径，依次类推，直到求出源点到其他各顶点的最短路径为止。该算法的基本思想如下：

用一个一维数组 MinDist 存放当前已求出的从源点 v_1 到每个终点 $v_i(i=2,3,\cdots,n)$ 的最短路径的路径长度，即数组元素 MinDist[k]存放当前已求出的从源点 v_1 到终点 v_k 的最短路径的路径长度。数组的初始状态是，若源点 v_1 到终点 v_i 有边(或弧)，则 MinDist[i]为该边(或弧)上的权，否则置 MinDist[i]为∞。

选择终点 v_j，使 $\text{MinDist}[j]=\min\limits_{i}\{\text{MinDist}[i] \mid v_i \in V\}$，则从源点 v_1 到终点 v_j，长度为 MinDist[j]的路径就是求出的当前长度最短的最短路径。

假设用集合 S 存放已求出最短路径的所有终点，则当求出到达终点 v_j 的最短路径后，就应将终点 v_j 并入 S 中。迪杰斯特拉证明了到达其他终点 $v(v\in V\text{-}S)$ 的当前可达最短路径只有以下两种可能：其一是边(或弧)$<v_1,v>$(v_1 是源点)；其二是从源点 v_1 出发，经过集合 S 中的顶点序列(设序列中最后一个顶点是 v_k)，最后经过边(或弧)$<v_k,v>$到达终点 v。现在我们将 v_j 并入集合 S 中，则有可能导致到达终点 $v(v\in V\text{-}S)$ 的当前可达最短路径发生改变，因此需要重新计算 MinDist[i]($v_i\in V\text{-}S$)的值。重新计算 MinDist[i]($v_i\in V\text{-}S$)值后，通过 $\text{MinDist}[j]=\min\limits_{i}\{\text{MinDist}[i] \mid v_i \in V\text{-}S\}$ 则可以求出下一条当前长度最短的最短路径。依次类推。于是，可以按照路径长度的递增顺序，依次求出到达所有终点的最短路径。

根据以上分析，可以得到求最短路径的下述算法：

(1)用邻接矩阵作为网的存储结构。假设源点是 v_1，则数组 MinDist[ ]的初始状态为邻接矩阵第 v_1-1 行的值。集合 S 在初始状态下只包含源点顶点 v_1。

(2)选择终点 v_j，使 $\text{MinDist}[j]=\min\limits_{i}\{\text{MinDist}[i] \mid v_i \in V\text{-}S\}$，此时，$v_j$ 就是求出的当前长度最短的最短路径的终点。将顶点 v_j 并入集合 S。

(3)对还未求出最短路径的所有终点 $v_k(v_k\in V\text{-}S)$，按以下方式修改当前可达最短路径的路径长度。若 $\text{MinDist}[j]+\text{Weight}_{jk}<\text{MinDist}[k]$，则修改为 $\text{MinDist}[k]=\text{MinDist}[j]+\text{Weight}_{jk}$，其中，$\text{Weight}_{jk}$ 为边(或弧)$<v_j,v_k>$上的权。

(4)重复执行第(2)～(3)步 $n-1$ 次。即可按路径长度递增顺序，依次求出从源点 v_1 到所有终点的最短路径。

下面给出了实现迪杰斯特拉算法的具体方法，算法中使用了几个辅助数组，它们的含义如下。

二维数组 path 是用于记录从源点 u 到各终点的最短路径上顶点的辅助数组。例如，当数组 path[v][w]的值置为 1 时，表明 w 是从 u 到 v 当前求得最短路径上的顶点。

一维数组 MinDist 用于存放从源点 u 到各终点当前可达最短路径的路径长度。初始状态为邻接矩阵第 k 行的值，k 为源点 u 在图中的位置。

一维数组 finish 用来标识已经求出最短路径的各终点。若 finish[i－1]＝1，则表示源点 u 到终点 v_i 的最短路径已经求出。初始状态下，将 finish 各数组元素的值置为 0。

```
void ShortestPath(MGraph &G, int u)
{ // 根据迪杰斯特拉算法求源点 u 到各终点的最短路径
    int finish[max],path[max][max];
    AdjType MinDist[max];
    int v,w,i,j,min;
    for(v=0;v<G.vnum;++v){
      finish[v]=0;                        //初始化数组 finish
      MinDist[v]=G.arcs[u][v];            //初始化数组 MinDist
      for(w=0;w<G.vnum;++w)
        path[v][w]=0;                     //初始化数组 path
      if(MinDist[v]<INFINITY){            //设置源点 u 的最短标记
        path[v][u]=1;
        path[v][v]=1;
      }
    }
    MinDist[u]=0;
    finish[u]=1;                          //初始化，u 顶点属于 S 集
    for(i=1;i<G.vnum;++i){
     //从剩余的顶点开始循环，每次求得 u 到某个 v 顶点的最短路径，并将 v 加到 S 集
      min=INFINITY;
      for(w=0;w<G.vnum;++w)
        if(! finish[w])                   //w 顶点在 V-S 中
          if(MinDist[w]<min){             //w 顶点离 u 顶点更近
              v=w;
              min=MinDist[w];
          }
    finish[v]=1;                          //离 u 顶点最近的 v 加入 S 集
    for(w=0;w<G.vnum;++w)                 //更新当前最短路径及距离
      if(! finish[w]&&(min+G.arcs[v][w]<MinDist[w])){
        MinDist[w]=min+G.arcs[v][w];
        for(j=0;j<G.vnum;++j)
            path[w][j]= path[v][j];
        path[w][w]=1;
      }
    }
    printf("最短路径数组 path[i][j]如下:\n");
    for(i=0;i<G.vnum;++i){
        for(j=0;j<G.vnum;++j)
          printf("%2d",path[i][j]);
```

```
        printf("\n");
    }
    printf("%c 到各顶点的最短路径长度为:\n",G.vexs[u]);
    for(i=0;i<G.vnum;++i)
      printf("%c-%c:%d\n",G.vexs[U],G.vexs[i], MinDist[i]);
}
```

算法包含有二重循环结构。外部 for 循环一共循环 $n-1$ 次,内部循环执行 n 次,因此算法的时间复杂度是 $O(n^2)$。

7.7.2 求任意两个顶点之间的最短路径

基于前一节的讨论内容,要解决这个问题并不困难,只要每次选择一个顶点为源点,重复执行迪杰斯特拉算法 n 次,就可以求出网上任意两个顶点之间的最短路径。该算法的总时间复杂度是 $O(n^3)$。

下面介绍由弗洛伊德(Floyd)提出的另一种算法。该算法的时间复杂度也是 $O(n^3)$,但形式上要简单一些。

弗洛伊德算法的基本思想是,对任意一对顶点 i 和 j,i 到 j 的最短路径只有两种可能:一种可能是经过弧<i,j>,另一种可能是从顶点 i 开始,经过其他顶点序列,最后到达终点 j。因此,我们可以从路径最初只包含起点 i 和终点 j 开始,通过不断在路径上加入中间顶点,并根据加入中间顶点后路径长度的改变,逐步选择从起点 i 到终点 j 的最短路径。具体方法如下:

设 dist[i][j]用于存放从顶点 i 到顶点 j 当前找到的最短路径的路径长度,其初始值为:若边(或弧)<i,j>存在,则 dist[i][j]为该边(或弧)上的权;若边(或弧)<i,j>不存在,则 dist[i][j]为∞。

首先选择顶点 v_1 作为中间顶点加入路径。若路径(i,v_1,j)存在,且路径(i,v_1)和(v_1,j)的路径长度之和小于从顶点 i 到顶点 j 当前找到的最短路径的路径长度 dist[i][j],即 dist[i][v_1]+dist[v_1][j]<dist[i][j],则用新路径(i,v_1,j)代替原路径,并令 dist[i][j]=dist[i][v_1]+dist[v_1][j]。

再选择一个顶点 v_2 作为中间顶点加入路径。若以 v_2 为中间顶点的路径存在,且从 i 到 v_2 的路径长度与从 v_2 到 j 的路径长度之和小于从 i 到 j 当前找到的最短路径的路径长度,即 dist[i][v_2]+dist[v_2][j]<dist[i][j],则用新路径代替原路径,并令 dist[i][j]=dist[i][v_2]+dist[v_2][j]。

按照上述方式依次对所有顶点进行试探后,最后得到的从顶点 i 到顶点 j 的路径必定是这两个顶点之间的最短路径。按照此方法,可以同时求出网中所有顶点之间的最短路径。

下面给出了实现弗洛伊德算法的具体方法,其中图采用邻接矩阵的存储方式,算法中使用了几个辅助数组,它们的含义如下:

二维数组 dist 用于存放各对顶点之间当前找到的最短路径的路径长度。例如,dist[i][j]用于存放从顶点 i 到顶点 j 当前找到的最短路径的路径长度。

三维数组 path 是用来记录从源点 u 到各终点的最短路径上顶点的辅助数组。例如,若 path[v][w][u]为 1,则 u 是从 v 到 w 当前求得最短路径上的顶点。

```
void ShortestPathFloyd(MGraph &G){
    // 通过弗洛伊德算法求网 G 中各对顶点之间的最短路径
    int u,v,w,i;
    AdjType dist[max][max];
    int path[max][max][max];
    for(v=0;v<G.vnum;v++)                          //各对结点之间初始已知路径及距离
        for(w=0;w<G.vnum;w++){
            dist[v][w]=G.arcs[v][w];
            for(u=0;u<G.vnum;u++)
                path[v][w][u]=0;
            if(dist[v][w]<INFINITY){               //初始化从 v 到 w 的直接路径
                path[v][w][v]=1;
                path[v][w][w]=1;
            }
        }
    for(u=0;u<G.vnum;u++)
        for(v=0;v<G.vnum;v++)
            for(w=0;w<G.vnum;w++)
                if(dist[v][u]+dist[u][w]<dist[v][w]){     //从 v 经 u 到 w 的一条路径更短
                    dist[v][w]=dist[v][u]+dist[u][w];
                    for(i=0;i<G.vnum;i++)
                        path[v][w][i]=path[v][u][i]||path[u][w][i];
                }
}
```

本章小结

图是一种比较复杂的非线性结构，并且在实际问题中具有广泛的应用。本章具体介绍了图的基本概念和一些常用的存储结构，对图的遍历、最小生成树、拓扑排序、关键路径及最短路径等问题进行了详细的分析和讲解，并给出了相应的实现算法，同时将算法与存储结构结合，对算法进行了逐步分析。

相对来说，本章节难度较大，首先要掌握图的有关术语和存储表示，理解本章所介绍算法的实质。希望读者学习本章后，面对实际问题能够学会运用本章的相关内容。

思考与练习题

一、选择题

1. 在一个图中，所有顶点的度数之和等于图的边数的(　　)倍。

A. 1/2　　B. 1　　C. 2　　D. 4

2. 在一个有向图中，所有顶点的入度之和等于所有顶点的出度之和的(　　)倍。

A. 1/2　　B. 1　　C. 2　　D. 4

3. 有 8 个结点的无向图最多有(　　)条边。

A. 14　　B. 28　　C. 56　　D. 112

4. 有 8 个结点的无向连通图最少有(　　)条边。

A. 5　　B. 6　　C. 7　　D. 8

5. 有 8 个结点的有向完全图有(　　)条边。

A. 14　　B. 28　　C. 56　　D. 112

6. 用邻接表表示图进行广度优先遍历时，通常采用(　　)来实现算法。

A. 栈　　B. 队列　　C. 树　　D. 图

7. 用邻接表表示图进行深度优先遍历时，通常采用(　　)来实现算法。

A. 栈　　B. 队列　　C. 树　　D. 图

8. 深度优先遍历类似于二叉树的(　　)。

A. 先序遍历　　B. 中序遍历　　C. 后序遍历　　D. 层次遍历

9. 广度优先遍历类似于二叉树的(　　)。

A. 先序遍历　　B. 中序遍历　　C. 后序遍历　　D. 层次遍历

10. 无向图顶点 v 的度是关联于该顶点(　　)的数目。

A. 顶点　　B. 边　　C. 序号　　D. 下标

11. 对图 7.22 所示的图，顶点 V_6 的入度为(　　)。

A. 0　　B. 2　　C. 3　　D. 5

12. 对图 7.23 所示的无向图，若从顶点 V_1 开始，按深度优先搜索法进行遍历，则可能的访问顺序为(　　)。

A. V_1 V_2 V_5 V_8 V_4 V_6 V_7 V_3　　B. V_1 V_2 V_3 V_4 V_5 V_6 V_7 V_8

C. V_1 V_2 V_3 V_4 V_8 V_5 V_6 V_7　　D. V_1 V_2 V_4 V_5 V_8 V_3 V_6 V_7

13. 对图 7.24 所示的无向图，若从顶点 V_1 开始，按广度优先搜索法进行遍历，则可能访问的顺序为(　　)。

A. V_1 V_2 V_3 V_4 V_5 V_6 V_7 V_8　　B. V_1 V_2 V_6 V_3 V_4 V_7 V_8 V_5

C. V_1 V_2 V_6 V_3 V_4 V_5 V_7 V_8　　D. V_1 V_2 V_4 V_7 V_3 V_8 V_6 V_5

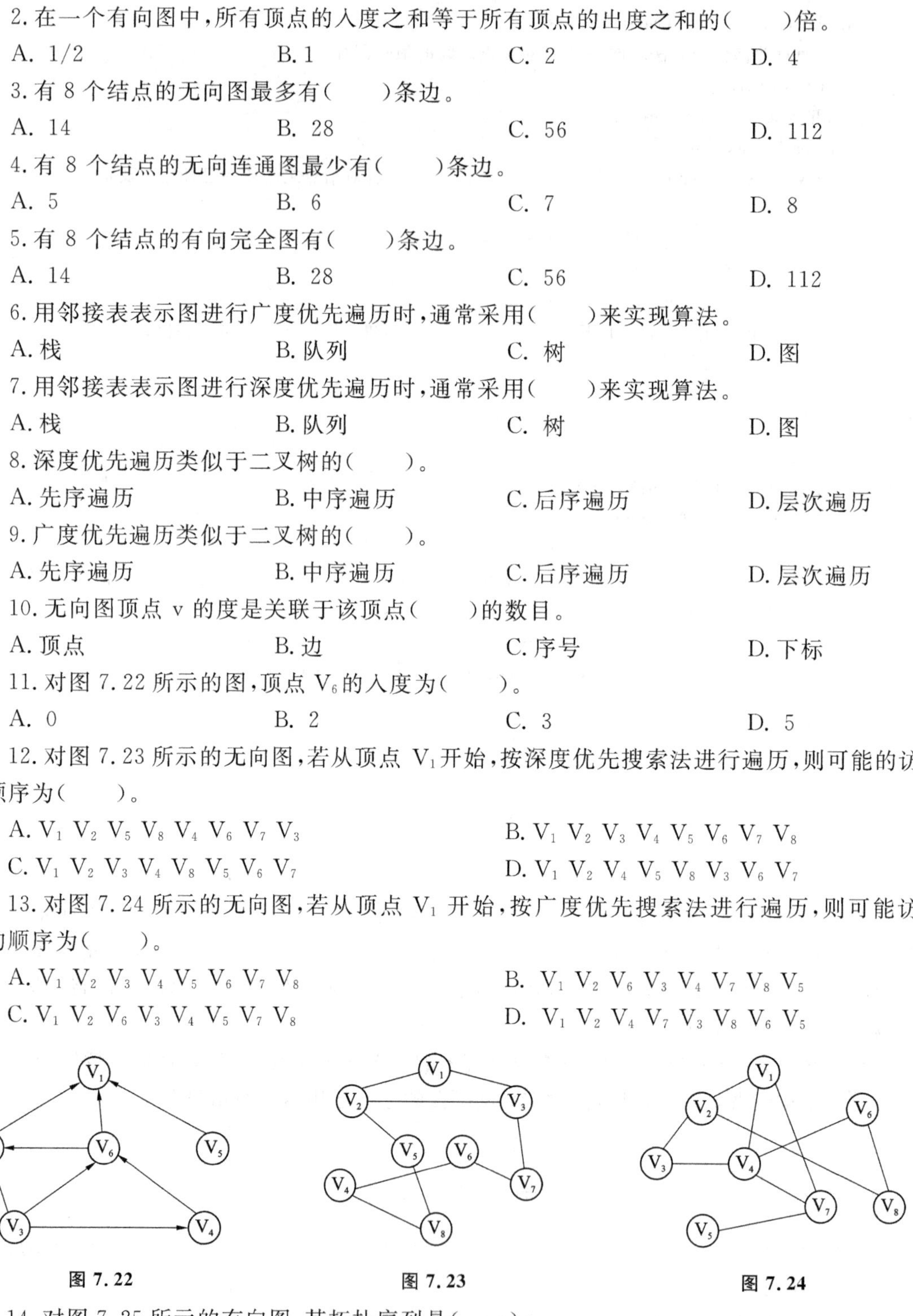

图 7.22　　图 7.23　　图 7.24

14. 对图 7.25 所示的有向图，其拓扑序列是(　　)。

A. a,b,c,d　　B. a,d,b,c　　C. a,b,d,c　　D. b,a,d,c

15. 在有向图 G 的拓扑序列中，如果顶点 v_i 在 v_j 之前，则下列情况一定不可能出现的是(　　)。

A. G 中有弧 $<v_i, v_j>$　　B. G 中有一条从 v_i 到 v_j 的路径

C. G 中没有弧 $<v_i, v_j>$　　D. G 中有一条从 v_j 到 v_i 的路径

16. 对图 7.26 所示的图，它的生成树有(　　)棵。

A. 1　　B. 5　　C. 6　　D. 不确定

17. 如图 7.27 所示的有向图的顶点可以排成(　　)个不同的拓扑序列。

A. 3　　B. 5　　C. 7　　D. 9

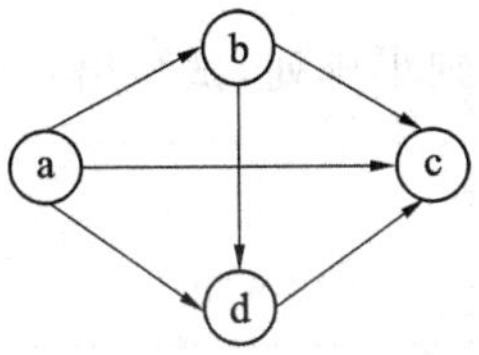

图 7.25 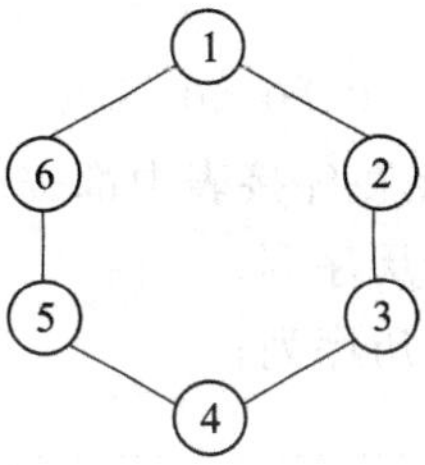　　**图 7.26** 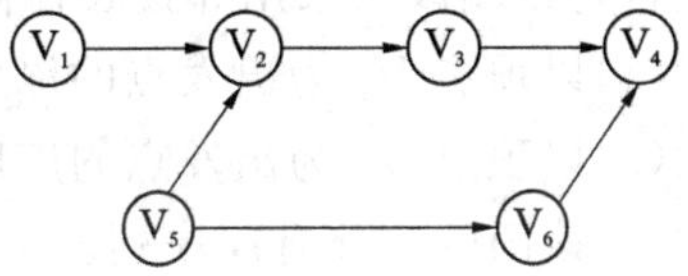　　**图 7.27**

二、填空题

1. 具有 n 个顶点的连通简单无向图，最多有________条边，最少有________条边；最多有________个连通分量，最少有________个连通分量。

2. 在有 n 个顶点的有向图中，每个顶点的度最大可达________。

3. 如果含 n 个顶点的图形成一个环，则它有________棵生成树。

4. 用邻接矩阵表示具有 n 个顶点的无向连通图时，该矩阵至少有________个非零元素。

5. ________图的邻接矩阵是对称矩阵。若一个有向图的邻接矩阵中，主对角线以下的元素均为零，则该图________(A. 存在　B. 不存在)完整的拓扑有序序列。

6. 对于一个有 n 个顶点和 e 条边的无向图，若采用邻接表表示，则邻接表中的结点总数是________。

7. 在一个无向图中，所有顶点的度数之和等于所有边数的________倍；在一个有向图中，所有顶点的入度之和等于所有顶点出度之和的________倍。

8. ________可以判断出一个有向图是否有环(回路)。

9. 一个连通图的________是该图的一个极小连通子图。

10. 关键路径是事件结点网络中________(A. 从源点到汇点的最长路径　B. 从源点到汇点的最短路径)。

11. 普里姆算法适用于求________网的最小生成树；克鲁斯卡尔算法的时间复杂度为________，它对________网较为适用。

三、应用题

1. 已知图的邻接矩阵：

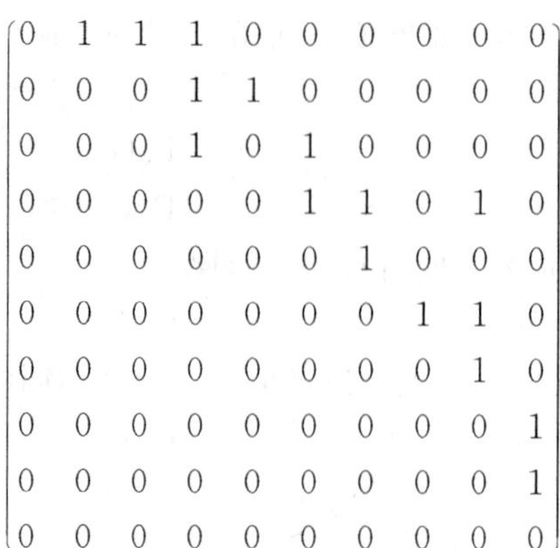

$$
\begin{pmatrix}
0 & 1 & 1 & 1 & 0 & 0 & 0 & 0 & 0 & 0 \\
0 & 0 & 0 & 1 & 1 & 0 & 0 & 0 & 0 & 0 \\
0 & 0 & 0 & 1 & 0 & 1 & 0 & 0 & 0 & 0 \\
0 & 0 & 0 & 0 & 0 & 1 & 1 & 0 & 1 & 0 \\
0 & 0 & 0 & 0 & 0 & 0 & 1 & 0 & 0 & 0 \\
0 & 0 & 0 & 0 & 0 & 0 & 0 & 1 & 1 & 0 \\
0 & 0 & 0 & 0 & 0 & 0 & 0 & 0 & 1 & 0 \\
0 & 0 & 0 & 0 & 0 & 0 & 0 & 0 & 0 & 1 \\
0 & 0 & 0 & 0 & 0 & 0 & 0 & 0 & 0 & 1 \\
0 & 0 & 0 & 0 & 0 & 0 & 0 & 0 & 0 & 0
\end{pmatrix}
$$

若将该图改为采用邻接表存储，且结点在邻接表中都按序号从大到小排列，试写出：

(1)以顶点 V_1 为出发点的深度优先遍历序列；

(2)以顶点 V_1 为出发点的广度优先遍历序列；

(3)该图的拓扑有序序列。

2. 画出图 7.28 分别采用普里姆算法和克鲁斯卡尔算法生成的最小生成树。

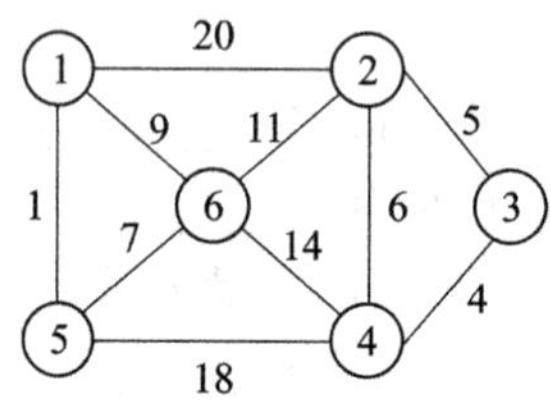

图 7.28

四、算法设计题

1. 编写一个算法，构造图的邻接表和有向图的逆邻接表。

2. 已知一个无向图采用邻接矩阵作为存储结构，试编写一个算法，计算该图存在多少条边，每个顶点的度是多少。

3. 已知一个有向图采用邻接表作为存储结构，试编写一个算法，计算该有向图中各个顶点的入度、出度和总度数。

4. 已知一个图采用邻接矩阵方式存储，试编写一个算法，将该图的存储方式由邻接矩阵转换为邻接表。

5. 已知一个网采用邻接表方式存储，试编写一个算法，将该图的存储方式由邻接表转换为邻接矩阵。

6. 已知一个无向图采用邻接表方式存储，试编写一个算法，删除该图中的指定边。

7. 若某图以邻接矩阵作为存储结构，试编写一个算法，实现该图的深度优先遍历和广度优先遍历。

8. 编写一个算法，判断以邻接表方式存储的有向图中是否存在由顶点 v_i 到顶点 v_j 的路径 $(i \neq j)$。

9. 若一个 AOE 网采用邻接矩阵方式存储，试编写一个算法，实现对该图的求关键路径操作。

第8章 内 排 序

排序(sort)是计算机程序设计中的一种重要操作,是数据处理过程中经常使用的一种重要的运算,也是日常生活中经常遇到的问题。例如,字典中的单词是以首字母的顺序排列,否则使用起来非常困难。排序的方法有很多种,本章将介绍一些经典的排序方法,并对每个排序算法的时间和空间复杂性以及算法的稳定性等进行讨论。

存储在计算机中的数据的次序,对于处理这些数据的算法的速度和简便性有着深远的影响。

8.1 概 述

8.1.1 排序的基本概念

设有 n 个记录的文件$\{R_1,R_2,\cdots,R_n\}$,其相应的关键码序列是$\{K_1,K_2,\cdots,K_n\}$,需确定 $1,2,\cdots,n$ 的一种排列 $P_1,P_2,\cdots,P_n$,使其相应的关键码满足如下非递减(或非递增)关系:

$$K_{p1}\leqslant K_{p2}\leqslant K_{p3}\leqslant\cdots\leqslant K_{pn}\quad(\text{或 } K_{p1}\geqslant K_{p2}\geqslant K_{p3}\geqslant\cdots\geqslant K_{pn})$$

即序列按$\{K_{p1},K_{p2},K_{p3},\cdots,K_{pn}\}$排成关键码有序序列,这一操作过程称为排序。

当 $K_1,K_2,\cdots,K_n$ 是元素主关键码时,即任何不同的元素有不同的关键码,此排序结果是唯一的,上述关系中的等号不成立。当 $K_1,K_2,\cdots,K_n$ 是元素次主关键码时,排序结果不唯一,此时涉及排序稳定性问题,本章定义:

排序稳定性:在一个记录序列中,设有关键字 $K_i=K_j(1\leqslant i,j\leqslant n$,且 $i\neq j)$,若排序前 R_i 在 R_j 之前$(i<j)$,而排序后仍有 $R_{pi}<R_{pj}$,即具有相同关键码的元素在序列中的相对顺序在排序前后不发生变化,则称此排序方法是稳定的;反之,若排序改变了 R_{pi} 与 R_{pj} 的相对顺序,则称此排序方法是不稳定的。

例如,一个记录的关键码序列为(30,5,3,2,65,3 *),可以看出,关键码为 3 的记录有两个(第二个加"*"号以作区分,以下同)。若采用一种排序方法得到的结果序列为(2,3,3 *,5,30,65),则这种排序方法是稳定的;若采用另外一种排序方法得到的结果序列为(2,3 *,3,5,30,65),则这种排序方法是不稳定的。

8.1.2 排序的分类

由于待排序的记录的数量不同,排序过程中涉及的存储器不同。按排序过程中使用的存储介质来分，可以将排序分成两大类：内排序和外排序。

内排序是指在排序过程中所有数据均放在内存中处理，不需要使用外存的排序方法。在排序的整个过程中，记录全部存放在计算机的内存中，并且在内存中调整记录之间的相对位置，在此期间不进行内、外存的数据交换。若待排序的数据元素特别多，无法在排序之前先将它们全部读入内存，则需要边读入，边排序，边输出，这种排序方法称为外排序。在外排序过程中，记录的主要部分存放在外存中，借助内存逐步调整记录之间的相对位置，且需要不断地在内存、外存之间交换数据。

显然，内排序适用于记录不多的文件。而对于一些较大的文件，由于内存容量的限制，不能一次全部装入内存进行排序，此时采用外排序较为合适。但外排序的速度比内排序要慢得多。内排序和外排序各有许多不同的排序方法。本章重点讨论内排序的各种方法。

排序问题的记录采用线性结构，同时，允许存取任意位置的记录，这和前面章节中讨论的线性表特性完全一致。所以，排序问题的数据结构是线性表。任何算法的实现都和算法所处理的数据元素的存储结构有关。线性表的两种典型存储结构是顺序表和链表。由于顺序表具有随机存取的特性，存取任意一个数据元素的时间复杂度为 $O(1)$；而链表不具有随机存取的特性，存取任意一个数据元素的时间复杂度为 $O(n)$。

评价排序算法优劣的标准如下。

(1)考虑算法执行所需的时间，这主要通过执行过程中的比较次数和移动次数来度量。

(2)考虑算法执行所需要的附加空间。

当然，保证算法的正确性是毋庸置疑的，同时可读性等因素也需纳入考量。

内排序的方法很多，每种排序方法有其各自的优、缺点和不同的适用范围。可以按照不同原则对内排序方法进行分类。根据排序过程中进行的基本操作，可以将内排序方法分为插入排序、交换排序、选择排序、归并排序和基数排序 5 类。在排序过程中主要有两种运算，即关键码的比较运算和元素位置的交换运算。按方法效率，可分为简单的排序法、先进的排序法和基数排序法等。简单的排序方法包括插入排序、选择排序、冒泡排序等，它们的平均时间复杂度为 $O(n^2)$。先进的排序方法包括快速排序、归并排序等，最好情况下时间复杂度是 $O(n\log_2 n)$。基数排序，其时间复杂度为 $O(dn)$。

一般情况下，排序涉及两个基本操作：比较两个关键字的大小和将数据元素从一个位置移动到另一个位置。前一种操作对大多数排序方法都是必要的，而后一种操作是否需要则取决于待排序的数据元素序列所使用的存储结构。如果将数据元素序列存放在顺序表中，排序过程中就必须移动元素；但若采用静态链表等链式结构存储，则可以通过修改指针指向替代元素移动。

本章后续各节将按照上面划分的插入排序、交换排序、选择排序、归并排序等类别，介绍一些典型的排序方法。

8.2 插入排序

插入排序是主要借助插入操作完成排序的一类方法。其基本操作是，将一个数据元素，按关键字大小，插入已排好序的有序序列中。插入排序方法有多种，在各种插入排序方法中，以

直接插入排序方法最为简单。

8.2.1 直接插入排序

直接插入排序算法是一种最简单、最基本的排序方法。其基本思想是把待排序序列中的各记录按其关键字的大小顺序插入已排序序列中适当的位置。即在插入第 $i(i>1)$个记录时，前面的 $i-1$ 个记录已经排好序。

直接插入排序是在插入第 i 个元素时，假设序列的前 $i-1$ 个元素 $R_1,R_2,\cdots,R_{i-1}$ 已排好序，此时将 K_i 依次与 $K_1,K_2,\cdots,K_{i-1}$ 相比较，找出 K_i 应插入的位置将其插入。原位置上的元素顺序向后推移一位，存储结构采用顺序存储形式。为了避免在检索插入位置过程中发生数组下界溢出，在 R[0]处设置了一个监视哨(或称哨兵)。

需解决的关键问题：

(1)如何构造初始的有序序列？

(2)如何查找待插入记录的插入位置？

问题(1)解决方法：

将第 1 个记录看成初始有序表，然后从第 2 个记录起将记录依次插入这个有序表中，直到将第 n 个记录插入。

算法描述：

```
for (i=2; i<=n; i++)
{
    插入第 i 个记录，即第 i 趟直接插入排序；
}
```

问题(2)解决方法：

在 $i-1$ 个记录的有序区 r[1]～r[i−1]中插入记录 r[i]，首先顺序查找 r[i]的正确插入位置，然后将 r[i]插入相应位置。

算法描述：

```
r[0]=r[i];
j=i-1;
while (r[0]<r[j])
{
    r[j+1]=r[j];
    j--;
}
```

r[0]有两个作用：

(1)进入循环之前暂存了 r[i]的值，防止因记录后移而丢失 r[i]的内容。

(2)在查找插入位置的循环中充当哨兵。

【例 8.1】 一组记录的排序码分别如下：

312,126,272,226,28,165,123

初始时将第 1 个排序码作为已经排好序的记录，放入中括号[ ]中，表示有序的文件，剩下的在中括号外，如下所示：

[312],126,272,226,28,165,123

设前 3 个记录的排序码已重新排好序，构成一个含有 3 个记录的有序文件：

[126,272,312],226,28,165,123

现在要将第 4 个排序码 226 插入有序文件中。将待插入的排序码 226 和已经有序的最后一个排序码 312 进行比较，因为待插入的排序码 226<312，所以 226 肯定要置于 312 之前，至于是否就是置于 312 的前一个位置，此时还不能确定，需要继续向左比较。

将所有大于待插入排序码 226 的排序码——312 和 272 依次后移一个位置，在空出的位置插入待排序的排序码 226，得一含有 4 个记录的有序文件：

[126,226,272,312],28,165,123

需要注意的是，当待插入排序码小于所有已排序的排序码时，如在插入第 5 个值 28 时，算法设计应如何处理？

重点：设置“哨兵”（前面已提到）。

直接插入排序算法 8.1：

```
void InsertSort(ElemType R[], int n)
{ // 待排序元素用一个数组 R 表示，数组有 n 个元素
    int i,j; ElemType temp;
    for (i=1; i<n; i++)
    {   // i 表示插入次数，共进行 n-1 次插入
        t=R[i]; // 把待排序元素赋给 t
        j=i-1;
        while ((j>=0) && (t<R[j]))
           { R[j+1]=R[j]; j--; } // 顺序比较和移动
        R[j+1]=t;
    }
}
```

直接插入排序算法分析：算法中引进的附加记录 R[0]称监视哨或哨兵。

哨兵有两个作用：

(1)进入查找(插入位置)循环之前，它保存了 R[i]的副本，以防止因记录后移而丢失 R[i]的内容。

(2)在查找循环中，“监视”下标变量 j 是否越界。一旦越界(即 j=0)，因为 R[0]和自己比较，循环判定条件不成立，使得查找循环结束，从而避免了在每次循环中均要检测 j 是否越界(即省略了循环判定条件“j>=1”)。

注意：

(1)实际上，一切为简化边界条件而引入的附加结点(元素)均可称为哨兵。

(2)引入哨兵后，测试查找循环条件的时间大约减少了一半，因此对于记录数较大的文件，该算法节约的时间就相当可观。对于排序这类使用频率非常高的算法，要尽可能地减少其运行时间。所以，切勿把上述算法中的哨兵视为雕虫小技，而应该深刻理解并熟练掌握这种技巧。

设待排序的 7 条记录的排序码为{312,126,272,226,28,165,123}，直接插入排序算法的执行过程如图 8.1 所示。

哨兵		排序码
		[] 312, 126, 272, 226, 28, 165, 123
初始	( )	[312], 126, 272, 226, 28, 165, 123
i=2:	(126)	[126, 312], 272, 226, 28, 165, 123
i=3:	(272)	[126, 272, 312], 226, 28, 165, 123
i=4:	(226)	[126, 226, 272, 312], 28, 165, 123
i=5:	(28)	[28, 126, 226, 272, 312], 165, 123
i=6:	(165)	[28, 126, 165, 226, 272, 312], 123
i=7:	(123)	[28, 123, 126, 165, 226, 272, 312]

图 8.1　直接插入排序算法执行过程示意

直接插入排序的时间性能分析：

最好情况下（正序）：比较次数为 $n-1$；移动次数为 $2(n-1)$；时间复杂度为 $O(n)$。

最坏情况下（逆序或反序）：比较次数为 $\sum_{i=2}^{n} i = \frac{(n+2)(n-1)}{2}$；移动次数为 $\sum_{i=2}^{n}(i+1) = \frac{(n+4)(n-1)}{2}$；时间复杂度为 $O(n^2)$。

平均情况下（随机排列）：比较次数为 $\sum_{i=2}^{n} \frac{i}{2} = \frac{(n+2)(n-1)}{4}$；移动次数为 $\sum_{i=2}^{n} \frac{(i+1)}{2} = \frac{(n+4)(n-1)}{4}$；时间复杂度为 $O(n^2)$。

直接插入排序算法的空间性能：需要一个记录的辅助空间。

直接插入排序算法是一种稳定的排序算法。该算法简单、容易实现，适用于待排序记录基本有序或待排序记录数量较少的情况。当待排序的记录数量较多时，大量的比较和移动操作会导致直接插入排序算法的效率降低。

8.2.2　折半插入排序

折半插入排序是指在已排好序的序列中使用二分法查找插入位置，找到位置后移动其后记录并插入新记录。关键字比较次数降为 $n\log_2 n$ 量级，记录移动个数仍为 n^2 量级。

折半插入排序算法 8.2：

```
void BinInsertSort (ElemType r[], int n)
{
    ElemType temp;
    int i,j,low, high, m;
    for (i=1; i<n; i++) {// r[0]已经有序，从 r[1]开始
        if (r[i]. key<r[i-1]. key) { // 准备插入
            low = 0;
            high = i-1;
            while (low<=high) {
                    //折半查找法，寻找插入位置
                m=(low+high)/2;
                if (r[m]. key>r[i]. key) high=m-1; //取左区间
                if (r[m]. key<r[i]. key) low=m+1;
```

```
            if (r[m].key=r[i].key) {
              high=m;
              break;  }
        } //while 循环结束,r[i]应该插在 high+1 的位置上
      temp=r[i]; // 保存 r[i], 同时留出移动的空间
      j=i-1;
      while (j>=high+1)
      {
          r[j+1]=r[j];
          j--;
      } // 移动数据
      r[high+1]=temp; // 插入
    }
  }
}
```

采用折半插入排序法,可减少关键字的比较次数。每插入一个元素,需要比较的次数最多为折半查找判定树的深度。

例如,插入第 i 个元素时,需进行 $\log_2 i$ 次比较,因此插入 $n-1$ 个元素的平均比较次数为 $O(n\log_2 n)$。

与直接插入排序法相比,折半插入排序法虽然降低了算法中比较次数的数量级,但其并未改变移动元素的时间开销,所以折半插入排序法的总时间复杂度仍然是 $O(n^2)$。

8.2.3 希尔排序

希尔排序算法是希尔(D. L. Shell)在 1959 年提出的,又称缩小增量排序算法。它是对直接插入排序进行改进而得到的一种排序方法,其时间效率较前 2 种插入排序方法有显著提升。

在以下两种特殊情况下,直接插入排序算法具有较高的时间效率:一是待排序的数据元素数量很少,二是待排序的数据元素序列已基本有序。希尔排序算法正是基于直接插入排序算法的上述特征而形成的一种插入排序方法。

技巧:子序列的构成不是简单的"逐段分割",而是将相隔某个增量 d_k 的记录组成一个子序列,让增量 d_k 逐趟缩短(如依次取 5,3,1),直到 $d_k=1$ 为止。

优点:让关键字值小的元素能很快前移,且若序列已基本有序,再用直接插入排序算法处理,时间效率会显著提升。

对直接插入排序算法进行改进的着眼点:

(1)若待排序记录按关键码基本有序,直接插入排序的效率可以显著提升。

(2)由于直接插入排序算法简单,当待排序记录数量 n 较小时效率也很高。

基本思想:将整个待排序记录分割成若干个子序列,在各子序列内分别进行直接插入排序,待整个序列中的记录基本有序时,再对全体记录进行直接插入排序。

需解决的关键问题:

(1)如何分割待排序记录,才能保证整个序列逐步趋于基本有序?

(2)子序列内如何进行直接插入排序操作?

分割待排序记录的目的:

(1)减少待排序记录数量。

(2)使整个序列向基本有序发展。

基本有序:如{1, 2, 8, 4, 5, 6, 7, 3, 9};

局部有序:如{6, 7, 8, 9, 1, 2, 3, 4, 5}。

局部有序状态不能提高直接插入排序算法的时间性能。

排序过程:先取一个正整数 $d_1<n$,把所有相隔 d_1 的记录归为一组,组内进行直接插入排序;然后取 $d_2<d_1$,重复上述分组和排序操作;直至 $d_i=1$,即所有记录均被放进同一个组中排序为止。

【例 8.2】 初始:49　38　65　97　76　13　27　48　55　4

取 $d_1=5$

一趟分组:　49　38　65　97　76　13　27　48　55　4

一趟排序:13　27　48　55　4　49　38　65　97　76

取 $d_2=3$

二趟分组:13　27　48　55　4　49　38　65　97　76

二趟排序:13　4　48　38　27　49　55　65　97　76

取 $d_3=1$

三趟分组:13　4　48　38　27　49　55　65　97　76

三趟排序:4　13　27　38　48　49　55　65　76　97

问题(1)解决方法:

将相隔某个"增量"的记录组成一个子序列。增量应如何取?

希尔最早提出的方法是 $d_1=n/2, d_{i+1}=d_i/2$。

算法描述:

```
for (d=n/2; d>=1; d=d/2)
{
    // *以 d 为增量,进行组内直接插入排序* //
}
```

问题(2)解决方法:

在插入记录 r[i]时,自 r[i−d]起往前跳跃式(跳跃幅度为 d)搜索待插入位置,并且 r[0]只是暂存单元,不是哨兵。当搜索位置<0,表示插入位置已找到。

在搜索过程中,记录后移也是跳跃 d 个位置。

在整个序列中,前 d 个记录分别是 d 个子序列中的第一个记录,所以从第 $d+1$ 个记录开始进行插入。

希尔排序算法 8.3:

```
void ShellSort(Record r[ ], int n)
{
    for (d=n/2;d>=1;d=d/2)              //以增量 d 进行直接插入排序
```

```
    {
        for (i=d; i<n; i++)
          {
              temp=r[i];                    //暂存被插入记录
              for (j=i-d; j>0 && temp.key<r[j].key; j=j-d)
                  r[j+d]=r[j];              //记录后移 d 个位置
                  r[j+d]=temp;
          }
    }
}
```

希尔排序算法的特点如下。

(1)子序列的构成不是简单的“逐段分割”，而是将相隔某个增量的记录组成一个子序列。

(2)希尔排序算法可提高排序速度，因为分组后 n 值减小，n^2 更小，而 $T(n)=O(n^2)$，所以总体上 $T(n)$减小。

(3)关键字值较小的记录跳跃式前移，在进行最后一趟增量为 1 的插入排序时，序列已基本有序。

(4)采用增量序列取法。

(5)无除 1 以外的公因子。

(6)最后一个增量值必须为 1。

希尔排序算法的时间性能：

希尔排序开始时增量较大，每个子序列中的记录个数较少，排序速度较快；当增量较小时，尽管每个子序列中记录个数增多，但整个序列已基本有序，因此排序速度依然较快。

希尔排序算法的时间性能是所取增量的函数，而到目前为止尚未有人求得一种最优的增量序列。

研究表明，希尔排序算法的时间性能在 $O(n^2)$和 $O(n\log_2 n)$之间。当 n 在某个特定范围内，希尔排序所需的比较次数和记录的移动次数约为 $O(n^{1.3})$。

8.3 交换排序

交换排序是指将待排序记录两两进行排序码比较，若不满足排序顺序则交换这对记录，直到任意两个记录的排序码都满足排序要求为止。

8.3.1 冒泡排序

冒泡排序(bubble sort)是一种常见的交换排序方法。其基本思想是将第一个记录的关键字与第二个记录的关键字进行比较，若为逆序 r[1].key>r[2].key，则交换两者；接着比较第二个记录与第三个记录；依次类推，直至完成第 $n-1$ 个记录和第 n 个记录比较为止——第一趟冒泡排序，其结果是使关键字最大的记录被安置在最后一个记录位置上。

对前 $n-1$ 个记录进行第二趟冒泡排序，结果是使关键字次大的记录被安置在第 $n-1$ 个记录位置上。

重复上述过程,直到在一趟排序过程中无须进行任何交换记录的操作为止。

冒泡的意思是每一趟排序将数组内一个具有最小关键码的元素排出到数组顶部。该算法采用一个双重循环结构,其中内循环从数组底部开始比较相邻元素关键码大小,相对较小者向上交换,并在内循环中通过两两交换将最小元素者直接排出到数组顶部,此时外循环指针随即减一,指向数组顶部下方的第一个待排序位置(即顶部位置)减一,继续内循环过程,将数组内具有次最小关键码的元素排出至数组顶部减一位置,如此直至循环结束。每次循环长度比前一次减一,最终得到一个递增排序的数组。

优点:每趟排序结束时,不仅能挤出一个最大值到最后面位置,还能同时部分理顺其他元素;一旦下趟没有交换发生,可以提前结束排序。

前提:顺序存储结构。

【例 8.3】 关键字序列 T=(21,25,49,25*,16,08),请写出冒泡排序的具体实现过程。

初态:	21,	25,	49,	25*,	16,	08
第 1 趟	21,	25,	25*,	16,	08,	49
第 2 趟	21,	25,	16,	08,	25*,	49
第 3 趟	21,	16,	08,	25,	25*,	49
第 4 趟	16,	08,	21,	25,	25*,	49
第 5 趟	08,	16,	21,	25,	25*,	49

冒泡排序算法 8.4:

```
void bubble_sort(SqList *L,int n)
{ int m,i,j,flag=1;
  RecordType x;
  m=n-1;
  while((m>0)&&(flag==1))
  { flag=0;
    for(j=1;j<=m;j++)
      if(L->r[j].key>L->r[j+1].key)
      {flag=1;
      x=L->r[j];
      L->r[j]=L->r[j+1];
      L->r[j+1]=x; }
      m--; }
}
```

冒泡排序过程如图 8.2 所示。

若上述程序未设置 flag 标志位,那么即使数组已经有序,程序仍会继续进行双重循环直至结束。另外,我们注意到,冒泡排序是一个稳定的排序方法。

冒泡排序算法的时间复杂度为 $T(n)=O(n^2)$。空间复杂度为 $S(n)=O(1)$。

最好情况(正序):比较次数为 $n-1$;移动次数为 0。

最坏情况(逆序):比较次数为 $\sum_{i=1}^{n-1}(n-i)=\frac{1}{2}(n^2-n)$;移动次数为 $3\sum_{i=1}^{n}(n-i)=\frac{3}{2}(n^2-n)$。

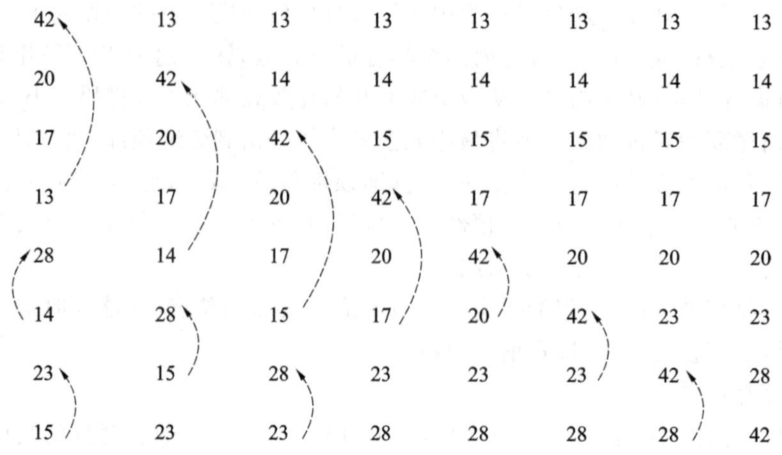

42	13	13	13	13	13	13	13
20	42	14	14	14	14	14	14
17	20	42	15	15	15	15	15
13	17	20	42	17	17	17	17
28	14	17	20	42	20	20	20
14	28	15	17	20	42	23	23
23	15	28	23	23	23	42	28
15	23	23	28	28	28	28	42

图 8.2 冒泡排序过程

8.3.2 快速排序

快速排序是霍尔(C. R. A. Hoare)于 1962 年提出的一种划分交换排序。它采用分治策略(通常称其为分治法),是目前为止内排序算法中平均速度最快的一种排序方法。

分治法的基本思想是将原问题分解为若干个规模更小但结构与原问题相似的子问题。递归求解这些子问题,然后将这些子问题的解组合为原问题的解。

快速排序是对冒泡排序的一种改进算法。其基本思想是从待排序的 n 个记录中任意选取一个记录 R[i](通常直接取序列中的第一个记录),并以该记录的关键字作为标准,通过一趟排序将待排序记录分隔成两个独立的部分,其中一部分记录的关键字值都小于 Ri[i];而另一部分记录的关键字值都大于或等于 Ri[i]。然后对这两部分分别如上继续进行快速排序,继而产生四个子序列。如此重复下去,直至全部记录排序完成。

一趟快速排序的具体操作如下:设置两个变量 i、j,它们的初值分别为当前待排序序列的第一个记录位置下标和最后一个记录位置下标。将第一个记录作为标准记录存入一个临时变量 pivotkey 中,空出其所占存储位置。然后从序列的两端逐步向中间扫描,先从右端开始,当扫描到一个记录的关键字小于标准记录的关键字时,就将这个记录移动到原标准记录腾出的位置,随之腾出该记录所占存储位置;接着从左端开始,当扫描找到一个关键字大于或等于标准记录的关键字的记录时,再将这个记录移动到原右边记录移动后腾出的存储位置;如此往复交替,直至 $i \geqslant j$ 时,扫描结束。此时的 i 即为标准记录应定位的位置。一趟快速排序示例如图 8.3 所示。

快速排序算法 8.5:

```
void QuickSort(ElemType R[], int left, int right)
{
    int i=left, j=right; ElemType pivotkey =R[i];
    while (i<j) { //从区间两端交替向中间扫描,直至 i==j 为止
      while ((R[j]>= pivotkey)&&(i<j)) j--;
      if (j>i){ R[i]=R[j]; i=i+1; }
      while ((R[i]<= pivotkey)&&(j>i)) i++;
      if (i<j){ R[j]=R[i]; j=j-1; }
```

```
    } // 一次划分得到基准值的正确位置
    R[i]= pivotkey; //基准记录已被最后定位
    if(left<i-1)
      QuickSort(R, left, i-1); //递归调用左子区间
      if(i+1<right)
      QuickSort(R,i+1, right); //递归调用右子区间
}
```

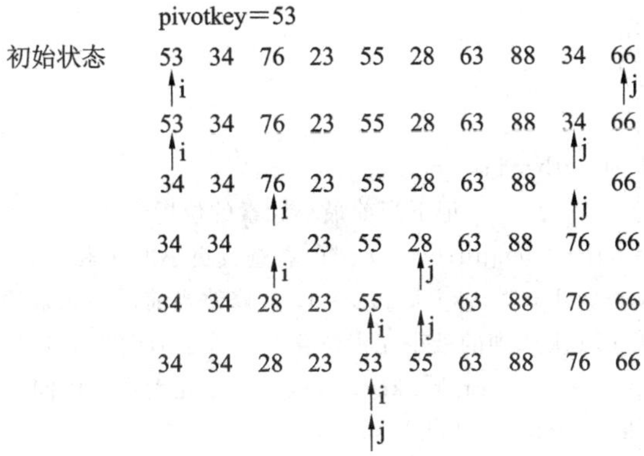

```
            pivotkey=53
初始状态    53  34  76  23  55  28  63  88  34  66
            ↑i                                  ↑j
            53  34  76  23  55  28  63  88  34  66
            ↑i                              ↑j
            34  34  76  23  55  28  63  88      66
                    ↑i                      ↑j
            34  34      23  55  28  63  88  76  66
                    ↑i          ↑j
            34  34  28  23  55      63  88  76  66
                            ↑i  ↑j
            34  34  28  23  53  55  63  88  76  66
                            ↑i
                            ↑j
```

图 8.3　一趟快速排序示例

快速排序的时间性能分析：

最好情况：每一次划分对一个记录定位后，该记录的左侧子表与右侧子表的长度相同，时间复杂度为 $O(n\log_2 n)$。

最坏情况：每次划分只得到一个比上一次划分少一个记录的子序列(另一个子序列为空)，时间复杂度为 $O(n^2)\left[\sum_{i=1}^{i-1}(n-i)=\frac{1}{2}n(n-1)\right]$。

平均情况：时间复杂度为 $O(n\log_2 n)$。

这里给出的一趟快速排序的算法，可通过递归调用完成整个序列的快速排序。快速排序算法的执行时间取决于标准记录的选取，换句话说，取决于记录关键字的初始排列状态。虽然快速排序的平均性能优于其他排序方法，但如果每趟排序选取的标准记录的关键字都为序列(或子序列)的最大值或最小值，则为最坏情况，即快速排序将转变为冒泡排序。而由快速排序算法可知，它本身没有类似于冒泡排序中的改进处理，因此，最坏情况下快速排序的效率将可能低于冒泡排序。

另外，由分析可知，快速排序是一种不稳定的排序方法。

8.4　选 择 排 序

选择排序的基本思想是每次从待排序的文件中选择出排序码最小的记录，将该记录放于已排序文件的最后一个位置，直到已排序文件记录个数等于初始待排序文件的记录个数为止。

选择排序的主要操作是选择，其主要思想是每趟排序在当前待排序序列中选出关键码最小的记录，并将其添加到有序序列中。

8.4.1 简单选择排序

首先从所有 n 个待排序记录中选择排序码最小的记录，将该记录与第 1 个记录交换，再从剩下的 $n-1$ 个记录中选出排序码最小的记录和第 2 个记录交换。重复此操作直到剩下 2 个记录时，再从中选出排序码最小的记录与第 $n-1$ 个记录交换。剩下的 1 个记录必然是排序码最大的记录，如此排序即告完成。

简单选择排序算法 8.6：

```
void simpleselectsort(table * tab)
{  int i,j,k;
   for(i=1;i<=tab->length-1;i++)
   {  k=i;                        //记下当前最小元素的位置
      for(j=i+1;j<=tab->length;j++) //向右查找更小的元素
      if(tab->r[j].key<tab->r[k].key) k=j; //修改当前最小元素的位置
      if(k! =i) //如果第 i 次选到的最小元素位置 k 不等于 i,则将第 k、第 i 个元素交换
      {  tab->r[0].key=tab->r[k].key; //以第 0 个元素作为中间单元进行交换
         tab->r[k].key=tab->r[i].key;
         tab->r[i].key=tab->r[0].key;
      }
   }
}
```

简单选择排序算法示例如表 8.1 所示。

表 8.1　简单选择排序算法示例

初始排列	0	1	2	3	4	5	6	7	8	9	排序码比较次数
i = 0	[12	2	16	30	28	10	16 *	20	6	18]	9
i = 1	2	[12	16	30	28	10	16 *	20	6	18]	8
i = 2	2	6	[16	30	28	10	16 *	20	12	18]	7
i = 3	2	6	10	[30	28	16	16 *	20	12	18]	6
i = 4	2	6	10	12	[28	16	16 *	20	30	18]	5
i = 5	2	6	10	12	16	[28	16 *	20	30	18]	4
i = 6	2	6	10	12	16	16 *	[28	20	30	18]	3
i = 7	2	6	10	12	16	16 *	18	[20	30	28]	2
i = 8	2	6	10	12	16	16 *	16	20	[30	28]	1
	2	6	10	12	16	16 *	16	20	28	[30]	

8.4.2 树形选择排序

直接插入排序的问题在于为了从 n 个排序码中找出最小的排序码，需要比较 $n-1$ 次，选择出次小值需要进行 $n-2$ 次比较，选择出第三小值需要进行 $n-3$ 次比较……其实，除了选择最小值必须比较 $n-1$ 次外，选择其他值时完全可以利用前面的比较结果来减少比较次数。树形选择排序正是基于这种思想得出的一种选择排序方法。

树形选择排序又称为锦标赛排序，其排序原理与锦标赛中产生比赛名次的方式类似。树形选择排序的方法如下。

设 n 个排序元素为叶子结点，第一步是将相邻的叶子结点两两比较，取出较小排序码者作为子树的根，共生成$\lfloor n/2 \rfloor$棵子树，然后将这$\lfloor n/2 \rfloor$棵子树的根再次按相邻顺序两两比较，取出较小排序码者作为生长一层后的子树根，共有$\lfloor n/4 \rfloor$棵；循环此过程直至排出最小排序码成为排序树的树根为止。我们将树根移至另一个数组，并且将叶子结点数组中最小排序码标记为无穷大，然后继续从剩余的 $n-1$ 个叶子结点中选择次最小排序码，按照以上方式重复操作，直至依次挑选出从小到大的所有关键字为止。这时整个序列已排成了一个有序序列。

重复上述步骤的过程中，实际上只需要修改从树根到刚刚标记为无穷大的叶子结点这一条路径上的各结点的值，而不用比较其他的结点，除去第一次以外，每次寻找排序码的过程都是走过深度为 $\log_2 n$ 的二叉树，即只需要比较 $\log_2 n$ 次。

由于含有 n 个叶子结点的完全二叉树的深度为$\lceil \log_2 n \rceil+1$，除了选择最小关键字以外，每选择一个其他关键字仅需要进行$\lceil \log_2 n \rceil$次比较，因此，树形选择排序的时间复杂度为 $O(n\times\lceil \log_2 n \rceil)$。

树形选择排序在排序过程中要使用 $n-1$ 个辅助存储单元，消耗内存较多且占用的临时空间随着问题规模的扩大而增大。若要节省存储空间，可以使用一种特殊的树形选择排序方法——堆排序来替代它。

树形选择排序（锦标赛排序）示例如图 8.4～图 8.13 所示。

当参加排序的数据对象个数 n 不足 2 的某次幂时，将其补足到 2 的某次幂。本示例的$n=10$，将叶子结点个数补足到 $2^4=16$ 个。排序码比较次数为 9（图 8.4）。

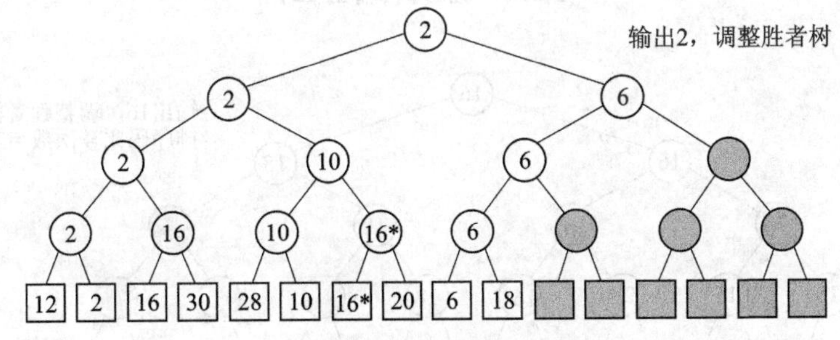

图 8.4 胜者树（输出 2）

当某结点的比较对手的参选标志为“不再参选”（输出），该结点自动升入双亲结点，此动作不计入排序码比较次数。

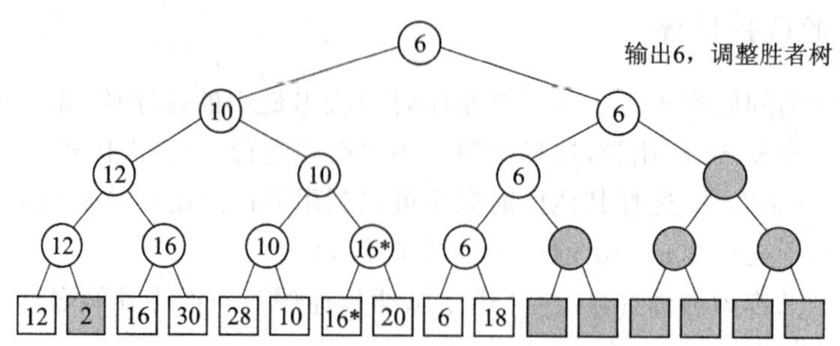

图 8.5 胜者树(输出 6)

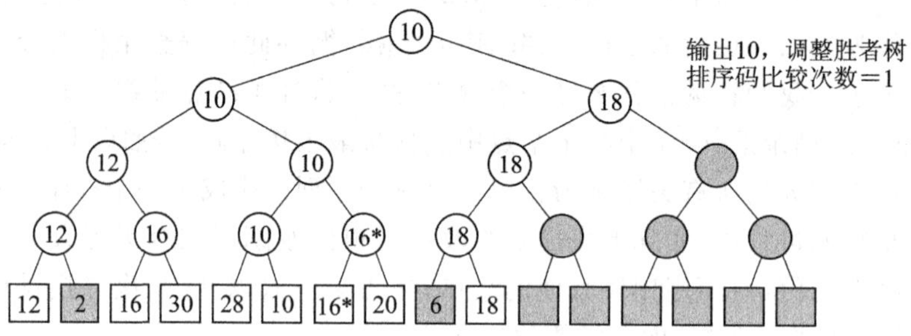

图 8.6 胜者树(输出 10)

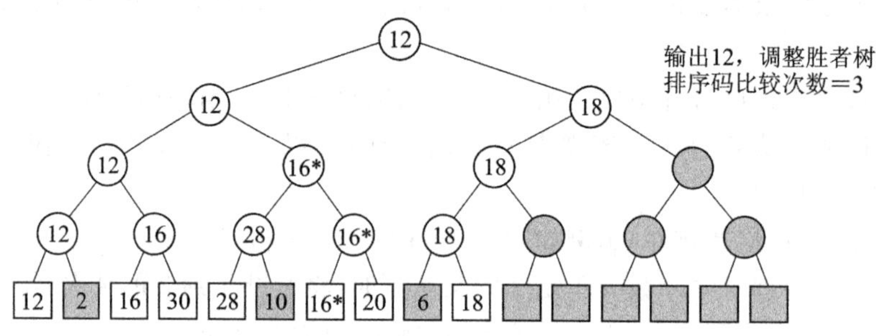

图 8.7 胜者树(输出 12)

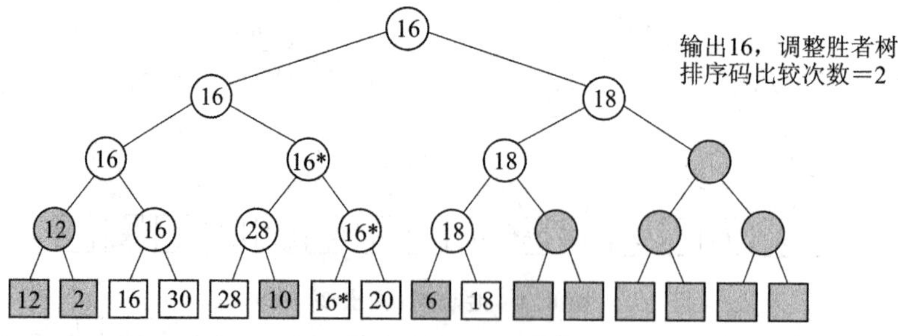

图 8.8 胜者树(输出 16)

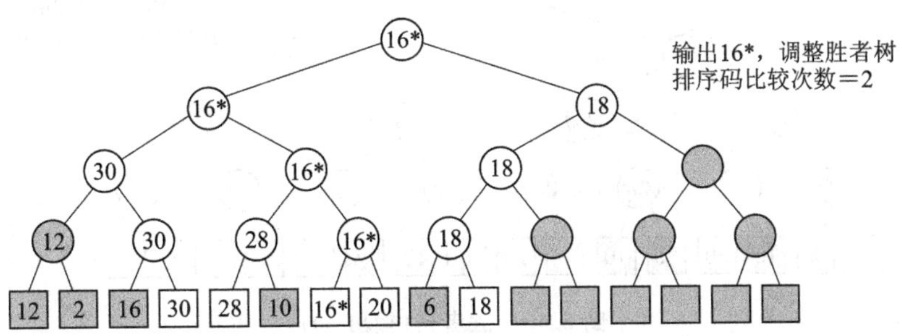

图 8.9 胜者树(输出 16 *)

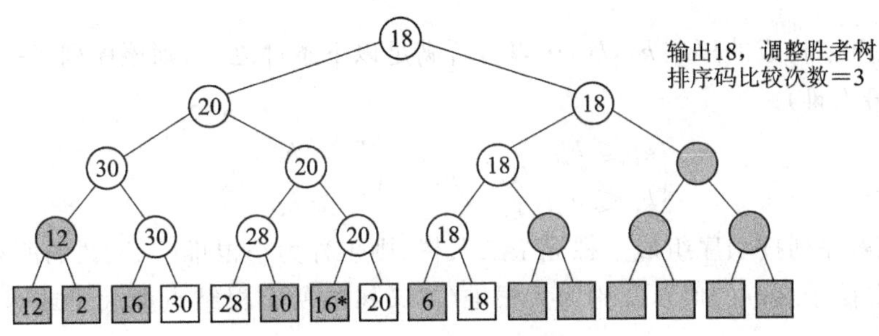

图 8.10 胜者树(输出 18)

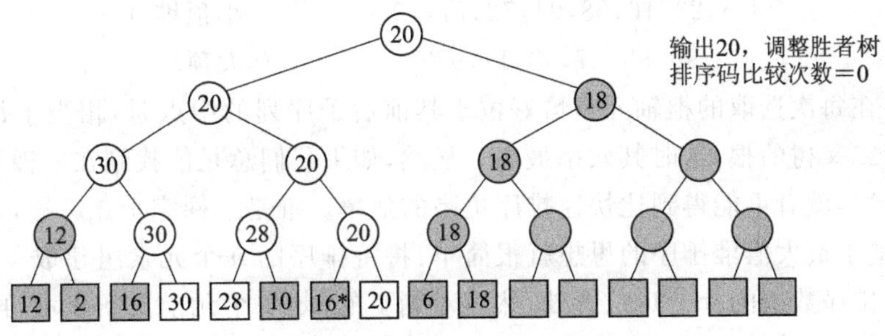

图 8.11 胜者树(输出 20)

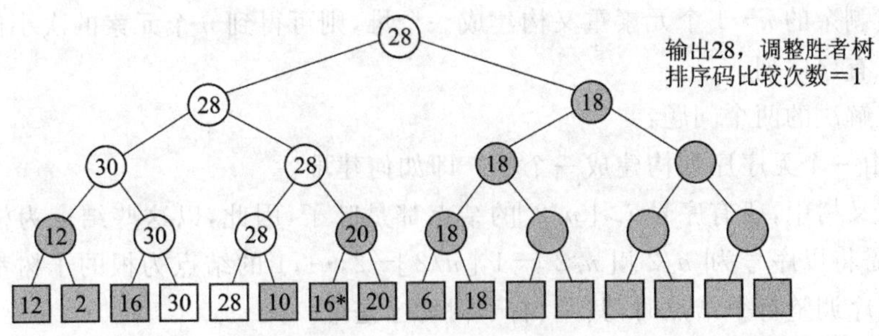

图 8.12 胜者树(输出 28)

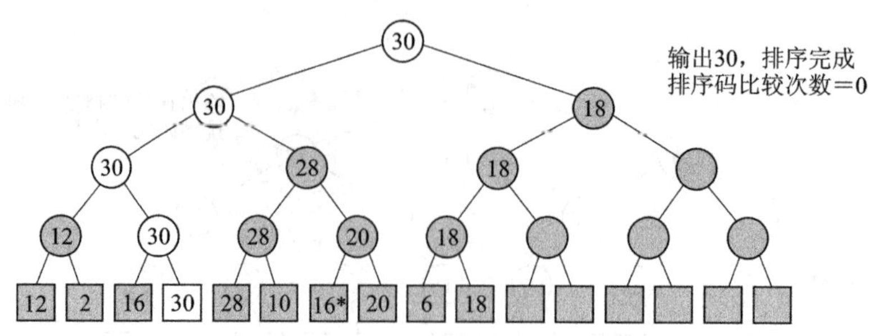

图 8.13　胜者树(输出 30)

8.4.3　堆排序

由 n 个关键字构成的序列 $k_1, k_2, \cdots, k_n$，若满足以下条件之一，则该序列是一个堆，分别称为最小堆(或最大堆)。

$$\begin{cases} k_i \leqslant k_{2i} \\ k_i \leqslant k_{2i+1} \end{cases} ① \quad 或 \quad \begin{cases} k_i \geqslant k_{2i} \\ k_i \geqslant k_{2i+1} \end{cases} ②$$

若将此元素序列按顺序组成一棵完全二叉树，则①称为小根堆(二叉树的所有根结点值小于或等于左、右孩子结点的值)，②称为大根堆(二叉树的所有根结点值大于或等于左、右孩子结点的值)。

如下列关键字序列均是堆：

{ 5,23,16,68,94,72,71,73 }　　　　(小顶堆)

{ 96,83,27,38,11,9 }　　　　(大顶堆)

快速排序在每次选取的枢轴元素恰好位于其前后子序列的中点时，相当于每次递归都能找到一棵平衡二叉树的根，这时其效率最高。显然，如果我们总是能找到在一棵平衡二叉树上进行排序的方法，就有可能得到比快速排序更高的效率。堆是一棵完全二叉树，其特点是根为最大值，那么基于最大值堆排序的思想就很简单：将待排序的 n 个元素组建成一个最大值堆，把根取出放到排序数组的[n－1]位置处，然后对剩下的 $n-1$ 个元素重新建堆，再次取出其根并放置到排序数组的[n－2]位置处，循环直至堆空，堆排序即完成。

堆排序：将无序序列构建成一个堆，得到关键字最小(或最大)的记录；输出堆顶的最小(或最大)值后，使剩余的 $n-1$ 个元素重又构建成一个堆，则可得到 n 个元素的次小值；重复执行，最终得到一个有序序列。

堆排序需解决的两个问题：

(1)如何由一个无序序列构建成一个堆？即如何建堆？

在完全二叉树中，所有序号 $i > \lfloor n/2 \rfloor$ 的结点都是叶子，因此，以这些结点为根的子树均已是堆，这样只需将以序号为 $\lfloor n/2 \rfloor$，$\lfloor n/2 \rfloor - 1$，$\lfloor n/2 \rfloor - 2$，…，1 的结点为根的子树都调整为堆即可。在按此次序调整每个结点时，其左、右子树均已是堆。

(2)如何在输出堆顶元素之后，调整剩余元素，使之成为一个新的堆？

解决方法——筛选。输出堆顶元素之后，以堆中最后一个元素替代之；然后将根结点值与左、右子树的根结点值进行比较，并与其中小者进行交换；重复上述操作，直至叶子结点，将得到新的堆。这个从堆顶至叶子结点的调整过程被称为“筛选”。

可以按照以下方法输出堆顶元素，并将剩下的元素重新调整为一个最大堆：①将当前堆顶元素与堆尾元素交换；②将位于当前树根的元素与它的大孩子（两个孩子结点中的值较大者）比较，若该元素小于它的大孩子，则与大孩子交换；③在以大孩子为根的子树上重复第②步操作，直至子树根结点的元素值不小于其大孩子，或者根结点是叶子结点为止。图 8.14 展示了上述调整过程。

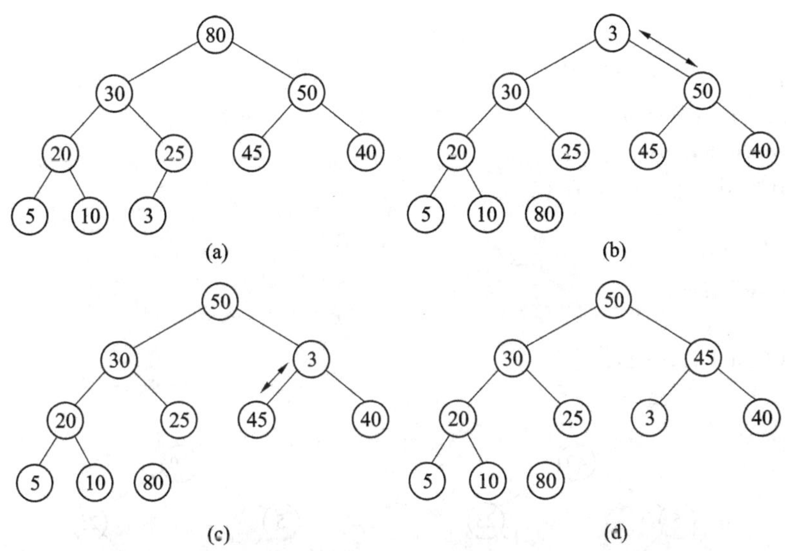

图 8.14 删除堆顶元素 80，再将剩下的元素重新调整为堆

在解决了第二个问题的基础上，可以按照以下方法将待排序的元素序列构建成一个堆：①将待排序的元素序列构建成一棵完全二叉树；②从最后一个非终端结点（即第$\lfloor n/2 \rfloor$号结点）开始不断向上调整，直至树根。具体调整方式如下：先将以$\lfloor n/2 \rfloor$号结点为根的子树调整为堆，再将以$\lfloor n/2 \rfloor-1$号结点为根的子树调整为堆……直到将以 1 号结点（即根结点）为根的树调整为堆。图 8.15 显示了将元素序列(40,5,25,20,10,30,50,45,3,80)构建成最大堆的过程。

可以通过堆排序将元素序列排成一个按关键字从小到大有序的序列：先将待排序的元素序列构建成一个最大堆；选出最大元素（即堆顶元素）并与当前堆尾元素进行交换，调整剩下元素使其重新成为最大堆；选出次大元素（即堆顶元素）并与当前堆尾元素进行交换，调整剩下元素使其重新成为最大堆……重复上述操作直至排序完成。

堆排序算法 8.7：

```
void HeapAdjust(int R[],int s,int m)
{
int j;
int rc = R[s];
for(j=2 * s; j<=m; j *=2){
    if(j<m && R[j] < R[j+1])
        j++;
    if(rc < R[j]){
        R[s] = R[j];
        s = j;
    }
```

```
    else
            break;
  }
  R[s] = rc;
  }
  oid HeapSort(int R[],int n)
  {
  int i;
  int temp;
  for(i=n/2; i>0; i--)
    HeapAdjust(R,i,n);
  for(i=n;i>1;i--)
    {
    temp = R[1];
    R[1] = R[i];
    R[i] = temp;
    HeapAdjust(R,1,i-1);
    }
}
```

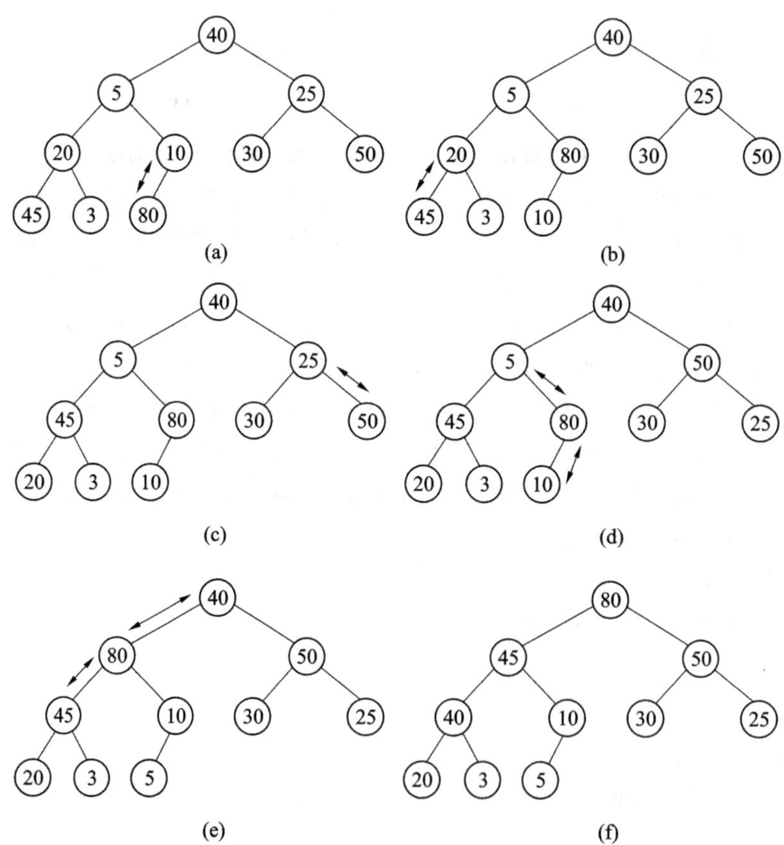

图 8.15　将待排序的元素序列构建成一个最大堆

(a)将元素序列构建成一棵完全二叉树,调整以最后一个非终端结点 10 为根的子树;(b)调整以 20 为根的子树;(c)调整以 25 为根的子树;(d)调整以 5 为根的子树;(e)调整以 40 为根的子树;(f)元素序列成为最大堆

实际上，排序数组就是堆数组，每次取出的根结点直接和堆数组的[n－1]位置元素进行交换，此时根结点被放入堆数组的[n－1]位置，而原来[n－1]位置的元素成为树根，于是，堆数组[0～n－2]的那些剩余元素在逻辑上仍然保持了完全二叉树的形状，可以继续对这 $n-1$ 个剩余元素构建堆。为了加强理解，再举例说明，如图 8.16 所示。

第一步，形成初始的最大堆（略）；第二步，进行堆排序。

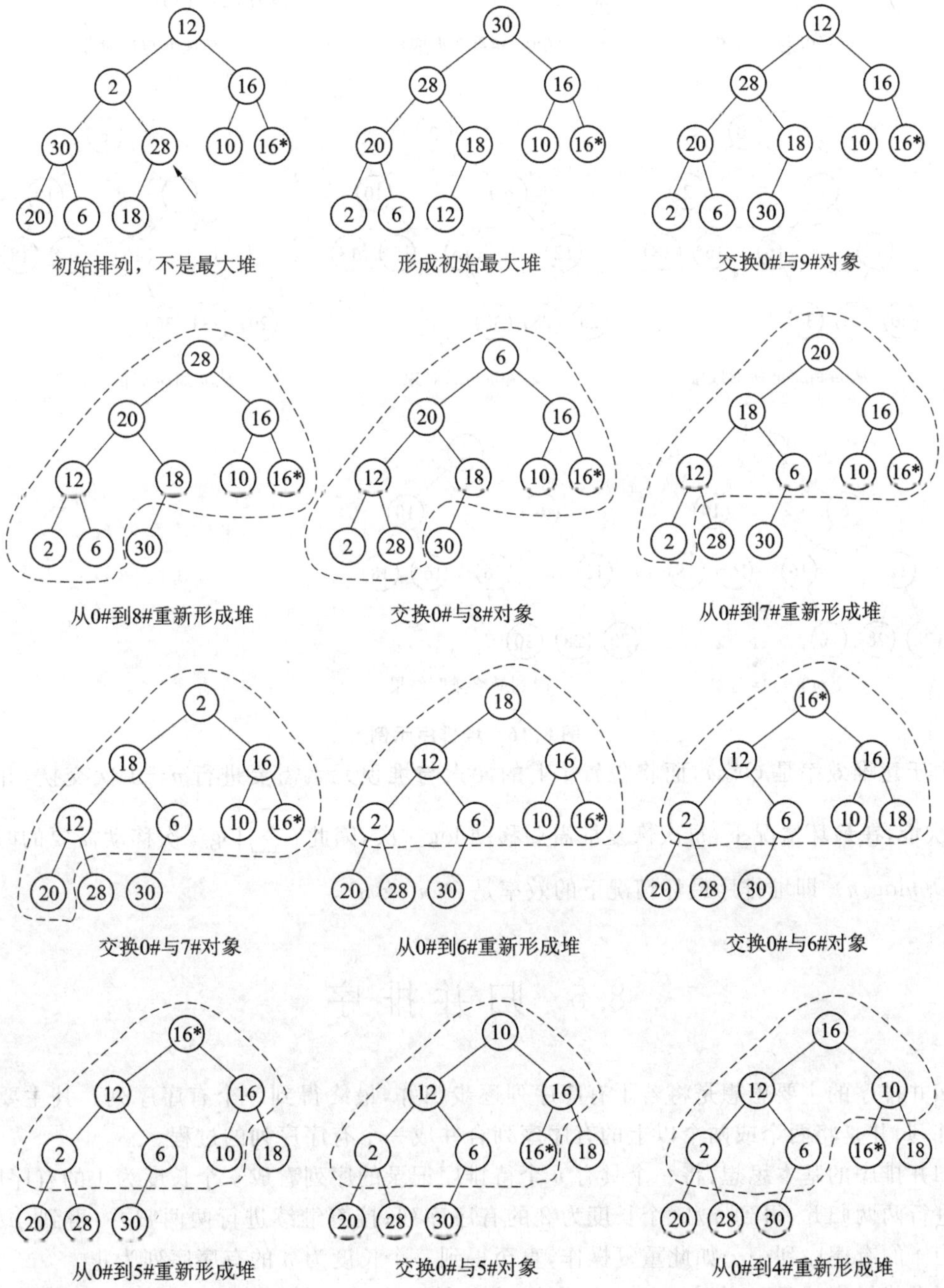

初始排列，不是最大堆　　形成初始最大堆　　交换0#与9#对象

从0#到8#重新形成堆　　交换0#与8#对象　　从0#到7#重新形成堆

交换0#与7#对象　　从0#到6#重新形成堆　　交换0#与6#对象

从0#到5#重新形成堆　　交换0#与5#对象　　从0#到4#重新形成堆

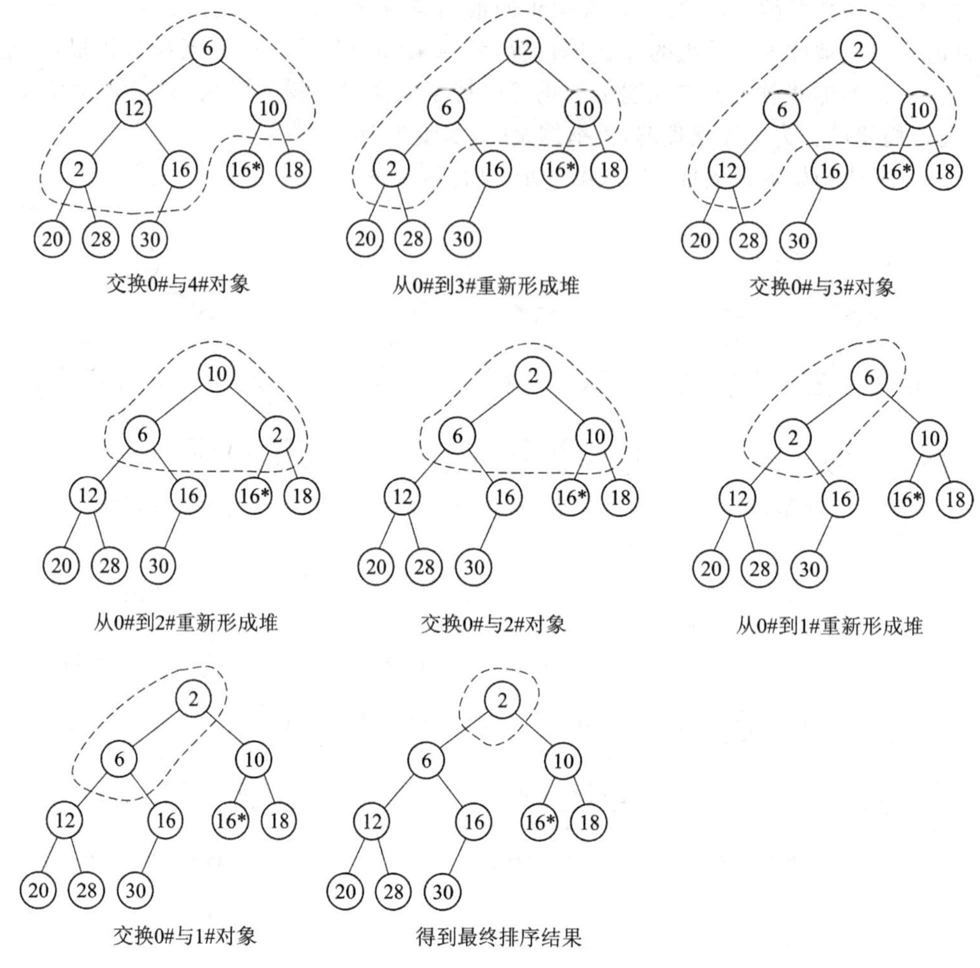

图 8.16　堆排序示例

由于建堆效率是 $O(n)$，而将位置 i 上的元素与堆顶元素需要进行 $n-1$ 次交换，并重建 $n-1$ 次堆，在最坏情况下，每次恢复堆需要移动 $\log_2 i$ 次，因此，$\sum_{i=1}^{n-1}\log_2 i$ 次移动需要的时间开销是 $O(n\log_2 n)$，即堆排序最坏情况下的效率是 $O(n\log_2 n)$。

8.5　归并排序

归并排序的主要思想是将若干有序序列逐步归并，最终得到一个有序序列。其主要操作是归并，归并是将两个或两个以上的有序序列合并成一个有序序列的过程。

归并排序的基本思想：将一个具有 n 个待排序记录的序列看成 n 个长度为 1 的有序序列，然后进行两两归并，得到$\lceil n/2\rceil$个长度为 2 的有序序列；接着继续进行两两归并，得到$\lceil n/4\rceil$个长度为 4 的有序序列……如此重复操作，直至得到一个长度为 n 的有序序列为止。

假设待排序的元素序列包含 n 个元素，在初始状态下，可以将它们看成 n 个有序的子序列，每个子序列只有一个元素；然后进行两两归并，得到$\lceil n/2\rceil$个长度为 2 或 1 的有序子序列；

接着继续两两归并……如此重复操作，直至得到一个长度为 n 的有序序列为止。这种排序方法称为二路归并排序。同理，可以实现多路归并排序。

图 8.17 给出了一个二路归并排序的例子。

初始关键字	[53]	[34]	[76]	[23]	[55]	[28]	[63]	[88]	[34]	[66]
一趟归并后	[34	53]	[23	76]	[28	55]	[63	88]	[34	66]
二趟归并后	[23	34	53	76]	[28	55	63	88]	[34	66]
三趟归并后	[23	28	34	53	55	63	76	88]	[34	66]
四趟归并后	[23	28	34	34	53	55	63	66	76	88]

图 8.17 二路归并排序的例子

二路归并排序算法 8.8：

```
// 将有序的 SR[i..m]和 SR[m+1..n]归并为有序的 TR[i..n] 算法
void Merge( RedType SR[], RedType TR[], int i,int m,int n) {
    int j, k, l ;
    for( j=m+1,k=i; i<=m && j<=n; ++k)
      if ( SR[i].key <= SR[j].key )
          TR[k] = SR[i++];
      else
          TR[k]=SR[j++];
      if( i <= m )
        for( l=0; l<=m-i; l++ )
            TR[k+l]=SR[i+l]; // 将剩余的 SR[i..m]复制到 TR
      if( j <=n )
        for( l=0; l<=n-j; l++)
            TR[k+l]=SR[j+l]; // 将剩余的 SR[j..n]复制到 TR
}
```

一趟归并算法：

```
void MergePass(RedType R[],RedType R1[],int length)
{ int i,j;
  i=0;
  while (i+2*length-1<n)
  {
    MERGE(R,R1,i,i+length-1,i+2*length-1);
    i=i+2*length;
  }
  if (i+length-1<n-1)
     MERGE(R,R1,i,i+length-1,n-1);
  else
     for (j=i;j<n;j++) R1[j]=R[j];
}
```

归并排序算法：

```
void MergeSort(RedType R[]) {
  int length=1;
  while (length<n) {
    MERGEPASS(R,R1,length);
```

```
        length=2 * length;
        MERGEPASS(R1,R,length);
        length=2 * length;
    }
}
```

递归的归并排序算法：

```
void MSort(RedType SR[], RedType TR1[], int s, int t){
    int m;
    RedType TR2[MAXSIZE+1];
    if( s == t ) TR1[s]=SR[s];
    else
    {
        m=(s+t)/2; // 将 SR[s..t]平分为 SR[s..m]和 SR[m+1..t]
        MSort(SR, TR2, s, m);
        MSort(SR, TR2, m+1, t);
        Merge(TR2,TR1, s, m, t);
    }
}
```

若待排序的元素序列包含 n 个元素，则二路归并排序一共要进行$\lceil \log_2 n \rceil$趟，而每趟两两归并的时间效率为 $O(n)$，因此二路归并排序的时间复杂度为 $O(n\log_2 n)$。此外，二路归并排序需要与待排序元素等数量的辅助空间，因此，其空间复杂度 $S(n)=O(n)$。

8.6 基数排序

基数排序来源于对多关键字排序的实践。如先按照扑克的花色排序，再按照面值排序。其借鉴键树分解关键字的思想，将单关键字视为多个子关键字的集合，将多关键字的排序方法(分配、收集)应用于单关键字排序中。这种排序方法与前面介绍的各种排序方法有显著不同。前面介绍的各种排序方法都离不开一个基本操作——比较关键字，而在基数排序过程中不需要进行关键字比较。

8.6.1 多关键字排序

先看一个多关键字排序的例子。

【例 8.4】 对 52 张扑克牌按以下次序排序：

♣2<♣3<…<♣A<♦2<♦3<…<♦A<♥2<♥3<…<♥A<♠2<♠3<…<♠A

两个关键字：花色(♣<♦<♥<♠)和面值(2<3<…<A)。并且“花色”优先级高于“面值”。

比较两张牌的大小时，先比较花色，若花色不同，则已可以确定牌的大小，于是不需要再比较面值；只有当两张牌的花色相同时，才需要比较面值。

要得到以上排列顺序，有两种方法。一种方法是先按照花色不同将 52 张纸牌划分为从小到大的 4 个子序列，再在每一个子序列内部，根据面值不同，将属于同一个子序列的纸牌排列

成一个从小到大的序列，于是可得到以上排列顺序。

另一种排序方法是，先按照面值不同将 52 张纸牌分为 13 个子序列，再将这 13 个子序列按照面值从小到大叠在一起，然后按照花色将这 52 张纸牌重新分为 4 个子序列，最后将这 4 个子序列按花色从小到大叠在一起，同样得到以上排列顺序。

前一种排序方法称为最高位优先法(MSD)。假设每个数据元素有 d 个关键字($k_1, k_2, \cdots, k_d$)，最高位优先法是指先对最高位关键字 k_1(如花色)进行排序，将序列分成若干子序列，每个子序列有相同的 k_1 值；然后让每个子序列对次关键字 k_2(如面值)进行排序，又分成若干个更小的子序列；如此重复操作，直至就每个子序列对最低位关键字 k_d 排序；最后将所有子序列依次连接在一起成为一个有序序列。

后一种排序方法称为最低位优先法(LSD)：从最低位关键字 k_d 起进行排序，然后对高一位的关键字排序；如此重复操作，直至对最高位关键字 k_1 排序后，便成为一个有序序列。

最高位优先法与最低位优先法各自具备不同的特点：

(1)按 MSD 排序，必须将序列逐层分割成若干个子序列，然后对各个子序列分别排序。

(2)按 LSD 排序，不必将序列分成子序列，对每个关键字都是整个序列参加排序；并且可不通过关键字比较，而通过若干次分配与收集操作实现排序。

8.6.2 链式基数排序

链式基数排序是利用多关键字排序的思想，借助若干次“分配”和“收集”操作对单关键字进行排序的一种内部排序方法。其采用链表作为存储结构。

链式基数排序步骤：

(1)设置 10 个队列，f[i]和 e[i]分别为第 i 个队列的头指针和尾指针。

(2)第一趟分配针对最低位关键字(个位)进行，通过改变记录的指针值，将链表中记录分配至 10 个链队列中，每个队列记录的关键字的个位相同。

(3)第一趟收集是通过改变所有非空队列的队尾记录的指针域，令其指向下一个非空队列的队头记录，重新将 10 个队列链成一个链表。

(4)重复第(2)～(3)步，进行第二、第三趟分配和收集，分别对十位、百位进行，最后得到一个有序序列。

在有些情况下，一个单关键字可以看成由多个关键字复合而成。例如，若关键字 K 是在 0～999 之间的数字，则可以将关键字 K 看成由三个关键字(K_1, K_2, K_3)复合而成，其中 K_1 是百位数，K_2 是十位数，K_3 是个位数。同样地，若关键字是由 n 个大写字母组成的单词，则可以将其视为由 n 个关键字($K_1, K_2, \cdots, K_n$)复合而成，其中 K_i 是单词的第 i 个字母。由于分解出的每个关键字都有相同的取值范围(十进制数的范围是 0～9，大写字母的范围是 A～Z)，因此，可以使用最低位优先法进行排序。只要从最低位的关键字分量开始，将元素按照关键字分量的当前值分配到 Radix(Radix 为“基数”的个数)个队列中，然后按照这个关键字分量从小到大将元素收集在一起，如此重复 d(d 为分解出的关键字个数)次，便可使元素序列成为一个有序序列。这种排序方法就是基数排序。若使用链式存储结构，则称为链式基数排序。

图 8.18 是一个链式基数排序的具体例子。待排序的数据元素存储在一个静态链表中[图 8.18(a)]。通过第一趟分配操作，将元素按照个位数的值分配到 10 个链队列中[图 8.18(b)]。接着通过第一趟收集操作，使各非空链队列依次首尾相连，重新将 10 个队列中

的元素连接成一个链表[图 8.18(c)]。按照同样方法依次对十位数和百位数进行分配和收集操作[图 8.18(d)～(g)],至此排序完毕。

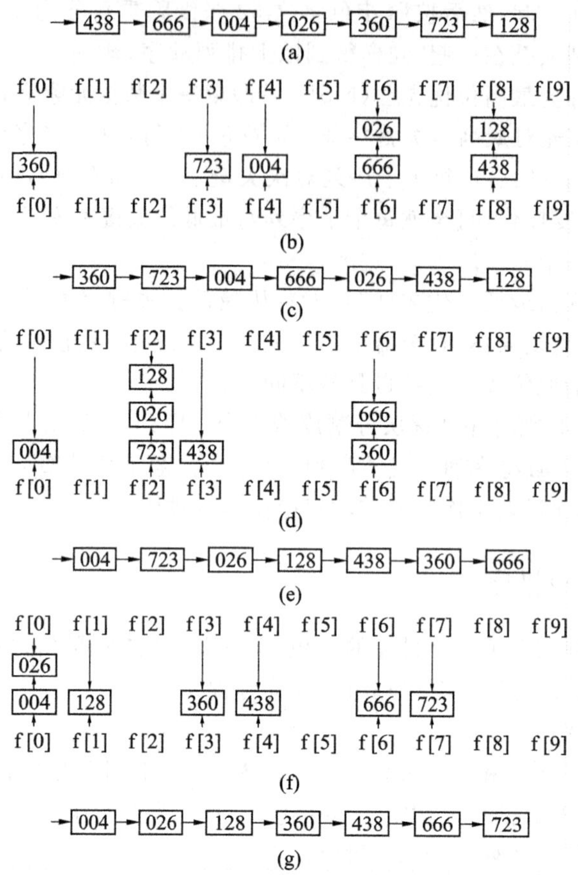

图 8.18　链式基数排序的示例

(a)初始状态;(b)第一趟分配之后;(c)第一趟收集之后;(d)第二趟分配之后;(e)第二趟收集之后;(f)第三趟分配之后;(g)第三趟收集之后的有序序列

8.7　内排序方法的比较

本章讨论的一些内排序方法的时间复杂度和空间复杂度见表 8.2。

表 8.2　**一些内排序方法的性能比较**

排序方法	平均时间复杂度	最坏情况下的时间复杂度	空间复杂度
简单排序	$O(n^2)$	$O(n^2)$	$O(1)$
快速排序	$O(n\log_2 n)$	$O(n^2)$	$O(\log_2 n)$
堆排序	$O(n\log_2 n)$	$O(n\log_2 n)$	$O(1)$
归并排序	$O(n\log_2 n)$	$O(n\log_2 n)$	$O(n)$
基数排序	$O[d(n+\text{Radix})]$	$O[d(n+\text{Radix})]$	$O(\text{Radix})$

分析各种内排序方法的时间和空间性能，可以得出以下结论：

(1)在平均情况下，快速排序、堆排序以及归并排序有较好的时间性能，其中以快速排序最佳，它所需要的时间最少，但在最坏情况下，快速排序的时间性能不如堆排序和归并排序。当数据元素较多时，归并排序的时间性能好于堆排序，但其需要的辅助空间较多，而堆排序仅需一个辅助空间。

(2)直接插入排序、冒泡排序和简单选择排序等简单排序方法的平均时间复杂度都为$O(n^2)$。在这些排序方法中，以直接插入排序最简单，且当待排序的元素很少，或者待排序的元素序列已基本有序时，直接插入排序是很好的排序方法，因此，常将直接插入排序与其他排序方法结合在一起使用。

(3)希尔排序的时间性能比较难分析，但大量实验结果和实际例子都证明它是一种很好的内部排序方法。

(4)基数排序的时间复杂度为$O[d(n+\mathrm{Radix})]$，也可以表示为$O(dn)$，当d很小时趋向于$O(n)$。因此，基数排序适用于元素量大，但关键字的位数较少的元素序列。

(5)由于基数排序不进行关键字比较，因此它是稳定的排序方法。简单排序方法也是稳定的，而快速排序、希尔排序以及堆排序等时间性能较好的排序方法则均不稳定。因此，若按照次关键字进行排序，则需要慎重选择排序方法，但若按照主关键字进行排序，则排序方法是否稳定无关紧要。

(6)可以证明，借助“比较”进行排序的方法在最坏的情况下能够达到的最好时间复杂度是$O(n\log_2 n)$。

由以上讨论可知，本章介绍的各种内部排序方法，没有哪一种是绝对最优的，每一种排序方法都有它的适用范围。在实际应用中应根据具体情况合理选择排序方法。

8.8 外 排 序

在排序操作中，当待排序数据量很大而内存中无法存储所有数据时，仅使用内排序是无法完成排序任务的，此时需要使用外存储器进行外排序。

1. 归并排序

外排序的主要方法是归并排序法。这种排序方法主要由两大步骤构成。

第一步，根据内存可用空间的大小将待排序文件分成若干个子文件并将其逐个调入内存，确保每个子文件都能利用选定的内排序算法进行排序，并将排序后的所有有序子文件再依次写入外存。这些已排序的子文件称为初始有序串。

第二步，对这些有序串进行逐趟归并，使有序串的长度不断增加，而有序串的个数不断减少。重复执行第二步，直至得到完整的有序文件为止。第一步本质上是内排序，而第二步则是外排序的主要内容。

2. 磁盘排序

使用磁盘存储器作为外存进行外排序称为磁盘排序。磁盘排序的思想可通过一个实例说明。

设有一个待排序文件含有 54000 个记录:R1,R2,…,R54000。计算机系统当前可用内存空间可以对 9000 个记录进行排序。待排序文件存放在磁盘上,设盘上每个块可存放 300 个记录,排序过程如下。

首先,从磁盘上将 30 个块(共 9000 个记录)放入内存,在内存中进行内排序,得到一个有序串。重复此过程,对整个文件每 9000 个记录作一次内排序,可以得到 6 个初始有序串 S_1,S_2,S_3,S_4,S_5,S_6,如图 8.19 所示。

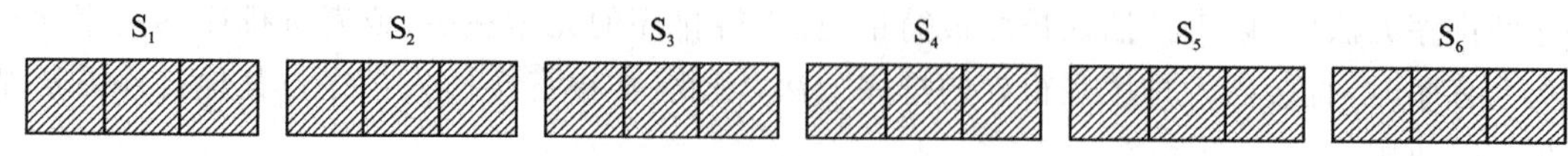

图 8.19 内排序得到 6 个初始有序串

每个初始有序串由 30 个块组成,在图示中用 3 个小方框表示,每个小方框代表 10 个块。

其次,取 3 个内存块,每块可放 300 个记录。用其中两块作为输入缓冲区,另一块作为输出缓冲区。先对有序串 S_1 和 S_2 进行归并,为此,可把这两个有序串中各自的第一个块分别写入两个输入缓冲区,这两个输入缓冲区的记录分别是有序的。利用 8.5 节讲述的归并排序方法的思路,对两个输入缓冲区的记录进行归并,将归并结果写入输出缓冲区。归并过程中,当输出缓冲区满时,就将输出缓冲区中的内容写入磁盘;当一个输入缓冲区腾空时,便把同一有序串的下一块读入,这样不断进行,直到有序串 S_1 和有序串 S_2 的归并完成。

用同样的方法将 S_3 和 S_4、S_5 和 S_6 分别归并。这样,整个文件经这一趟归并后可以得到 3 个有序串。这趟归并需要对整个文件中的所有记录读写一次(即从磁盘上读入内存一次,并从内存写到磁盘一次),并在内存中参加一次归并。反复对每两个有序串进行归并,最后得到一个有序串,即为排序结果。归并过程如图 8.20 所示。

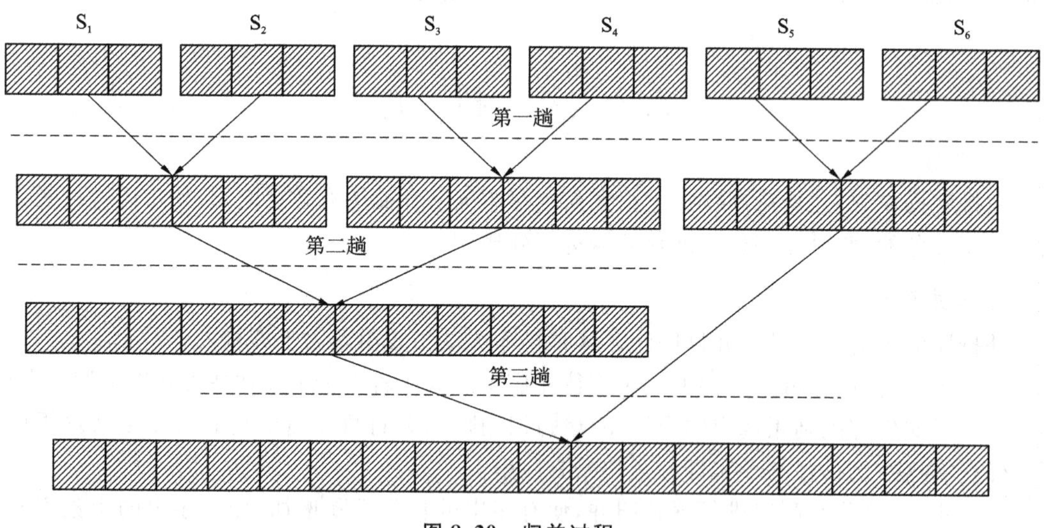

图 8.20 归并过程

本 章 小 结

排序是计算机程序设计中的一种重要操作,是将记录按照某个关键码排成有序序列的过

程。排序方法按所涉及的存储器不同分为内排序和外排序两类。内排序指记录存放在内存中并且在内存中调整记录之间的相对位置，没有进行内存、外存的数据交换。外排序指记录的主要部分存放在外存中，借助内存调整记录之间的相对位置，需要在内存、外存之间交换数据。

排序方法按关键码值记录在排序前后的位置关系是否一致，分为稳定排序和不稳定排序两类。稳定排序方法中，排序前后相同关键码值的记录之间的位置关系不变；不稳定排序方法中，排序前后相同关键码值的记录之间的位置关系改变。

本章主要介绍了常用的内排序方法，包括三种简单排序方法，即直接插入排序、冒泡排序和简单选择排序。这三种排序方法在最好情况下的时间复杂度为 $O(n)$，在平均情况和最坏情况下的时间复杂度均为 $O(n^2)$，其中直接插入排序和冒泡排序是稳定的排序方法，简单选择排序是不稳定的排序方法。

快速排序方法的平均性能最好，平均情况下其时间复杂度为 $O(n\log_2 n)$，所以，当待排序序列已经按关键码随机分布时，采用快速排序是最适合的。但快速排序在最坏情况下的时间复杂度为 $O(n^2)$，且它是一种不稳定的排序方法。

堆排序方法在最好情况、平均情况和最坏情况下的时间复杂度均保持不变，为 $O(n\log_2 n)$，并且所需的辅助空间少于快速排序方法。堆排序方法也是不稳定的排序方法。

归并排序方法在最好情况下、平均情况下和最坏情况下的时间复杂度均保持不变，为 $O(n\log_2 n)$，但需要的辅助空间大于堆排序方法，不过，归并排序方法是稳定的排序方法。

以上排序方法都是通过记录关键码的比较和记录的移动来进行排序，而基数排序方法是一种采用多关键码排序的思想，将单关键码按基数分成多关键码排序的方法。

一般情况下，排序采用顺序存储结构（基数排序方法除外），而当记录数量十分庞大时可以采用链式存储结构，但快速排序和堆排序很难在链表中实现。

思考与练习题

一、选择题

1. 将 5 个不同的数据进行排序，至多需要比较（　　）次。

A. 8　　B. 9　　C. 10　　D. 25

2. 从未排序序列中依次取出元素与已排序序列（初始时为空）中的元素进行比较，将其放入已排序序列的正确位置上的方法，称为（　　）。

A. 希尔排序　　B. 冒泡排序　　C. 插入排序　　D. 选择排序

3. 从未排序序列中挑选元素，并将其依次插入已排序序列（初始时为空）的一端的方法，称为（　　）。

A. 希尔排序　　B. 归并排序　　C. 插入排序　　D. 选择排序

4. 对 n 个不同的排序码进行冒泡排序，在下列哪种情况下比较的次数最多？（　　）

A. 从小到大排列好的　　B. 从大到小排列好的

C. 元素无序　　D. 元素基本有序

5. 对 n 个不同的排序码进行冒泡排序，在元素无序的情况下比较的次数为（　　）。

A. $n+1$　　B. n　　C. $n-1$　　D. $n(n-1)/2$

6. 快速排序在下列哪种情况下最易发挥其长处？(　　)

A. 被排序的数据中含有多个相同排序码

B. 被排序的数据已基本有序

C. 被排序的数据完全无序

D. 被排序的数据中的最大值和最小值悬殊

7. 对有 n 个记录的表进行快速排序，在最坏情况下，算法的时间复杂度是(　　)。

A. $O(n)$　　B. $O(n^2)$　　C. $O(n\log_2 n)$　　D. $O(n^3)$

8. 若一组记录的排序码为(46,79,56,38,40,84)，则利用快速排序的方法，以第一个记录为基准得到的一次划分结果为(　　)。

A. 38,40,46,56,79,84　　B. 40,38,46,79,56,84

C. 40,38,46,56,79,84　　D. 40,38,46,84,56,79

9. 下列关键字序列中，(　　)是堆。

A. 16,72,31,23,94,53　　B. 94,23,31,72,16,53

C. 16,53,23,94,31,72　　D. 16,23,53,31,94,72

10. 堆是一种(　　)排序。

A. 插入　　B. 选择　　C. 交换　　D. 归并

11. 堆的形状是一棵(　　)。

A. 二叉排序树　　B. 满二叉树　　C. 完全二叉树　　D. 平衡二叉树

12. 若一组记录的排序码为(46,79,56,38,40,84)，则利用堆排序的方法建立的初始堆为(　　)。

A. 79,46,56,38,40,84　　B. 84,79,56,38,40,46

C. 84,79,56,46,40,38　　D. 84,56,79,40,46,38

13. 下述几种排序方法中，对内存要求最大的是(　　)。

A. 插入排序　　B. 快速排序　　C. 归并排序　　D. 选择排序

14. n 个记录直接插入排序所需的记录最小移动次数是(　　)。

A. $2(n-1)$　　B. $2n$　　C. $(n+3)(n-2)/2$　　D. $n^2/2$

15. 如果只想得到 1024 个元素组成的序列中第 5 个最小元素之前的部分排序的序列，用(　　)方法最快。

A. 冒泡排序　　B. 快速排序　　C. 简单选择排序　　D. 堆排序

16. 如果待排序序列中两个数据元素具有相同的值，在排序前后它们的相互位置发生颠倒，则称该排序算法是不稳定的。(　　)就是不稳定的排序方法。

A. 冒泡排序　　B. 归并排序　　C. 直接插入排序　　D. 简单选择排序

17. 下面的排序算法中，不稳定的是(　　)。

A. 冒泡排序　　B. 折半插入排序　　C. 简单选择排序　　D. 希尔排序

E. 基数排序　　F. 堆排序

二、填空题

1. 大多数排序算法都有两个基本的操作：__________和__________。

2. 在对一组记录(54,38,96,23,15,72,60,45,83)进行直接插入排序时，当把第 7 个记录 60 插入有序表时，为寻找插入位置至少需比较__________次。

3. 在插入和选择排序中，若初始数据基本正序，则选用__________；若初始数据基本反序，则选用__________。

4. 在堆排序和快速排序中，若初始记录接近正序或反序，则选用__________；若初始记录基本无序，则最好选用__________。

5. 对于有 n 个记录的集合进行冒泡排序，在最坏的情况下所需要的时间是__________。若对其进行快速排序，在最坏的情况下所需要的时间是__________。

6. 对于有 n 个记录的集合进行归并排序，所需要的平均时间是__________，所需要的附加空间是__________。

7. 对于有 n 个记录的表进行二路归并排序，整个归并排序需进行__________趟（遍）。

8. 设要将序列(Q,H,C,Y,P,A,M,S,R,D,F,X)中的关键码按字母序的升序重新排列，则：冒泡排序一趟扫描的结果是__________；初始步长为 4 的希尔排序一趟的结果是__________；二路归并排序一趟扫描的结果是__________；快速排序一趟扫描的结果是__________；堆排序初始建堆的结果是__________。

9. 在堆排序、快速排序和归并排序中，若只考虑存储空间，则应首先选取__________方法，其次选取__________方法，最后选取__________方法；若只考虑排序结果的稳定性，则应选取__________方法；若只考虑平均情况下最快，则应选取__________方法；若只考虑最坏情况下最快并且要节省内存，则应选取__________方法。

三、简答和算法设计题

1. 在已学过的排序方法中，哪一种方法需进行的关键字比较次数与元素的初始序列状态无关？如果初始状态相同且元素基本无序，则使用哪种方法效率最高？

2. 有一个待排序序列(57,104,23,18,77,86,45,96,62,8,38)，请手动执行下列排序，并给出每一趟排序所需进行的关键字比较次数。

(1)简单插入排序；

(2)简单选择排序；

(3)改进后的冒泡排序；

(4)快速排序。

3. 如果一组待排序元素以单链表为其存储结构，请设计算法对这样的单链表结构的排序表进行简单选择排序。

4. 编写一个双向冒泡的排序算法，即相邻两趟的冒泡方向相反。

5. 试以单链表为存储结构编写简单插入排序的算法。

6. 已知序列(70, 83, 100, 65, 10, 32, 7, 9)，请给出采用插入排序法对该序列作升序排序时的每一趟的结果。

7. 已知序列(503, 87, 512, 61, 908, 170, 897, 275, 653, 462)，请给出采用快速排序对该序列作升序排序时的每一趟的结果。

第9章　查　　找

查找，也称为检索或搜索，是一种极为常用的基本操作。无论是在人们的日常生活中，还是在科学研究和技术应用领域，查找的实例随处可见。在许多场合，查找操作的效率非常重要，以至于常常要根据查找的需要，设置专门用于查找的数据结构。这种专门用于查找的数据结构称为查找结构或查找表。查找结构的构成以及怎样使用它进行查找是本章要讨论的主要内容。

9.1　概　　述

一般而言，查找是指在数据元素集合中寻找满足某些指定条件的数据元素。若在集合中找到指定数据元素，则称查找成功，否则称查找不成功或查找失败。

在查找过程中经常进行的操作包括：① 在查找结构中查询某个特定的数据元素是否存在；② 查找某个特定数据元素的一个或多个属性；③ 在查找结构中删除查找到的某个数据元素；④ 在查找结构中插入原本不存在的数据元素。若查找过程中只进行前两种操作，则称为静态查找；若查找过程中要进行后两种操作（即要根据查找结果在查找结构中删除或插入元素），则称为动态查找。

一般根据数据元素（或记录）的关键字进行查找。关键字是数据元素中某个数据项的值，可用来标识数据元素。关键字可以分为主关键字和次关键字。主关键字可以唯一标识一个数据元素，不同数据元素具有不同的主关键字。次关键字可以标识一组数据元素，但在该组内部，所有数据元素具有相同的次关键字。

可以按照不同的原则对查找操作进行分类。根据查找时是否所有元素都在内存中，可以将查找分为内查找和外查找；根据查找过程中是否增删元素，可以将查找分为静态查找和动态查找；根据查找过程中是否进行关键字比较，可以将查找分为比较式查找和非比较式查找；等等。

一般而言，各种数据结构都会涉及查找操作。例如，使用线性表、树、图等数据结构解决实际问题时，往往需要进行查找操作。只不过当查找操作处于从属地位时，则没有必要使用专门用于查找的数据结构。但在许多实际问题中，查找操作上升到主要地位，这时必须考虑查找效率。为了提高查找速度，必须设置专门用于查找的数据结构，即设置专门的查找结构用于查找。

存在多种用于查找的数据结构，可以根据不同原则对它们进行分类。

按照查找结构中数据元素之间的关系，可以将查找结构分为三种：线性索引结构、树形索引结构、散列（杂凑）结构。

按照查找过程中是否在查找结构中插入或删除数据元素，可以将查找结构分为两种：静态查找结构，即在查找过程中，不在查找结构中插入或删除元素；动态查找结构，即根据查找结果在查找结构中插入或删除元素。

在不同的查找结构上进行查找操作需要使用不同的查找算法。不同的查找算法的查找效率可能不同。对于依赖关键字比较的查找操作，可以使用查找指定元素需要进行关键字比较的次数来衡量查找算法效率的高低。由于查找指定元素需要进行关键字比较的次数与该元素在查找结构中的位置有关，因此常使用查找指定元素需要进行关键字比较的次数的数学期望作为衡量查找算法效率高低的标准，并将它称为平均查找长度（ASL）。平均查找长度分为查找成功时的平均查找长度和查找失败时的平均查找长度。查找成功时的平均查找长度描述了查找成功时进行关键字比较的平均次数，而查找失败时的平均查找长度描述了查找失败时进行关键字比较的平均次数。

对于含有 n 个数据元素的查找结构，查找成功的平均查找长度为

$$\mathrm{ASL}=\sum_{i=1}^{n}P_iC_i \tag{9.1}$$

其中，P_i 为查找第 i 个元素的概率，且 $\sum_{i=1}^{n}P_i=1$；C_i 为找到第 i 个元素所需要进行关键字比较的次数。查找失败时的平均查找长度可以按照类似的方法进行定义。

一般情况下，查找成功的概率远大于查找失败的概率，尤其在查找结构中包含大量数据元素时更是如此，这时查找失败的概率可以忽略不计。当查找失败的概率不能忽略时，查找算法的平均查找长度是查找成功时的平均查找长度与查找失败时的平均查找长度之和。

9.2 线性表的查找

线性表常有两种存储结构：顺序存储结构和链式存储结构。对于顺序存储结构，如果数据元素是无序的，那么可以按照顺序搜索方式进行查找；而若数据元素已按关键字有序排列，则可以使用高效的查找方法，如折半查找。但对于链式存储结构，则只能进行顺序查找。

9.2.1 顺序查找

顺序查找是最简单的查找方法，它的基本思想是从线性表的一端开始，依次将每个数据元素的关键字与待查找值 K 进行比较，若相等则查找成功，找到所查的数据元素，结束查找操作；反之，若找遍整个线性表都未找到关键字等于 K 的数据元素，则查找失败。

顺序查找既适用于顺序表，也适用于链表。若应用于顺序表，则既可以从前往后查找，也可以从后向前查找。若应用于线性链表，则只能从前向后查找。

在顺序表中进行顺序查找的算法如下：

```
typedef struct ElementType      // 数据元素的类型
{   ……                 // 数据元素的其他部分
    Type key;          // 数据元素的关键字
```

```
};
int SeqSearch(ElementType * List, int n, Type K)
{    // 在具有 n 个元素的顺序表中顺序查找关键字等于 K 的数据元素
     // 若找到该元素则返回其位置(数组从 List[1]起存放元素,List[0]未使用),否则返回"0"值
     int i=n;
     List[0].key=K;                      // 设置哨兵
     while(List[i].key != K) i--;
     return i;
}
```

以上算法中,在查找的"尽头"设置了哨兵,所谓哨兵就是待查找值 K。设置哨兵的目的在于免去在查找过程中每一步都要检测整个表是否查找完毕,从而提高查找速度。实践证明,设置哨兵后,当表长超过 1000 时,进行一次查找所需要的平均时间几乎减少一半。

在以上算法中,查找某元素需要进行关键字比较的次数与该元素的位置有关。查找最后一个元素,仅需要比较一次;而查找第一个元素,需要比较 n 次。一般情况下,查找第 i 个元素,需要比较的次数 C_i 为 $n-i+1$。假设每个元素的查找概率 P 相等,即 $P=1/n$,则查找成功时的平均查找长度 $\mathrm{ASL}_{成功}$ 为

$$\mathrm{ASL}_{成功} = \sum_{i=1}^{n} P_i C_i = \frac{1}{n}\sum_{i=1}^{n}(n-i+1) = \frac{n+1}{2} \tag{9.2}$$

对于失败的查找,进行关键字比较的次数都是 $n+1$ 次。若查找成功的概率是 P_1,查找失败的概率是 P_2,且每个元素具有相同的查找概率,则顺序查找的总平均查找长度 $\mathrm{ASL}_{总}$ 为

$$\mathrm{ASL}_{总} = P_1(n+1)/2 + P_2(n+1) \tag{9.3}$$

在查找成功与查找失败的概率相等(即 $P_1=P_2=1/2$)的情况下,顺序查找的总平均查找长度 $\mathrm{ASL}_{总}$ 为

$$\mathrm{ASL}_{总} = \left[\frac{1}{2}(n+1)/2\right] + \frac{1}{2}(n+1) = \frac{3}{4}(n+1) \tag{9.4}$$

在线性链表上进行顺序查找与在顺序表上进行顺序查找类似,其实现算法如下:

```
typedef struct NodeType      // 链结点的类型
{  ElementType data;
   NodeType * next;
};
NodeType * SeqSearch(NodeType * head, Type K)
{  // 在具有 n 个元素的线性链表中顺序查找关键字等于 K 的数据元素
   // 若找到该元素则返回其位置,否则返回"0"值
    NodeType * p=head;
    while(p && p->data.key != K) p=p->next;
    return p;
}
```

也可以在线性链表的表尾设置哨兵,以加快查找速度。

9.2.2 折半查找

若线性表采用顺序存储结构,且表中的数据元素按关键字有序排列,则可以使用一种更高效的查找方法——折半查找(又称二分法查找)。

折半查找的基本思想：先在有序表中找到位于中点位置的元素，将其关键字与待查值 K 进行比较，若二者相等则查找成功，结束查找操作；若 K 小于中点元素的关键字，则下一步在有序表的前半部分（值小于中点元素的部分）按相同方法进行查找；若 K 大于中点元素的关键字，则下一步在有序表的后半部分（值大于中点元素的部分）按相同方法进行查找；重复上述操作，直至在表中找到指定元素，或者查找失败为止。

例如，若要在以下有序表（图 9.1）中查找 $K(40)$，则查找过程如下。

1	2	3	4	5	6	7	8	9	10	11
6	8	25	40	47	53	67	72	77	83	98

图 9.1 有序表

设置两个位置变量 low 和 high，分别用于记录当前查找范围的下界位置和上界位置。另设置位置变量 mid 记录当前查找范围的中间位置，mid＝⌊(low＋high)⌋。此例中，low 和 high 的初值分别为 1 和 11，即最初的查找区间为［1，11］，这时 mid＝6（图 9.2）。

1	2	3	4	5	6	7	8	9	10	11
6	8	25	40	47	53	67	72	77	83	98
↑low					↑mid					high↑

图 9.2 mid＝6

比较 mid 位置处的元素 53 与 $K(40)$ 的值。由于 $K<53$，因此，若表中存在 K，一定位于区间［low，mid－1］内。于是令 high＝mid－1，即将［1，5］作为新的查找区间，这时 mid＝3。

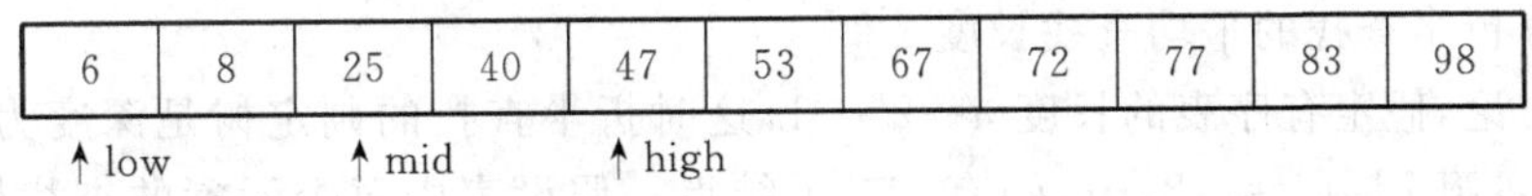

6	8	25	40	47	53	67	72	77	83	98
↑low		↑mid		↑high						

图 9.3 mid＝3

比较 mid 位置处的元素 25 与 $K(40)$ 的值。由于 $K>25$，因此，若表中存在 K，一定位于区间［mid＋1，high］内。于是令 low＝mid＋1，即将［4，5］作为新的查找区间，这时 mid＝4。

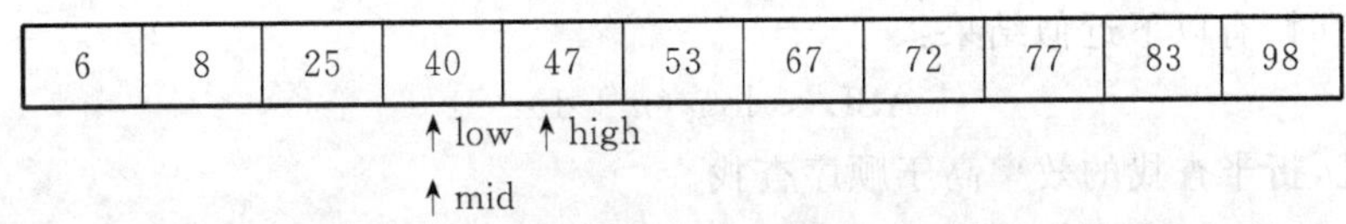

6	8	25	40	47	53	67	72	77	83	98
			↑low	↑high						
			↑mid							

图 9.4 mid＝4

比较 mid 位置处的元素 40 与 $K(40)$ 的值，二者相等则查找成功。

在查找过程中，若位置变量 low 的值大于位置变量 high，即查找区间小于 0，则表明要找的 K 值不在表中。

折半查找的算法如下：

```
typedef struct ElementType          // 数据元素的类型
{   ……                              // 数据元素的其他数据项
    Type key;                       // 数据元素的关键字
};
int BinSearch(ElementType * List, int n, Type K)
{  // 在具有 n 个元素的顺序表中折半查找关键字等于 K 的数据元素
```

```
    // 若找到该元素，则返回其位置(数组从 List[1]起存放元素，List[0]未使用)，否则返回"0"值
    int low=1, high=n,mid;                           // 确定初始查找区间
    while(low<=high)
    { mid=(low+high)/2;                              // 求中点位置
     if(List[mid].key==K) return mid;                // 找到元素则返回其位置
     else if(K<List[mid].key) high=mid-1;            // 继续在前半区间查找
     else low=mid+1;                                 // 继续在后半区间查找
    } return 0;
}
```

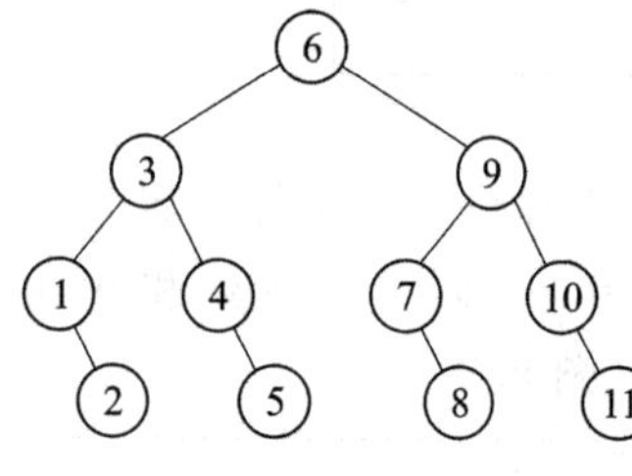

图 9.5 折半查找的判定树

在上述折半查找的例子中，查找不同位置的元素需要进行关键字比较的次数并不一样。例如，查找第 6 个位置的元素只需要比较 1 次，查找第 3 和第 9 个位置的元素需要比较 2 次，查找第 1、第 4、第 7 和第 10 个位置的元素需要比较 3 次……整个查找过程可以用图 9.5 所示的二叉树描述。这类二叉树称为折半查找的判定树。

树中的每个结点表示一个数据元素，结点中的值是该元素在有序表中的位置。查找某数据元素恰好走了一条从根到相应结点的路径，找到某元素时进行关键字比较的次数等于该元素结点在判定树上的层次数，因此，折半查找在查找成功时进行关键字比较的次数最多不超过树的深度。尽管判定树不是完全二叉树，但其叶子结点所在的层次之差最多为 1，所以具有 n 个结点的判定树的深度与具有 n 个结点的完全二叉树的深度相同，即为$\lfloor \log_2 n \rfloor+1$，因此，折半查找在查找成功时进行关键字比较的次数最多为$\lfloor \log_2 n \rfloor+1$。

下面计算折半查找的平均查找长度。

为便于讨论，假定有序表的长度 $n=2^k-1$，这时折半查找的判定树是深度为 k 的满二叉树。在该树上，第 i 层($i=1,2,\cdots,k$)有 2^{i-1} 个结点。假设表中每个元素的查找概率相同，即 $P_i=1/n$，则查找成功时的平均查找长度为

$$\mathrm{ASL} = \sum_{i=1}^{n} P_i C_i = \frac{1}{n}\sum_{i=1}^{n}(i \times 2^{i-1}) = \frac{n+1}{n}\log_2(n+1) - 1 \tag{9.5}$$

当 n 较大时，有以下近似结果：

$$\mathrm{ASL} \approx \log_2(n+1) - 1 \tag{9.6}$$

由此可见，折半查找的效率高于顺序查找。

需要注意的是，折半查找只适用于有序表，且仅限于线性表采用顺序存储结构的情况。

9.2.3 斐波那契查找

斐波那契查找也是一种基于有序顺序表的查找方法，它通过逐步缩小查找区间来实现。该方法的查找区间端点和中间点与斐波那契数列[式(3.3)]有关。

例如，斐波那契数列的前 10 项如表 9.1 所示。

表 9.1 **斐波那契数列的前 10 项**

n	0	1	2	3	4	5	6	7	8	9
$F(n)$	0	1	1	2	3	5	8	13	21	34

对于一个长度为 n 的有序表，设 $n=F(k)-1$（若表的长度不满足该条件，则增加若干虚元素，以使表的长度满足此条件）。若要在该表中执行斐波那契查找，则表的中点元素的位置始终取 $F(k-1)$，即每次取查找表第 $F(k-1)$ 个位置的元素 List[F(k－1)]与待查值 Key 进行比较。有三种可能比较结果：

(1) List[F(k－1)]＝Key，则查找成功，结束查找。

(2) Key＜List[F(k－1)]，则缩小查找区间，继续在查找表中序号 1～[$F(k-1)-1$]的范围内按同样方法进行查找。

(3) Key＞List[F(k－1)]，则缩小查找区间，继续在查找表中序号[$F(k)-1$]～[$F(k-1)+1$]的范围内按同样方法进行查找。

例如，对于图 9.6 所示的查找表，$n=F(7)-1=12$，$k=7$。初始查找区间的下界位置为 1，上界位置为 12，中点位置为 $F(7-1)=F(6)=8$。假设待查值 Key＝13，因为 Key 小于 $F(6)$ 位置的元素值 28，所以下一步应在序号 1～7 的范围内继续进行斐波那契查找，依次类推。

1	2	3	4	5	6	7	8	9	10	11	12
2	4	7	9	13	23	25	28	30	36	38	46

图 9.6　查找表

就平均性能而言，斐波那契查找稍优于折半查找；但在最坏情况下，它的性能比折半查找稍差。

9.3　线性索引结构

为了加快查找速度，可以为数据元素集建立一个或多个索引。建立索引后，查找可以在索引中进行。由于索引是专门为查找操作建立的数据结构，因此若组织合理，则可以显著加快查找速度。

现实中使用索引技术的例子很多，书的目录就是索引技术的一个典型应用实例。

一个索引由若干索引项构成。索引项的结构通常如图 9.7 所示。

关键字	包含该关键字的数据元素在数据集中的位置

图 9.7　索引项的结构

根据索引中的索引项与数据集中的数据元素之间的对应关系，可以将索引分为稠密索引和稀疏索引两类。对于稠密索引，每一个数据元素在索引中有一个对应的索引项；对于稀疏索引，每一组数据元素在索引中有一个对应的索引项。

索引有多种结构形式，其中最常见的是线性结构和树形结构。

若索引中的索引项组织成线性表，则称该索引为线性索引或索引表。为了加快查找速度，索引表中的索引项一般按关键字有序排列，而索引对应的数据集可以是任意结构。线性索引一般是静态查找结构。

若索引中的索引项组织成树形结构，则称该索引为树形索引。树形索引通常是动态查找结构。

本节仅介绍线性索引，树形索引将在下一节介绍。

对于一些大数据集，其索引表本身也可能很大，为了加快在索引表上查找的速度，可以为索引表再建立另一个索引，依次类推，就构成了多级索引。

9.3.1 线性稠密索引

若稠密索引组建成一个按关键字有序的线性表，则将这样的索引称为线性稠密索引。线性稠密索引的一个例子见图 9.8。

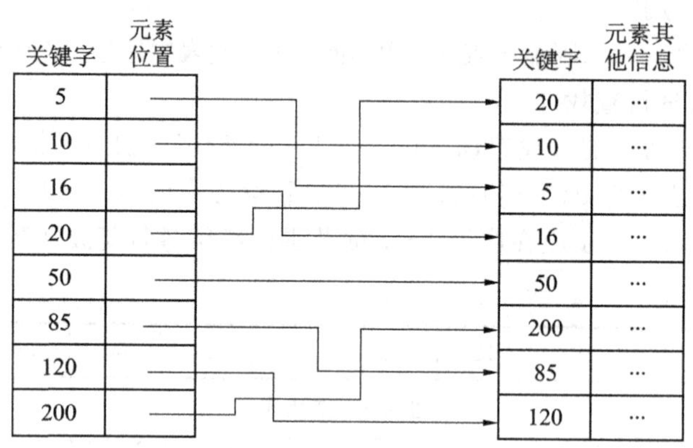

图 9.8 线性稠密索引的示例

建立线性稠密索引以后，查找操作便在索引表上进行。为了加快查找速度，查找算法可以使用前面介绍的用于有序表的查找方法，如折半查找等。

要使用索引表进行查找，首先必须为数据集建立索引表。由于索引表是一个按关键字有序的顺序表，因此创建索引表的过程可以看成在有序表（索引表）中插入元素（保持元素按关键字有序）的过程，具体实现算法可以参考相关的排序算法。

9.3.2 分块索引

在线性稠密索引中，每一个数据元素对应一个索引项，因此索引表可能会占用较多的空间。为了减少索引项的数目，若数据集具有分块有序的特征，则可以采用非稠密索引方法，以数据块为单位建立"分块索引"。

分块有序是指虽然整个数据元素集是无序的，但可以将其划分为若干个大小不等的数据块。尽管每个数据块中的数据元素仍然是无序的，但第二个数据块中所有数据元素的关键字均大于（或小于）第一个数据块中的最大（或最小）关键字，第三个数据块中所有数据元素的关键字均大于（或小于）第二个数据块中的最大（或最小）关键字，依次类推。

对于分块有序的数据元素集，无须采用稠密索引，只需以数据块为单位建立分块索引。

分块索引的构建方法是，以数据块为单位在索引表中建立索引项，每一个数据块对应一个索引项。每个索引项的结构如图 9.9 所示。

对应数据块内的最大（或最小）关键字	对应数据块的长度	对应数据块的首地址或尾地址

图 9.9 索引项的结构（分块索引）

在索引表中，各索引项按关键字升序（或降序）排列。分块索引的例子见图 9.10。

为数据元素集建立分块索引后，通过分块索引进行的查找称为分块查找或索引顺序查找。

整个查找过程分两步进行：①在索引表中查找，确定待查关键字所在数据块的起始地址；②在数据块中查找关键字。

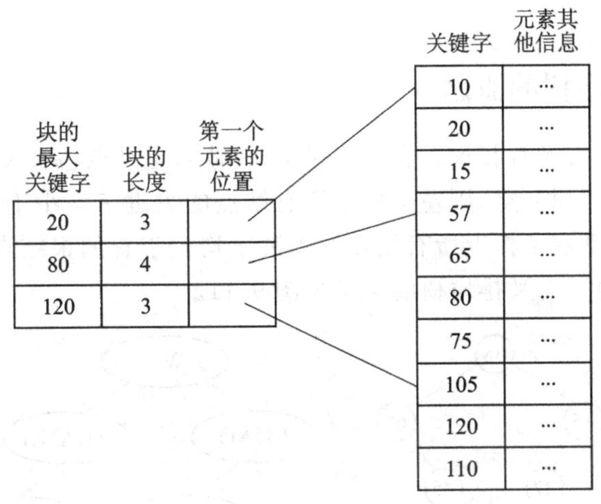

图 9.10 分块索引的示例

由于索引表是有序表，因此在其中进行查找时可以使用高效的查找方法，如折半查找、斐波那契查找等。但在数据块内进行查找时，由于块内数据可能无序，所以通常只能采用顺序查找法。

分块查找的平均查找长度 ASL 应为

$$ASL = ASL_i + ASL_b \tag{9.7}$$

其中，ASL_i 是在索引表中查找给定关键字所在数据块的平均查找长度；ASL_b 是在数据块中查找给定关键字的平均查找长度。

在使用分块查找时，若长度为 n 的查找表被分成 b 块，每块含有 s 个元素，即 $b=\lceil n/s \rceil$，且表中每个元素的查找概率相等，则在索引表中查找关键字所在数据块的概率为 $1/b$，在数据块中查找关键字的概率为 $1/s$。

当在索引表与数据块内都采用顺序查找时，分块查找的平均查找长度为

$$ASL = ASL_i + ASL_b = \frac{1}{b}\sum_{j=1}^{b} j + \frac{1}{s}\sum_{i=1}^{s} i = \frac{b+1}{2} + \frac{s+1}{2} = \frac{1}{2}(\lceil n/s \rceil + s) + 1 \tag{9.8}$$

当在索引表中使用折半查找，而在数据块中使用顺序查找时，分块查找的平均查找长度为

$$ASL \approx \log_2\left(\frac{n}{s}+1\right) + \frac{s}{2} \tag{9.9}$$

9.4 二叉排序树

在树形索引结构中，树中的每一个结点都是一个索引项，它一般包含关键字和该关键字对应数据元素的位置指针。由于树的高度（深度）一般小于同规模线性结构的长度，因此在树形索引结构上进行查找一般快于在线性索引结构上进行查找。

树形索引结构多用作动态查找结构，即在查找过程中，可以对树的结点进行动态增加或删

除，因此，树形索引结构常采用链式存储结构进行存储。

二叉排序树是一种最基本的树形索引结构，由它可以推导出平衡二叉树等其他树形索引结构。

9.4.1 二叉排序树的概念

二叉排序树又称为二叉查找树。它可以是空树，或者是结点包含关键字，且具有以下特征的二叉树：①若它的左子树非空，则左子树上所有结点的关键字均小于它的根结点的关键字；②若它的右子树非空，则右子树上所有结点的关键字均大于它的根结点的关键字；③它的左、右子树也是二叉排序树。二叉排序树的例子见图 9.11。

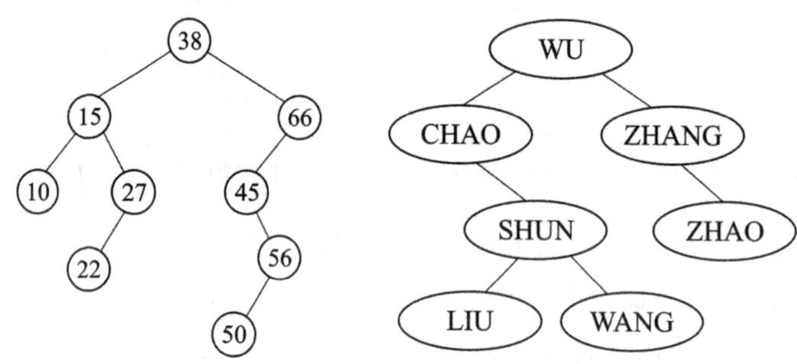

图 9.11 二叉排序树的示例

由于二叉排序树一般用作动态查找结构，故宜采用二叉链表作为其存储结构，其链结点的描述如下：

```
typedef struct BinSortTreeNode
{  Type Key;                        // 关键字
   BinSortTreeNode * lchild, * rchild;        // 左、右孩子结点的地址
   ……                               // 该关键字对应数据元素的存储位置等信息
};
```

9.4.2 二叉排序树的查找

在二叉排序树上进行查找的方法如下：若二叉排序树非空，则首先将待查找值 K 与根结点的关键字进行比较，二者若相等，则查找成功；否则根据 K 是小于还是大于根结点的关键字，决定是沿左子树还是右子树继续查找。若以二叉链表作为二叉排序树的存储结构，则实现查找的递归算法如下：

```
BinSortTreeNode * SearchBinSortTree(BinSortTreeNode * root, Type K)
{  // 在根指针为 root 的二叉排序树上查找关键字等于 K 的数据元素
   // 若查找成功则返回该结点的地址，否则返回空指针
   if(! root) return NULL;
   if(root->Key==K) return root;                    // 查找结束
   if(K < root->Key)
       return SearchBinSortTree(root->lchild, K);    // 继续在左子树上查找
   else return SearchBinSortTree(root->rchild, K);   // 继续在右子树上查找
}
```

当二叉排序树用作动态查找结构时，在查找过程中要根据查找结果动态增加或删除结点，

此时，需要知道相应结点的双亲结点地址等信息。为此，可以对上述查找算法进行如下修改。修改后算法的执行结果如下：

(1)若二叉排序树是空树，则函数值返回“NULL”，且 flag 返回“－3”。

(2)若查找成功，则函数值返回找到结点的双亲结点的地址，且当找到的结点是双亲结点的左孩子时，flag 返回“1”；当找到的结点是双亲结点的右孩子时，flag 返回“2”。

(3)若根结点的关键字等于 K，则函数返回“NULL”，且 flag 返回“0”。

(4)若查找失败，则函数值返回待插入结点的位置，且当结点应作为左孩子插入时，flag 返回“－1”，当结点应作为右孩子插入时，flag 返回“－2”。

```
BinSortTreeNode * SearchBinSortTree(BinSortTreeNode *root, Type K, int &flag)
{  // 在根指针为 root 的二叉排序树上查找关键字等于 K 的数据元素
   BinSortTreeNode *p, *q;          // p 指向当前结点,q 指向当前结点的双亲结点
   if(! root){ flag=-3; return NULL; }           // 空树时函数返回 NULL,flag 为-3
   p=root;                                       // 从根结点开始进行查找
   q=NULL;
   flag=0;
   if(K==p->Key) return NULL;                    // 根结点包含 K 时,函数值返回 NULL
   while(p){
     if(K==p->Key) return q;                     // 查找成功,函数值返回双亲结点的地址
     q=p;
     if(K<p->Key) { p=p->lchild; flag=1; }             // 沿左子树搜索
     else { p=p->rchild; flag=2; }                     // 沿右子树搜索
   }
   if(K<q->Key) flag=-1;          // 查找失败,则函数值返回待插入结点的位置
   else flag=-2;
   return q;
}
```

9.4.3 二叉排序树的插入

二叉排序树作为一种动态查找结构，在查找过程中可以根据查找结果动态增加结点。具体而言，若在二叉排序树上没有找到关键字等于给定值 K 的结点，则将 K 作为一个新结点插入二叉排序树的相应位置。新插入的结点一定是一个新添加的叶子结点，并且是查找失败时最后访问结点的左孩子或右孩子。插入新结点后，应保证二叉树仍为二叉排序树。

在二叉排序树上插入关键字的算法如下：

```
InsertBinSortTree( BinSortTreeNode *root, Type K )
{  // 在根为 root 的二叉排序树上查找关键字 K,若未找到,则将 K 插入相应位置
   // 函数值返回已插入结点的父结点地址
   int flag;
   BinSortTreeNode *q=SearchBinSortTree(root,K,flag);     // 搜索 K
   BinSortTreeNode *p;
   if(flag>= 0) return NULL;                               // 若找到 K,则不插入
   p->Key=K;p->lchild=NULL; p->rchild=NULL;               // 新结点总是叶子结点
   if(! root) {root=p; return NULL; }                      // 若树为空,则将新结点作为根
   if(flag==-1) q->lchild=p;                               // 作为左孩子结点插入
```

```
    else q->rchild=p;                          // 作为右孩子结点插入
    return q;                                  // 返回已插入结点的双亲结点地址
}
```

二叉排序树的整个树结构也可以在动态查找过程中通过不断插入结点而动态生成。图 9.12 显示了关键字序列(40,30,25,36,58,20,50,63)在查找过程中,从空树开始,通过不断动态插入,逐步建立二叉排序树的过程。在动态插入过程中建立二叉排序树的具体算法如下:

```
BinSortTreeNode * CreateBinSortTree(Type * K, int n)
{  // 根据数组 K 中的关键字,建立二叉排序树,函数值返回树根的地址
    BinSortTreeNode * root = NULL;
    for(int i=0; i<n; i++ ) InsertBinSortTree(root, K[i]);
    return root;
}
```

容易看出,中序遍历二叉排序树可以得到一个按关键字有序排列的序列。这就是说,一个无序序列可以通过构造二叉排序树而转变成一个有序序列,构造二叉排序树的过程就是对无序序列进行排序的过程。

由于在二叉排序树上新插入的结点总是叶子结点,在进行插入操作时,无须移动其他结点,只需要修改指针即可。加之在二叉排序树上查找具有折半查找的优点,因此二叉排序树是动态查找结构的一种适宜表示。

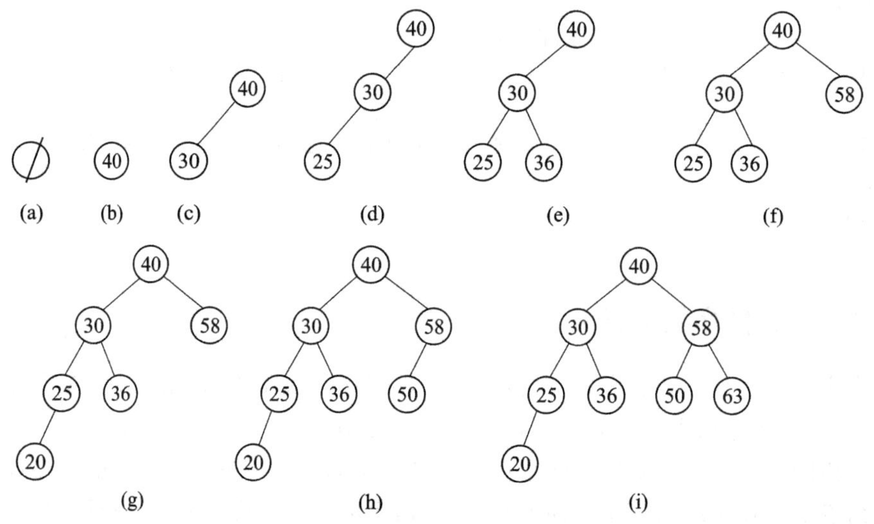

图 9.12 二叉排序树建立过程的示例

9.4.4 二叉排序树的删除

在动态查找过程中,二叉排序树还涉及的一种操作是根据查找结果动态删除结点。具体而言,在二叉排序树上查找关键字等于给定值 K 的结点,若找到则将它删除。删除二叉排序树上的结点时,只删除结点本身,并不删除它的子树,而且要求删除完成后的二叉树必须仍具有二叉排序树的性质。

假设待删除结点的指针为 p,其双亲结点的指针为 f。在删除指针 p 指向的结点(* p)时,有以下有几种情况。

(1)若 * p 结点是叶子结点，由于删除叶子结点不会破坏树的结构，因此只需将其双亲结点的对应指针置为 NULL。

(2)若 * p 没有左子树，只有右子树，则用 * p 的右子树的根代替 * p[图 9.13(a)]。实现方法如下：

```
if(p==f->lchild ) f->lchild=p->rchild;
else f->rchild=p->rchild;
```

(3)若 * p 没有右子树，只有左子树，则用 * p 的左子树的根代替 * p[图 9.13(b)]。实现方法如下：

```
if(p==f->lchild) f->lchild=p->lchild;
else f->rchild=p->lchild;
```

(4)若 * p 既有左子树，又有右子树，则用 * p 的中序前驱(中序序列中 * p 的直接前驱) * q 代替 * p，并将 * q 的左子树转变为 * q 的双亲结点的右子树[图 9.13(c)]。实现方法如下：

```
q=p->lchild;
s=p;                                        // 指针 s 始终指向 * q 的双亲结点
while(q->rchild) { s=q; q=q->rchild; }      // 查找 * p 的中序前驱 * q
if(s! =p) s->rchild=q->lchild;              // s! =p 表示中序前驱 * q 不是 * p 的左孩子结点
if(s! =p) q->lchild=p->lchild;
q->rchild=p->rchild;
if(! f) f=q;                                // f 等于 NULL 表示 * p 是根结点
else if(f->lchild==p) f->lchild=q;
else f->rchild=q;
```

(a)

(b)

(c)

图 9.13 从二叉排序树上删除结点 P

(a)P 结点只有右子树；(b)P 结点只有左子树；(c)P 结点有左子树和右子树

下面是从二叉排序树上删除结点的完整算法：

```
BinSortTreeNode * DeleteKeyBinSortTree(BinSortTreeNode * root, Type K)
{  // 在根地址为 root 的二叉排序树上查找关键字 K，若找到则将它删除
```

```
    // 函数值返回删除的结点的地址
    int flag;
    BinSortTreeNode *p, *f;
    p=SearchBinSortTree(root, K, flag); // 查找关键字K,p存放其双亲结点的地址
    if( flag < 0 ) return NULL;                      // 若没有找到K,则函数值返回NULL
    else if( flag == 0 ){                            // 当结点K为根结点时的删除操作
      f = root;
      DeleteBinSortTreeNode( root, p );
      root = p;
      return f; }
    else if(flag == 1)                               // 当结点K为p的左孩子结点时的删除操作
    {  DeleteBinSortTreeNode(p->lchild, p);
       return p->lchild; }
    else                                             // 当结点K为p的右孩子结点时的删除操作
    {  DeleteBinSortTreeNode(p->rchild, p);
       return p->rchild; }
}
void DeleteBinSortTreeNode( BinSortTreeNode *p, BinSortTreeNode *f)
{   // 在二叉排序树上删除指针p指向的结点。指针f指向待删除结点*p的双亲结点
    // 若f为空(*p为根结点),则函数返回后f指向新的根结点
    BinSortTreeNode *q, *s;
    if(! p->lchild                  // 若*p的左子树不存在,则进行以下操作
    { if(! f) f = p->rchild;        // 若*p为根结点,则使f指向*p的右孩子结点
      else
      { if(p==f->lchild) f->lchild = p->rchild;
        else f->rchild = p->rchild; }              // 将*p右子树的根作为*f结点的孩子
    }
    else if(! p->rchild)                           // 若*p的右子树不存在,则进行以下操作
    { if(! f) f = p->lchild;                       // 若*p为根结点,则使f指向*p的左孩子结点
      else
      { if(p==f->lchild) f->lchild = p->lchild;
        else f->rchild = p->lchild; }              // 将*p左子树的根作为*f结点的孩子
    }
    else
    { q = p->lchild;
      s = p;                                       // 指针s始终指向*q的双亲结点
      while(q->rchild) { s = q; q = q->rchild; }  // 查找*p的中序前驱 *q
      if(s! =p) s->rchild = q->lchild; // s! =p表示中序前驱*q不是*p的左孩子结点
      if(s! =p) q->lchild = p->lchild;
      q->rchild = p->rchild;
      if(! f) f = q;                               // f等于NULL表示*p是根结点
      else if(f->lchild==p) f->lchild = q;
      else f->rchild =q;
    }
}
```

9.4.5 二叉排序树的查找性能分析

在二叉排序树上查找关键字等于给定值的结点，恰好走了一条从根结点到该结点的路径，与给定值比较的关键字个数等于该结点所在的层次数，因此，在二叉排序树上查找某元素时，进行关键字比较的次数最多不超过该树的深度。然而，含有 n 个相同结点的二叉排序树不是唯一的，可以有多种形态。不同形态的二叉排序树可以有不同的深度。例如，图 9.14 给出的两棵二叉排序树，它们的结点都由集合{12,24,36,21,8,3}中的关键字组成，但两棵树的形态不同，深度亦不同。(a)树的深度是 3，(b)树的深度是 6。它们的平均查找长度也不一样。(a)树的平均查找长度为 ASL＝(1＋2＋2＋3＋3＋3)/6＝14/6＝7/3，(b)树的平均查找长度为 ASL＝(1＋2＋3＋4＋5＋6)/6 ＝21/6＝7/2。

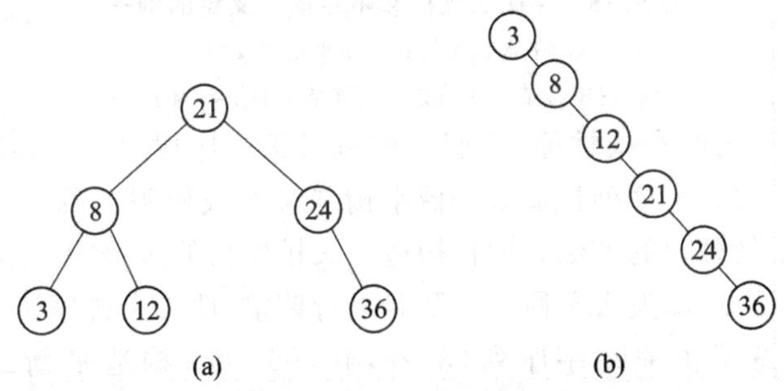

图 9.14 由相同关键字构成的不同形态的二叉排序树

因此，对于含有 n 个结点的二叉排序树，其平均查找长度与树的形态有关。最好情况是，树的形态与折半查找判定树的形态相似[如图 9.14 的(a)树]，这时二叉排序树的平均查找长度处于 $\log_2 n$ 数量级。最坏情况是，二叉排序树转变为单支树[如图 9.14 的(b)树]，这时树的深度为 n，平均查找长度为 $(n+1)/2$，与顺序查找相同。

为了提升二叉排序树的查找性能，在构造二叉排序树时，应尽量使其具有类似于图 9.14(a)的树形态，即应使构造的二叉排序树具有平衡二叉树的特征。

9.5 平衡二叉树

9.5.1 平衡二叉树的概念和基本旋转操作

平衡二叉树又称为 AVL 树。它可以是一棵空树，或者是具有下列性质的二叉树：①根结点的左、右子树高度之差的绝对值不超过 1。②根结点的左、右子树都是平衡二叉树。

若将二叉树上结点的“平衡因子”定义为该结点左子树的深度减去其右子树的深度，则平衡二叉树上各结点的平衡因子只可能是－1，0，＋1。只要二叉树上存在一个结点，其平衡因子的绝对值大于 1，该二叉树就不是平衡的。图 9.15 所示的两棵二叉树中，(a)树是平衡二叉树，因为该树上所有结点的平衡因子的绝对值都没有超过 1；(b)树不是平衡二叉树，因为该树上存在平衡因子的绝对值超过 1 的结点。

若一棵二叉排序树又是平衡二叉树,则称该树是平衡二叉查找树。平衡二叉查找树常简称为平衡二叉树。

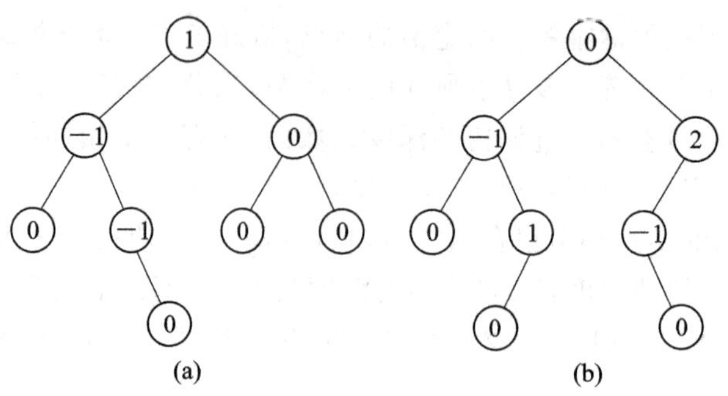

图 9.15　平衡二叉树和不平衡二叉树的例子

(a)平衡二叉树;(b)不平衡二叉树

注:树中各结点内的数字是该结点的平衡因子。

为了提升二叉排序树的查找性能,我们在构造二叉排序树时,总希望它是一棵平衡二叉树。那么,怎样将一个关键字序列构造成一棵平衡二叉查找树呢?可以采用一边构造二叉排序树,一边对其进行平衡处理的方法。即在构造二叉排序树的过程中,一旦树上出现了平衡因子的绝对值超过 1 的结点(即失去平衡),就及时进行调整,使二叉排序树始终保持平衡二叉树的特征。图 9.16 示意了由关键字序列(8,28,40,96, 88)构造平衡二叉查找树的过程。图 9.16中(d)树出现了平衡因子为 −2 的结点,通过旋转调整将其转变为(e)树。图 9.16 中(f)树再次出现了不平衡现象,通过对以 40 为根的子树进行旋转调整,使树恢复到平衡状态。

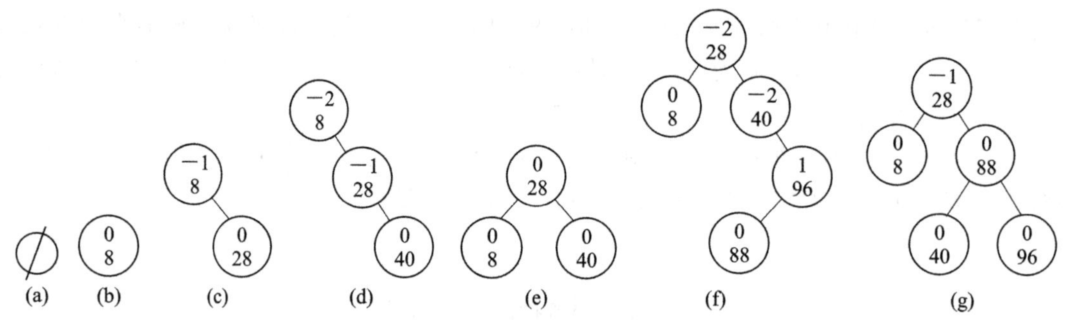

图 9.16　平衡二叉树构造过程的示例

注:结点中下面的数字是关键字,上面的数字是平衡因子。

若要对失去平衡的二叉树进行调整,首先要从树上找到失衡的最小子树。失衡的最小子树的根结点离插入点最近,且只有根结点的平衡因子的绝对值超过 1。找到失衡的最小子树后,再通过旋转操作对其进行调整,使它重新回到平衡状态。最基本的旋转操作有两种:右旋操作和左旋操作。

右旋操作的实现方式见图 9.17。它将原树根 A 的左孩子结点 B 调整为新的树根,而将结点 A 调整为新树根 B 的右孩子结点,并将结点 B 原来的右子树调整为结点 A 的左子树。

若用二叉链表作为二叉树的存储结构,且二叉链表结点的类型按以下方式定义:

```
typedef struct AVLTreeNode   // 结点的类型
{   Type data;                                  // 数据元素的值
```

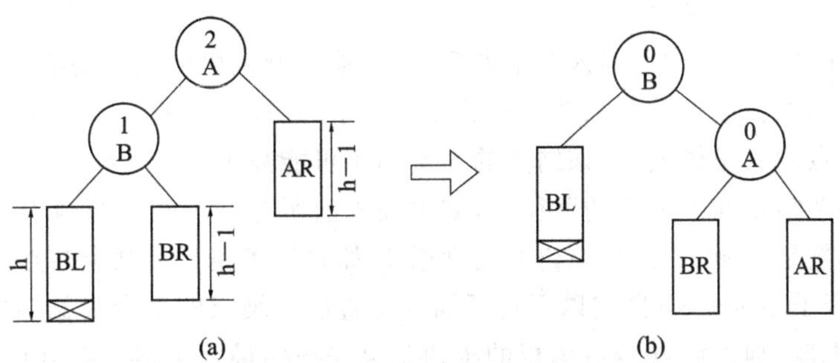

图 9.17　最小子树的右旋操作

```
    int bf;                                    // 平衡因子
    AVLTreeNode * lchild, * rchild;            // 左、右孩子结点的地址
};
```

可以使用以下算法实现二叉排序树的右旋操作：

```
void R_Rotate(AVLTreeNode * p)
{  // 对以 * p 为根的二叉排序树进行右旋操作,操作完成后指针 p 指向新的根结点
   // 新的根结点为原根结点的左孩子结点
   AVLTreeNode * pb = p->lchild;
   p->lchild = pb->rchild;
   pb->rchild = p; p = pb;
};
```

左旋操作的实现方式见图 9.18。它将原树根 A 的右孩子结点 B 调整为新的树根,而将结点 A 调整为新树根 B 的左孩子结点,并将结点 B 原来的左子树调整为结点 A 的右子树。

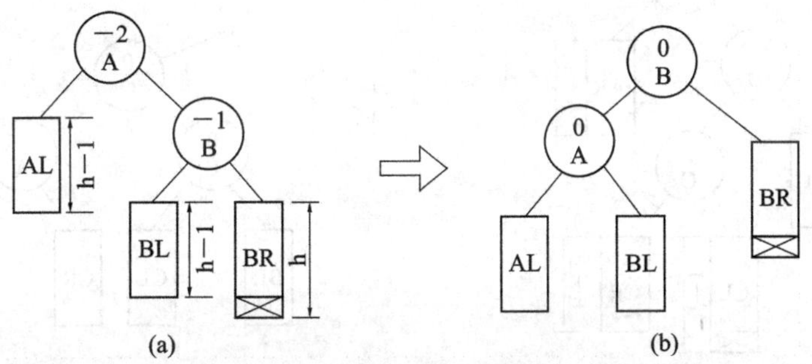

图 9.18　最小子树的左旋操作

以下是实现二叉排序树左旋操作的算法：

```
void L_Rotate(AVLTreeNode * p)
{  // 对以 * p 为根的二叉排序树进行左旋操作,操作完成后指针 p 指向新的根结点
   // 新的根结点为原根结点的右孩子结点
   AVLTreeNode * pb = p->rchild;
   p->rchild = pb->lchild;
   pb->lchild = p; p = pb;
};
```

9.5.2　平衡二叉树的平衡旋转

在平衡二叉树上插入结点后,新树有可能不再是平衡二叉树。这时需进行平衡旋转操作,

使新树重新转变为平衡二叉树。

一般而言，在平衡二叉树上插入新结点后，有可能影响从根结点到新结点路径上的所有结点的平衡因子。如果新结点插在某个结点的左子树上，则该结点的平衡因子可能增 1；如果新结点插在某个结点的右子树上，则该结点的平衡因子可能减 1。

在从树根到新结点插入位置的路径上，如果插入前所有结点的平衡因子均为 0，则新结点插入后这棵树仍然是平衡二叉树，但树的高度增 1；如果这条路径上某个结点 *p(p 为该结点的指针)的平衡因子不为 0，但自它以下直至插入位置所有结点的平衡因子都是 0，那么插入新结点后，若出现失衡，则以结点 *p 为根的子树就是失衡的最小子树。需对它进行旋转调整。

失衡最小子树根结点 *p 的平衡因子只有在以下两种情况下，其绝对值才会超过 1：

(1)新结点插入前 *p 的平衡因子为 1，在 *p 的左子树上插入新结点使二叉排序树失衡，这时 *p 的平衡因子变为 2。

(2)新结点插入前 *p 的平衡因子为 −1，在 *p 的右子树上插入新结点使二叉排序树失衡，这时 *p 的平衡因子变为 −2。

下面分别对这两种情况进行讨论。

(1)在 *p 结点的左子树上插入新结点导致二叉排序树失衡有以下两种情况：

①当在 *p 的左孩子结点的左子树上插入结点，*p 的平衡因子由 1 增至 2，致使以 *p 为根的子树失去平衡时，需按图 9.17 方式进行单向右旋平衡处理。

②当在 *p 的左孩子结点的右子树上插入结点，*p 的平衡因子由 1 增至 2，致使以 *p 为根的子树失去平衡时，需按图 9.19 方式进行双向平衡旋转(先左旋，后右旋)平衡处理。

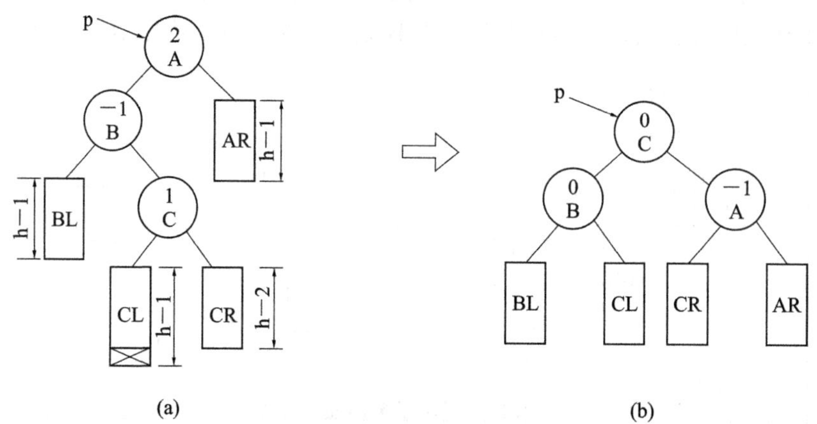

图 9.19 最小子树的双向平衡旋转(先左旋，后右旋)

下面给出处理由于在某结点的左子树上插入结点而使该结点失衡的算法：

```
void LeftBalance(AVLTreeNode * p)
{  // 以 *p 为根的二叉排序树由于在 *p 的左子树上插入新结点而失去平衡
   // 本函数对以 *p 为根的二叉排序树进行平衡处理。处理结束时，p 指向新的根结点
   AVLTreeNode * pc, * pb=p−>lchild; // pb 指向根结点的左孩子结点
   switch(pb−>bf) // 检查根结点的左孩子结点的平衡因子，并作相应平衡处理
   {  case 1：// 若新结点插在根结点的左孩子结点的左子树上，则需作单右旋处理
         p−>bf = pb−>bf = 0; R_Rotate(p);
        break;
        case −1：            // 若新结点插在根结点的左孩子结点的右子树上，则需作双向旋转处理
```

```
    pc = pb->rchild;        // pc 指向根结点的左孩子结点的右子树根
    switch(pc->bf)  // 修改根结点及其左孩子结点的平衡因子
    { case 1: p->bf=-1; pb->bf=0; break;
      case 0: p->bf=pb->bf=0; break;
      case -1: p->bf=0; pb->bf=1; break;
    }
    pc->bf = 0;             // 修改根结点的左孩子结点的右子树根的平衡因子
    L_Rotate(p->lchild);    // 对根结点的左子树作左旋平衡处理
    R_Rotate(p);            // 对整棵树作右旋平衡处理
  }
}
```

(2)在 ＊p 结点的右子树上插入新结点导致二叉排序树失衡有以下两种情况：

①当在 ＊p 的右孩子结点的右子树上插入结点，＊p 的平衡因子由 −1 减至 −2，致使以＊p 为根的子树失去平衡时，需按图 9.18 方式进行单向左旋平衡处理。

②当在 ＊p 的右孩子结点的左子树上插入结点，＊p 的平衡因子由 −1 减至 −2，致使以＊p 为根的子树失去平衡时，需按图 9.20 方式进行双向平衡旋转(先右旋，后左旋)平衡处理。

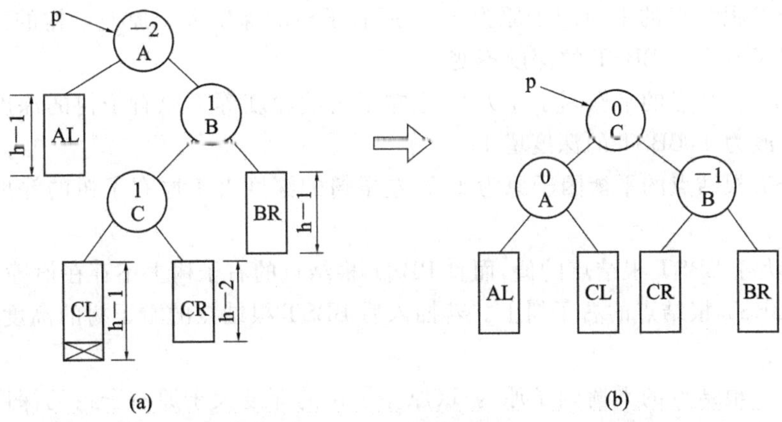

图 9.20　最小子树的双向平衡旋转(先右旋，后左旋)

下面给出处理由于在某结点的右子树上插入结点而使该结点失衡的算法：

```
void RightBalance(AVLTreeNode *p)
{ // 以 *p 为根的二叉排序树由于在 *p 的右子树上插入新结点而失去平衡
  // 本函数对以 *p 为根的二叉排序树进行平衡处理。处理结束时，p 指向新的根结点
  AVLTreeNode *pc, *pb=p->rchild;       // pb 指向根结点的右孩子结点
  switch(pb->bf)           // 检查根结点右子树根的平衡因子，并作相应平衡处理
  {  case -1:          // 若新结点插在根的右孩子结点的右子树上，则需作单左旋处理
     p->bf=pb->bf=0; L_Rotate(p);
     break;
     case 1:          // 若新结点插在根结点的右孩子结点的左子树上，则需作双向旋转处理
       pc=pb->lchild;              // pc 指向根结点的右孩子结点的左子树根
       switch(pc->bf)               // 修改根结点及其右孩子结点的平衡因子
       {  case 1: p->bf=0; pb->bf=-1; break;
        case 0: p->bf=pb->bf=0; break;
        case -1: p->bf=1; pb->bf=0; break;
```

```
        }
        pc->bf=0;              // 修改根结点的右孩子结点的左子树根的平衡因子
        R_Rotate(p->rchild);           // 对根结点的右子树作右旋平衡处理
        L_Rotate(p);                   // 对整棵树作左旋平衡处理
    }
}
```

9.5.3 在平衡二叉查找树上插入元素

在平衡二叉查找树上以插入方式动态查找元素 K 需要按照以下方式进行处理。

(1)若平衡二叉查找树 BBST 为空树,则插入包含 K 的新结点作为 BBST 的树根,树的深度加 1。

(2)若 K 等于 BBST 根结点的值,则不进行插入操作。

(3)若 K 小于 BBST 根结点的值,而且 BBST 根结点的左子树上不存在值等于 K 的结点,则将 K 插入 BBST 根结点的左子树上。若插入后 BBST 根结点的左子树的高度增加,则分别进行以下处理:

①若 BBST 根结点的平衡因子原为 -1(原右子树的深度大于原左子树的深度),则将根结点的平衡因子改为 0,BBST 的深度不变;

②若 BBST 根结点的平衡因子原为 0(原左子树的深度等于原右子树的深度),则将根结点的平衡因子改为 1,BBST 的深度增 1;

③若 BBST 根结点的平衡因子原为 1(原左子树的深度大于原右子树的深度),则需进行平衡旋转处理。

(4)若 K 大于 BBST 根结点的值,而且 BBST 根结点的右子树上不存在值等于 K 的结点,则将 K 插入 BBST 根结点的右子树上。若插入后 BBST 根结点的右子树的高度增加,则分别进行以下处理:

①若 BBST 根结点的平衡因子原为 1(原左子树的深度大于原右子树的深度),则将根结点的平衡因子改为 0,BBST 的深度不变;

②若 BBST 根结点的平衡因子原为 0(原右子树的深度等于原左子树的深度),则将根结点的平衡因子改为 -1,BBST 的深度增 1;

③若 BBST 根结点的平衡因子原为 -1(原右子树的深度大于原左子树的深度),则需进行平衡旋转处理。

在平衡二叉查找树上以插入方式动态查找数据元素 K 的算法如下:

```
int InsertAVLTree(AVLTreeNode *T, Type K, int &taller)
{  // 在平衡二叉查找树 T 上以插入方式动态查找数据元素 K
   // 若找到 K,则不进行其他操作;若没有找到 K,则将 K 作为新结点插入平衡二叉树上
   // 插入结点后,若树失去平衡,则需要进行平衡调整。形参 taller 反映树 T 是否长高
   if(! T)            // 在空树上插入新结点,树的深度增加,于是将 taller 置为 1
   {
     T->lchild = T->rchild = NULL;
     T->data = K; T->bf = 0; taller = 1;
   }
   else
```

```
{  if(K==T->data) { taller=0; return 0; }        // 树中有与 K 相同的结点,不再插入
   if(K<T->data)                                  // 应继续在 *T 的左子树上搜索
   {  if(! InsertAVLTree(T->lchild, K, taller) ) return 0;     //若未插入,则返回 0
       if(taller)                                 // K 已插到 *T 的左子树上且左子树已长高
        switch(T->bf) {                           // 检查 *T 的平衡因子
          case 1:                                 // 原左子树比右子树高,现需进行左平衡处理
               LeftBalance(T); taller=0; break;
          case 0:                                 // 原左、右子树等高,现左子树增高而使树增高
               T->bf=1; taller=1; break;
          case -1:                                // 原右子树比左子树高,现左、右子树等高
               T->bf=0; taller=0; break; }
   }
   else                                           // 应继续在 *T 的右子树上搜索
   {  if(! InsertAVLTree(T->rchild, K, taller)) return 0; //若未插入,则返回 0
     if( taller )                                 // K 已插到 *T 的右子树上且右子树已长高
      switch(T->bf) {                             // 检查 *T 的平衡因子
        case 1:                                   // 原左子树比右子树高,现左、右子树等高
          T->bf=0; taller=0; break;
        case 0:                                   // 原左、右子树等高,现右子树增高而使树增高
          T->bf=-1; taller=1; break;
        case -1:                                  // 原右子树比左子树高,现需进行右平衡处理
          RightBalance(T); taller=0; break; }
   }
  }
  return 1;
}
```

从空树开始,通过反复调用上述算法在平衡二叉树上以插入方式进行动态查找,即可生成一棵平衡二叉查找树。具体算法如下:

```
AVLTreeNode * CreateAVLTree(Type * K, int n)
{  // 以动态插入结点方式生成平衡二叉查找树
   int taller = 0;
   AVLTreeNod * root = NULL;
   for(int i=0;i<n;i++) InsertAVLTree(root, K[i], taller);
   return root;
}
```

从平衡二叉查找树上删除一个结点的思路与插入结点类似。即先使用二叉排序树的删除方法删除结点,若删除结点后树失去平衡,则再使用平衡旋转方法使其恢复平衡。

在平衡二叉查找树上进行查找的方法与在二叉排序树上进行查找相同,因此查找过程中进行关键字比较的次数不超过树的深度。有研究表明,对于具有 n 个结点的平衡二叉树,其深度 h 满足

$$\log_2(n+1)\leqslant h\leqslant 1.4404\log_2(n+2)-0.328 \tag{9.10}$$

因此,在平衡二叉查找树上进行查找的时间复杂度为 $O(\log_2 n)$。

9.6　B 树

B 树(又称为 B-树)是一种平衡的多路查找树,常用于文件索引。B 树占用存储空间少,查

找效率高，在文件系统和数据库系统的索引技术中有重要应用。

9.6.1 B树的基本概念和查找操作

一棵 m 阶 B 树可以是空树，或者是满足下列条件的 m 叉树：

(1)树中每个结点最多有 m 棵子树。

(2)若根不是叶子结点，则最少有两棵子树。

(3)除根结点以外，其他非终端结点最少有 $\lceil m/2 \rceil$ 棵子树。

(4)所有非终端结点包含以下信息：

$$(n, \mathrm{ptr}_0, \mathrm{key}_1, \mathrm{ptr}_1, \mathrm{key}_2, \mathrm{ptr}_2, \cdots, \mathrm{key}_n, \mathrm{ptr}_n)$$

其中，n 记录该结点中关键字的个数；$\mathrm{key}_i(1 \leqslant i \leqslant n)$ 是关键字，满足关系 $\mathrm{key}_i < \mathrm{key}_{i+1}(i=1,2,\cdots,n-1)$；$\mathrm{ptr}_i(0 \leqslant i \leqslant n)$ 是指针，指向相应子树的根，且指针 ptr_0 指向子树上的所有结点中的关键字均小于 key_1，指针 $\mathrm{ptr}_i(i=1,2,\cdots,n-1)$ 指向子树上的所有结点中的关键字均大于 key_i、小于 key_{i+1}，指针 ptr_n 指向子树上的所有结点中的关键字均大于 key_n。

(5)所有叶子结点位于同一层上，并且不携带任何信息，可以将它们看成查找失败的结点。事实上，叶子结点只作为外部结点存在，它们并不属于 B 树，指向叶子结点的指针都为 NULL。

一棵 4 阶 B 树的例子见图 9.21。

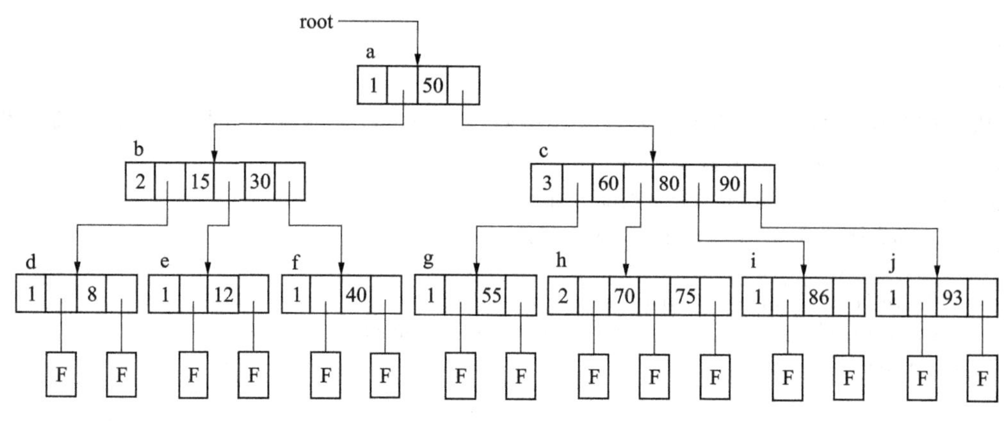

图 9.21 一棵 4 阶 B 树的示例

在 B 树上查找的过程如下：根据给定的关键字 K，先在根结点中查找，若找到与 K 相同的关键字，则查找成功；否则，根据 K 与根结点中关键字的比较结果，沿着相应指针找到对应的孩子结点，再在孩子结点中进行查找；重复上述查找操作，直至在某个结点中找到相应的关键字，或者找到叶子结点，这时查找失败。

例如，在图 9.21 的 B 树上查找关键字 75 的过程如下：根据根结点的指针找到根结点 a，在根结点中查找，根结点中只有一个关键字 50，75 大于 50，表明若 B 树上存在 75，则一定在指针 ptr_1 指向的子树上；沿指针 ptr_1 找到这棵子树的树根 c，再在结点 c 中查找，75 位于 60 与 80 之间，表明若 B 树上存在 75 的话，一定在该结点内指针 ptr_2 指向的子树上；沿指针 ptr_2 找到这棵子树的树根 h，再在结点 h 中查找，结点 h 中存在关键字 75，于是查找成功。若 B 树上不存在要查找的关键字，则总会找到叶子结点。例如，在同一棵 B 树上查找关键字 72，按上述

过程找到结点 h，再在结点 h 中查找，72 位于 70 和 75 之间，但这两个关键字之间的指针 ptr_1 指向 NULL，表明查找失败。

以上例子表明，在 B 树上进行查找是下面两种操作交替进行的过程：①沿指针查找结点；②在结点内的关键字中进行查找。

B 树中结点的类型描述如下：

```
typedef struct BTreeNode                    // B 树结点的类型
{  int KeyNum;                              // 结点中的关键字个数
   BTreeNode * parent;                      // 指向双亲结点的指针
   Type key[m];                             // 存放关键字的一维数组，0 号单元未使用
   BTreeNode * ptr[m];                      // 存放子树指针的一维数组
   ……                                       // 记录指针向量等
}
```

由于 B 树主要用于文件索引，因此在其上进行查找会涉及外存的存取。若略去外存读写，则下面算法描述了在 B 树上进行查找的方法。

```
typedef struct ResultType               // 查找返回值的类型
{  BTreeNode * ptr;                     // 指向找到的结点
   int i;                               // 结点中关键字的序号
   int tag;                             // 1 表示查找成功，0 表示查找失败
};
ResultType SearchBTree(BTreeNode * T, Type K)
{  // 在 T 为根地址的 m 阶 B 树上查找关键字 K，并以 ResultType 结构体形式返回查找结果
   // 若查找成功，则 tag=1，且指针 ptr 所指结点中的第 i 个关键字等于 K，否则 tag=0
   // 关键字 K 应插在指针 ptr 所指结点的第 i 个和第 i+1 个关键字之间
   ResultType result;                   // result 存放查找结果
   BTreeNode * p = T, * q;              // p 指向待查结点，q 指向 p 的双亲结点
   int i;
   while(p)                             // 循环查找
   {  int n=p->KeyNum; i=n;
      p->key[0] = K;                    // 设置哨兵
      while(K<p->key[i]) i--;           // 在结点中进行顺序查找
      if(K==p->key[i] && i)             // 若找到 K，则返回查找结果
      {  result.ptr=p; result.i=i; result.tag=1; return result; }
      else { q=p; p=p->ptr[i]; }        // 若没有找到 K，则沿指针找到孩子结点
   }
   result.ptr=q; result.i=i;
   result.tag=0; return result;         // 返回查找失败的结果
}
```

B 树通常存放在外存中，一般查找过程是，在外存中按指针找到相应结点，再将结点的内容读入内存中进行查找。由于在外存中查找一个结点远比在内存中进行一次查找耗时，因此在 B 树上查找所花费的时间主要由关键字所在结点的层次数决定。在最坏情况下，在外存中查找结点的数目由 B 树的深度决定。

可以证明，在含有 N 个关键字的 B 树上进行查找时，从根结点到关键字所在结点的路径上涉及的结点数目不超过 $\log_{\lceil m/2 \rceil}\left(\frac{N+1}{2}\right)+1$。

9.6.2 B 树的插入操作

B 树是一种动态查找结构，查找过程中可以根据查找结果动态插入关键字。即若在 B 树上没有找到等于给定值 K 的关键字，则将 K 插入 B 树的一个结点内。实际上，整棵 B 树也可以从空树开始，通过逐个插入关键字而生成。

由于 B 树的每个结点至少要有 $\lceil m/2 \rceil-1$ 个关键字，因此每次插入一个关键字并非是在 B 树上添加一个新的叶子结点，而是将关键字插入最底层的某个非终端结点内。根据 B 树的定义可知，m 阶 B 树的每一个结点最多有 $m-1$ 个关键字，所以插入关键字后，若该非终端结点的关键字数目没有超过 $m-1$，则插入完成，否则将产生结点分裂。

例如，若要在图 9.22(a)所示的 3 阶 B 树上依次插入关键字 70、75、100、28，则可以按照以下方法进行：

首先要找到插入位置。从根结点 a 开始进行查找，确定 70 应插入结点 g 中。由于插入 70 后，结点 g 的关键字数目不超过 2，因此插入完成。插入 70 后的 B 树如图 9.22(b)所示。

同样通过查找确定 75 也应插入结点 g 内。插入 75 后，结点 g 的关键字个数超过了最大允许值 2[图 9.22(c)]，这时需要将结点 g 分裂成两个结点。关键字 60 以及其前后两个指针仍然保留在原结点内，而关键字 75 以及其前后两个指针存放到新产生的结点 g′中，同时将关键字 70 和指向结点 g′的指针插入双亲结点 c 中。由于结点 c 中的关键字个数不超过 2，于是插入完成。插入后的 B 树见图 9.22(d)。

类似地，关键字 100 应插入结点 h 中，插入 100 后结点 h 要产生结点分裂。h 结点分裂后的 B 树见图 9.22(e)。由图 9.22(e)可知，双亲结点 c 的关键字个数也超过了最大允许值 2，因此结点 c 也要产生结点分裂。分裂的最后结果见图 9.22(f)。

最后，在插入关键字 28 时，结点 e、结点 b 和结点 a 都要相继分裂，形成一个新的根结点 r，其结果见图 9.22(g)。

一般情况下，结点可以按照以下方式进行分裂：

假设结点 p 中已有 $m-1$ 个关键字，在插入一个关键字后，结点中含有以下信息：

$$(m, \mathrm{ptr}_0, \mathrm{key}_1, \mathrm{ptr}_1, \mathrm{key}_2, \mathrm{ptr}_2, \cdots, \mathrm{key}_m, \mathrm{ptr}_m)$$

其中，$\mathrm{key}_i<\mathrm{key}_{i+1}(1\leqslant i<m-1)$。

此时应将结点 p 分裂成 p 和 p′两个结点，其中，结点 p 包含的信息为

$$(\lceil m/2 \rceil-1, \mathrm{ptr}_0, \mathrm{key}_1, \mathrm{ptr}_1, \cdots, \mathrm{key}_{\lceil m/2 \rceil-1}, \mathrm{ptr}_{\lceil m/2 \rceil-1})$$

结点 p′包含的信息为

$$(m-\lceil m/2 \rceil, \mathrm{ptr}_{\lceil m/2 \rceil}, \mathrm{key}_{\lceil m/2 \rceil+1}, \mathrm{ptr}_{\lceil m/2 \rceil+1}, \cdots, \mathrm{key}_m, \mathrm{ptr}_m)$$

再将关键字 $\mathrm{key}_{\lceil m/2 \rceil}$ 和指向结点 p′的指针一起插入 p 的双亲结点中。

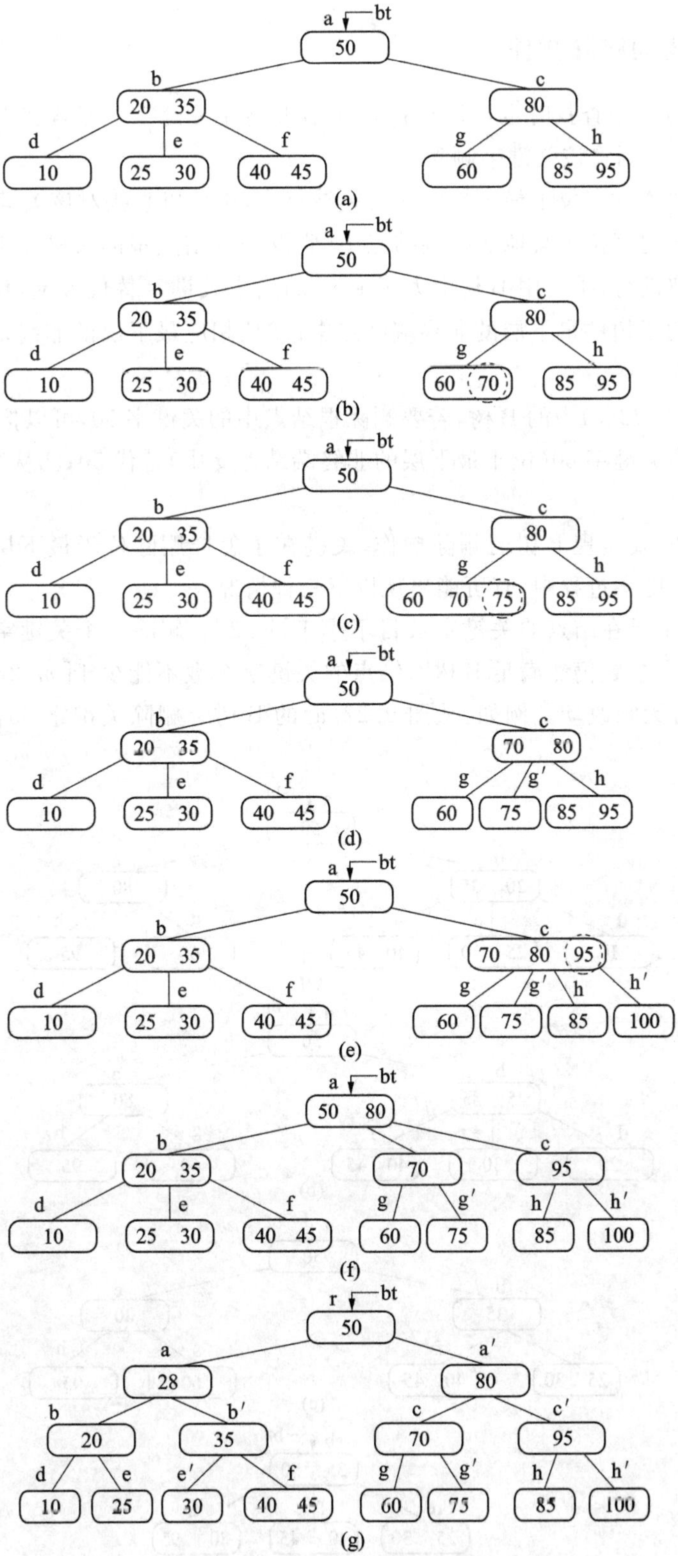

(a)

(b)

(c)

(d)

(e)

(f)

(g)

图 9.22 在 B 树上插入关键字

注：虚线圈表示插入。

9.6.3 B树的删除操作

在B树上进行动态查找时也可以根据查找结果删除关键字。即若在B树上找到了等于给定值K的关键字，则将该关键字删除。

如果要删除的关键字位于最下层的非终端结点中，则可以直接对该关键字进行删除操作。但如果要删除的关键字位于其他非终端结点中（假设是该结点中的关键字key_i），则删除操作需要按照以下步骤进行：①先用B树上大于key_i的最小关键字替代key_i，该最小关键字一定位于指针ptr_i指向子树的最下层的非终端结点中；②从相应最下层的非终端结点中删除大于key_i的最小关键字。

例如，对于图9.22(a)中的B树，若要删除根结点中的关键字50，可以按照以下步骤进行：①用大于它的最小关键字60（位于最下层的非终端结点g中）替代50；②从结点g中删除关键字60。

以上讨论表明，要实现B树的删除操作，关键在于怎样删除位于最下层非终端结点内的关键字。在删除关键字过程中，有可能出现以下三种情况：

(1)被删关键字所在结点的关键字数目不小于$\lceil m/2\rceil$。删除一个关键字和相应的指针以后，结点中的关键字个数仍然满足B树对结点的关键字个数不能少于$\lceil m/2\rceil-1$的最低要求，这时树的其他部分无须改动。例如，从图9.22(a)的B树上删除关键字85，删除后的B树如图9.23(a)所示。

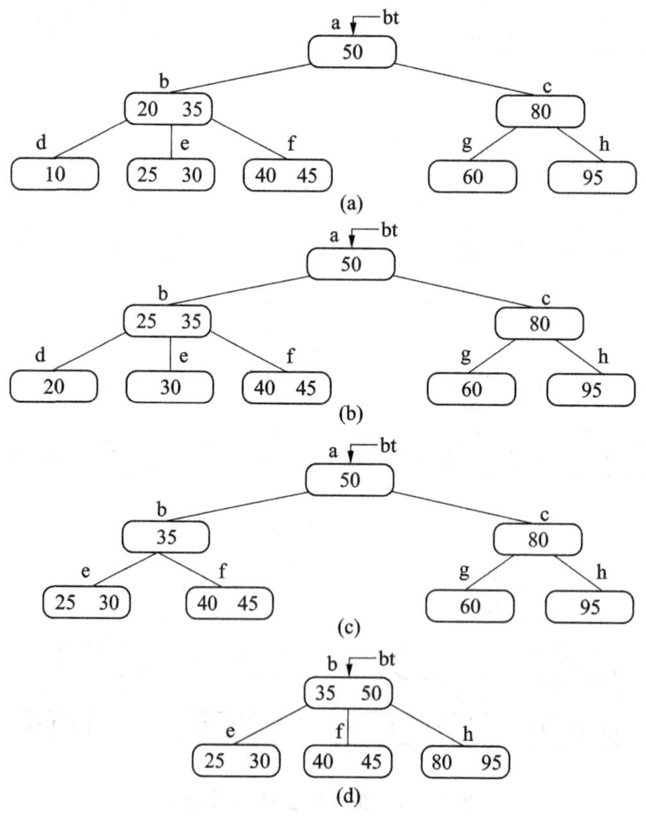

图9.23 在B树上删除关键字

(2)被删关键字所在结点的关键字数目等于⌈$m/2$⌉−1,但与该结点相邻的右兄弟(或左兄弟)结点中的关键字数目不少于⌈$m/2$⌉。这种情况下,在删除关键字后,需要按照以下方式进行调整:将右兄弟结点中的最小(或左兄弟结点中的最大)关键字上移至双亲结点中,再将双亲结点中小于(或大于)且紧靠上移关键字的关键字下移至被删关键字所在的结点内。例如,从图 9.23(a)的 B 树上删除关键字 10 以后,需将右兄弟结点中的关键字 25 上移至双亲结点 b 中,同时将双亲结点 b 中的关键字 20 下移至结点 d 中,从而使所有结点中的关键字个数均不小于⌈$m/2$⌉−1。删除后的 B 树如图 9.23(b)所示。

(3)被删关键字所在结点和其相邻兄弟结点中的关键字数目均等于⌈$m/2$⌉−1。在这种情况下,在删除关键字后需要进行结点合并。假设被删关键字所在结点存在右兄弟结点,且右兄弟结点的地址由双亲结点中的指针 ptr_i 所指,则在删除关键字之后,要将被删关键字所在结点中的剩余关键字和指针,加上双亲结点中的关键字 key_i,一起合并到 ptr_i 所指的兄弟结点中(若没有右兄弟结点,则合并到左兄弟结点中)。例如,若从图 9.23(b)的 B 树中删除关键字 20,则应将结点 d 中剩余的信息和双亲结点中的关键字 25 一起合并到结点 e 中,删除关键字后的 B 树见图 9.23(c)。如果在删除关键字且进行结点合并的过程中,要使双亲结点的关键字数目小于⌈$m/2$⌉−1,则需要对双亲结点按照相同方法进行处理,依次类推。例如,在图 9.23(c)的 B 树上删除关键字 60 以后,最后得到图 9.23(d)所示的 B 树。

9.6.4 B^+树的基本概念

B^+树是 B 树的一种变形树,也主要用于文件系统。与一棵 m 阶 B 树相比,一棵 m 阶 B^+树有以下不同:

(1)具有 n 棵子树的结点具有 n 个关键字,每个关键字对应一棵子树。

(2)所有叶子结点包含关键字的全部信息,以及指向含这些关键字的数据元素(记录)的指针。

(3)各叶子结点按照关键字的大小次序链接在一起,形成一个单链表。

(4)所有非终端结点可以看成索引部分,结点内仅含有其子树中的最大(或最小)关键字。

图 9.24 示例了一棵 3 阶 B^+树。在 B^+树上通常设置两个指针,一个指向根结点,一个指向具有最小关键字的终端结点。

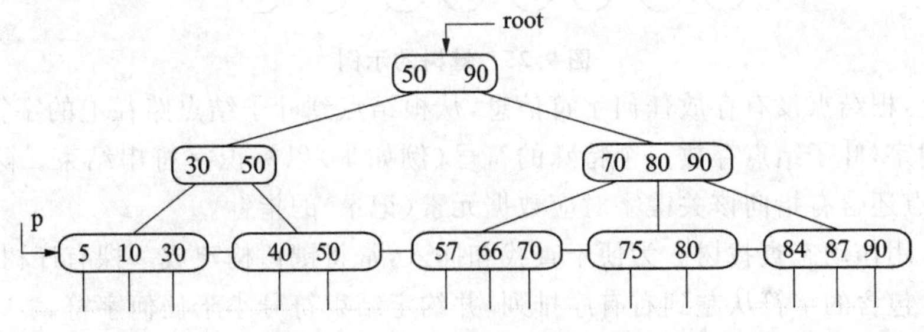

图 9.24 一棵 3 阶 B 树的示例

通常在 B^+树上进行查找有两种方法:一种是从根结点开始进行随机查找,另一种是从最小关键字起沿叶子结点进行顺序查找。

在 B^+树上从根结点开始进行查找时,若待查找值等于某个非终端结点中的关键字,则并不终止查找操作,而是继续向下查找,直至抵达叶子结点。因此,在 B^+树上进行查找无论成功与否，每次查找都走了一条从根结点到叶子结点的完整路径。

B^+树也常用作动态查找树，在其上进行插入和删除操作与B树有类似之处，但由于关键字的安排方式有所不同，二者实现插入和删除操作的具体算法亦不一样。

9.7 键　　树

键树又称为数字查找树。它是一棵多叉树(度≥2)。它与一般查找树的不同之处在于，在一般的查找树中，每一个结点至少包含一个完整的关键字，而在键树中，每一个结点只包含组成关键字的一个符号。例如，如果关键字是数字，则键树上的一个结点只包含其中一个数位；如果关键字是字符串，则键树上的一个结点只包含其中一个字符。

假设存在一个包含13个关键字的集合{ ANDE，MNOR，ABC，XYA，ANDZ，ABD，HUGM，MNOP，HUIF，MNUI，XYS，HUIG，XY }，可以按照以下方式对这个集合逐层进行分割：首先根据首字母的不同将集合分割为4个子集{ ANDE，ABD，ABC，ANDZ }、{ HUIG，HUIF，HUGM }、{ MNOP，MNOR，MNUI }、{ XYS，XYA，XY }；再在每个子集内部根据第二个字母的不同，进一步将每个子集分割为若干子集；如此逐层分割，直至每个子集只包含一个字符为止。

由集合逐层分割成子集得到的层次关系，可以用图9.25所示的树表示，这棵树就是键树。

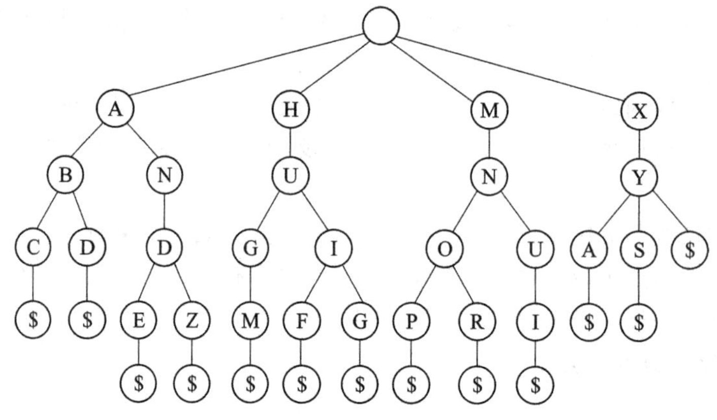

图9.25　键树的示例

在键树上，根结点没有存放任何字符信息，从根结点到叶子结点路径上的字符序列组成了一个完整关键字，叶子结点存放一个特殊的符号(例如＄)以标识字符串结束。除了特殊符号以外，叶子结点还含有指向该关键字对应数据元素(记录)的指针。

键树通常用作动态查找树。为便于查找和插入，常将键树构建成一棵有序树，即同一层的兄弟结点按所包含的字符从左到右有序排列，并约定结束符号小于任何字符。

在键树上进行查找的方法取决于键树的存储结构。键树通常有两种存储结构：孩子兄弟链表和多重链表。

1. 孩子兄弟链表

若以孩子兄弟链表存放键树，则每一个分支结点需要定义三个域：值域 symbol，用于存放

组成关键字的一个字符；指针域 firstchild，用于指向当前结点的第一个孩子结点；指针域 nextsibling，用于指向当前结点的下一个兄弟结点。每个叶子结点需要定义两个域：值域 symbol，用于存放关键字的结束字符；指针域 infoptr，用于指向该关键字对应的记录。若键树以孩子兄弟链表作为存储结构，则称其为双链树。图 9.25 键树对应的双链树见图 9.26。

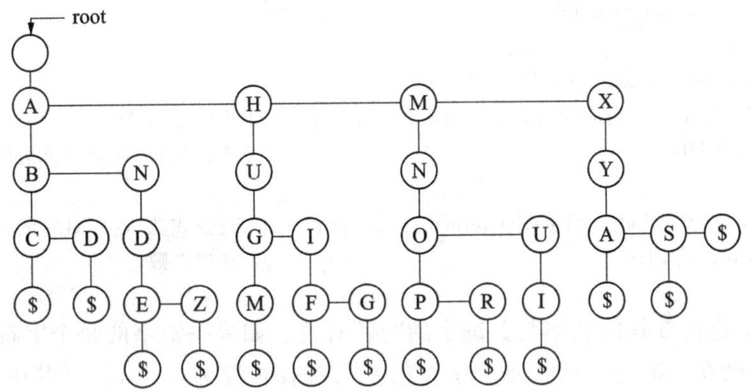

图 9.26　双链树的示例

在双链树上进行查找操作可以按照以下方式进行：从双链树的根结点出发，沿 firstchild 指针找到根结点的第一个孩子结点，然后将该孩子结点包含的字符与关键字（字符串）的第一个字符比较，若相等，则沿该孩子结点的 firstchild 指针往下继续比较下一个字符，否则沿 nextsibling 指针在兄弟结点中进行搜索；若某个兄弟结点中的字符等于待比较字符，则可沿该结点的 firstchild 指针往下继续比较其他字符；若最终能搜索到叶子结点，则查找成功，这时叶子结点的记录指针就指向包含该关键字的数据元素；在搜索过程中，若某个兄弟结点的字符已大于待查字符或不再有右兄弟结点，则表明双链树上不存在待查关键字，查找失败。

若按照以下方式定义双链树的类型：

```
#define MAXKEYLENGTH 20                          // 关键字的最大长度
typedef enum{ LEAF, BRANCH } NodeKind;            // LEAF:叶子结点,BRANCH:分支结点
typedef struct KeyType                            // 关键字的类型
{  char key[MAXKEYLENGTH];                        // 存放关键字
   int num;                                       // 关键字的长度
};
typedef struct DLTreeNode                         // 双链树结点的类型
{  char symbol;                                   // 存放字符
   NodeKind kind;                                 // 结点的种类
   union
   {  Type * infoptr;                             // 叶子结点内的记录指针
      struct
      {  DLTreeNode * firstchild;                 // 分支结点内的孩子指针
         DLTreeNode * nextsibling;                // 分支结点内的兄弟指针
      } branch;
   };
};
```

则在双链树上进行查找可以通过以下算法实现：

```
Type * SearchDLTree(DLTreeNode * T, KeyType K)
```

```
{ // 在双链树 T 上查找关键字等于 K 的记录
  // 若找到,则函数值返回该关键字对应记录的指针,否则返回 0
  DLTreeNode *p = T->branch.firstchild; int i = 0;        // 初始化
  while(p && i<K.num)
  {  while(p && p->symbol<K.key[i])                       // 比较关键字的第 i 位字符
       p=p->branch.nextsibling;
     if(p && p->symbol==K.key[i])
       { p=p->branch.firstchild; ++i; }
      // 第 i 位字符比较成功后,沿 firstchild 指针往下继续比较其他字符
     else p=NULL;                                          // 查找失败,强制跳出循环
  }
  if(p && p->kind==LEAF) return p->infoptr; // 查找成功,返回对应记录的位置
  else return NULL;                                        // 查找失败
}
```

在双链树上进行查找的效率与关键字的"基"有关。如果关键字的每个字符在基内取任何值的概率相同,则在双链树上查找每个字符的平均查找长度为$(1+d)/2$(其中 d 是键树结点最大的度)。若关键字是十进制数,则 $d=11$(这时基为 0、1、2、3、4、5、6、7、8、9,再加上结束符号 \$),若关键字是英文单词,则 $d=27$。如果所有关键字的字符个数都相同,则在双链树上进行查找的平均查找长度为$\frac{h}{2}(1+d)$,其中 h 是键树的深度。

在双链树上插入或删除一个关键字,相当于在树中的某个结点处插入或删除一棵子树,方法不再赘述。

2. 多重链表

若键树以多重链表存储,则将它称为 Trie 树(取 retrieval 的中间 4 个字母)。在 Trie 树中有两类结点:分支结点和叶子结点。每个分支结点定义了 d 个指针域(d 为关键字的"基数"个数加 1),和一个记录该结点非空指针域数量的整数域。每个叶子结点除了定义一个关键字域用于存放关键字以外,还定义了一个指针指向包含该关键字的数据元素(记录)。Trie 树的例子见图 9.27。

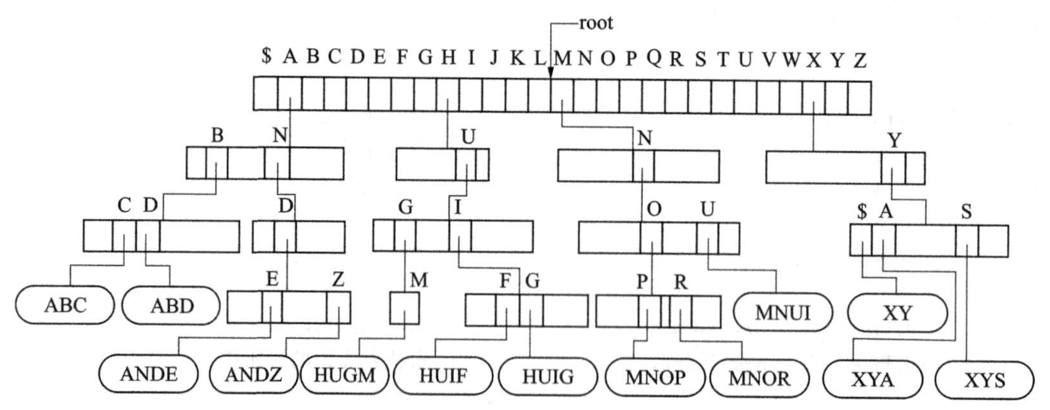

图 9.27 Trie 树的示例

从图 9.27 可知,①Trie 树中,若某个分支结点到叶子结点的路径上,每个结点只有一个孩子结点,则将该路径上的全部结点压缩成一个叶子结点;②分支结点中不设置数据域,每个

分支结点所表示的字符由其双亲结点中指向它的指针在双亲结点中的位置隐含决定。

在 Trie 树上进行查找的过程是，从根结点出发，沿与相应字符对应的指针逐层向下，直至叶子结点，若叶子结点中的关键字与给定值相等，则查找成功，否则查找失败。

若关键字是由大写英文字母构成的字符串，且关键字和 Trie 树的结点采用以下类型说明：

```
typedef struct TrieNode                  // Trie 树结点的类型
{ NodeKind kind;                                    // 结点的种类
  union
    { struct{ KeyType key; Type * infoptr; } leafnode;
    //叶子结点定义关键字和记录指针
    struct{ TrieNode * ptr[PTR_AMOUNT]; int num; } branch;
    };    //分支结点定义结点指针和变量 num，num 记录该结点非空指针域的数量
};
```

则在 Trie 树上进行查找可以通过以下算法实现：

```
Type * SearchTrie(TrieNode * T, KeyType K)
{ // 在 Trie 树 T 上查找关键字等于 K 的记录
  // 若找到，则函数值返回该关键字对应记录的指针，否则返回 0
  TrieNode * p=T; int i =0;              // 初始化
  while(p&&p->kind==BRANCH&&i<K.num)    // 沿 K 的每个字符对应的指针逐层向下查找
  {  p=p->branch.ptr[ K.key[i] - 'A'+1 ];
     i++;
  }
  if(p && p->kind==BRANCH && i==K.num) p=p->branch.ptr[0];
  if(p && p->kind==LEAF && p->leafnode.key== K)
    return p->leafnode.infoptr;                        // 查找成功
  else return NULL;                                    // 查找失败
}
```

在 Trie 树上进行查找，若查找成功，则走了一条从根结点到叶子结点的路径，因此查找效率由树的深度决定，查找所花费的时间取决于组成关键字的字符串长度。若字符串长度比较小，则 Trie 树是有优势的。

在 Trie 树上容易进行插入或删除操作，方法不再赘述。

9.8 散 列 表

9.8.1 散列表的基本概念

在前面讨论的各种查找结构中，数据元素在存储器中的位置与关键字之间没有对应关系。在查找结构中搜索一个数据元素需要进行一系列的关键字比较，查找效率取决于查找过程中进行关键字比较的次数。

要提高查找效率，就要尽量减少查找过程中进行关键字比较的次数。最理想的情况是，对于给定的关键字，不需要经过任何比较，就能找到对应的数据元素。若要按照这种方式实现查找，在构造查找结构时，就必须使数据元素的存放位置与数据元素的关键字之间建立起一一对

应的关系 H。只要建立起这种对应关系，在查找时就不需要进行关键字比较，而是按照下述方式进行查找：对于给定的关键字 K，$H(K)$指示了该关键字对应数据元素的存储位置，若该位置上存放有数据元素，则它就是要查找的数据元素；反之，则表明要查找的数据元素不在查找结构中。按照这种方式构建的查找结构称为散列表或哈希(Hash)表，关系 H 称为散列函数或哈希函数，关键字的散列函数值称为散列地址或哈希地址。

例如，某学校的一个管理软件在运行过程中需要经常查询该校自 1980 年以来的学生人数信息，则可以将信息存放在一个散列表(表 9.2)中，以该表使用年份作为关键字，散列函数为 $H(\text{Key})=\text{Key}-1979$，即 1980 年的学生人数资料存放在表的第一个位置上，1981 年的学生人数资料存放在表的第二个位置上……

表 9.2　**某校 1980 年以后每年在校的学生人数**

地址	1	2	3	4	5	6	7	…
年份	1980	1981	1982	1983	1984	1985	1986	…
人数	3000	3100	3300	3200	4000	4520	5080	…

建立散列表以后，在该表上查找时就不需要进行关键字比较。例如，若要查找 2002 年的在校学生人数，只要将关键字 2002 代入上面的散列函数，就可以计算出 2002 年在校学生人数的资料并将其存放在散列表的第 23 号位置上，于是直接访问 23 号位置，若该位置有值，则一定是 2002 年的在校学生人数资料；若 23 号位置没有值，则表明该表中没有存放 2002 年的在校学生人数资料。

建立散列表的关键是要找到合适的散列函数。而设定散列函数的方法非常灵活，可以使用某种方法将它“拼凑”起来，只要能在数据元素的关键字与数据元素的存放位置之间建立起一一对应的关系即可。这正是散列函数又被称为 Hash 函数(Hash 的中文意思是“杂凑”)的原因。

如果两个不同的关键字 Key1 和 Key2 具有相同的哈希地址，即 $H(\text{Key1})=H(\text{Key2})$，则称出现冲突。一个理想的散列函数不应该出现冲突。

然而，在一些情况下，冲突只能尽可能减少，而无法完全避免。例如，当关键字的范围很大，而表的单元数有限时，冲突就不能完全避免。在无法完全避免冲突的情况下，需要使用一种方法来解决冲突。因此，许多情况下，在构建散列表时，不仅需要“拼凑”一个好的散列函数，还要找到一种好的处理冲突方法。

下面分别就构造散列函数和处理冲突的方法进行讨论。

9.8.2　散列函数的构造方法

构造散列函数的方法很多，可以使用某种方法将它拼凑出来，只要通过它能在数据元素的关键字与数据元素的存放位置之间建立起一对一的关系就可以。但散列函数存在好和坏之分。一个好的散列函数应能使关键字集合中的任意一个关键字，等概率地映像到地址集合中每个地址。在这种等概率情况下，一组关键字的散列地址均匀分布在整个散列表的地址空间中，从而减少了冲突。

目前比较常用的构造散列函数的方法有以下几种：

1. 直接定址法

取关键字或关键字的某个线性函数值作为散列地址。即

$$H(\text{Key})=\text{Key} \quad \text{或} \quad H(\text{Key})=A\times\text{Key}+B \tag{9.11}$$

其中，A 和 B 是常数。本节前面在构造表 9.2 时就采用了直接定址法。

2. 除留余数法

设 M 是散列表的长度，P 是不大于 M 的某个数字，除留余数法取关键字对 P 的余数作为散列地址，即

$$H(\text{Key})=\text{Key} \bmod P \quad P\leqslant M \tag{9.12}$$

除留余数法是一种最简单且最常用的构造散列函数的方法。在使用除留余数法时，P 的选择非常重要，若 P 选择不当，则容易产生冲突。在多数情况下，选择一个不超过 M，但最接近 M 的素数，或者选择一个不包含小于 20 的质因数的合数作为除数，可以获得较好的结果。

3. 数字分析法

假设关键字是 N 位数字，每位数的基是 R（例如，十进制数的 R 为 0～9），且能预先知道关键字各位值的分布情况，则可以取关键字的若干位数组成散列地址。

例如，有一组数据元素，其关键字是 7 位十进制数。这些关键字的分布情况如下：

……

9　2　4　7　7　9　0

9　2　4　2　7　7　2

9　2　3　3　6　6　4

9　2　4　6　7　5　7

9　2　4　5　6　1　8

9　2　3　9　6　4　9

9　2　3　0　7　8　1

……

对以上关键字的分布情况进行分析可知，第④、第⑥和第⑦位分布最均匀。因此，若散列表的长度为 100，则可以取这三位中的任意两位构成散列地址。

4. 平方取中法

取关键字平方后的中间几位作为散列地址，具体取的位数由散列表的长度决定。这样选取散列地址的原因是，在确定散列函数时往往不能知道全部关键字的分布情况，这时难以确定取其中哪几位更合适，而一个数平方后的中间几位与该数的每一位都有关，由此可以得到分布较均匀的散列地址。

5. 折叠法

将关键字从左至右分成位数相等的几部分（最后一部分的位数可以不同），每一部分的位数与散列地址的位数相同，然后取这几部分的叠加和（舍去进位）作为散列地址。当关键字的位数很多，且在关键字的每一位上数字分布较均匀时，可以采用这种方法。

叠加有两种方法：

(1)移位法。将各部分的最后一位对齐，然后相加。

(2)分界法。沿各部分的分界来回折叠，然后对齐相加。

例如，设关键字 Key＝04236452632，若散列地址取 4 位，则可以将关键字分为 3 段：0423、6452、632。移位法和分界法的计算结果分别如下：

```
  0 4 2 3          0 4 2 3
  6 4 5 2          2 5 4 6
+   6 3 2        +   6 3 2
---------        ---------
  7 5 0 7          3 6 0 1
 (移位法)          (分界法)
```

6. 乘余取整法

乘余取整法的散列函数为

$$H(\mathrm{Key})=\lfloor N(A\times \mathrm{Key}\ \%\ 1)\rfloor \tag{9.13}$$

即先将关键字 Key 与一个常数 $A(0<A<1)$相乘，提取乘积的小数部分，然后用整数 N 乘这个值，并将相乘结果向下取整，于是就可得到散列地址。

此法中，N 的取值不是很关键。对 A 取 0～1 之间的任何值都可以，有人认为取黄金分割数$(\sqrt{5}-1)/2\approx 0.6180339$ 最好。

9.8.3 处理冲突的方法

均匀的散列函数可以减少冲突，但往往无法完全避免冲突，因此，如何处理冲突是构造散列表必须解决的问题。所谓处理冲突，就是为散列地址出现冲突的数据元素另找一个“空”的散列地址。

在处理冲突过程中可能得到一个地址序列 $H_i(i=1,2,\cdots,k)$。即在处理冲突时，若得到的另一个散列地址 H_1 也是冲突的，则再求下一个地址 H_2；若得到的 H_2 仍然冲突，再求 H_3；依次类推，直至某个 H_k 不发生冲突为止。这时求出的 H_k 就是该数据元素的散列地址。

通常处理冲突的方法有以下几种：

1. 开放定址法

$$H_i=(H(\mathrm{Key})+D_i) \bmod M \quad i=1,2,\cdots,k(k<M) \tag{9.14}$$

其中，$H(\mathrm{Key})$是散列函数，M 是散列表的长度，D_i 是增量序列。D_i 常有三种取法：①$D_i=1,2,\cdots,M-1$，称为线性探测再散列；②$D_i=1^2,-1^2,2^2,-2^2,3^2,\cdots,\pm k^2(k\leqslant M/2)$，称为二次探测再散列；③$D_i$＝伪随机数序列，称为伪随机探测再散列。

例如，有一个长度为 11 的散列表，散列函数是 $H(\mathrm{Key})=\mathrm{Key} \bmod 11$，表中已有关键字 48、60、39，现要将关键字 26 散列在该表中。

由散列函数求得 26 的散列地址为 4，但表中 4 号位置已有 48，故产生冲突；若用线性探测再散列处理冲突，则得到下一个地址 5，仍然冲突；再求得下一个地址 6，还是冲突；再求得地址 7，散列表中的 7 号位置是空位置，因此可以将 7 作为 26 的散列地址。如图 9.28 所示。

0	1	2	3	4	5	6	7	8	9	10
				48	60	39				
				48	60	39	26			

图 9.28 用线性探测再散列处理冲突

2. 再散列法

再散列法是在发生冲突时使用另一个散列函数计算另一个散列地址，直到冲突不再发生。即有：

$$H_i = RH_i(\mathrm{Key}) \quad i = 1,2,\cdots,k \tag{9.15}$$

其中，$RH_i(i=1,2,\cdots,k)$均是不同的散列函数。

3. 链地址法

链地址法是将具有相同散列地址的所有关键字记录在一个链表中。如果散列函数产生的散列地址范围是0～$(M-1)$，则可以设置一个具有M个数组元素的指针数组，每一个数组元素指向对应链表的第一个结点。

例如，对于关键字序列(20,16,23,45,67,34,65,78,85,42)，按散列函数$H(\mathrm{Key})=\mathrm{Key} \bmod 7$和使用链地址法解决冲突，得到散列表如图9.29所示。

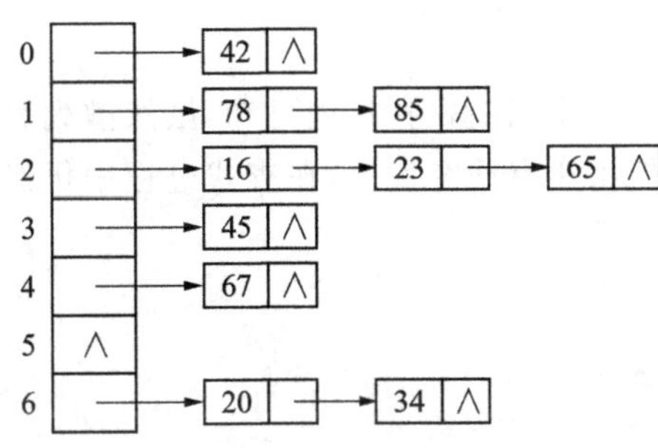

图9.29 采用链地址法处理冲突的散列表

4. 建立一个公共溢出区

除了基本散列表以外，还需设置一个溢出表，即建立一个公共溢出区。只要数据元素的散列地址与基本表中元素的散列地址发生冲突，就将该元素填入溢出表。

9.8.4 散列表的查找方法

在散列表中进行查找，需要使用构造散列表的散列函数H和解决冲突的方法。

如果散列表完全没有冲突，则查找过程非常简单，其方法是，对于给定的K值，计算其散列函数值$H(K)$，若散列表的$H(K)$位置存在元素，则该元素就是要找的数据元素；若$H(K)$位置为空，则散列表中一定不存在要查找的数据元素。

如果构造散列表时存在冲突，则可以按照以下方式进行查找：对于给定K值，通过计算散列函数值$H(K)$得到散列地址，若表中此位置上没有数据元素，则查找失败；否则，比较关键字，若与给定值K相等，则查找成功，若不相等，则根据构造表时确定的处理冲突方法寻找“下一个地址”继续查找……直到散列表的某个位置为空或者表中数据元素的关键字与给定值相等为止。以下算法描述了查找过程。

```
typedef struct ElementType                    // 数据元素的类型
{   Type key;                                 // 关键字
    ……                                        // 数据元素的其他数据项
}
typedef struct HashTable                      // 散列表的类型
{   ElementType * elem;                       // 数组，存放数据元素
    int size;                                 // 散列表的容量
    int count;                                // 当前数据元素的个数
};
int SearchHashTable(HashTable H,Type K,int & p,int &c)
{ // 在散列表 H 中查找关键字等于 K 的数据元素
```

```
    // 若查找成功,则指针 p 指示该元素在表中的位置,且函数值返回 1
    // 否则 p 指示插入位置,且函数值返回 0;c 记录冲突次数
    p=Hash(K);                          // 求散列地址
    while(H.elem[p].key != NULLKEY && K != H.elem[p].key)  //散列地址非空
        collision(p, ++c); // 关键字不等于待查值,则用处理冲突方法找下一个地址
    if(K==H.elem[p].key) return 1;      // 查找成功
    else return 0;                      // 查找不成功
}
```

由以上查找过程可知,虽然散列表在关键字与数据元素的存储位置之间建立了直接映像,但由于有冲突发生,在查找过程中仍然需要进行少量的关键字比较。

本章小结

查找和排序一样,是数据处理中常用的一种运算。本章主要介绍了线性表的查找法(顺序查找、折半查找、分块查找),讲解了二叉排序树的构造方法和查找过程,平衡二叉树的基本操作,B 树的查找和基本操作,键树的基本概念,散列表的基本概念以及构造散列函数和处理冲突的方法,同时阐述了各种查找中平均查找长度的计算方法。读者学习本章后,在实际应用中,应学会根据具体问题的需要,选取合适的查找方法。

思考与练习题

一、单项选择题

1. 查找表是以(　　)为查找结构的。

A. 集合　　B. 图　　C. 树　　D. 文件

2. 顺序查找法适合于存储结构为(　　)的线性表。

A. 哈希存储　　B. 顺序存储或链式存储

C. 压缩存储　　D. 索引存储

3. 对线性表进行折半查找时,要求线性表必须(　　)。

A. 以顺序方式存储　　B. 以链式方式存储,且结点按关键字有序排序

C. 以链式方式存储　　D. 以顺序方式存储,且结点按关键字有序排序

4. 采用顺序查找方法查找长度为 n 的线性表时,每个元素的平均查找长度为(　　)。

A. n　　B. $n/2$　　C. $(n+1)/2$　　D. $(n-1)/2$

5. 采用折半查找方法查找长度为 n 的线性表时,每个元素的平均查找长度为(　　)。

A. $O(n^2)$　　B. $O(n\log_2 n)$　　C. $O(n)$　　D. $O(\log_2 n)$

6. 有一个有序表为{1,3,9,12,32,41,45,62,75,77,82,95,100},当折半查找值为 82 的结点时,(　　)次比较后查找成功。

A. 2　　B. 3　　C. 4　　D. 5

7. 设哈希表长 $m=14$,哈希函数 $H(\text{Key})=\text{Key} \bmod 11$。表中已有 4 个结点:add(15)=

4,add(38)=5,add(61)=6,add(84)=7。其余地址为空。如用二次探测再哈希处理冲突,关键字为 49 的结点的地址是( )。

A. 8　　B. 3　　C. 5　　D. 9

8. 有一个长度为 12 的有序表,按折半查找法对该表进行查找,在表内各元素等概率情况下查找成功所需的平均比较次数为( )。

A. 35/12　　B. 37/12　　C. 39/12　　D. 43/12

9. 如果要求一个线性表既能较快地查找,又能适应动态变化的要求,可以采用( )查找方法。

A. 分块　　B. 顺序　　C. 折半　　D. 哈希

10. 采用分块查找时,若线性表共有 625 个元素,查找每个元素的概率相等,假设采用顺序查找来确定结点所在的块,每块分( )个结点最佳。

A. 6　　B. 10　　C. 25　　D. 625

11. 100 个元素采用折半查找方法时,最大的比较次数是( )。

A. 25　　B. 50　　C. 7　　D. 10

12. 衡量查找算法效率的主要标准是( )。

A. 元素个数　　B. 平均查找长度　　C. 所需的存储量　　D. 算法难易程度

13. 为了有效地利用散列查找技术,需要解决的问题是( )。

①找一个好的散列函数

②设计有效的解决冲突的方法

③用整数表示关键码值

A. ①和③　　B. ①和②　　C. ②和③　　D. 全部

14. 设有一个已按元素值排好序的线性表,长度大于 2,对于给定的关键字值 K,分别用顺序查找和折半查找算法查找一个关键字值与 K 相等的元素,比较的次数分别记为 s 和 b,在查找不成功的情况下,正确的数量关系是( )。

A. 总有 $s=b$　　B. 总有 $s>b$　　C. 总有 $s<b$　　D. $s\geqslant b$

15. 散列表的地址区间为 0~16,散列函数为 $\mathrm{Hl}(K)=K \bmod 17$,采用线性探测法解决冲突,将关键字序列 26,25,72,38,8,18,59 依次存储到散列表中。

①元素 59 存放在散列表中的地址为( )。

A. 8　　B. 9　　C. 10　　D. 11

②查找元素 59,需要比较的次数为( )。

A. 2　　B. 3　　C. 4　　D. 5

16. 对包含 n 个元素的散列表进行检索,平均检索长度为( )。

A. $O(\log_2 n)$　　B. $O(n\log_2 n)$　　C. $O(n)$　　D. 不直接依赖于 n

17. 对于具有 144 个记录的文件,若采用分块查找法,并采用折半查找方法确定块,且每块长度为 8,则查找成功时的平均查找长度为( )。

A. 143　　B. 14　　C. 13　　D. 9

18. 具有 4 层结点的二叉平衡树中结点个数至少有( )。

A. 16　　B. 15　　C. 8　　D. 7

19. 在如下图所示的四棵二叉树中,属于平衡二叉树的是( )。

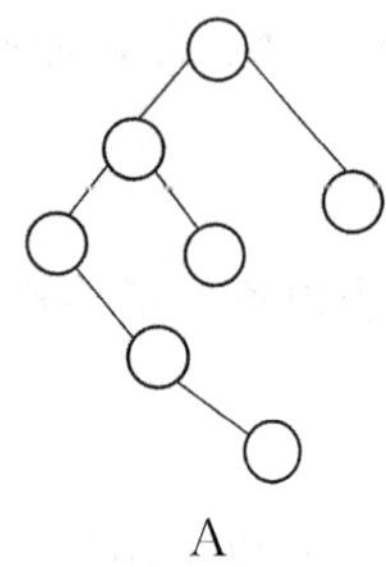
A

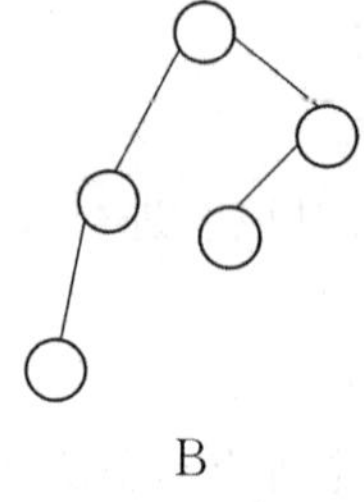
B

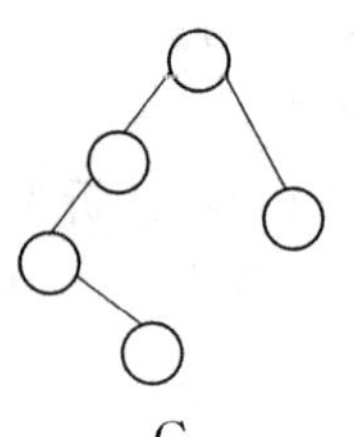
C

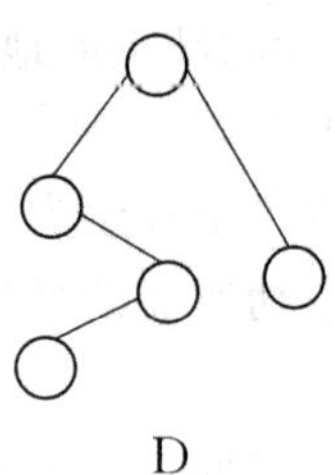
D

二、填空题

1. 对查找表进行折半查找时，线性表必须满足__________。

2. 在任意一棵非空二叉排序树上，若删除某结点后又将其插入，则所得二叉排序树与删除前的二叉排序树__________（A. 相同　B. 不同）。

3. 一个无序序列可以通过构造一棵__________树而变成一个有序序列，构造树的过程即为对无序序列进行排序的过程。

4. 若一棵二叉树的叶子结点是某子树的中序遍历序列的最后一个结点，则它必然是该子树的__________序列的最后一个结点。

5. m 阶 B 树中，其结点内的关键字最多有__________个，最少有__________个。

6. 假定有 k 个关键字互为同义词，若用线性探测法把这 k 个关键字存入散列表中，则至少需要进行__________次探测。

7. 在顺序表(8,11,15,19,25,26,30,33,42,48,50)中，用折半查找方法，则最大比较次数是__________；若要查找关键字值 20，需做的关键字比较次数为__________。

8. 在有序表 A[1…12]中，采用折半查找算法查找值等于 A[12]的元素，所比较元素的下标依次为__________。

9. 高度为 8 的平衡二叉树的结点数至少有__________个。

10. 动态查找和静态查找的重要区别在于前者包含有__________和__________运算，而后者不包含这两种运算。

11. 如果按照关键码值递增的顺序依次将关键码值插入二叉排序树上，则对这样的二叉排序树检索时，平均比较次数为__________。

12. 在采用线性探测法处理冲突的散列表中，所有同义词在表中__________（A. 一定相邻　B. 不一定相邻）。

三、简答与算法设计题

1. 画出在长度 11 的有序表中进行折半查找的判定树，并计算查找成功的平均查找长度。

2. 将下列关键字构造成一棵具有平衡二叉树特点的二叉查找树：2,5,29,14,3,6,5,33,45,90,76,24,23。

3. 画出在图 9.22(a)所示的三阶 B 树上以插入方式动态查找关键字 10、15、27、33 的查找过程。

4. 画出在图 9.22(a)所示的三阶 B 树上以删除方式动态查找关键字 40、10、30 的查找过程。

5. 编写一个算法，实现在 m 阶 B 树上以插入方式进行动态查找。

6. 编写一个算法，实现在 m 阶 B 树上以删除方式进行动态查找。

7. 给定关键字序列 33、74、29、63、48、99、27、46、23、71 和散列地址 A[0]～A[12]，试利用散列函数 $H(K)=K \bmod 13$ 和利用线性探测再散列解决冲突方法构造散列表，并分别计算查找成功与失败时的平均查找长度。

第10章 文　件

计算机系统中的许多信息，平时是以文件的形式存放在外存上，需要时再调入内存。与表类似，文件也是记录的集合，只是人们习惯上将存储在内存中的记录集合称为表，而将存放在外存上的记录集合称为文件。文件具有多种组织方式，不同组织方式形成了具有不同特征的文件。本章将探讨文件在存储介质上的组织与存储方式，以及各种文件类型的主要特点。

10.1 文件概述

文件是记录的集合。根据记录的性质，可以将文件分成两种基本类型：操作系统文件和数据库文件。

操作系统文件是一维的连续字符序列，无结构、无解释，有时也可以将操作系统文件看成记录的序列，但这里所指的记录仅仅是字符组，是为了方便存取而将文件中信息划分成的若干逻辑分组。

数据库文件是具有结构的记录的集合。记录是文件中存取的基本单位。数据库文件中的记录由一个或多个数据项组成。数据项有时又称为字段，它是文件中可以使用的最小单位，其值描述了记录的某种属性。表10.1就是一个数据库文件的例子。该文件中，每个学生的基本信息是一个记录，每个记录包含6个数据项。

表10.1　　**学生基本信息文件**

姓名	学号	性别	年龄/岁	籍贯	联系电话
周×	050201	女	18	四川	863×××02
王×	050202	男	19	上海	863×××23
刘××	050204	男	19	北京	863×××26
赵×	050205	男	20	陕西	863×××72
吴×	050206	男	19	陕西	863×××64
…	…	…	…	…	…

还可以根据其他原则对文件进行分类。例如，可以根据文件的记录长度是否相等，将文件分为定长记录文件和不定长记录文件。

在数据库文件中，记录具有结构。记录的结构分为逻辑结构和物理结构两种。记录的逻辑结构是指记录在用户面前呈现出的组织形式，而记录的物理结构是指记录在物理存储器中的存储方式。对逻辑结构的组织目标是方便用户访问文件中存放的信息，而对物理结构的组织应考虑提高存储空间的利用率和减少记录存取时间。逻辑记录和物理记录之间可能存在三种对应关系：一个物理记录存放一个逻辑记录，一个物理记录包含多个逻辑记录，多个物理记录表示一个逻辑记录。用户要访问一个记录指的是访问一个逻辑记录，查找该逻辑记录对应的物理记录则是操作系统的职责。

对文件进行的操作分为检索（查找）和修改两类。文件中的检索操作包括顺序访问下一个逻辑记录、直接访问第 i 个逻辑记录、按关键字进行检索等方式。而修改操作包括插入记录、删除记录和更新记录等。

文件在存储介质上的组织或存储方式称为文件的存储结构或物理结构。在外存上，文件有多种组织方式，基本的组织方式有以下几种：顺序组织、链接组织、索引组织和散列组织。

文件的顺序组织方式与线性表的顺序存储类似。它是将文件的记录，按照记录之间的逻辑顺序，依次存储在一片连续的外存区域中。顺序组织又称为连续组织，按照这种方式形成的文件称为连续文件。

文件的链接组织方式类似于线性表的链式存储。它是将文件的记录，按照记录之间的逻辑顺序，存储在外存上可能不相邻接的物理记录中，各物理记录之间通过链接指针连在一起。按照这种方式形成的文件称为串联文件。

文件的索引组织方式类似于在线性表上建立索引。文件被分成两个区域：数据区和索引表。每一个记录或者每一组记录在索引表中有一个索引项，该索引项指示了逻辑记录与物理记录之间的对应关系。按照这种方式形成的文件称为索引文件。

文件的散列组织方式又称为杂凑组织方式或哈希组织方式。它类似于散列表的组织方式，记录通过散列函数散列到外存的某个位置上。在散列方式下，记录在外存上以组为单位存放，存储一个记录组的单位称为桶，同一桶中的所有存储单元具有相同的散列地址。按照这种方式形成的文件称为散列文件。

10.2 顺序文件

记录按照其在文件中的逻辑顺序依次存入存储介质而建立起的文件称为顺序文件。在此类文件中，物理记录的顺序与逻辑记录的顺序一致。

如果顺序文件中次序相继的两个物理记录在存储介质上的存储位置也是相邻的，则称该文件为连续文件。连续文件中，记录按照它们之间的逻辑顺序，依次存储在一片连续的外存区域内。如果顺序文件的物理记录以离散方式存放在外部存储器上，且物理记录的先后顺序通过指针指示，则称该文件为串联文件。

顺序文件的组织特点决定了对这类文件主要根据记录的序号或相对位置进行存取。若要访问文件的第 i 个记录，必须从第一个记录开始进行搜索。如果要在文件中新增一个记录，一般是将其添加在文件的末尾。若要对记录进行修改，一般要在文件的复制过程中完成。

顺序文件的优点是顺序存取的速度很快。这类文件主要用于只进行顺序存取，平时记录变化少，且即使要对记录进行修改也只是批量进行的场合。在顺序文件上进行直接存取的效率很低,这是因为要定位这个记录需要花费较多的时间。

磁带是一种典型的顺序存取设备,磁带上存放的文件只能是顺序文件。对磁带文件进行修改比较麻烦,往往只进行批量修改。修改磁带文件一般借助使用另两条磁带,在复制不变记录的同时,插入新记录,并用更改后的新记录代替原记录写入。为了修改方便,要求待修改的顺序文件按关键字有序。对于非数据库文件,可以将逻辑记录号当作关键字。对磁带上存放的文件进行修改的过程如下。

待修改的文件称为主文件,存放在一条磁带上,主文件中的记录按照关键字有序;所有修改请求集中构成一个文件,称为事务文件,存放在另一条磁带上;尚需要第三条磁带作为新主文件的存储介质。修改过程中,首先要对事务文件进行排序,使文件中的记录与主文件中的记录具有相同的有序关系,然后通过归并操作将主文件和事务文件归并成一个新主文件。整个过程如图 10.1 所示。

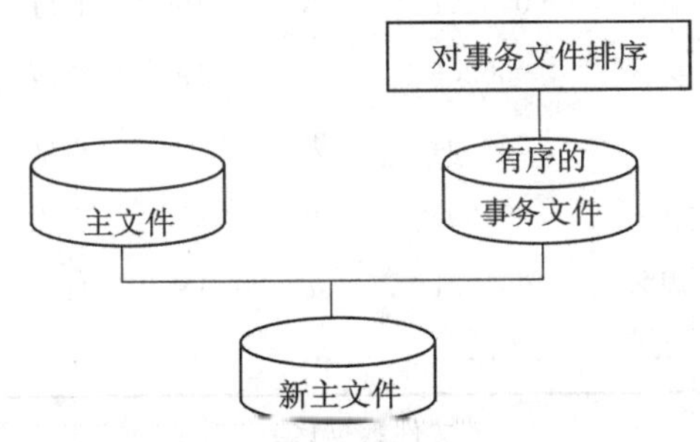

图 10.1　磁带文件修改过程示意

归并过程中,顺序读出主文件和事务文件中的记录,比较它们的关键字,并根据比较结果分别按照以下方式进行处理:

(1)如果主文件当前记录的关键字小于事务文件当前记录的关键字,则表明不需要对主文件的当前记录进行修改,直接将其写到新主文件中。

(2)如果主文件当前记录的关键字等于事务文件当前记录的关键字,则表明要对主文件的当前记录进行更改或删除。删除操作不用写入记录,而更改操作则要将修改后的记录写到新主文件中。

(3)如果主文件当前记录的关键字大于事务文件当前记录的关键字,则表明要将事务文件的当前记录插入主文件的当前记录之前,于是可以直接将事务文件的当前记录写到新主文件中。

10.3　索引文件

索引文件由数据区(主文件)和索引表两部分组成。记录存放在数据区中。每一个记录或者每一组记录在索引表中有一个索引项,该索引项指示了逻辑记录与物理记录之间的对应关系。如果为每一个记录都建立一个索引项,则称其为稠密索引;如果为每一组记录建立一个索引项,则称其为稀疏索引。索引表中的索引项总是按照关键字(或逻辑记录号)顺序排列。如果数据区中的记录也按照关键字顺序排列,则称该索引文件为索引顺序文件;如果数据区中的记录不按照关键字顺序排列,则称该索引文件为索引非顺序文件。通常对索引顺序文件,采用稀疏索引，而对索引非顺序文件主要采用稠密索引。

图 10.2 是一个索引非顺序文件的示例，其中关键字是学号。与其他索引文件一样，例子中的索引表是在记录输入过程中自动生成的。

在索引文件上进行检索主要有直接访问和按关键字检索两种方式。检索过程类似于第 9 章介绍的分块查找。首先查找索引表，若索引表中存在待查记录的索引项，则可以根据索引项的指示读取位于外存上的该记录，否则说明外存上不存在该记录。

若要在索引文件中删除一个记录，仅需要删除相应的索引项；若要在索引文件中插入一个记录，应将该记录置于数据区的末尾，同时在索引表中插入相应的索引项；若要更新索引文件中的某个记录，可以将更新后的记录置于数据区的末尾，同时修改索引表中的相应索引项。

物理记录号	姓名	学号	性别	年龄	籍贯
1102	王×	050202	男	19	上海
1107	吴×	050206	男	19	陕西
1103	刘××	050204	男	19	北京
1104	赵×	050205	男	20	陕西
1100	周×	050201	女	18	四川
…	…	…	…	…	…

（文件数据区）

关键字	物理记录号
050201	1100
050202	1102
050204	1103
050205	1104
050206	1107
…	…

（索引表）

图 10.2 索引非顺序文件的示例

当文件的记录数量很大时，索引表也会很大，在这种情况下，外存的一个物理块容纳不下索引表，为了提高检索效率，可以考虑建立多级索引表，即为索引表再建立索引。

索引表既可以使用线性索引结构，也可以使用树形索引结构。线性索引结构一般属于静态索引，其结构简单，但修改起来不方便，每次修改后都要重组索引。若数据文件的记录在使用过程中频繁变动，则应考虑采用动态索引。可以采用二叉排序树(或平衡二叉树)、B 树及键树等树形索引结构。这些树形索引结构插入和删除操作都很方便，且本身就是层次结构，无须建立多级索引。

索引文件只能是磁盘文件。下面介绍两种典型的索引顺序文件。

1. ISAM 文件

ISAM(indexed sequential access method，索引顺序存取方式)是一种专门为磁盘存取设计的文件组织方式。按照这种方式组织的文件称为 ISAM 文件。

磁盘是具有盘(片)组、柱面和磁道三级地址的存取设备。为了减少读/写数据时磁盘的寻道和等待时间，在磁盘上存放文件的记录时，应尽量将它们存放在一个柱面的同一磁道上，一条磁道存满后就接着存放在同一个柱面的下一个磁道上，一个柱面存满后再接着存放在相邻的柱面上。根据记录在磁盘上的存放情况，可以按照以下方式建立索引：

(1)为文件的每一个柱面建立一个磁道索引，该柱面的每一条磁道有一个磁道索引项。每一个磁道索引项包括基本索引项和溢出索引项两部分(图 10.3)。基本索引项的关键字域用于存放本磁道中最后一个记录的关键字(若记录从小到大有序，则这个关键字是本磁道的最大关键字)，基本索引项的指针域用于存放本磁道中第一个记录的位置。溢出索引项部分是为了

在文件上进行插入操作而设计的。

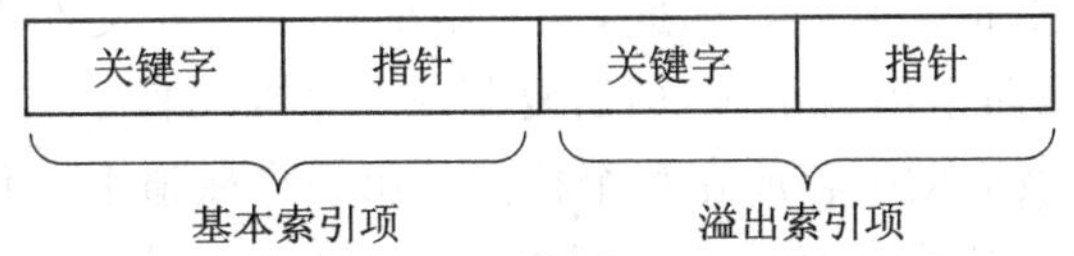

图 10.3　磁道索引项的结构

(2)为整个文件建立一个柱面索引，该文件占据的每一个柱面有一个柱面索引项。每个柱面索引项包括关键字和指针两个域。关键字域存放本柱面最后一个记录的关键字(若记录从小到大有序，则这个关键字是本柱面的最大关键字)，指针域存放本柱面的磁道索引的位置。

(3)如果文件的柱面索引很大，占用了较多磁道，则可以建立柱面索引的索引——主索引。

ISAM 文件的结构见图 10.4。

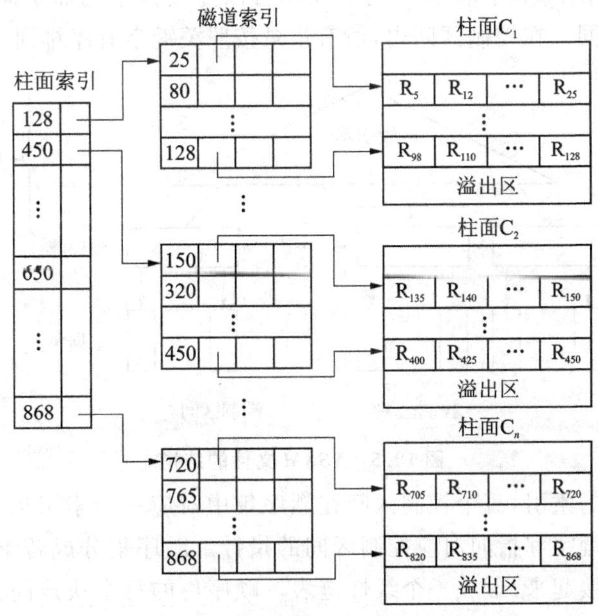

图 10.4　ISAM 文件的结构

在 ISAM 文件上检索的方式如下：先通过主索引找到相应的柱面索引块(若主索引存在)，再从柱面索引找到待查记录所在柱面的磁道索引，然后从磁道索引找到待查记录所在磁道的第一个记录的位置，最后在该磁道上进行顺序查找，直至找到记录或者确定待查记录不存在为止。例如，在图 10.4 所示的 ISAM 文件中，查找关键字等于 12 的记录，就是按照以上方式完成查找操作。

在 ISAM 文件中，记录按照关键字顺序存放，因此插入记录时需要移动记录。为了便于实现插入操作，ISAM 文件设有溢出区。在插入过程中，同一磁道上的最后一个记录可移至溢出区。尽管每个磁道的基本区采用顺序存储结构，但溢出区采用链式存储结构。由同一个磁道溢出的所有记录组成一个线性链表，并将该链表的头指针存放在对应磁道索引项的溢出索引项部分的指针域中，而溢出索引项部分的关键字域则存放了本磁道溢出的最大(或最小)关键字。

在 ISAM 文件中删除记录只需要在该记录的存储位置加上删除标记，不需要移动记录或修改指针，但在经过多次删改后，文件的结构有可能变得不合理。此时，可能有大量记录进入溢出区，而基本区中又浪费很多空间。因此，需要定期对 ISAM 文件进行整理，将记录读入内存，重新排列，填满基本区而空出溢出区，然后复制成一个新文件。

通常，ISAM 文件的磁道索引存放在每个柱面的第一个磁道上，而柱面索引应存放在文件中间位置的柱面上，以减小磁头的平均移动距离。

2. VSAM 文件

VSAM(virtual storage access method，虚拟存储存取方法)是一种索引顺序文件的组织方式，按照这种方式组织的文件称为 VSAM 文件。

VSAM 文件由数据集、顺序集和索引集三部分组成，如图 10.5 所示。记录存放在数据集中。数据集中的一个结点称为控制区间，它由一组连续的存储单元组成，可以存放若干条逻辑记录，是 I/O 操作的基本单位。控制区间的大小可以随文件不同而不同，但同一文件中所有控制区间的大小均相同。在控制区间内，所有记录按照关键字有序排列。

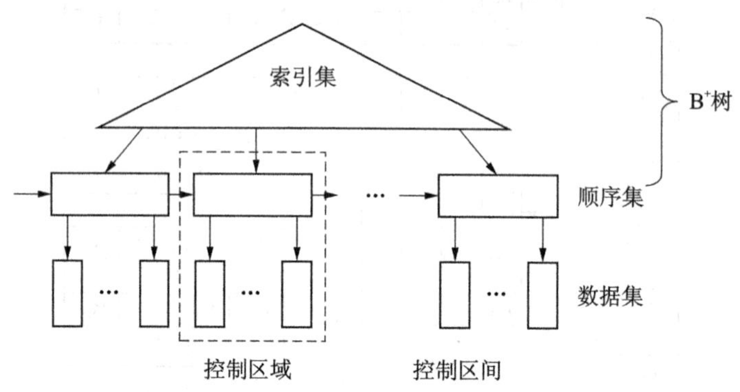

图 10.5 VSAM 文件的结构

顺序集是数据集的索引，每个控制区间在顺序集中对应一个索引项。每个索引项包括对应控制区间的最大关键字和指向对应控制区间的指针。顺序集分成若干个大小相同的块，块与块之间通过指针链接起来，形成一个线性链表。顺序集的每个块连同其对应的全部控制区间形成一个整体，称为控制区域。

索引集是顺序集的索引。索引集和顺序集共同构成了一棵 B^+ 树，它们一起作为文件的索引部分。顺序集的各个块构成了 B^+ 树的终端结点。按照 B^+ 树的建树规则，对每个终端结点逐层向上建立索引，于是就构成了索引集。索引集中的每个索引项包括最大关键字和指针两部分，其中指针指向对应子树的根，而关键字为该子树上的最大关键字。

对 VSAM 文件，既可以在顺序集中进行顺序检索，也可以从最高层的索引(B^+ 树的根结点)出发按关键字进行检索。

在 VSAM 文件中，记录可以具有不同长度，因此在控制区间中，除了存放记录外，还有每个记录的控制信息(如记录的长度等信息)和整个区间的控制信息。控制区间的结构如图 10.6 所示。

记录 1	…	记录 n	空闲空间	记录 1 的控制信息	…	记录 n 的控制信息	控制区间的控制信息

图 10.6 VSAM 文件的控制区间的结构示意

VSAM 文件中没有溢出区，插入操作通过在建立文件时保留适当的空闲空间来实现，既在每个控制区间内保留了部分空闲空间，也在每个控制区域内保留了一些完全空闲的控制区间。在 VSAM 文件中，记录按照关键字顺序存放，因此插入记录时需要移动记录。在多数情况下，记录移动局限于当前控制区间范围，但若当前控制区间已没有空闲空间，则插入记录时要进行控制区间分裂，即将一半记录移动到同一控制区域内尚空闲的控制区间中。

若要在 VSAM 文件中删除记录，则需要将同一控制区间内位于待删记录之后的记录依次前移。若整个控制区间变空，则需要修改顺序集中相应的索引项。

VSAM 文件需要占用较多的存储空间，一般只能保持 75％左右的存储空间利用率，但它具有动态分配和可释放存储空间，以及不需要对文件进行重组等优点。

10.4 散列文件

散列文件又称为直接存取文件或哈希文件。它是利用散列技术组织的文件，即根据文件中关键字的特点，设计一种散列函数和处理冲突的方法，将记录散列到存储设备上。

与散列表不同的是，散列文件中的记录在磁盘上一般以组为单位存放。在散列文件中，存放记录的单位称为桶。桶一般包括一段连续的外存区域，可以存放若干个记录。位于同一桶中的所有记录具有相同的散列地址。若一个桶能够存放 m 个记录，则意味着 m 个具有相同散列地址的记录可以存放在该桶中，只有当第 $m+1$ 个具有相同散列地址的记录出现时才发生“溢出”。

可以使用多种方法解决桶溢出问题。一种常见的方法是设置溢出桶，即当溢出发生时，将第 $m+1$ 个具有相同散列地址的记录存放到溢出桶中。相对地，存放前面 m 个记录的桶称为基桶。溢出桶的大小与基桶相同，每一个基桶可以对应多个溢出桶，基桶和它的所有溢出桶通过指针连接成一个链表。

散列文件的示例见图 10.7。该散列文件含 20 个记录，这些记录的关键字分别是 022，102，122，234，432，011，005，008，210，003，423，088，100，345，550，654，019，014，354，200。桶的容量 m 等于 3，桶数等于 6，散列函数为 $H(\text{Key})=\text{Key mod } 6$。

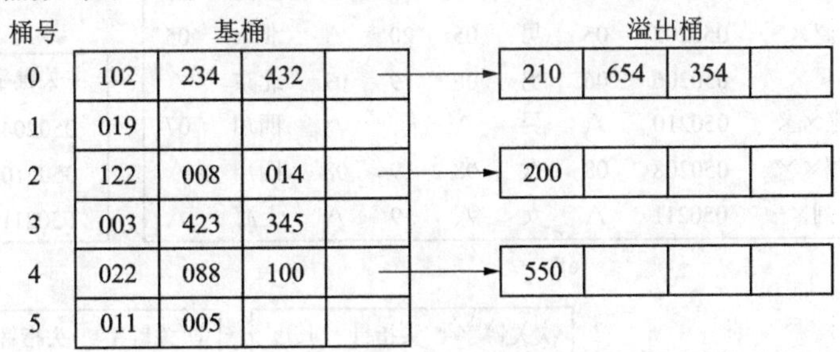

图 10.7 散列文件的示例

在散列文件中检索的过程如下：首先将待查记录的关键字代入散列函数中求出散列地址(即基桶号)，然后将该基桶的记录读入内存进行顺序查找，若找到关键字等于给定值的记录，则检索成功；若没有找到关键字等于给定值的记录，且基桶内没有填满记录，或者其指针域为空，则文件内不包含待查记录；否则，应根据指针找到溢出桶，并将溢出桶中的记录读入内存继续查找，直至检索成功或失败。

在散列文件上删除记录时，仅需要对被删除记录作一个标记。

散列文件的优点是支持文件随机存取，记录不需要排序，进行插入、删除操作方便，存取速度快，且无需索引，可节省存储空间。缺点是不能顺序存取，只能按关键字随机存取，且在多次插入和删除操作之后，文件的结构有可能变得不合理，即溢出桶满而基桶内多是已删除的记录，此时需要重组文件。

10.5　多关键字文件

为便于文件检索，有时需要使用多个关键字建立文件索引，即不仅需要建立主关键字索引，还可能需要建立一系列次关键字索引。按照这种方式建立的文件称为多关键字文件或多索引文件。

多重表文件就是一种多关键字文件。多重表文件的特点如下：记录按照主关键字的顺序构成一个串联文件，具有相同次关键字的所有记录亦构成链表；对主关键字建立主关键字的索引（主索引），对每个次关键字建立次关键字索引（次索引）；主索引为非稠密索引（分块索引），次索引为稠密索引；主索引项包括对应分块的最大（或最小）关键字，以及指向分块起始位置的指针，次索引项包括关键字、对应链表的头指针和链表长度等信息。

图 10.8 是一个多重表文件的示例。其中，学号是主关键字，记录按照学号顺序连接，为了检索方便，将所有记录分成了三个子表，并建立了主索引，如图 10.8(b)所示。性别、年龄和籍贯是次关键字，具有相同次关键字的记录链接成一个链表，链表的头指针和长度存放在对应的次关键字索引项中。三个次关键字的索引见图 10.8(c)～(e)。有了主索引和次索引，便容易进行各种关键字的查询操作。

记录号	姓名	学号		性别		年龄		籍贯	
01	周×	050201	02	女	07	18	06	四川	06
02	王×	050202	03	男	03	20	04	上海	03
03	刘××	050204	∧	男	04	19	05	上海	08
04	赵×	050205	05	男	05	20	∧	北京	05
05	吴×	050206	06	男	06	19	07	北京	∧
06	张××	050210	∧	男	∧		∧	四川	07
07	刘××	050208	08	女	08	19	08	四川	∧
08	刘×	050211	∧	女	∧	19	∧	上海	∧

(a)

主关键字	头指针
050204	01
050210	04
050211	07

(b)

次关键字	头指针	长度
女	01	3
男	02	5

(c)

次关键字	头指针	长度
18	01	2
19	03	4
20	02	2

(d)

次关键字	头指针	长度
四川	01	3
北京	04	2
上海	02	3

(e)

图 10.8　多重表文件的示例

(a)数据文件；(b)主关键字索引；(c)"性别"索引；(d)"年龄"索引；(e)"籍贯"索引

多重表文件易于构造，也容易修改。如果不要求保持链表的某种顺序，插入一个记录也比较容易，可以将记录直接插在链表的表头指针之后；不过，删除一个记录则相对麻烦，需要在每个链表中都删除该记录。

本章小结

文件是存储在外部介质上的数据集合。本章主要介绍了文件在存储介质上的组织和存储方式，主要包括顺序文件、索引文件、散列文件和多关键字文件。顺序文件按记录的物理位置顺序存储；索引文件通过建立索引表来提高查找效率；散列文件是利用哈希存储方式组织的文件；多关键字文件按主关键字的顺序构成一个串联文件，并建立关键字的索引。同时，本章还阐述了各种文件的特点和具体应用。读者学习本章后，在实际操作中，应学会根据文件特点，选取合适的文件存储方式。

思考与练习题

1. 比较顺序文件和索引文件的优、缺点。
2. 综述文件的几种组织方式，它们各有什么特点？
3. 简述建立多级索引的方法。
4. 简述索引文件的特点。
5. 简述 ISAM 文件的特点。
6. 简述 VSAM 文件的特点。
7. 简述散列文件的特点。
8. 编写一个从散列文件中删除一个记录的算法。

参考文献

[1] 严蔚敏,吴伟民.数据结构:C语言版[M].北京:清华大学出版社,2007.

[2] 殷人昆.数据结构:用面向对象方法与C++描述[M].3版.北京:清华大学出版社,2021.

[3] 陈慧南.数据结构:C语言描述[M].4版.西安:西安电子科技大学出版社,2021.

[4] 李根强,刘浩,谢月娥.数据结构:C语言版[M].北京:中国水利水电出版社,2017.

[5] 朱战立.数据结构:使用C语言[M].6版.北京:电子工业出版社,2021.

[6] 唐发根.数据结构教程[M].3版.北京:北京航空航天大学出版社,2017.

[7] 萨尼.数据结构、算法与应用:C++语言描述[M].2版.北京:机械工业出版社,2015.

[8] 布莱斯.数据结构与算法:面向对象的C++设计模式[M].胡广斌,王菘,惠民,等译.北京:电子工业出版社,2003.

[9] 谢弗.数据结构与算法分析:C++版[M].3版.张铭,刘晓丹,等译.北京:电子工业出版社,2021.